Reclams Lexikon
der griechischen und römischen Autoren

Reclams Lexikon der griechischen und römischen Autoren

Von
Bernhard Kytzler

Philipp Reclam jun. Stuttgart

Die Deutsche Bibliothek – CIP-Einheitsaufnahme

Kytzler, Bernhard:
Reclams Lexikon der griechischen und römischen Autoren / von Bernhard Kytzler. – Stuttgart: Reclam, 1997
ISBN 3-15-029618-8

NE: Lexikon der griechischen und römischen Autoren; HST

Satz und Druck: Reclam, Ditzingen
Buchbinderische Verarbeitung: Biblia-Druck GmbH, Stuttgart
Printed in Germany 1997
RECLAM ist eine eingetragene Marke
der Philipp Reclam jun. GmbH & Co., Stuttgart
ISBN 3-15-029618-8

Einleitung

Alle Wege, heißt es, führen nach Rom. Und Eulen soll man nicht nach Athen tragen, heißt es. Warum? Unsere Monate tragen merkwürdige Namen, teils Zahlen, die nicht stimmen, wie Dezember, ›der Zehnte‹, teils Eigennamen, die wir kaum kennen, wie Junius, Julius, Augustus. – Warum? Ohne die Details zu diskutieren, bleibt als Antwort: Weil wir Erben Griechenlands und Roms sind. Weil wir einen Großteil unserer Kultur aus der ›klassisch‹ genannten Antike übernommen und weiterentwickelt haben. Weil wir in der Renaissance eine Entscheidung für die Wiederbelebung jenes frühen Europa getroffen haben, die unsere Kultur noch heute beeinflußt und bestimmt.

Einem Ausschnitt dieses geistigen Erbes ist der folgende Band gewidmet. Er will jene Fragen beantworten helfen, die sich unausweichlich stellen, wann immer jemand sich der europäischen Geistesgeschichte zuwendet, sich mit westlicher Philosophie beschäftigt, in den Werken unseres Kulturkreises blättert, liest, studiert. Im Theater begegnen wir in zunehmendem Maße den Tragödien und Komödien der Alten Welt oder ihren modernen Adaptionen und Metamorphosen; in der Philosophie, die ja selbst ein antiker Begriff ist, bleiben die grundlegenden Gedanken Griechenlands präsent, wie modern auch immer sie umgeformt erscheinen mögen; in der Literatur treten uns immer wieder Personen und Situationen, Elemente und Formen entgegen, die sich auf Hellas und Hesperien zurückführen, die auf Rom und Griechenland gegründet sind.

Die griechische Literatur der klassischen Antike bedarf keiner besonderen Empfehlung. Unsere Alltagssprache ist voll von Fremdwörtern aus dem Griechischen, von der *Politik* bis zur *Kosmetik*, von der *Musik* bis zur *Geometrie*, von der *Physik* bis zur *Metaphysik*, von der *Ökonomie* bis zur *Meteorologie*. Aber auch Bildungen wie etwa *Butter*, *Tisch* und *Theke*, *Kanapee*, *Teppich* und *Tapete* gehören in diesen Bereich. Hinzu kommen die mythologischen Bilder, die *Sisyphos*- und *Herkulesarbeit* samt dem *Augiasstall*, die *Tantalusqualen* und das *Trojanische Pferd*. Mehr Beispiele sollen hier nicht aufgeführt werden; sie dokumentieren deutlich genug die Präsenz griechischen Denkens, Bildens und Benennens in unserer gegenwärtigen Welt.

Besonders im Bereich der Literatur findet sich kaum ein Terminus technicus, der sich nicht aus dem Griechischen ableitet. Die *Poesie* selbst, ihre Gattungen wie *Epik*, *Lyrik*, *Drama*, *Epigramm* und *Epistel*, viele ihrer *Phänomene* wie *Epilog*, *Episode*, *Dialog*, *Chor*, *Orchester*, *Szene*, *Strophe*, *Metapher* – all diese Dinge und viele mehr ihresgleichen tragen griechische Namen. Sie sind von den Griechen erst eigentlich »entdeckt«, erfunden, gestaltet worden.

Der vorliegende Band will die großen Dichter und Forscher, Redner und Philosophen vorstellen, die in dem Jahrtausend zwischen der Zeit Homers und der hellenistischen Welt des frühen Christentums die geistige Entwicklung unseres Kulturkreises vorgeprägt haben. Die Neuorientierung, die durch die christliche Kirche herbeigeführt wurde, muß hier aus Platzmangel außer Betracht bleiben; es werden nur Altes und Neues Testament behandelt. So ergibt sich eine zeitliche Grenze etwa im 3. Jh. n. Chr., die freilich nicht rigide auszulegen ist. Die sogenannte Romanliteratur wird beispielsweise insgesamt mit einbezogen. Andererseits ist, ebenfalls aufgrund der räumlichen Beschränkung, selbst unter den bedeutenderen Autoren des Berichtzeitraums streng auszuwählen gewesen. Nahezu 2000 Namen umfaßt der »Kanon« der griechisch schreibenden Autoren (Luci Berkowitz); nur etwa 5 Prozent von ihnen können hier Erwähnung finden. Muß darum auch mancher nicht ganz unwichtige Name fehlen, so sind immerhin die Dichterinnen möglichst vollständig aufgenommen: nicht nur ihre Fürstin Sappho, sondern auch Anyte, Erinna, Hedyle, Korinna,

Moiro und Nossis. Ebenso ist da, wo die Antike einen eigenen Kanon konstituierte, auf Vollständigkeit geachtet wie bei den neun Lyrikern (→ Alkaios), den zehn attischen Rednern (→ Andokides) und den »Sieben Weisen« (→ Septem sapientes).

Die Geschichte der griechischen Literatur ist zugleich die Geschichte der Entfaltung der literarischen Gattungen überhaupt. Die Epik steht unter den Namen Homers und Hesiods am Anfang aller europäischen Literatur. Aus ihr entwickelt sich langsam die Lyrik, das individuelle Ich beginnt sich zu artikulieren. Der später so festgelegte Kreis der neun Lyriker und die Philosophen formulieren die Fragen, die der einzelne sich selbst und seiner Umwelt stellt. Die Geschichtsschreibung entwickelt sich durch die Leistungen der Logographen, besonders aber in den Darstellungen von Herodot und Thukydides. Die großen Dramatiker gestalten die Daseinsprobleme für die Bühne; Tragödie und Komödie kulminieren in den Werken von Aischylos, Sophokles und Euripides, von Aristophanes und Menander. Die Philosophie erreicht ihren Höhepunkt in Platon und Aristoteles. Sie gründen ihre Schulen, die »Akademie« und den »Peripatos«; neben ihnen etablieren sich die »Gärten« des Epikur und die »Halle« der Stoa. Gleichzeitig schlägt die große Stunde der Redner: Demosthenes und die übrigen Attiker führen die rhetorische Kunst zu ihrem Höhepunkt.

Diese konsequente Entwicklung erfuhr jedoch eine folgenreiche Wende. Im politischen Bereich war auf die Kleinkönigtümer der Frühzeit und die anschließenden Adelsherrschaften (*Tyrannis*) die Demokratie der Stadtstaaten gefolgt. Die Form der *polis* dominierte, sie gab den Hintergrund für die Blüte der hellenischen Kultur. In der Philosophie hatte Sokrates, ohne selbst Schriftliches zu schaffen, dem Denken eine neue Richtung verliehen; es wurde nun nicht mehr in erster Linie nach dem Wesen der Welt, sondern nach den menschlichen Verhaltensnormen gefragt. So setzte bald die Bildung von Schulen ein, das freie Fragen und Denken wich dem Regelwerk normativer Orthodoxie. Das 4. Jh. v. Chr., das diese Entwicklung erlebte, war zugleich die Bühne für den politischen Niedergang Griechenlands: Dem Alexanderreich und seinen Nachfolgestaaten, den Diadochenreichen, gegenüber verloren die Stadtstaaten ihren inneren Halt und ihre äußere Freiheit. Wenige Generationen später, im 2. Jh. v. Chr., legte die emporstrebende Weltmacht Rom ihre Hand auf Griechenland. Verständlich, daß im Rahmen dieser Abläufe auf die Frühzeit des Findens und Erfindens nun die Epoche des Sammelns, Sichtens und Systematisierens, die Phase des Katalogisierens und Inventarisierens folgte. Die alexandrinische Gelehrsamkeit entwickelte die Methoden der philologischen Arbeit, sie verbreitete auch den Gedanken des *poeta doctus*, des Dichters, der seine hochgebildeten Hörer durch entlegenes Wissen beeindruckt. Das poetische Produkt orientierte sich neu: Statt des großen umfangreichen Werkes galt es, das minuziös ausgefeilte Kleinepos zu schaffen; statt aus dem »schlammigen Strom« wollte man aus der »reinen Quelle« trinken. Das Ideal der langjährigen »Feile« sollte zur Vollendung führen. Daß es oft genug dazu kam, ist unbestritten; daß dieses Ideal andererseits aber auch zu schwerverständlicher Dunkelheit, zu preziöser Verspieltheit verleiten kann, ist nicht zu leugnen.

Die Frühzeit der griechischen Sprache war von lokalen Dialektformen geprägt. In der Tat gab es ja bereits in der Phase der Kolonisierung des Mittelmeerraumes eine Art großgriechisches Reich. Kolonien, kleinere Ansiedlungen und Handelskontore säumten die Küsten von Spanien und Gallien bis zum Ostrand des Mittelmeeres und ins Schwarze Meer hinein, ebenso auch in Afrika. Die verbreitetsten Dialektformen, das Dorische, Ionische, Attische mit ihren lokalen Besonderheiten, begannen sich aber einander im Laufe der Jahrhunderte anzunähern und anzugleichen. Das Attische gewann durch kulturelle Blüte und politische Macht Athens eine Art Vorrangstellung, und das athenische

Theater belustigte seine Zuschauer mit den sprachlichen Abweichungen der Nachbarn. Als dann im Hellenismus die griechische Zivilisation weit nach Osten ausgriff, als in den Diadochenreichen neben den bodenständigen »barbarischen« Sprachen die Amtssprache des Griechischen die *oikumene* verband, entwickelte sich die Spätstufe der sogenannten *koine*, der »allgemeinen«, den ganzen Kulturbereich übergreifenden und einenden Sprache. Ihr wichtigstes Zeugnis ist das Neue Testament: Die »Frohe Botschaft«, das *eu-angelion*, verband die Christen aller Reichsteile – doch nicht in der Sprache Christi, sondern in der der Heidenwelt. Ein Jahrtausend nach Homer, ein halbes Jahrtausend nach der Kodifizierung der paganen Literatur, begann der Kanon der Heiligen Schrift die christliche Ära einzuleiten.

Es versteht sich, daß das hier vorgelegte Lexikon infolge räumlicher Begrenzung nicht ausführlicher auf die Entwicklung der einzelnen Disziplinen eingehen kann. Die Geschichte der Mathematik, Musik, Medizin, deren erste Kapitel in jenen Jahrhunderten geschrieben wurden, braucht hier nicht erörtert zu werden; ebensowenig ist es möglich, die der Philosophie angemessen darzustellen. Ihre wichtigsten Werke sind jedoch als früheste europäische Schriftdenkmäler in die Darstellung aufgenommen worden. Auf der anderen Seite haben die zahlreichen, erst in den letzten Jahrzehnten entzifferten Texte in der sogenannten Linear-B-Schrift wichtige Dokumentationen, aber keine Literatur überliefert. Sie stellen vielmehr meist Wirtschaftslisten dar, bieten Inventare und Lieferkataloge. So interessant sie für den Sprachgeschichtler, den Historiker, Wirtschaftswissenschaftler usw. sein mögen – für die Literaturgeschichte bleiben sie unergiebig und daher hier ganz außer Betracht.

Wie die großartigen Statuen der klassischen Antike vielfach nur als kaum mehr kenntliches Stückwerk geborgen werden, so ist auch der Erhaltungszustand der griechischen Literatur alles andere als zufriedenstellend. Viele wichtige

Werke sind ganz verloren, nicht wenige nur durch Zitate bei anderen Autoren, durch Papyrusfetzen, Auszüge oder Zusammenfassungen notdürftig rekonstruierbar oder wenigstens in Teilen, mehr mutmaßlich als sicher, zu erschließen. So muß im folgenden oft von Verlorenem die Rede sein; dies geschieht jedoch regelmäßig nur im Zusammenhang mit Erhaltenem – auch ein großer Name bleibt unerwähnt, wenn der Benutzer dieses Buches nicht auch zum Leser der Texte dieses antiken Autors werden kann. Philologische Rekonstruktionen sind demnach nicht berücksichtigt, wenn auch ihr Wert für die Geistesgeschichte unschätzbar bleibt. Hier ist jedoch angestrebt, für den Leser Information bereitzustellen über eine Tradition, die er selbst nachprüfen kann, sei es im Original, sei es in der deutschen Übertragung.

Vielleicht ist es nicht unwichtig hervorzuheben, daß beim Benutzer keinerlei Kenntnisse der griechischen und lateinischen Sprache vorausgesetzt werden.

Neben der Lückenhaftigkeit in der Überlieferung gibt es noch ein zweites irritierendes Element: die chronologischen Unsicherheiten und Informationsmängel. Immer wieder, vor allem natürlich in der schriftarmen Frühzeit, fehlen gesicherte Daten – nicht selten fehlen selbst die einfachsten Anhaltspunkte. So muß der Benutzer mit dem vorliebnehmen, was die Wissenschaft bereitzustellen vermag: Annäherungswerte, Vermutungen, deren Plausibilität bald höher, bald weniger hoch veranschlagt wird, die von den einen akzeptiert, von den anderen negiert werden. Vieles an Daten und Fakten ist bei dem heutigen Stand der Kenntnisse nicht schärfer zu präzisieren – Grenzen geschichtlichen Wissens, die vielleicht nie mehr überwunden werden können.

Viel Verlorenes, viel Fragmentarisches, dazu eine Menge chronologischer Unsicherheiten – dies Bild könnte allzu düster wirken. Doch ganz im Gegenteil. Die Frühzeit Europas spricht in ihrer eigenen Stimme zu den Nachgeborenen – aus den Epen Homers und Hesiods, aus der Lyrik der Lesbier Alkaios und Sappho, den philosophisch-mythischen Sprüchen der Denker von Milet und Elea, aus den Dramen der Feste Athens. Ebenso wie die Wörter und Wendungen der altgriechischen Sprache, von denen anfangs die Rede war, sich erhalten haben, so ist auch das Gedankengut der großen Griechen eingegangen in die europäische Kultur – vermittelt durch die Römer, die ersten Erben Griechenlands, neu belebt durch die Humanisten der Renaissance, von den Hellenophilen der letzten beiden Jahrhunderte erneut der Gegenwart nahegebracht.

Die griechische Literatur der klassischen Antike bedarf, wie gesagt, keiner Empfehlung. Sie ist präsent und immer neu belebend. Schiller hat es am Schluß seines Gedichtes »Der Spaziergang« schön ins Bild gefaßt: »Und die Sonne Homers, siehe! sie lächelt auch uns«.

Wie mit einem Januskopf blickt die römische Literatur zugleich zurück und voraus. Ähnlich jenem altrömischen Gott der Schwelle, der mit zwei Gesichtern auf das Außen und das Innen, in die Vergangenheit und in die Zukunft schaut, so war auch die lateinische Literatur stets ihren Vorgängern verpflichtet und zugleich auch auf die Nachwelt gerichtet.

Die erste dieser beiden Grundbeziehungen wird deutlich, wenn man auf die Zeittafel im Anhang dieses Buches blickt. Wie man sieht, fand sich das politisch wachsende Staatswesen Roms in einer seit Jahrhunderten von der geistigen Vorherrschaft der Griechen geprägten Umwelt. Die großen Autoren der Griechen, Homer und die Lyriker, die Philosophen, Tragiker und Historiker, hatten schon ihre gewaltigen Werke geschaffen, ehe in Rom die ersten literarischen Leistungen zustande kamen. Es ist nicht verwunderlich, daß diese durch griechische Vorbilder angeregt und beeinflußt waren. Die Sonderstellung Roms ist jedoch nicht zu übersehen. Im Gegensatz zu all den anderen Stämmen und Staaten um das Mittelmeer, die sich ebenfalls der geistigen Großmacht Griechenlands gegenübersahen, waren es allein die Römer, die die Übernahme geistigen Gutes bewußt und in immer neuen Schüben vollzogen, immer wieder neue hellenische Modelle einbezogen haben. Sie leisteten, über viele Generationen hinweg, den Akt der Anverwandlung, wodurch Bühnenspiel und Epik, Geschichtsschreibung, Philosophie und Lyrik sich in Rom entfalteten. Sie machten sich diese europäische Grundhaltung der Pflege und Transformation des Überkommenen zum Programm – wie so viele nach ihnen. Die Römer hatten in der Tat als erste die Erbschaft Griechenlands angetreten.

Man hat das mitunter mißverstanden als Plagiat oder bloße Imitation, hat dabei aber übersehen, daß die römischen Autoren im geistigen Bereich jenes aus der technischen Welt geläufige Verfahren praktiziert haben, das dem menschlichen Verstand aus der Fülle des Vorgegebenen Neues aufzubauen erlaubt. Ein einmal vollkommen und abschließend formulierter Gedanke muß nicht erneut vollzogen, er muß neu angewendet werden. Das taten die lateinischen Schriftsteller, indem sie griechisches Gedankengut aufnahmen, adaptierten und abwandelten. Sie taten es als Heiden wie hernach als Christen, sie verfuhren so mit Modellen aus Hellas wie später mit den Mustern der eigenen Klassik, nachdem diese geschaffen waren. Sie schufen auf diese Weise selbst ein Programm, das in wiederholten Renaissancen auch von der *posteritas*, der Nachwelt, praktiziert wurde. Es erstaunt, wie oft und wie stark die Schriftsteller des antiken Rom sich an die »Nachgeborenen« wenden, sich Ruhm erhoffen und Dauer in der Zukunft, sich Wirkung und Weiterleben im Werk wünschen. In ganz eigenartiger Weise hat Properz (3,1,34) diesen grundlegenden Gedanken in zwei Worte gefaßt: *Posteritate crescere* – »wachsen in der Nachwelt«. Das bedeutendste Werk der lateinischen Literatur, Vergils *Aeneis*, greift diesen Gedanken – existentiell – auf in jener berühmten Szene des 2. Buches, da der Held der Dichtung, Aeneas, aus seiner brennenden

Vaterstadt Troja fliehen muß: Er nimmt seinen alten Vater Anchises auf die Schultern, führt Ascanius, den noch unmündigen Sohn, an der Hand – das Aufsichnehmen der Vergangenheit und das Wegbereiten für die Zukunft, keiner hat es so eindringlich im Bild zu vermitteln vermocht wie Vergil.

Bezeichnend genug, daß je ein Gesetzeswerk Anfang und Abschluß der römischen Literatur markieren. Das *Zwölftafelgesetz* aus der Mitte des 5. Jh.s v. Chr. und das *Corpus iuris civilis* aus der Mitte des 6. Jh.s n. Chr. umschließen – da es kein »nulltes« Jahrhundert gegeben hat – zehn Jahrhunderte, ein volles Jahrtausend also. In ihm entwickelte sich die lateinische Sprache vom urtümlichen Verständigungsmittel zu einem immer feiner differenzierenden, immer subtiler reagierenden Kommunikationsmedium. Nach den archaischen Anfängen erlebte sie am Ende der Republik die Reife ihrer Möglichkeiten in der Prosa, am Beginn der Kaiserzeit den Gipfel der Poesie. Sie wandelte sich im »Jahrhundert des Esprit« (E. Norden), im ersten Säkulum unserer Zeitrechnung, zu einem zunächst lebendig vibrierenden, später sich klassizistisch klärenden Tonfall, öffnete sich im 2. Jh. den Anziehungskräften des Archaisierens, das die Reizmittel der Rhetorik kontrapunktisch ergänzte. Sie gewann neue Kräfte im christlichen Latein der nun folgenden Generationen und erwarb in den Auseinandersetzungen zwischen heidnischen Restaurationsversuchen und christlichen Tendenzen um die Wende des 4. zum 5. Jh. neu belebtes Profil. Erst die Völkerwanderung ließ die kreativen Kräfte lateinischer Rede verstummen, bis ein Jahrtausend später die *renatae litterae*, die Wiederbelebung in der Renaissance, im klassisch orientierten Neulatein der Humanisten das mittelalterliche Mönchslatein ablösten.

Parallel zur Sprachgeschichte vollzog sich die literarische Entwicklung. Sie nahm ihren Anfang in der Anverwandlung überkommener griechischer Gattungen, einem jahrhundertelangen Prozeß, der in der augusteischen Klassik gipfelte. Sie entfaltete sich weiter in den Generationen nach Augustus, die nun neben, ja vor den griechischen Mustern einheimische Vorbilder nutzen konnten. Sie zeigte in den Zeiten nach Juvenal und Tacitus eine Verarmung, die erst wieder durch die neuen Inhalte der christlichen Schriften aufgewogen wurde. Und selbst noch nach dem Ende des weströmischen Reiches gab es in Ostrom, in Konstantinopel, lateinische Literatur, die die altrömischen Traditionen weiterführte, gekrönt von dem monumentalen Gesetzeswerk Kaiser Justinians, das später als *Corpus iuris civilis* eine Art Grundbuch europäischen Rechtsdenkens wurde. In ihm zeigt sich die fundamentale Tendenz der römischen Literatur noch einmal in aller Deutlichkeit: Sie will Bewährtes bewahren, es für die Gegenwart fruchtbar machen und an die Zukunft weitergeben. Jener Januskopf blieb ihr Symbol vom Beginn bis in die spätesten Texte.

Dieser Grundvorstellung entsprechend geben die Kurzdarstellungen unseres Lexikons der antiken Literatur nicht nur Daten aus der Biographie und Werktitel von über hundert großen Persönlichkeiten Roms. Ergänzt werden sie durch Hinweise auf literarische Modelle, ferner durch Angaben über die Wirkungsgeschichte der Werke. Wichtig, daß hier kein kompakter Kanon konstruiert werden kann, kein abschließendes Kompendium der Klassiker; vielmehr soll aus der Fülle des Vorhandenen vorgeführt werden, was wichtig erschien – im literarischen Wert wie in der historischen Wirkung. Daß über eine solche Auswahl nicht allenthalben Einigkeit herrschen kann, muß akzeptiert werden. Doch sei betont, daß es der Sinn und die Aufgabe dieses Buches ist, das Vorhandene vorzuführen, das Wesentliche hervorzuheben. So sind auch im römischen Bereich manche Namen, die den Fachmann interessieren mögen, bewußt ausgeklammert, weil ihre Werke verloren oder nur in wenigen Fragmenten erhalten sind. Von einem statischen, endgültig archivierten Besitz kann also nicht die Rede sein, sondern von einer dynamischen Präsenz, die durch neue Entdeckungen weiter wächst. Das erweisen die Neufunde der letzten Jahrhunderte, von denen mehrfach zu berichten ist, so z. B. bei den *Epigrammata Bobiensia*, bei Menander und Gallus, bei Naucellius und Rutilius Namatianus.

Das vorliegende Lexikon kann und soll nicht mit seinen größeren Geschwistern konkurrieren, die die Bibliographie am Schluß des Bandes benennt. Es will knapp und klar persönlich gefaßte Information geben. Dabei wird im allgemeinen von der Person des Autors ausgegangen, anschließend sein Werk dargestellt und abschließend versucht, seinen Stil zu charakterisieren; denn wie Buffon es 1753 in seiner Antrittsrede vor der französischen Akademie – ganz in der Tradition alten griechischen Gedankenguts – formulierte, ist der Stil der Mensch: »Le style est l'homme même.« Ein dem Fachmann wichtiger Vorgang, die Überlieferungsgeschichte der Werke, ist nur in besonderen Ausnahmefällen besprochen, so beispielsweise bei Plautus und bei Minucius Felix. Auch fehlte es an Raum, die Quellenlage für die Details der einzelnen Biographien zu behandeln. Diese beruhen oft nur auf Rückschlüssen oder gar Schätzungen; es bleiben viele Fragezeichen, und Annäherungswerte sind in Kauf zu nehmen. Doch schmälert solche Ungewißheit in der Datierung nicht die Bedeutsamkeit der Verfasser und ihrer Werke.

Die bibliographischen Angaben am Ende der einzelnen Artikel sind bewußt knapp gehalten (A = Ausgaben, Ü = Übersetzungen, L = Literatur). Einmal geben die in der Gesamtbibliographie (s. S. 509) zusammengestellten Lexika, Enzyklopädien und Literaturgeschichten hinreichend weitere Details und allgemeine Auskünfte. Zum anderen wurden fremdsprachliche Erläuterungen bzw. Übersetzungen nur in besonders begründeten Ausnahmefällen aufgenommen. Auch Artikel in Fachzeitschriften sind nur in einigen wenigen Sonderfällen berücksichtigt. Die Auswahl der griechischen und lateinischen Textausgaben ist keinerlei Beschränkungen unterworfen, sondern aus dem internationalen Angebot nach ihrer Bedeutung ausgewählt. Daß dabei vielfach Editionen zu nennen sind, die nur in Bibliotheken, nicht auf dem Buchmarkt zugänglich sind, ist unvermeidlich.

Georg Friedrich Händel soll einmal den mokant vielsagenden Vergleich formuliert haben, beschriebene Musik sei wie ein gemaltes Mittagessen. Das Urteil gilt gleichermaßen für beschriebene Literatur. Beschreibungen können nicht satt machen, sie können allenfalls den Appetit anregen. Man könnte durch sie auf den Geschmack kommen. Vielleicht, daß die folgenden kurzen Artikel nicht nur informieren, sondern auch interessieren, daß sie Neugier wecken auf jene Personen und Werke, an denen so vielerlei zu ergründen ist und die so vieles begründet haben. Was Apuleius von seinem Eselsroman sagt, gilt auch für die vielen verschiedenartigen Texte der antiken Literatur: *Intende, lector: laetabere!* – »Sieh nur zu, Leser: Du wirst deinen Spaß haben!«

Für Gottfried Herbst
den Masuren
als Zeichen des Dankes
für 50 Jahre treuer Freundschaft

Durban, Dezember 1996 *Bernhard Kytzler*

A

Accius, Lucius Accius
170 v. Chr. Pisaurum/Pesaro – um 86 v. Chr.

Aus dem Leben des Mannes, der den Römern als ihr größter tragischer Dichter galt, ist wenig bekannt: Er war das Kind freigelassener Eltern und unternahm eine Bildungsreise nach Athen und Kleinasien; er hielt sich hernach abseits vom politischen Leben, wußte aber mit großem Selbstbewußtsein seinen Platz in der Poesie zu behaupten.

Von seinen Werken kennen wir etwa 40 Titel, darunter nur zwei mit römischen Stoffen, die übrigen behandeln Themen der griechischen Mythologie. Erhalten sind rund 700 Verse; nur an wenigen Stellen ist der Vergleich mit euripideischen Vorlagen möglich, der eine beachtliche Eigenständigkeit der Bearbeitung erkennen läßt. Auch als Gelehrter hat Accius gewirkt und – teilweise in Versform – Probleme der Orthographie, der Bühnentechnik, der poetischen Gattungen und der Geschichte des Dramas behandelt.

Die im Altertum hochgeschätzte Gestalt des pathetisch-eindringlichen Dramatikers Accius ist heute nur noch der Fachwelt geläufig. Doch lebt eines seiner Worte weiter: Nach Caesars Ermordung führte man zu Rom erneut sein Tyrannendrama *Tereus* auf – es enthält die oft zitierte zynische Formulierung menschenverachtender Machthaber: *Oderint dum metuant.* – »Mögen sie hassen, solange sie nur fürchten!«

A J. Dangel, 1995. – Remains of old Latin, hrsg. von E. H. Warmington, Bd. 2, London 1936 (mit engl. Übers.). – V. D'Anto, Frammenti, Lecce 1980.

Achilleus Tatios
2. Hälfte 2. Jh. n. Chr.

Das Leben des Achilleus Tatios ist weithin unbekannt. Wenn von ihm berichtet wird, er sei in späteren Jahren Christ, ja sogar Bischof geworden, so ist darin nichts anderes als der Versuch zu sehen, den Autor eines verbreiteten und vielgelesenen Werkes für die neue Religion in Anspruch zu nehmen. Von den ihm zugeschriebenen Werken sind zwei nicht erhalten (*Die Etymologien* und *Die Vermischte Geschichte vieler großer und bedeutender Männer*), ein drittes liegt zwar teilweise vor (*Über die Sphäre*), ist jedoch in seiner Authentizität höchst umstritten. Als sein Hauptwerk gilt heute der Roman *Kleitophon und Leukippe*. Er geht von einer Bildbeschreibung aus: Im Anschluß an die Darstellung des Raubes der Europa durch den Stier wird in Form der Ich-Erzählung das wechselvolle Liebesgeschick des Kleitophon mit Leukippe berichtet, wobei die Haupthelden Vetter und Base sind. Der Rahmen der Erzählung ist am Ende vergessen und wird nicht wieder erwähnt; die Darstellung bringt neben Beschreibungen und Briefen auch Reden, Mythen, Fabeln, naturwissenschaftliche Exkurse und dergleichen mehr. Mit Effekten wird nicht gespart: Gleich dreimal wird der Tod der Heldin drastisch dargestellt, um alsbald als Täuschung entlarvt zu werden. Auch *in eroticis* ist dieser Roman neben *Daphnis und Chloe* von Longos der am wenigsten zurückhaltende, im Theoretischen wie im Praktischen: Wider die Konvention wird der Held zur Untreue verführt (5,26), wobei sich der Autor offenbar zu einer Vermischung der Romanhandlung mit den milesischen Novellen hat anregen lassen (diese Sammlung erotischer Geschichten wurde von Aristides um 100 v. Chr. verfaßt). Daneben wird am Ende des 2. Buches eine ausführliche Erörterung über die wechselseitigen Vorzüge und Nachteile der Knabenliebe im Vergleich zur heterosexuellen Liebe mit lebhafter Detailfreude dargeboten.

Der Roman gefiel der Antike und dem byzantinischen Mittelalter offenbar sehr. Hatte die Wissenschaft ihn früher als späteste Blüte der antiken Romanschriftstellerei eingeordnet, so sind inzwischen durch Papyrusfunde wie auch durch Beobachtung von Einzelheiten der Erzählung seine Entstehung und Verbreitung für das 2. Jahrhundert n. Chr. gesichert. Das bedeutet, daß nicht wenige andere Romanautoren, darunter auch → Heliodor, aus ihm geschöpft haben. Ähnlich war es auch in der Folgezeit, wo er auf den Roman des Makrembolites Eumathios *Hysmine und Hysminias* (2. Hälfte 12. Jh.) eingewirkt hat und auch in Legenden eingegangen ist. Für die Hochschätzung des Werkes zeugen nicht nur die zahlreichen Handschriften, sondern auch ein Gedicht aus der → *Anthologia Graeca* (9,203), das Leon der Philosoph zur Betonung der moralischen Werte des Werkes geschaffen hat.

A E. Vilborg, Stockholm 1955. – J. P. Garnaud, Paris 1991 (mit frz. Übers.). – Ü F. Ast / G. Guldenapfel, 1802, überarb. in: Im Reiche des Eros, hrsg. von B. Kytzler, Bd. 2, München 1983, S. 174–332. – K. Plepelits, Stuttgart 1980. – L E. Vilborg, Achilles Tatius. Leukippe and Clitophon. A Commentary, Stockholm 1962. – H. Rommel, Die naturwissenschaftlich-paradoxographischen Exkurse bei Philostratos, Heliodorus und Achilleus Tatios, Stuttgart 1923. – K. Plepelits, in: The Novel in the Ancient World, hrsg. von G. Schmeling, Leiden 1996, S. 387–415, 804 (Karte).

Acta fratrum arvalium → *Carmen arvale.*

Aelian → Ailianos.

Äsop, Aisopos
6. Jh. v. Chr.

Der Begründer der Fabeldichtung unseres Kulturkreises ist selbst Gegenstand von Dichtungen geworden: Ein später Äsop-Roman (2./3. Jh. n. Chr.) handelt davon, wie der pfiffige

Sklave sich seinem Herrn Xanthos geistig überlegen erweist. Doch schon → Herodot (2,134 f.) erwähnt seinen Namen, ebenso auch → Aristophanes, → Platon und → Aristoteles. Äsop war offenbar Thraker und hat auf Samos erst als Sklave, dann als Freigelassener gelebt. Die ihm zugeschriebene Sammlung von Tierfabeln in Prosa ist nicht erhalten. Spätere, uns vorliegende Sammlungen bieten über 300 Fabeln, die in knappen Strichen eine Situation zeichnen und aus ihr eine Lebensweisheit herausdestillieren. Sie sind aus der Sicht des kleinen Mannes geschrieben, der mit den Problemen des Daseins zu kämpfen hat und hier Unterhaltung wie Unterweisung findet. Die Nachwirkung dieser knapp konturierten Erzählungen ist nicht hoch genug einzuschätzen: → Babrios im Griechischen, → Avianus und → Phaedrus im Lateinischen sind von ihnen ebenso beeinflußt wie die Sammlungen des Mittelalters und später Luther, Lessing, Lafontaine und andere.

A A. Hausrath / H. Hunger, Leipzig [4]1974. – E. Chambry, Paris [2]1969. – **Ü** H. C. Schnur, Fabeln der Antike, München 1978 (griech./lat./dt.). – **L** R. Bentley, Abhandlungen über die Briefe des Phalaris, Themistocles, Socrates, Euripides und über die Fabeln des Aesop, Leipzig 1857 (engl. 1697). – A. Fischer, Das Verhältnis der Fabeln des Phaedrus zur äsopischen Fabelsammlung, Klosterneuburg 1905. – K. Grubmueller, Meister Esopus, Zürich/München 1977. – H. Zeitz, Die Fragmente des Äsopromans in Papyrushandschriften, Gießen 1935.

Aetheria → *Silviae peregrinatio.*

Aetna → Vergil.

Ailianos, Klaudios Ailianos
um 170 – 235 n. Chr.

Zwei alte Lebensbeschreibungen informieren über Ailian (→ Philostratos und Su⟨i⟩da⟨s⟩). Er war aus Praeneste gebürtig und lehrte zeitweilig Rhetorik in Rom. Da er sich der

Deklamation jedoch nicht gewachsen fühlte, beschränkte er sich auf die Schriftstellerei. Er kehrte dazu in seine Heimatstadt zurück, wo er die Würde eines *archiereus*, »Erzpriesters«, innehatte. Attisch, die Hochform der griechischen Sprache, soll er wie ein Athener gesprochen haben. Ehrennamen werden erwähnt wie *Meliglottos* oder *Meliphthongos*, der »Honigzüngige« bzw. der »Honigtönende«. Während einige Werke verloren sind (*Über die Vorsehung*; *Über göttliche Einwirkung*, *Schmährede gegen den Tyrannen Elagabal*), sind drei merkwürdige Schriften erhalten: 17 Bücher *Über Besonderheiten aus dem Tierleben* (*De natura animalium*; *Peri zoon idiotetos*), die über die Weisheit der Natur in der vernunftlosen Kreatur handeln; ferner, nur auszugsweise erhalten, die *Bunten Geschichten* (*Varia historia*; *Poikile historia*), die ebenfalls Anekdotisches, nun aus dem Menschenleben, berichten; schließlich 20 fiktive *Briefe*, die, ähnlich denen des Alkiphron, ländliche Szenen anklingen lassen, doch deutlich derber, deftiger, drastischer darstellen, nicht nur *in eroticis*, sondern auch z. B. die Figur des misanthropischen Griesgrams, Briefe 13 bis 17, der mit Erdschollen und Beleidigungen um sich wirft, ähnlich wie bei → Menander. Sein bewußt schlichter Stil brachte ihm viel Anerkennung; auch die christlichen Autoren benutzen seine Werke oft.

A R. Hercher, Leipzig 1864–66. – M. R. Dilts, Leipzig 1974. – Ü A. R. Benner / F. H. Fobes, London 1949 (engl. Übers.). – D. Domingo-Forasté, Briefe und Fragmente, Leipzig 1994. – L M. R. Dilts, The Manuscript Tradition of Aelians *Varia Historia*, Ann Arbor 1974. – Erotische Briefe der griechischen Antike, hrsg. von B. Kytzler, München 1967, S. 171–184.

Aischines aus Athen

389 – um 314 v. Chr.

Nicht weniger als acht antike Biographien berichten über das Leben des Redners Aischines; sie werden ergänzt durch Angaben in den eigenen Werken und solche des → Demosthenes (*Rede* 18,19). Obwohl er aus einfachen Verhältnissen stammte, gelang es Aischines, sich nach mancherlei anderen Ansätzen (Behördenschreiber, Schauspieler) politisch als Kopf der promakedonischen Partei durchzusetzen und sich von 346 bis 330 gegen Demosthenes und die Fraktion der Philipp-Feinde zu behaupten. Seine 3 erhaltenen Reden sind Dokumente dieser innerathenischen Auseinandersetzungen: Die erste setzte erfolgreich eine Gegenklage gegen seinen Ankläger Timarchos durch (345), mit der zweiten erreichte er einen knappen Freispruch von der Anklage, auf einer Gesandtschaft gegen seine Instruktionen gehandelt zu haben (343). Die dritte suchte den Antrag des Ktesiphon, Demosthenes einen goldenen Kranz zu verleihen (336), zu Fall zu bringen, endete jedoch mit seiner Niederlage (330). Er begab sich nach Rhodos in die Verbannung und wirkte dort als Redelehrer.

Außer den erhaltenen Reden schreibt die Überlieferung ihm auch noch 12 Briefe zu, die jedoch als spätere Fälschungen erwiesen sind. Stilistisch wurde Aischines hoch geschätzt; seine einfach gehaltene Ausdrucksweise galt später dem Attizismus als Vorbild. Kein Geringerer als → Cicero übertrug die 3. Rede ins Lateinische; auch dem Kreis der kanonischen Redner (→ Andokides) wurde er zugezählt.

A F. Blass, Leipzig ²1908. – V. Martin, Paris ²1952. – U. Schindel, Leipzig 1978. – Ü J. H. Bremi, London 1828–29. – L G. Ramming, Die politischen Ziele und Wege des Aischines, Erlangen 1965. – A. Schaefer, Demosthenes und seine Zeit, Bd. 3, Leipzig, ²1887. – F. R. Wüst, Philipp II. von Makedonien und Griechenland in den Jahren 346–338, München 1938. – E. M. Harris, Aeschines and Athenian Politics, Oxford 1995.

Aischines aus Sphettos
um 430 – 360 v. Chr.

Unter den Autoren, die über Leben und Lehre des Sokrates berichten, gilt Aischines seit dem Altertum als der zuverlässigste. Wir wissen über ihn nur, daß er beim Tode des

Meisters zugegen war und sich hernach wohl in Syrakus aufhielt. Leider sind seine Werke wie auch die, die ihm zugeschrieben wurden, deren Echtheit aber umstritten ist, nur fragmentarisch erhalten. Gleichwohl haben sie als authentische Zeugnisse für Sokrates und seine Haltung, ebenso auch für die Person der Aspasia, heute besondere Bedeutung.

A H. Krauss, Leipzig 1911. – H. Dittmar, Aeschines von Sphettos, Berlin 1912. – **L** B. Ehlers, Eine vorplatonische Deutung des sokratischen Eros. Der Dialog Aspasia des Sokratikers Aischines, München 1996.

Aischylos
525/524 – 456 v. Chr.

Als Sohn eines reichen Grundbesitzers in Eleusis geboren, nahm Aischylos an den Kämpfen gegen die Perser bei Marathon (490) und Salamis (480) teil. Schon kurz nach 500 beteiligte sich Aischylos am Wettbewerb der Tragiker, 484 errang er den ersten Sieg, später noch 12 weitere. Reisen führten ihn nach Sizilien (471, 469 und nach 458); dort starb er 456 in Gela.

Vom umfangreichen Werk des ersten großen Tragikers besitzen wir nur einen bedauerlich beschränkten Bruchteil: Nur sieben seiner 90 Dramen haben sich erhalten, ergänzt durch über 400 Fragmente, zitiert bei anderen Autoren, sowie Papyrusfunde mit z. T. längeren Texten (u. a. aus *Niobe* und *Myrmidonen*). Ganz besonders bedauerlich ist der Verlust der Satyrspiele, deren Meister Aischylos nach antiker Auffassung gewesen ist. Das früheste Werk, *Die Perser* (472), deutet einen historischen Stoff der Gegenwart, den jüngst errungenen Sieg der Griechen, aus der Perspektive der Unterlegenen: Die Katastrophe resultiert aus menschlicher Überheblichkeit und dem Wirken eines Trugdämons. 467 folgten die *Sieben gegen Theben*, eine Darstellung des Kampfes der Ödipus-Söhne Eteokles und Polyneikes (der als siebenter sechs andere Helden anführt), zugleich des Sieges der neuen Staatsform, der Polis, über die alte Feudalform.

Die *Hiketiden* (*Die Schutzflehenden*) galten lange als frühestes bekanntes Werk des Aischylos; erst 1952 brachte ein Papyrus Anhaltspunkte dafür, daß es wohl 463 entstanden ist. Es schildert das Schicksal der 50 Töchter des Danaos, die vor den 50 Söhnen des Aigyptos, ihren Vettern, fliehen, um sie nicht heiraten zu müssen. Die weitere Entwicklung des Geschehens in den folgenden Stücken der Trilogie ist verloren.

Die einzige Tragödientrilogie, die vollständig aus der Antike überliefert ist, liegt in der *Orestie* vor. Sie wurde 458 aufgeführt und umfaßt *Agamemnon*, *Choëphoren*, *Eumeniden*; sie führt von den Morden an Agamemnon und Klytaimnestra zur Versöhnung des von seiner Blutschuld entsühnten Orest mit den rächenden Erinnyen, die nun als »Wohlgesinnte« durch einen Kult in die Polis integriert werden.

Der gefesselte Prometheus wurde Aischylos von manchen Gelehrten abgesprochen. In der Tat fällt das Stück durch sprachliche und metrische Besonderheiten auf; sie genügen freilich nicht, es für unecht zu erklären. Es zeigt den an den Kaukasos gefesselten Titanen, dessen Lösung in der (fehlenden) Folge vorgeführt wurde.

Aischylos werden bühnentechnische Neuerungen in dem ursprünglich kultischen Spiel der Tragödie zugesprochen. Auch die Einführung des zweiten Schauspielers und die Zusammenfassung dreier Dramen zur thematisch verbundenen tragischen Trilogie bzw. Tetralogie unter Einbeziehung des Satyrspiels beruhen auf ihm. Seine Sprache besitzt archaische Kraft und hohen Ton, wie ihn Spätere nicht mehr zu meistern vermochten (→ Aristophanes); ihre Metaphorik speist sich aus Naturbildern und aus dem menschlichen Leben. Sie bietet Bilder von ungewöhnlicher Schönheit. Als »Regisseur und Theologe« (K. Reinhardt) hat Aischylos

Mythos und Geschichte als Träger großer Ideen aufgezeigt, in denen menschliches Versagen und göttliche Gerechtigkeit Gestalt gewinnen. In Zeus manifestiert sich für ihn die ordnende Kraft des Rechts.

Vermutlich in der Spätantike wurden die uns vorliegenden sieben Stücke wohl für die Schule zu einer Auswahl zusammengestellt. Für die Einbürgerung in die deutsche Literatur war Wilhelm von Humboldts *Agamemnon*-Übersetzung wegweisend. Die Gestalt des Prometheus hat Dichter, Musiker und bildende Künstler immer wieder zu Neuschöpfungen angeregt. Aufführungen der *Orestie* an großen deutschen Bühnen haben in den letzten Jahrzehnten Tausende von Zuschauern bewegt und begeistert. Der archaische Autor Aischylos ist der Moderne in mancherlei Medien nah; er hat als Gründer des tragischen Theaters in Europa eine unvergleichliche Stellung inne.

A U. v. WILAMOWITZ-MOELLENDORFF, Berlin 1914. – G. MURRAY, Oxford ²1955. – P. MAZON, Paris ⁶1953. – H. J. METTE, Die Fragmente der Tragödien des Aischylos, Berlin 1959. – S. RADT, in: Trag. Graec. Frag. III, Göttingen 1985. – H. LLOYD-JONES, 2 Bde., London 1957. – D. PAGE, Oxford 1972 u. ö. – M. L. WEST, Stuttgart 1990. – **Ü** O. WERNER, München 1959, ²1969 (griech./dt.). – J. G. DROYSEN, München 1977. – F. STOESSL, Die Tragödien und Fragmente. Auf der Grundlage der Übersetzung von J. G. Droysen, Zürich/Stuttgart 1952. – E. BUSCHOR, München 1953–58. – J. G. DROYSEN / W. NESTLE / W. JENS, Stuttgart 1977. – *Agamemnon*, metrisch übers. von W. v. HUMBOLDT, Leipzig 1816. – *Der gefesselte Prometheus*: W. KRAUS, Stuttgart 1965. – *Orestie*: E. STAIGER, Stuttgart 1958–59. – *Die Perser*: E. STAIGER, Stuttgart 1970. – *Sieben gegen Theben*: E. STAIGER, Stuttgart 1974. – **L** B. SNELL, Aischylos und das Handeln im Drama, Leipzig 1928. – K. REINHARDT, Aischylos als Regisseur und Theologe, Bern 1949. – Wege zu Aischylos, 2 Bde., hrsg. von H. HOMMEL, Darmstadt 1974. – G. THOMSON, Aischylos und Athen. Eine Untersuchung der gesellschaftlichen Ursprünge des Dramas. Berlin 1956. – H. FLASHAR, Inszenierung der Antike, München 1991, S. 260–265.

Alkaios
um 600 v. Chr.

In Mytilene auf Lesbos geboren, führte Alkaios sein bewegtes Leben in der Zeit zwischen dem Niederringen der alten Ordnungsform des (»homerischen«) Königtums und dem Aufkommen der rechtsstaatlichen Polis. Er schildert den Abschied von den heroischen Idealen der feudalen Vergangenheit in einem Lied (Fragment 49 Diehl), das → Herodot (5,95) erwähnt und aus dem → Strabon (13,600) zitiert: Der Dichter ist auf der Flucht aus dem Kampf durch seine schweren Waffen behindert und wirft sie fort, er rettet so sein Leben, bricht aber den überkommenen Ehrenkodex. Auch andere Dichter wie → Archilochos (Fragment 60) und → Anakreon (51 Diehl) verwenden dieses Motiv bis hin zu → Horaz (*Oden* 2,7,10), der insgesamt stark von Alkaios beeinflußt ist. Politisch stand der Lesbier auf seiten der Adelspartei gegen die Bestrebungen des Volkes; Verbannung führte ihn, wohl als Söldner, bis nach Thrakien und Ägypten.

Ist schon das Leben des Alkaios nur umrißhaft erkennbar, so sind auch die von den ursprünglich zehn Büchern erhaltenen Reste seiner Poesie zumeist Fragmente, die der Ergänzung und Zuordnung bedürfen. Bleibt so manches zwangsläufig zweifelhaft, ist doch der tiefe Eindruck unleugbar, den diese Dichtung immer wieder hervorgerufen hat. → Quintilian (*Institutio* 10,1,83) sieht ihn als Sänger von politisch und moralisch mahnenden Liedern, der in seinen Liebes- und Trinkliedern auch zu »geringeren« privaten Themen findet, aber doch für den »höheren« Ton besonders begabt ist und dem die »goldene Leier« (Horaz, *Oden* 2,13,26 f.: *aureo ... plectro*) zu Recht zusteht. Ergänzend sind noch Götterhymnen zu erwähnen und Rebellenlieder, in denen sich die Leidenschaftlichkeit des Lesbiers manifestiert. Die Gelehrsamkeit der Antike setzte ihn in den Kanon der neun exemplarischen Lyriker zusammen mit

→ Alkman, → Anakreon, → Bakchylides, → Pindar, → Ibykos, → Sappho, → Simonides und → Stesichoros.

A E. LOBEL / D. L. PAGE, Poetarum Lesbiorum Fragmenta, Oxford 1955, S. 112–291. – E. DIEHL, Anthologia Lyrica Graeca, Bd. 1,4, Leipzig ²1936, S. 86–159. – E.-M. VOIGT, Amsterdam 1971. – **Ü** M. TREU, Alkaios, München ³1980 (griech./dt.). – H. RÜDIGER, Griechische Gedichte. München ⁴1972, S. 48 f. – Griechische Lyrik, hrsg. von W. MARG, Stuttgart 1964, zul. 1983. – **L** D. L. PAGE, Sappho and Alcaeus, Oxford 1955, S. 147 ff. – C. M. BOWRA, Greek Lyric Poetry, Oxford 1936. – Z. FRANYÓ, Berlin ²1981. – W. RÖSLER, Dichter und Gruppe. Eine Untersuchung zu den Bedingungen und zur historischen Funktion früher griechischer Lyrik am Beispiel Alkaios', München 1980. – W. BARNER, Neuere Alkaios-Papyri aus Oxyrhynchos, Hildesheim 1967.

Alkiphron
2. Jh. n. Chr. (?)

Infolge mehrfacher Bezüge zwischen den Werken Alkiphrons und → Lukians hat man in ihnen Zeitgenossen gesehen – eine unsichere Annahme, die vermutlich nur darum vorherrscht, weil keinerlei andere Anhaltspunkte für die Biographie vorliegen.

Alkiphrons Werk umfaßt 118 Briefe und vier größere Fragmente. Die Texte versetzen ins Athen des 4. Jh. v. Chr.; von den vier Büchern ist je eines dem Bereich der Bauern, Fischer, Parasiten und Hetären zugeordnet. Die Briefe, Kleinkunst einer Spätzeit, entwerfen in bunter Lebendigkeit ein Panorama attischen Lebens, illustrieren das Bild des hellenistischen Daseins mit seinen Problemen und seinem Savoir-vivre; sie gewähren einen Einblick in eine vergangene Welt. 337 zumeist sprechende Namen komischen Charakters (wie Bratenschluck, Krümellecker, Weinschlund) beziehen auch historische Persönlichkeiten ein (→ Menander, → Epikur). Die vielen kleinen Bosheiten der Briefbücher Alkiphrons bereiten dem Leser beständig diebisches Vergnügen.

A M. A. Schepers, Alciphronis rhetoris epistularum libri IV, Leipzig 1905, reprogr. Nachdr. 1969. – **Ü** Erotische Briefe der griechischen Antike, hrsg. von B. Kytzler, München 1967, S. 71–170. – **L** L. Radermacher, Sitzungsber. d. Akad. Wien 202, 1925 (zu epist. IV 14,6 Sch. und IV 7). – J. J. Bungarten, Menanders und Glykeras Brief bei Alkiphron, Diss. Bonn 1967.

Alkman

2. Hälfte 7. Jh. v. Chr.

Vermutlich in Sardes geboren, verbrachte Alkman sein Leben in Sparta. Von seinen sechs Gedichtbänden kennen wir nur 117 Fragmente; doch ist er der einzige Chorlyriker, dessen Verse wenigstens teilweise erhalten sind. Er galt in der Antike als einer der neun kanonischen Lyriker (→ Alkaios). Neben Bruchstücken von Hymnen und Festliedern ist ein größeres Fragment für einen Mädchenchor von Interesse, das offenbar mehr als die Hälfte des Liedes umfaßt, eine mythologische Erzählung bietet und abschließende heitere Wechselgesänge, die sich auf die aufführenden Mädchen und ihre beiden Chorführerinnen beziehen.

A D. L. Page, Poetae Melici Graeci, Oxford 1962, S. 2–91. – E. Diehl, Anthologia Lyrica Graeca, Bd. 2, Leipzig [2]1942, fasc. 5, S. 6–42. – C. Calame, Rom 1983 (mit frz. Übers. und Komm.). – **Ü** H. Rüdiger, Griechische Gedichte, München [4]1972, S. 38 (griech./dt.). – F. Dornseiff, Die Antike 9, 1933, S. 121–129. – F. Port, Goldene Phorminx, 1923, S. 60 ff. – **L** D. L. Page, Alcman, The Partheneion, Oxford 1951. – C. M. Bowra, Greek Lyric Poetry 2, 1962, S. 16 ff. – C. O. Pavese, Il grande Partenio di Alcmane, Amsterdam 1992.

Altes Testament → *Septuaginta.*

Ambrosius

333/334 oder 339/340 Trier – 397 n. Chr. Mailand

Auf jetzt deutschem Boden als Sohn des Prätorianerpräfekten für Gallien in Trier geboren, hat Ambrosius nach

Studien und ersten Erfolgen in Rom sein Leben in Mailand verbracht. Etwa 370 wurde er dort Gouverneur der Provinz Aemilia-Liguria. Als er in seiner Eigenschaft als weltliche Autorität beim Streit um die Besetzung des Bischofssitzes zwischen Arianern und Katholiken vermitteln wollte, wurde er, obgleich erst Katechumene, selbst zum Bischof gewählt und eine Woche nach der Taufe geweiht.

Seiner Laufbahn entsprechend ist Ambrosius vor allem als Kirchenpolitiker bedeutsam geworden. Er verhinderte (vgl. Epistel 17/18) die von → Symmachus und seinen Mitstreitern betriebene Wiedererrichtung des Altars der Göttin Victoria in der römischen Kurie; er stellte die Unterwerfung des Kaisers unter das Kirchengesetz klar heraus und veranlaßte Theodosius, für die Abschlachtung Tausender von Aufständischen 390 in Thessaloniki Kirchenbuße zu tun. Insbesondere aber führte er in der katholischen Kirche den Kultgesang ein, für den er auch selbst strophische Hymnen in jambischen Dimetern dichtete. Zwar ist die Echtheit aller uns überkommenen Stücke nicht gesichert (gerade der *Ambrosianische Lobgesang*, das *Te Deum laudamus*, wird ihm abgesprochen), doch lebt beispielsweise in Luthers Nachdichtung *Nun komm der Heiden Heiland* des Ambrosius Adventshymnus *Veni redemptor gentium* weiter.

Weitreichende Wirkungen hatten auch die Aktivitäten des Ambrosius gegen den Arianismus im kirchenpolitischen, seine Schrift *De officiis ministrorum* (*Vom rechten Handeln der Kirchendiener*) im geistigen Bereich. Diese erste christliche Ethik schließt sich an → Ciceros Werk *De officiis* an, ersetzt jedoch dessen altrömische Exempla durch biblische Beispiele und gibt seinem stoischen Wortschatz nun christlichen Sinn, teils durch Übernahme, teils durch Ergänzung. Durch die Glut seiner Predigten, die auch → Augustinus bezeugt (*Bekenntnisse* 6,4,6), erwarb sich Ambrosius größten Einfluß; seine Briefe zeigen eindrucksvoll die Wirkung seiner dynamischen Persönlichkeit. Seine nicht wenigen theologischen Schriften gewinnen geistiges Gut großer griechischer Denker (Origenes, Philon, Plotin, Porphyr) für die westliche Welt.

A Patrologiae cursus completus, series Latina, hrsg. von J.-P. Migne, Bd. 14–17 (Gesamtausg.). – A. S. Walpole, Early Latin Hymns, New York 1924. – W. Bulst, Hymni Latini antiquissimi, Heidelberg 1956. – **Ü** J. E. Niederhuber, Bibliothek der Kirchenväter, Bd. 17, 21, 31, 1914–17. – **L** Sant'Ambrogio nel XVI centenario della nascitá, Mailand 1940. – Ambrosiana, Mailand 1942. – R. Klein, Der Streit um den Victoriaaltar, Darmstadt 1972. – W. Steidle, in: Vigiliae Christianae 38 (1984) S. 18–66 und 39 (1985) S. 280–298. – D. H. Williams, Ambrose of Milan, Oxford 1995.

Ammianus Marcellinus

vor 333 Antiochia – nach 395 n. Chr.

Wie in der Poesie →Claudian, so ist auch in der Prosa der bedeutendste römische Autor am Ende des 4. Jh. n. Chr. griechischer Herkunft. Ammianus gehörte als junger Mann der kaiserlichen Leibgarde an; als Adjutant des Heerführers Ursicinus, der noch einer der Mitkämpfer Kaiser Konstantins des Großen war, hielt sich Ammianus 353 in Nisibis in Mesopotamien auf, reiste mit ihm dann nach Antiochia, an den Rhein und nach Gallien, wo er dem jungen Julian begegnete, der sein Lieblingsheld werden sollte und als Kaiser mit dem Beinamen Apostata, »der Abtrünnige«, eine Figur von geschichtlicher Größe geworden ist. Doch ist Ammianus zunächst wieder mit Ursicinus gegen die Perser gezogen und hat in Mesopotamien strapaziöse und abenteuerliche Kriegszeiten durchzustehen gehabt. Als später Kaiser Julian gegen die Perser zu Felde zog, ist Ammianus abermals auf diesem Kriegsschauplatz aktiv gewesen.

Nach des Kaisers Tod 363 lebte Ammianus zunächst in Antiochia; zwischen 363 und 380 gaben ihm weite Reisen – Ziele waren Ägypten, Griechenland, Thrakien – Gelegenheit, die Schlachtfelder der Gotenkämpfe kennenzulernen.

Schließlich führte ihn sein Weg nach Rom, wo er, wie wir aus einem Brief des Rhetors Libanios (Nr. 983) erfahren, aus seinem Geschichtswerk vorlas und Beifall fand.

Dieses Werk schließt sich in der Darstellung zeitlich an die *Annalen* des → Tacitus an und behandelt in 31 Büchern die Geschichte des römischen Reiches von der Regierung Nervas (96–98) bis zum Tode des Kaisers Valens in der Gotenschlacht bei Adrianopel (378). Erhalten sind allerdings nur die Bücher 14–31; dennoch umfassen diese allein den Zeitraum der 26 Jahre von 353 bis 378, besitzen also gegenüber dem Verlorenen den Vorzug ausführlicherer und, weil persönlich miterlebt, auch detaillierter Darstellung.

Im Zentrum der Bücher 15–26 steht die Gestalt Iulians; 26 beginnt entsprechend mit einer neuen Einleitung. Das Werk dürfte erst nach 395, dem Todesjahr des Theodosius, abgeschlossen worden sein, da dieser wie ein nicht mehr Lebender erwähnt wird (29,6,15). Umgekehrt macht die Behandlung der Person Gildos, der 397 zum Staatsfeind erklärt und erdrosselt wurde (wozu Claudians Dichtung zu vergleichen ist), es wahrscheinlich, daß Ammianus noch vor dessen Ende sein Werk abschloß.

Nicht nur zeitlich, auch im historiographischen Ansatz knüpft Ammianus an Tacitus an. Doch treten andere Elemente hinzu: Die durch → Sueton propagierte, durch die → *Historia Augusta* weitergeführte Kaiser-Biographie veranlaßte Ammianus, die Gestalten der einzelnen Herrscher als zentrale Figuren zu etablieren und jeweils nach der Schilderung ihres Todes mit einer hinzugefügten Charakteristik abzuschließen. Weiterhin sind Exkurse verschiedenster Art eingelegt: geographische und ethnographische Informationen, naturkundliche Erklärungen u. a. m. Schließlich runden die sog. »Wir-Berichte« das Bild ab, in denen der Autor seine eigenen Erlebnisse schildert, ein heute recht ansprechender, der antiken Geschichtsschreibung jedoch an sich fremder Zug. Auch Anekdotisches belebt die Darstellung, die sich so als große Synthese unterschiedlicher Vorformen zeigt und in ihrer breiten Spannweite mit der geographischen Weite des Inhalts korrespondiert. Ebenso ist auch der Sprachduktus des Ammianus von bunter Breite: Beeinflußt von lateinischen Klassikern – Cicero ist 34mal namentlich erwähnt – und geprägt von griechischen Aussage- und Denkformen, ergänzt durch juristisches Formelgut und bürokratischen Amtsstil, grundiert durch volkstümliche Umgangssprache, so daß Höhen und Tiefen, Spontaneität und Klassizität ihren Platz finden.

Lob und Tadel ausgewogen auszusprechen, ist ein dem des Tacitus analoges Programm des Ammianus, der von der »Schmeichelei als der gefährlichen Amme der Laster« (15,5,36) spricht und nur dann Lob als berechtigt ansieht, wenn auch gelegentlicher Tadel für schlechte Taten seinen Platz findet. Seine beiden Rom-Exkurse (14,6; 28,4) dokumentieren des Ammianus Zuneigung zur Ewigen Stadt ebenso wie seine offene Kritik an ihrer kläglichen Kondition im kulturellen wie im kriegerischen Bereich.

Das Wetterleuchten der Völkerwanderung gibt dem großangelegten Geschichtswerk des Ammianus einen weiten historischen Horizont. Doch blieb ihm Rom »der Tempel der Welt« (17,4,13), *in templo mundi totius*, blieb sein Blick auf das Imperium als dauernde Machtorganisation gerichtet, obschon dieses seinem Ende bereits nahe war. Das sich ausbreitende Christentum und die ankommenden Erobervölker haben neue Zeichen gesetzt und neue Zeiten heraufgeführt. So wurde das Werk des Ammianus der Schwanengesang eines mehr als tausendjährigen Reiches.

A C. U. Clark, 1910–15, Neuausg. 1963. – Ü W. Seyfahrt, Berlin 1968–71 (lat./dt.). – O. Veh / G. Wirth, Zürich/München 1974 (mit Erl.). – L R. Syme, Ammianus and the *Historia Augusta*, Oxford 1960. – J. Vogt, Ammianus Marcellinus als erzählender Geschichtsschreiber der Spätzeit, Mainz 1963. – H. Drexler, Ammianstudien, Hildesheim 1974. – N. Bitter, Kampfschilderungen bei Ammianus Marcellinus, Bonn 1974. – J. Szidat, Historischer Kommentar zu Ammianus Marcellinus. Buch XX–XXI, 3 Bde., Stuttgart 1977–96. – K. Rosen, Ammianus Marcellinus, Darmstadt 1982.

Anakreon
um 570 – um 485 v. Chr.

Der aus Teos in Ionien gebürtige Lyriker verließ als etwa Fünfundzwanzigjähriger seine von den Persern bedrohte Heimat. Er war zunächst bei der Gründung der Kolonie Abdera dabei, später verbrachte er sein langes Leben an verschiedenen Fürstenhöfen: in Samos bei Polykrates, bei Hipparch in Athen sowie am thessalischen Königshof.

Drei Gruppen sahen antike Gelehrte in den Gedichten des Anakreon: einmal die Lyrik, der Hymnen und Liebeslieder zugeordnet wurden, zum anderen Jamben, die spöttisch-satirische, z. T. aggressive Gedichte enthielten, schließlich Elegien mit Grabgedichten und Widmungen. Obwohl nur drei Gedichte als Ganzes erhalten sind, ergeben sich doch aus den Fragmenten genügend Anhaltspunkte, Stil und Tendenz dieser Poesie zu bestimmen. Sprachlich einfach gehalten, geben die Lieder häufig der Lebensfreude Ausdruck, feiern den Genuß von Wein und Liebe, berichten auch von der Furcht vor Alter und Tod.

Anakreon gehört auch zum Kanon der neun exemplarischen Lyriker (→ Alkaios). Mehr als seine eigene Dichtung haben die Anakreonteen, Gedichte, die in seinem Stil viele Jahrhunderte hindurch geschaffen wurden, sein Profil für die Nachwelt bestimmt. Sie sind in der europäischen Lyrik einflußreich geworden, insbesondere im 16. Jh. in Frankreich und im 18. Jh. in Deutschland bei den sogenannten Anakreontikern wie auch bei Goethe und Mörike. Goethes genaue Übertragung eines Originaltextes gibt gewiß die beste Einführung:

An die Cicade,
nach dem Anakreon

Selig bist du, liebe Kleine,
Die du auf der Bäume Zweigen,
Von geringem Trank begeistert,

Singend, wie ein König lebest!
Dir gehöret eigen alles,
Was du auf den Feldern siehest,
Alles, was die Stunden bringen;
Lebest unter Ackersleuten,
Ihre Freundin, unbeschädigt,
Du den Sterblichen Verehrte,
Süßen Frühlings süßer Bote!
Ja, dich lieben alle Musen,
Phöbus selber muß dich lieben,
Gaben dir die Silberstimme,
Dich ergreifet nie das Alter,
Weise, Zarte, Dichterfreundin,
Ohne Fleisch und Blut Geborne,
Leidenlose Erdentochter,
Fast den Göttern zu vergleichen.

A E. Diehl, Anthologia Lyrica Graeca, Bd. 1, Leipzig ²1936, fasc. 4, S. 160–192. – B. Gentili, Anacreon, Rom 1958 (mit ital. Übers.). – Z. Franyó, Berlin ²1981 (mit Übers.). – D. L. Page, Poetae Melici Graeci, Oxford 1962, S. 172–235. – C. Preisendanz, Carmina Anacreontea, Leipzig 1912. – M. L. West, Leipzig 1984. – **Ü** E. Staiger, Griechische Lyrik, Zürich 1961, S. 58–60. – E. Mörike, Werke, Bd. 3, Leipzig/Wien 1923, S. 457–497. – **L** U. v. Wilamowitz-Moellendorff, Sappho und Simonides, Berlin 1913, S. 102 ff. – C. M. Bowra, Greek Lyric Poetry, Oxford 1961, S. 269 ff. – Th. Nissen, Die byzantinischen Anakreonteen, München 1940. – P. A. Rosenmeyer, The Poetics of Imitation. Anacreon and the Anacreontic Tradition, Cambridge 1991.

Andokides
um 440 – um 390 v. Chr.

Nur vier Reden sind unter seinem Namen überliefert; eine davon gilt als unecht. Sieben weitere Reden sind bekannt und fragmentarisch belegt. Immerhin ist Andokides in den Kanon der zehn klassischen attischen Redner gelangt (der erst im 1. Jh. v. Chr. nachweisbar ist) und steht so Seite an Seite mit Antiphon, Lysias, Isokrates, Isaios, Lykurgos, Aischines, Demosthenes, Hypereides und Deinarch.

Verwickelt in wenig durchsichtige politische Intrigen, ging Andokides im Zusammenhang mit einem nächtlichen Religionsfrevel im Jahr 415 (»Hermokopidenprozeß«) in die Verbannung. Als Kaufmann knüpfte er weitreichende Verbindungen an. 407 versuchte er mit der Rede *Über die Heimkehr aus dem Exil* wieder in Athen Fuß zu fassen, doch erreichte er dieses Ziel erst 402. 399 mußte er sich erneut gegen die alten Anschuldigungen (mit der Rede *Über die Mysterien*) verteidigen. 391 brachte ihm seine Rede *Über den Frieden mit Sparta* abermals die Ungunst der Athener ein; er ging wieder ins Exil. Weiteres ist nicht bekannt.

Sein Stil, reich an Parenthesen und Abschweifungen, wurde bereits im Altertum als allzu locker gefügt kritisiert. Doch ist seine sonstige Einfachheit und Kunstlosigkeit, verbunden mit hohem Engagement, gerade das Kennzeichen eines zwar unkonventionellen, doch dynamischen Redners.

A F. Blass / C. Fuhr, Leipzig 1913. – U. J. Maidment, Minor Attic Orators, London/Cambridge [2]1953 (mit engl. Übers.). – G. Dalmeyda, Paris 1930 (mit frz. Übers.). – Ü Siehe Maidment. – L F. Blass, Attische Beredsamkeit, Bd. 1, Hildesheim [3]1962, S. 280 ff. – E. Wolf, Griechisches Rechtsdenken, Bd. 3,2, Frankfurt a. M. 1956, S. 169 ff. – A. Schroff, Zur Echtheitsfrage der vierten Rede des Andokides, Diss. Erlangen 1901. – W. D. Furley, Andocides and the Herms, London 1996.

Anthologia Graeca

1494 erschien der Erstdruck einer einzigartigen Sammlung; Johannes Laskaris (etwa 1445–1535) ließ zu Florenz eine Anthologie (»Blütenlese«) griechischer Epigramme erscheinen, dem Nachfolger Lorenzos, Piero de Medici, gewidmet. Welches Manuskript er zugrunde legte, ist nicht genau geklärt; gewiß ist, daß diese Kollektion von rund 3700 Gedichten, rund 350 Dichterpersönlichkeiten zugeschrieben, einen unvergleichlichen Schatz poetischer Produkte aus 12 Jahrhunderten darstellt.

Die Sammlung ist schrittweise entstanden: Meleagros aus Gadara stellte um 70 v. Chr. einen »Kranz« von Poemen von etwa 50 Dichtern zusammen, 40 n. Chr. schuf Philippos von Thessalonike eine Ergänzung, die auch seine eigene Zeit einbezieht. Auch in späteren Jahrhunderten entstanden ähnliche Kollektionen; die wichtigste ist die Zusammenfassung durch Konstantin Kephalas um 900 und nächst ihr die des Maximos Planudes aus Konstantinopel (um 1255 bis vor 1305); sie wurde 1299 abgeschlossen und bietet 388 Nummern mehr als das 15 Bücher umfassende traditionelle Korpus, läßt jedoch auch einiges aus ihm fort. Diese Zufügungen der Anthologia Planudea erscheinen auch als 16. Buch der *Anthologia Graeca.* Die Überlieferungsgeschichte hat der *Anthologia Graeca* auch den Namen *Anthologia Palatina* gegeben: Das in Heidelberg in der Bibliotheca Palatina befindliche Manuskript kam als Kriegsbeute 1622 in den Vatikan, 1797 nach Paris, 1816 (jedoch nur zu einem Teil) wieder nach Heidelberg, so daß nun die palatinische wie die Pariser Bibliothek je einen Teil besitzen.

Unter den Autoren finden sich neben vielen weniger bekannten auch Namen von höchstem Rang wie → Sappho und → Platon, → Pythagoras und → Diogenes Laertios, die Kaiser Tiberius, Trajan und Julian; ferner → Anyte, → Erinna, → Moiro, → Nossis. Wichtiger als derlei Prominenz ist die breite Palette kulturgeschichtlicher Information wie auch die Illustration des Gefühls- und Gesellschaftslebens in hellenistischer Zeit.

A H. Beckby, 4 Bde., München ²1965 (mit Übers.). – P. Waltz, Anthologie Grecque, 6 Bde., Paris 1928 ff. – Ü Siehe Beckby. – L A. Wifstrand, Studien zur Anthologia Graeca, Lund/Leipzig 1926. – G. Luck, Die Dichterinnen der griechischen Anthologie, Museum Helveticum 11, 1954, S. 170 ff. – Entretiens sur l'antiquité classique, Fondation Hardt, Bd. 14, Vandœuvres/Genf 1967.

Anthologia Latina

Die griechische Literatur kannte schon seit dem 3. Jh. v. Chr. Anthologien (»Blütenlesen«), d. h. Auswahlen von Sentenzen u. a. aus literarischen Werken, auch Epigramm-Sammlungen. Ähnliches hat auch die lateinische Literatur hervorgebracht (»Florilegien«). Gegenwärtig wird das Wort *Anthologia Latina* in zweifachem Sinne gebraucht: In einem weiteren für die Sammlungen lateinischer Gedichte, die moderne Gelehrte aus Codices des 9. bis 12. Jh. sowie aus Inschriften zusammengestellt haben, im engeren für den *Codex Salmasianus* in Paris. Er enthält eine Gedichtsammlung vom Ende der Vandalenzeit, um 530 in Nordafrika entstanden, möglicherweise von → Luxorius bearbeitet.

Sein Inhalt: Fast 400 in verschiedensten Formen und Versmaßen verfaßte Gedichte, die in der Thematik wie in der dichterischen Qualität, im Umfang (vom Distichon bis zu 480 Versen) wie in der Diktion derart differieren, daß eine zusammenfassende Charakterisierung nicht möglich ist. Zwar sind auch bedeutende Namen unter den Autoren angegeben, wie z. B. → Cato, → Martial, → Ovid, → Petron, → Properz, → Vergil, doch ist die Authentizität dieser Zuschreibungen zumeist mehr als zweifelhaft. Immerhin heben sich das Epigrammbuch des Luxorius mit 89, die Rätselsammlung des → Symphosius mit 100 Nummern heraus. Als Perle der Sammlung muß das → *Pervigilium Veneris* gelten. Wie unterschiedlich auch die einzelnen Teile dieser kuriosen Kollektion einzuschätzen sein mögen, als Ganzes gibt sich die Anthologie als eine bemerkenswerte Dokumentation aus einer weltgeschichtlichen Wende zu erkennen, wie wir nur wenige besitzen.

A F. Bücheler / A. Riese / E. Lommatzsch, Leipzig 1894, reprogr. Nachdr. Amsterdam 1972. – D. R. Shackleton Bailey, Stuttgart 1982. – **L** F. Munari, Die spätlateinische Epigrammatik, in: F. M., Kleine Schriften, hrsg. von P. Rosumek, E. Siedschlag und U. J. Stache, Berlin 1980.

Antiphon
um 480 – 411 v. Chr.

Der älteste der zehn dem Kanon (→ Andokides) zuzählenden attischen Redner, aus Rhamnus stammend, beteiligte sich 411 in Athen an einem oligarchischen Umsturzversuch gegen die Demokratie, wurde des Hochverrats angeklagt und nach seiner sehr guten, doch vergeblichen Selbstverteidigung hingerichtet.

Seine Tätigkeit war vielseitig: Er gründete eine Rednerschule, schrieb als Logograph (eine Art Advokat) gegen Bezahlung Gerichtsreden für seine Klienten, veröffentlichte auch seine eigenen Reden und verschaffte ihnen so Wirkung über den Tag hinaus. Von den 60 der Antike bekannten Reden besitzen wir noch 15; es sind drei aus Mordprozessen sowie drei Tetralogien, deren Echtheit umstritten ist und die zumeist als Übungsstücke angesehen werden. Ungewiß ist auch, ob er Lehrer des →Thukydides war; desgleichen, ob die unter seinem Namen überlieferten sophistischen Fragmente ihm selbst zuzusprechen sind oder einer anderen Person gleichen Namens. Der antithesenreiche Stil des Redners ist eindrucksvoll genug; einfach gehalten, wird er durch dichterische Wendungen belebt. Die Gedankenführung dagegen verfällt oft einer allzu starken Spitzfindigkeit.

A Th. Thalheim, Leipzig 1914. – **Ü** G. Gernet, Paris 1965 (frz. Übers.). – **L** E. Wolf, Griechisches Rechtsdenken, Bd. 2, Frankfurt a. M. 1952, S. 148 ff. – F. Solmsen, Antiphonstudien. Untersuchungen zur Entstehung der attischen Gerichtsrede, Berlin 1931. – G. Vollmer, Studien zum Beweis antiphonischer Reden, Diss. Hamburg 1958. – W. Nestle, Vom Mythos zum Logos, Stuttgart 1940, S. 391 ff. – E. Heitsch, Antiphon aus Rhamnus, Wiesbaden 1984.

Antisthenes
um 455 – um 360 v. Chr.

Angeblich war Antisthenes Sohn eines Bürgers von Athen und einer Sklavin aus Thrakien. Er zählte zu den Schülern des Sokrates, dessen Anschauungen er in seinen Schriften propagierte. Im *Herakles* präsentierte er das Ideal einer hart ringenden Haltung, im *Kyros* (vergleichbar der *Kyropaideia* des →Xenophon) den Typ des weisen Herrschers. Nur wenige Fragmente sind erhalten. Zu ihnen gehören auch zwei Reden, die den Odysseus bzw. Aias feiern. Am wichtigsten ist sein Platz als Gründer der Kynischen Philosophenschule (»Zynismus«).

A L. Radermacher, Artium scriptores, Wien 1951, S. 120–127 (Sitzungsber. der österr. Akad., Phil.-Hist. Kl. 227,3). – F. Decleva Caizzi, Fragmenta, Mailand 1966. – **Ü** W. Nestle, Die Sokratiker, Jena 1922, S. 79–98. – **L** K. v. Fritz, Zur Antisthenischen Erkenntnistheorie und Logik, in: Hermes 62, 1927, S. 453–484. – E. Schwartz, Antike Charakterköpfe, Bd. 2, Stuttgart 1911, S. 11–13.

Anyte
um 300 v. Chr.

Ist der Lebensgang der aus Tegea in Arkadien stammenden Dichterin auch unbekannt geblieben, so geben ihre 21 erhaltenen Epigramme doch klare Kunde von einer Empfindungstiefe und Zartheit, wie sie nur wenigen hellenistischen Poeten zu eigen sind. Anyte zeichnet in dorischem Dialekt das Bild angenehmer Örtlichkeiten, sie schreibt Grab- und Weihepigramme, erhebt auch mehrfach Totenklage um Tiere, eine Gattung, die sie begründet zu haben scheint; das mag auch vom Landschaftsepigramm gelten. Ihr Naturgefühl spricht in besonderer Weise den modernen Leser an.

A H. Beckby, Anthologia Graeca, 4 Bde., München [2]1965. – D. Geoghegan, Rom 1979. – **Ü** Siehe Beckby. – **L** G. Luck, Die Dichterinnen der griechischen Anthologie, in: Museum Helveticum 11, 1954, S. 170–187.

Apicius, Caelius Apicius

Das wohl merkwürdigste Namensproblem in der gesamten römischen Literatur ist an ein Buch geknüpft, das schon für sich ausgefallen genug ist: ein Kochbuch. Am Beginn des 1. Jh. n. Chr. lebte in Rom ein berühmt-berüchtigter Schlemmer und Schwelger namens Marcus Gavius; nach einem Vorgänger in der Kunst des gehobenen Gaumengenusses aus der Zeit der Kimbernkriege hieß man ihn auch Apicius: Aus dem Eigennamen war so eine Art Gattungsbezeichnung geworden, wie wir sie von Maecenas (»Mäzen«) und Caesar kennen, am nächsten verwandt mit Lucullus. So wurde als Verfasser des wohl erst aus dem 4. Jh. stammenden Werkes *De re coquinaria* (*Von der Kochkunst*) ein Apicius angegeben. Die Zuschreibung mag also mehr generellen als individuellen Charakter tragen.

Das Buch selbst freilich ist interessant genug: Es ist nach Sachgruppen geordnet, gibt Hinweise sowohl für schlichtere Speisen wie für raffinierte Reize (was aus unterschiedlichen Quellen resultieren mag) und gewährt Einblicke in die antike Küche, die sowohl das Leben jener Zeit besser verstehen lassen als auch das Fortleben früher Formen der Kochkunst in späteren Zeiten bis zur Gegenwart erklären, ja überhaupt erst sehen helfen.

A M. E. Milham, Leipzig 1969. – Ü R. Golmer, Das Apicius-Kochbuch aus der altrömischen Kaiserzeit, Breslau 1909, Rostock 1928. – M. Faltner / G. Faltner, An der Tafel des Trimalchio, München 1959 (Ausw.). – Das römische Kochbuch des Apicius, hrsg., übers. und komm. von R. Maier, Stuttgart 1991 (lat./dt.). – E. Alföldi-Rosenbaum, Apicius, Zürich/München 1970 (Ausw.). – L E. Brandt, Untersuchungen zum römischen Kochbuche, Leipzig 1927. – F. Vollmer, Studien zum römischen Kochbuche von Apicius, München 1920.

Apokrypha → *Septuaginta;* → *Testamentum novum.*

Apollonios von Rhodos, Apollonios Rhodios
3. Jh. v. Chr.

Zu Beginn des Jahrhunderts in Alexandria geboren, erhielt Apollonios seinen Beinamen von seinem späteren Arbeits- und Ruhesitz. Er war Schüler des → Kallimachos und wurde um 260 sein zweiter Nachfolger als Leiter der berühmten Bibliothek. Infolge literarischer Streitigkeiten mit ihm zog er sich nach Rhodos zurück. Hier beendete Apollonios sein Epos *Argonautika*, das er als erster Dichter selbst in Bücher einteilte (I–IV).

Dieses schildert die mythologische Exkursion der von Jason geführten, auf dem Schiff Argo nach Kolchis reisenden Helden, wo sie mit Hilfe der Medea das Goldene Vlies erobern, sowie die Rückkehr. Der alte Sagenstoff ist in 5834 Versen zu einem größeren Epos gestaltet und damit der damals herrschenden Kunsttheorie entgegengesetzt, die das kleine ausgefeilte Poem favorisierte und das weiträumige ablehnte: *Mega biblion mega kakon.* – »Ein großes Buch ist ein großes Übel«. Als erster Epiker stellt Apollonios, der viel Gelehrsamkeit in sein Buch einbringt, die Liebe (zwischen Jason und Medea) in den Mittelpunkt des Werkes. So sind die Affekte, die psychologischen Details besonders betont. Hierin und in manchen weiteren Zügen ist Apollonios richtungweisend geworden; in der lateinischen Literatur haben → Vergil und → Valerius Flaccus intensiv Bezug auf Apollonios genommen.

A H. Fränkel, Oxford 1961. – Ü Th. v. Scheffer, Wiesbaden 1940. – L A. Körte / P. Händel, Die hellenistische Dichtung, Stuttgart ²1960, S. 124 ff. – E. Eichgrün, Kallimachos und Apollonios Rhodios, Diss. Berlin 1961. – P. Händel, Beobachtungen zur epischen Technik des Apollonios Rhodios, München 1954. – H. Fränkel, Das Argonautenepos des Apollonios Rhodios, Museum Helveticum 14, 1957, S. 1–9.

Appendix Vergiliana → Vergil.

Appian, Appianos
2. Jh. n. Chr.

Der in Alexandrien gebürtige Augenzeuge des jüdischen Aufstandes von 116 n. Chr. war als Advokat in Rom tätig. Mit → Fronto befreundet, stieg er bis zur Würde eines kaiserlichen Prokurators (wohl in Ägypten) auf. Seine Autobiographie ist leider verloren; auch von den 24 Büchern des Hauptwerkes, der *Römischen Geschichte*, nach Mitte des 2. Jh. abgeschlossen, sind nur Teile erhalten: vollständig die Vorrede und Buch 6 und 7; 11–17, teilweise 8 und 9 sowie Auszüge aus 4,1–9 und 24. Die Anordnung ist chronologisch, sie beginnt mit der sagenhaften Zeit des Aeneas und reicht bis zum 2. Jh. n. Chr. Ab Buch 3 werden die einzelnen Völker in der Reihenfolge eingeführt, in der sie dem Römerreich begegneten; ein nicht unbedenkliches Prinzip, das zur Folge hat, daß der 2. Punische Krieg an vier verschiedenen Stellen erscheint.

Trotz mancher uns romanhaft erscheinender Züge, die der sonst schlicht schreibende Appian wohl seinen Quellen verdankt, ist sein Werk wichtig für unser Wissen von den Vorgängen während der Bürgerkriege (133–70 v. Chr.) seit der Zeit der Gracchen, auch wenn die Darbietung des Materials bald breit, bald gerafft und also recht unausgeglichen ist. Dazu führt das Regionalprinzip zu Wiederholungen, das Fehlen einer durchgehenden Chronologie erschwert die Übersicht. Doch ist Appians Sprache durchsichtig, seine Bewunderung für Roms Größe tief und echt. Nicht wenige seiner Informationen sind uns unersetzlich.

A L. Mendelssohn / I. P. Viereck / A. G. Roos, 2 Bde., Leipzig 1905, verb. und erg. von E. Gabba 1962. – Ü O. Feh, 2 Bde., Stuttgart 1987–89. – H. White, London 1912–13 (griech./engl.). – L A. Klotz, Appians Darstellung des 2. Punischen Krieges, Paderborn 1936, New York 1968. – J. Hering, Lateinisches bei Appian, Weida 1935. – B. Goldmann, Einheitlichkeit und Eigenständigkeit der *Historia Romana* des Appian, Hildesheim 1988.

Apuleius, Lucius Apuleius
um 125 Madaura, Numidien – um 180 n. Chr. (?)

Obwohl das Todesdatum des Apuleius ungewiß ist, sind doch aus seinem Leben nicht wenige Fakten belegt. Stationen seiner Ausbildung waren Karthago, Athen und Rom; nach einer Reisezeit in die Heimat zurückgekehrt, heiratete er in Oea (heute Tripolis) die reiche Witwe Aemilia Pudentilla. Gegen die Anklage, er habe ihre Zuneigung durch Liebeszauber gewonnen, verteidigte er sich selbst mit allem Nachdruck und vollem Erfolg. Wir besitzen in seiner *Apologia* die einzige wirklich gehaltene Gerichtsrede der Kaiserzeit und auch die einzige vollständige Rede des Apuleius; sind doch von seinen übrigen Reden nur 23 ausgewählte Glanzstellen, *Florida*, im Umfange von etwa 43 Seiten erhalten. In Karthago glänzte er als Philosoph, Dichter und Rhetoriklehrer; Ehrenstatuen für ihn in Karthago und Madaura bezeugten sein Ansehen; die Basis der letztgenannten ist sogar wieder aufgefunden worden.

Weitere Werke des Apuleius wenden sich philosophischen Fragen zu, so die Erörterungen über die Dämonologie und das Daimonion des Sokrates *De deo Socratis* und über Platon und seine Lehre *De Platone et eius dogmate*. Dieser Traktat verdient doppeltes Interesse, ist er doch die älteste neuplatonische Schrift in lateinischer Sprache und stellt sich, darin der Lehrschrift *De inventione* von → *Cicero* gleichend, als ausgearbeitetes Kollegheft dar. Schließlich ist, nach Ciceros Übertragung des platonischen *Timaios*, des Apuleius lateinische Bearbeitung der Schrift *Über das Weltall* (*De mundo*) aus dem *Corpus Aristotelicum* die nächste nahezu wörtliche Übersetzung eines griechischen Prosatextes ins Lateinische.

Auch der Roman des Apuleius, von ihm selbst *Metamorphoseis* (*Verwandlungen*) genannt, von → Augustinus (*Der Gottesstaat* 18,18) als *Der Goldene Esel* erwähnt, geht auf eine griechische Vorlage zurück. Von dieser ist uns im Corpus der Schriften des Lukian eine (wohl nicht von diesem selbst geformte) Kurzfassung erhalten. Der Vergleich beider Fassungen ergibt, daß Apuleius den Stoff wesentlich erweitert und gedanklich vertieft hat.

Der Inhalt ist bunt, bildhaft, ja bizarr. Lucius, ein allzu neugieriger Jüngling, sucht nach der Erfahrung und Meisterung magischer Macht. Bei einem mißglückten Experiment bleibt er in Eselsgestalt auf dem Platz, und die Rückverwandlung zum Menschen wird ihm erst nach endlosen Drangsalen, komplizierten Irrfahrten und absonderlichen Abenteuern durch die Gnade der Göttin Isis zuteil. In diese an sich schon hinlänglich abwechlungsreiche Erzählung hat Apuleius nun noch zahlreiche Einlagen unterschiedlichen Umfangs eingearbeitet. Fast ein volles Dutzend Kurzfabeln bieten in knappen Strichen novellistisches, meist frivol-freizügig formuliertes Gut nach Art der sog. Milesischen Novelle; von ihnen ist viel in die moderne Literatur eingegangen, z. B. »Der Galan am Faß« (9,5–7) in Boccaccios *Decamerone*, 7,2, oder »Der Liebhaber unter dem Walkergestell«, (9,24 f.) in Boccaccios *Decamerone* 5,10.

Die Mitte des Werkes (4,28–6; 24 bei insgesamt 11 Büchern) nimmt das einzige uns in voller Ausführung aus der Antike erhaltene Märchen ein, die berühmte Erzählung *Amor und Psyche*. Sie verbindet sich mit der Haupthandlung durch das Motiv der Neugier, der *curiositas*: Wie Lucius durch sie zum Esel wird und leiden muß, so muß auch Psyche, die ihren geheimnisvollen göttlichen Gatten gern genauer gesehen hätte, ihn aber nur im nächtlichen Dunkel empfangen darf, zur Strafe umherirren, weil sie ihn unerlaubt betrachtet hat. Nicht nur das endlich doch eintretende Happy-End, das die Liebenden vereint, auch die reizvoll mit vielerlei Sprachebenen spielende Erzählkunst haben dieser Perle antiker Prosa überzeitliches Interesse gesichert. Ein Höhepunkt der künstlerischen Nachgestaltung ist Raffaels Freskenzyklus *Amor und Psyche* in der Farnesina zu Rom.

Sprachlich weiß Apuleius alle Nuancen zu meistern, vom schlichten Märchenton bis zu höchster rhetorischer Brillanz. Allenthalben dienen Assonanzen dem Klangzauber, und seine brillanten Beschreibungen vermitteln einen sinnlichen Reiz. Neben der reichen Metaphorik hat Apuleius nahezu 250 Neubildungen aufgeboten, um den Leser noch tiefer zu beeindrucken. Nichts wird nüchtern mitgeteilt, alles in einer Sprache ausgemalt, die sich selbst und ihre Möglichkeiten genießt; eine Literatur, die den Leser locken und berücken will und mit ihm solche Bezauberung auskostet. Der Satz der Einleitung gilt zu Recht: *Intende, lector; laetabere!* – »Merk auf, Leser; du wirst deinen Spaß haben!«

Der Eselsroman führt von der schwarzen Magie am Anfang zur weißen Magie der Isis-Initiation am Ende (die Apuleius dem griechischen Modell selbst hinzugefügt hat). Der Erlösungssehnsucht der Zeit, der schließlich das Christentum die letzte Antwort gab, entspricht auch die zusätzliche Handlung im 11. Buch: die weihevolle Darstellung von der Einführung des geretteten und geläuterten Jünglings in den geheimnisvollen Kult der orientalischen Göttin. So verwundert es auch nicht, daß der Ruhm des Apuleius in der Antike außerordentlich war: Nicht nur in Afrika wurden ihm Statuen gesetzt, er wurde auch neben → Vergil als einziger römischer Autor durch eine Bronzestatue in Byzanz geehrt (*Anthologia Graeca* 2,303); Contorniaten zeigten sein Bildnis; seine angeblichen Wundertaten wurden, wie Augustinus bezeugt, von den Gegnern der jungen Kirche mit denen Christi verglichen. Auch im Mittelalter finden sich vielfältige Spuren, die den Anverwandlungen durch Boccaccio und Raffael präludieren. Endlich ist des Apuleius Einfluß auf den europäischen Schelmenroman (*Don Quixote* von M. de Cervantes, *Simplicius Simplicissimus* von H. J. Ch. von Grimmelshausen, *Gil Blas* von A. R. Lesage) nicht hoch genug einzuschätzen.

A *Apologia*: R. HELM, Leipzig 1905, [2]1912, Neuausg. 1959, [5]1972. – *Florida*: R. HELM, Leipzig 1910, Neuausg. 1959, 1964. – *Metamorphosen*: R. HELM, Leipzig 1907, [3]1931, [7]1968, Neuausg. 1992. – *De philosophia libri*: C. MARESCHINI, Leipzig 1991. – **Ü** *Metamorphosen*: R. HELM, Berlin 1956 (lat./dt.). – E. BRANDT / W. EHLERS, München [3]1980, [4]1989. – C. FISCHER, München 1965, Wiederabdr. in: Im Reiche des Eros, hrsg. von B. KYTZLER, Bd. 2, München 1990. – *Verteidigungsrede*; *Blütenlese*: R. HELM, Berlin 1977 (lat./dt.). – **L** M. BERNHARD, Der Stil des Apuleius von Madaura, Stuttgart 1927. – W. WITTMANN, Das Isisbuch des Apuleius, Stuttgart 1938. – Amor und Psyche, hrsg. von G. BINDER und R. MERKELBACH, Darmstadt 1968. – S. J. HARRISON, in: The Novel in the Ancient World, hrsg. von G. SCHMELING, Leiden 1996, S. 491–516.

Aratos

1. Hälfte 3. Jh. v. Chr.

Arat, aus Soloi in Kilikien gebürtig, studierte in Athen u. a. beim Gründer der Stoa, →Zenon dem Jüngeren, 277 v. Chr. wurde er an den makedonischen Königshof nach Pella berufen, später lehrte er zeitweilig in Syrien. Er ist in Makedonien vor 240/239 gestorben.

Sein Hauptwerk, die 1154 Hexameter des Lehrgedichts *Phainomena*, gliedert sich in drei Großabschnitte: eine Beschreibung der Fixsterne, eine Darstellung der Sternauf- und -untergänge, eine Erörterung von Wetterzeichen. Auf der Lehre des Eudoxos von Knidos beruhend, ist das Gedicht durch eingefügte Sternsagen mehr als verifiziertes Wissensgut. Seine Nachwirkung war außerordentlich: Es wurde mehrfach ins Lateinische übertragen von so unterschiedlichen Autoren wie →Avianus, Cicero und →Germanicus. Es avancierte im Mittelalter sogar zum Schulbuch.

A E. MAASS, Arati *Phaenomena*, Berlin [2]1955. – J. MARTIN, Phénomènes, Paris 1954 (mit Komm. und frz. Übers.). – G. R. MAIR, Cambridge 1921 (mit engl. Übers.). – M. ERREN, München 1971 (mit dt. Übers.). – **Ü** A. SCHOTT / R. BÖKER, München 1958. – **L** R. BÖKER, Die Entstehung der Sternsphäre Arats. Sächs. Akad.

Math.-naturw. Kl. 99/5, 1952. – W. SCHADEWALDT, Griechische Sternsagen, Frankfurt a. M. 1956. – W. LEUTHOLD, Die Übersetzungen der *Phaenomena* durch Cicero und Germanicus, Diss. Zürich 1942. – M. ERREN, Die *Phainomena* des Aratos von Soloi. Untersuchungen zum Sach- und Sinnverständnis, Wiesbaden 1967. – E. MAASS, Aratea, Berlin 1892.

Archilochos von Paros
Mitte 7. Jh. v. Chr.

Eine Sonnenfinsternis hilft uns heute, das Leben des Archilochos zu datieren. Am 6. April 648 v. Chr. »verwandelte der Göttervater Zeus die Mittagszeit in Nacht und ließ der hellen Sonne Licht sich bergen; die Menschen spürten kalte Angst; seither ist nichts verläßlich mehr, glaubwürdig scheint den Menschen alles jetzt« (Fragment 74 Diehl). So schildert der Dichter selbst die Erschütterung der Bevölkerung durch das unerhörte, unvorhergesehene Naturereignis. Der Zusammenhang des Fragments weist darauf hin, daß Archilochos die zentrale Enttäuschung seines Lebens schon hinter sich hat: Dem Sohn eines parischen Freien und einer Sklavin war von Lykambes die Hand seiner Tochter Neobule zuerst fest versprochen, danach aber zugunsten eines vermögenden Freiers verweigert worden. Archilochos rächte sich mit aggressiven Versen, die späterer Legende zufolge die Tochter des Lykambes sogar zum Freitod trieben. Das mag ebenso legendarisch sein, wie die Geschichte von der Kuh, die der Knabe zum Markt treiben sollte, aber auf dem Weg an eine Schar Frauen verlor, die ihm als Ersatz eine Leier (Lyra) schenkten: Die Musen hatten ihn auf diese Weise zum Lyriker erwählt. Apollons Orakel in Delphi bestätigte diese Dichterweihe und wies auch später den, der Archilochos im Kampfe getötet hatte, als den Mörder eines Musendieners aus dem Tempel. Als Krieger hatte Archilochos seine Heimat Paros verlassen und für die Siedlung auf Thasos gekämpft, ebenso auch gegen Naxos.

So umrißhaft wie das Leben muß auch das Werk des Archilochos für uns bleiben: Wir besitzen nur Fragmente, nicht ein Gedicht blieb vollständig erhalten. Dennoch ist die Bedeutung des Dichters nicht hoch genug einzuschätzen: Die Antike – und noch Nietzsche – stellte ihn neben Homer, den Urvater der Poesie. Archilochos hat der Dichtung einen völlig neuen Weg gewiesen: Er ist der erste Lyriker, mit ihm beginnt die subjektive Poesie, ihre Stimme zu erheben.

Das drückt sich schon im Versmaß aus: An die Stelle des ruhig fließenden daktylischen Hexameters, des *versus heroicus*, trat nun das der Alltagssprache nahestehende jambische Maß; dem immer gleichen Verse des Epos traten nun Epoden entgegen, Verbindungen von Versen verschiedener Länge bzw. Rhythmik: Die Poesie schritt heraus aus den Höfen der Kleinkönige, aus den Hallen des Adels, und ging unter das Volk.

Thematisch kehrt Archilochos die Adelsethik des Epos um: Es machte ihm nichts aus, seinen Schild im Kampf zurückgelassen zu haben und davon auch noch freimütig zu sprechen – ein Motiv, das aller herkömmlichen Wertung diametral entgegenstand, das aber bei den späteren Dichtern öfter zu Ehren kam (→ Alkaios, → Anakreon, → Horaz). In der Tat ist der Einfluß des Archilochos unabsehbar: Seine radikal individualistische Seh- und Sprechweise hat der gesamten Lyrik des Altertums den Weg gewiesen, er ist ihr Begründer und frühester Meister.

Doch treten neben die privaten Themen (der Streit mit Lykambes, das Leben als Krieger u. a.) auch allgemeine Aussagen: Fabeln, Fragmente mit dem Rat zur rechten Lebensführung u. ä.; seine Götterhymnen sind alle verloren.

Archilochos war zu allen Zeiten des Altertums hoch angesehen; doch fehlte es auch nicht an Kritik, die ihn als maßlos aggressiv tadelte. Den wichtigsten Einfluß nahm er auf die Epodendichtung des → Horaz. Nietzsche zählte ihn in der *Geburt der Tragödie* zu den »völlig originalen Naturen, von denen aus ein Feuerstrom auf die gesamte griechische Nachwelt fortfließt«.

A E. Diehl, Anthologia Lyrica Graeca, fasc. 3, Leipzig ³1954, S. 1–48. – F. Lasserre / A. Bonnard, Archiloque. Fragments, in: Collection des Universités de France, Paris 1958 (lat./frz.). – M. Treu, Archilochos, München ²1979 (mit dt. Übers.). – Ü Siehe Treu. – H. Rüdiger, Griechische Gedichte, München ⁴1972, S. 36 f. – B. Snell / Z. Franyó, Frühgriechische Lyriker, Bd. 2, Berlin 1972, S. 13–69. – L A. v. Blumenthal, Die Schätzung des Archilochos im Altertum, Stuttgart 1922. – F. Lasserre, Les Epodes d'Archiloque, Paris 1950. – H. D. Rankin, Archilochos of Paros, Park Ridge 1977. – J. V. Romano, The Literary Art of Archilochus, Ann Arbor 1977. – Archiloque, in: Entretiens sur l'antiquité classique, Fondation Hardt, Bd. 10, Vandœuvres/Genf 1964.

Archimedes
287 – 212 v. Chr.

Als Sohn des Astronomen Pheidias in Syrakus geboren, hat Archimedes in Alexandrien studiert, in seiner Vaterstadt gelebt und ihre Verteidigung durch neuartige Maschinerien unterstützt. Bei der Eroberung wurde er getötet; der Legende nach war er vertieft in seine in den Sand gezeichneten Berechnungen und rief dem Angreifer zu: »Störe meine Kreise nicht!« Stolz auf seine Erfindungen drückt auch sein früher geäußerter Satz aus: »Gib mir einen Punkt, auf dem ich stehe, und ich werde die Erde bewegen!« Sprichwörtlich ist auch das ihm zugeschriebene *Heureka* (»Ich habe es gefunden!«), das er im Bad ausgerufen haben soll, als er das Gesetz des hydrostatischen Auftriebes entdeckte. Seine technischen Erfindungen (Wasserheber, Winden, Flaschenzüge etc.) wurden von den Zeitgenossen und der gesamten Antike als Wunderwerk menschlichen Geistes bestaunt. Seine Schriften sind z. T. arabisch überliefert. Sie behandeln nicht die Apparate, sondern die ihnen zugrunde liegenden physikalischen Gesetze bzw. mathematische Probleme, etwa Berechnungen des Kreises, von Spiralen, Zylindern und Kegeln oder auch des Schwerpunktes. Eine Reihe von Werken ist nur dem Titel nach bekannt, unter ihnen auch ein Kalender.

A J. L. HEIBERG, 3 Bde., Leipzig/Stuttgart ²1910–15, neu bearb. von E. S. STAMATIS, Leipzig 1972. – **Ü** F. KLIEM, Berlin 1914. – A. CZWALINA, Stuttgart 1983. – **L** B. L. VAN DER WAERDEN, Erwachende Wissenschaft, Basel/Stuttgart 1956. – E. J. DIJKSTERHUIS, Archimedes, Kopenhagen ²1987. – W. F. KAGAN, Archimedes. Sein Leben und Werk, Leipzig 1955. – I. SCHNEIDER, Archimedes, Darmstadt 1979. – M. CLAGETT, Archimedes in the Middle Ages, 5 Bde., Wisconsin 1964–84.

Aristeides, Publius Ailios Aristeides
26. November 117 – 181 n. Chr.

Aristeides wurde als Sohn eines Zeuspriesters in Hadrianothera in Mysien (Kleinasien) geboren. Durch das väterliche Vermögen wirtschaftlich unabhängig, genoß er eine exzellente Ausbildung in Kotyaeion und Athen, bereiste den Osten des Mittelmeeres samt Ägypten und besuchte danach Rom. Von langjähriger Krankheit geplagt, suchte er Heilung im Heiligtum des Asklepios in Pergamon. 165 erkrankte er an der Pest. Er empfand seine Gesundung als Gnadenerweis des Heilgottes und dankte ihm in sechs »Heiligen Reden«, (*hieroi logoi*, Nr. 47–52), die auch den Verlauf der gesundheitlichen Entwicklung aufgrund seines selbst geführten Krankenjournals darstellen. Insgesamt liegen 55 Reden und zwei Schriften vor, einiges davon offenbar unecht. Von besonderem Interesse unter den sogenannten »Städtereden«, in denen das Lob einzelner Orte gesungen wird, sind die Preisreden auf Athen und Rom (2 und 6 Keil), die das zivilisatorische Bild der Zeit aufs deutlichste darstellen.

A W. DINDORF, Leipzig 1829, reprogr. Nachdr. Hildesheim 1964. – B. KEIL, Berlin 1958. – F. W. LENZ / C. A. BEHR, Leiden 1976. – **Ü** A. HÖFLER, Stuttgart/Berlin 1935. – C. A. BEHR, Aristides,

4 Bde., London 1973, und 2 Bde., Leiden 1981–86 (griech./dt.). – Aelius Aristides. Lobrede auf Rom, 2 Tle., hrsg. und übers. von R. Klein, Tl. 1: Einführung; Tl. 2: Ausgabe, Übersetzung, Kommentar, Darmstadt 1981–83. – **L** U. v. Wilamowitz-Moellendorff, Der Rhetor Aristides, Berlin 1925, S. 333 ff. – W. Schmid, Der Attizismus, Bd. 2, Stuttgart 1889. – F. W. Lenz, Aristidesstudien, Berlin 1964.

Aristeides Quintilianus
um 200 n. Chr.

Gelegentlich als Sohn des Vorhergehenden angesehen, ist Aristeides Quintilianus nicht sicher datierbar und sein Leben gänzlich unbekannt. Seine neuplatonisch gefärbte Schrift *Über die Musik* gehört wohl ins frühe 3. Jh. Sie behandelt in drei Büchern zunächst Harmonik, Notenschrift, Rhythmik, Metrik, also die technischen Grundlagen; sodann folgen Darlegungen über die Musikerziehung und über die ethische Wirksamkeit der Musik; schließlich wird die mathematische und metaphysische Seite der Musik erörtert. Als Eklektiker vermittelt er wichtiges Wissen.

A R. P. Winnington-Ingram, Leipzig 1963. – M. Meibom, Antiquae musicae auctores septem, Bd. 2, Amsterdam 1652 (mit lat. Übers. und Komm.). – **Ü** R. Schäfke, 1937 (mit Komm.). – **L** F. Bellermann, Tonleitern und Musiknoten, Berlin 1847, S. 61. – Th. Mathiesen, Ancient Greek music theory, München 1983 (mit engl. Übers. und Komm.).

Aristophanes
um 445 – 386 v. Chr.

Über das Leben des athenischen Autors aggressiver Komödien ist uns nichts Näheres bekannt; was gelegentlich berichtet wurde, war wohl meist aus seinen Stücken herausinterpretiert, ohne doch solide Grundlagen zu besitzen. Wir wissen, daß Aristophanes 427 zum erstenmal ein Stück zur Aufführung brachte, dies jedoch durch einen anderen einstudieren ließ. Seinen ersten Sieg im Wettbewerb erwarb er 425 mit den *Acharnern*, den zweiten 424 mit den *Rittern*. Die *Wolken*, gegen Sokrates gerichtet, in dessen Person paradoxerweise die Sophistik bekämpft wird, erhielten 423 nur den 3. Preis; eine unvollendete Umarbeitung ist erhalten.

Überhaupt kennen wir zwar 40 Titel des Aristophanes, wir besitzen jedoch nur noch 11 seiner Stücke. Unter diesen ragen hervor: *Der Friede* (421), ein Intermezzo im jahrzehntelangen Krieg Athens; *Die Vögel* (414), das Urbild einer utopischen Komödie, in der ein phantastischer Vogelstaat errichtet wird, der im Gegensatz zu der Misere der Realität steht; aus dem Jahre 411 *Lysistrate* (»Die Heeresanführerin«), in der die Titelheldin einen Liebesstreik der Ehefrauen inszeniert, um so den Frieden zu erzwingen; in den *Fröschen* (405) setzt sich Aristophanes mit der Kunst des (eben verstorbenen) → Euripides im Vergleich zu der des → Aischylos kritisch auseinander; am Ende stehen die *Ekklesiazusai* (*Die Weibervolksversammlung* 392) und *Plutos* (*Der Reichtum* 388); beide betreffen nicht mehr die aktuelle Politik, sondern behandeln soziale Postulate: Die Frauen gewinnen durch einen Trick die legale Macht und setzen eine Art kommunistisches Programm ins Werk, das auch ähnlich wie in → Platons *Staat* Weibergemeinschaft beinhaltet; im anderen Stück wird der blinde »Reichtum« sehend gemacht, damit er eine bessere Besitzverteilung erwirken kann.

Aristophanes gilt als die große Gestalt der sogenannten Alten Komödie; seine letzten Stücke weisen freilich bereits auf die sogenannte Mittlere Komödie. Zeichnet sich die erste durch intensives politisches Engagement aus, so ist in der zweiten das Problem sozialer Mißstände wichtiger; ist die eine vom Chor stark geprägt, tritt dieser in der anderen mehr und mehr zurück – Entwicklungen, die schließlich in der sogenannten Neuen Komödie enden (→ Menander). In seinen Attacken auf Politiker (Kleon), Dichter (Euripides), Sophisten (Sokrates) ist Aristophanes alles andere als zurückhaltend; sein beißender, boshafter Witz brandmarkt die Personen (und in ihnen zugleich bestimmte Gedankengänge und Geisteshaltungen) aus konservativ-patriotischer Perspektive. Phantastische Kostümierungen (Frösche, Wespen, Vögel) fesselten die Zuschauer ebenso wie witzige Wortertindungen und -verdrehungen. Aber nicht minder wirkungsvoll sind die lyrischen Töne der Chorlieder. Mit seinen Phantasiestaaten zählt Aristophanes zu den Begründern der europäischen Utopie.

Kein Geringerer als Platon hat im *Symposion* dem Aristophanes freundschaftliche Anerkennung erwiesen; Hans Sachs bearbeitete 1531 den *Reichtum*, Goethe 1780 die *Vögel*, in denen er auch selbst auftrat. Er nannte Aristophanes im Prolog den »ungezogenen Liebling der Grazien« – die beste bislang bekannte Charakterisierung des Aristophanes.

A V. Coulon, Paris 1923 ff. (mit frz. Übers.). – J. M. Edmonds, The Fragments of Attic Comedy, Leiden 1957. – R. Kassel / C. Austin, Poetae comici Graeci, Bd. 3,2, Berlin / New York 1984. – **Ü** L. Seeger, 1844–48, neu hrsg. von O. Weinrich, Zürich/Stuttgart 1968. – **L** U. v. Wilamowitz-Moellendorff, *Lysistrate*, Berlin 1972. – L. Radermacher, *Die Frösche*, Wien ²1954. – H. J. Newiger, Metapher und Allegorie: Studien zu Aristophanes, München 1957. – V. Ehrenberg, Aristophanes und das Volk von Athen. Eine Soziologie der altattischen Komödie, Zürich/Stuttgart 1968. – Aristophanes und die Alte Komödie, hrsg. von H. J. Newiger, Darmstadt 1975. – W. Süss, Aristophanes und die Nachwelt, Leipzig 1911. – P. Händel, Formen und Darstellungsweisen in der aristophanischen Komödie, Heidelberg 1963. – B. Zimmermann, Untersuchungen zur Form und dramatischen Technik der Aristophanischen Komödien, 3 Bde., Bodenheim 1985–87.

Aristoteles
384 – 322 v. Chr.

In Stageira in Makedonien als Sohn des königlichen Leibarztes Nikomachos geboren, kam Aristoteles siebzehnjährig zur Schule → Platons nach Athen, wo er bis zum Tode des Meisters 348/347 blieb. Danach ging er zu seinem einstigen Mitstudenten Hermias, dem Herrscher von Assos in Mysien, dessen Nichte Pythias er heiratete. Nach einem Aufenthalt in Mytilene 345–343/342 folgte Aristoteles der Einladung des Makedonenkönigs und wurde Erzieher des Kronprinzen, des späteren Alexanders d. Großen. 340 wurde dieser Regent, Aristoteles kehrte nach Stageira und 335 nach Athen zurück. Hier gründete er im Nordosten der Stadt seine Lykeion (»Lyzeum«) genannte Schule; nach einer Wandelhalle trug sie den Namen Peripatos. Hier arbeitete er mit seinen Schülern, unter ihnen → Aristoxenos und → Theophrast, gemeinsam auf allen Wissensgebieten. Ihr Teamwork wurde, wie es heißt, durch Alexander finanziell und mittels übersandter naturwissenschaftlicher Belegstücke aus dem neu erschlossenen Orient gefördert. Nach Alexanders Tod (323) wurde er in dem makedonenfeindlichen Athen – so wie einst Sokrates – wegen »Gottlosigkeit« angeklagt. Er ging nach Chalkis und verstarb dort. Sein Testament ist erhalten. Er soll kahlköpfig und schmallippig gewesen sein und gelispelt haben. Sein spöttisches Naturell habe, so heißt es, auch seine Züge geprägt.

Die von Aristoteles selbst veröffentlichten Schriften sind sämtlich verloren. Es waren zumeist, der Tradition Platons folgend, stilistisch ausgefeilte Dialoge. Erhalten dagegen ist ein Beispiel der Sammeltätigkeit der Schule: Von 158 griechischen Staatsverfassungen wurde 1890 auf Papyrus die von Aristoteles selbst ca. 329/328 geschriebene *Verfassung Athens* zu weiten Teilen wiedergefunden. Das *Corpus Aristotelicum* besteht aus Vorlesungsmanuskripten, die wohl auch wiederholt überarbeitet worden sind; dazwischen finden sich auch Schriften von zweifelhafter Echtheit bzw. erwiesenermaßen unechte Texte; diese sind freilich als Zeugen für die Schultradition und den weiteren Weg der Philosophie durchaus von Wichtigkeit.

Die 38 Nummern des Corpus lassen sich unterschiedlich gliedern. Sie enthalten das (erst später so genannte) *Orga-*

non mit den logischen und erkenntnistheoretischen Werken (*Kategorien*; *Erste* und *Zweite Analytik*; *Topik*); ferner *Physik*, worin auch Astronomie und Meteorologie behandelt sind, sowie *Tierbeobachtungen* über vergleichende Anatomie und Physiologie und ein Werk *Von der Seele*; sodann Schriften zur Ethik (*Nikomachische*; die *Eudemische* und die *Große Ethik*) und Ästhetik (*Rhetorik*; *Poetik*), schließlich Staatsschriften (*Politik*) und die *Metaphysik*.

Die Philosophie des neben Platon bedeutendsten griechischen Denkers kann in all ihrer Vielseitigkeit in Kürze nicht dargestellt werden. Der Autor Aristoteles, der auch Gedichte verfaßt hat, ist als Wissenschaftsorganisator ebenso bedeutend wie als Systematiker, sein Einfluß auf alle folgende Philosophie kann nicht hoch genug eingeschätzt werden. Nicht nur die Antike, auch die mittelalterliche Scholastik sah ihn als Autorität höchsten Ranges; das Christentum nahm vor allem seine Logik zur Grundlage philosophischen Denkens, die islamische Welt akzeptierte sie neben anderen logischen Modellen gleichfalls und fertigte seit dem 8. Jh. arabische Übertragungen an wie die Christen lateinische. Thomas von Aquin gestaltete im 13. Jh. die bedeutendste Verbindung von aristotelischer und christlicher Tradition. Zum Formelwesen erstarrt, wurde der Aristotelismus von den Humanisten im Zeichen neu experimentierenden Denkens bekämpft, im 19. Jh. aber nach und nach erneut voll anerkannt. Die vielleicht tiefste Charakterisierung des Aristoteles verdanken wir Goethe; er schreibt in der *Geschichte der Farbenlehre* im Vergleich mit Platon: »Aristoteles steht zu der Welt wie ein Mann, ein baumeisterlicher. Er ist nun einmal hier und soll hier wirken und schaffen. Er erkundigt sich nach dem Boden, aber nicht weiter, als bis er Grund findet. Von da bis zum Mittelpunkt der Erde ist ihm das übrige gleichgültig. Er umzieht einen ungeheuren Grundkreis für sein Gebäude, schafft Materialien von allen Seiten her, ordnet sie, schichtet sich auf und steigt so in regelmäßiger

Form pyramidenartig in die Höhe, wenn Plato, einem Obelisken, ja einer spitzen Flamme gleich, den Himmel sucht.«

A A. I. Bekker, Berlin 1831–70, ²1960–61. – J. Vahlen, *De arte poetica liber*, Leipzig 1885, reprogr. Nachdr. Hildesheim 1964. – P. Moraux, Aristotle du Ciel, Paris 1965 (mit frz. Übers.). – A. Jannone, De l'Ame, Paris 1966 (mit frz. Übers.). – P. Louis, Histoire des animaux, 3 Bde., Paris 1964 (mit frz. Übers.). – J. Tricot, La métaphysique, Paris 1953 (mit frz. Übers.). – M. C. Nussbaum, Aristotle's *de motu animalium*, Princeton 1978. – Ü O. Gigon, Einführungsschriften, Zürich 1961. – *Die Nikomachische Ethik*: O. Gigon, Zürich ²1967. – *Politik*: O. Gigon, Zürich ²1971. – *Vom Himmel*; *Von der Seele*; *Von der Dichtkunst*: O. Gigon, Zürich ²1983. – *Magna Moralia*: O. Gigon, Berlin ³1973. – Sämtliche Werke in deutscher Übersetzung, hrsg. von E. Grumach, fortgef. von H. Flashar, Berlin 1956 ff. – L Metaphysik und Theologie des Aristoteles, hrsg. von F.-P. Hager, Darmstadt ²1979. – G. Bien, Die Grundlegung der politischen Philosophie bei Aristoteles, Freiburg i. Br. 1973. – J. P. Dolezal, Aristoteles und die Demokratie, Frankfurt a. M. 1974. – W. Wieland, Die aristotelische Physik, Göttingen 1962, ²1970. – W. Kullmann, Wissenschaft und Methode. Interpretationen zur Aristotelischen Theorie der Naturwissenschaft, Berlin/New York 1974. – I. Düring, Aristoteles. Darstellung und Interpretation seines Denkens, Heidelberg 1966. – D. J. Allen, Die Philosophie des Aristoteles, Hamburg 1955. – W. Jaeger, Studien zur Entstehungsgeschichte der Metaphysik des Aristoteles, Berlin 1912. – W. J., Aristoteles. Grundlegung einer Geschichte seiner Entwicklung, Berlin ³1967. – U. v. Wilamowitz-Moellendorff, Aristoteles und Athen, 2 Bde., Berlin 1893. – Max Salomon, Der Begriff der Gerechtigkeit bei Aristoteles, Leiden 1937. – M. S. Shellens, Das sittliche Verhalten zum Mitmenschen im Anschluß an Aristoteles, Hamburg 1958. – W. Theiler, Zur Geschichte der teleologischen Naturbetrachtung bei Aristoteles, Berlin 1925. – B. Schneider, Die mittelalterlichen, griechisch-lateinischen Übersetzungen der aristotelischen *Rhetorik*, Berlin 1971. – F. Wehrli, Die Schule des Aristoteles, Texte und Kommentar, 11 Hefte, Stuttgart 1967–74. – H. v. Arnim, Zur Entstehungsgeschichte der aristotelischen Politik, 1924. – Aristoteles' *Politik*, hrsg. von G. Patzig, Göttingen 1990. – P. Moraux, Kritisch-exegetisches zu Aristoteles,

Berlin 1961. – P. M., Der Aristotelismus bei den Griechen von Andronikos bis Alexander von Aphrodisias, 3 Bde., Berlin / New York 1973 ff. – Aristoteles in der neueren Forschung, hrsg. von P. MORAUX, Darmstadt 1968. – M. FUHRMANN, Aristoteles. *Poetik*, München 1976 (mit Text). – W. SCHÖNHERR, Aristoteles. *Poetik*, Stuttgart [4]1979.

Aristoxenos

2. Hälfte 4. Jh. v. Chr.

Aristoxenos, Sohn und Schüler des tarentinischen Musikers Spintharos, hat später bei Pythagoreern und → Aristoteles in Athen studiert und selbst 453 Bücher verfaßt. Er gilt als Schöpfer der peripatetischen Biographie (Aristoteles), die er freilich sehr kritisch, ja hämisch gestaltete; seine Zeitgenossen bezeichneten ihn als schmähsüchtig und finster. Für uns sind seine zahlreichen musiktheoretischen Ausarbeitungen interessant. Erhalten sind drei Bücher *Elemente der Harmonik*, ferner Fragmente der *Elemente der Rhythmik*. Sie haben grundlegende Bedeutung für die späteren Musikschriftsteller der Antike wie z. B. → Aristeides und → Boethius.

A F. WEHRLI, Basel/Stuttgart [2]1967. – R. DA RIOS, Rom 1954 (*Harmonik*). – G. B. DIGHI, Bologna 1959. – R. WESTPHAL, 2 Bde., Leipzig 1883/93, reprogr. Nachdr. 1965 (mit Übers.). – **Ü** Siehe WESTPHAL. – **L** R. WESTPHAL, Theorie der musischen Künste der Hellenen, Leipzig 1885–89, reprogr. Nachdr. Hildesheim 1966. – R. W., Griechische Rhythmik, Leipzig 1885, reprogr. Nachdr. 1966. – R. W., Die Fragmente und die Lehrsätze der griechischen Rhythmiker, Leipzig 1861. – R. W., Griechische Harmonik und Melopöie, Leipzig [3]1886. – L. LALOY, Aristoxène de Tarente, disciple d'Aristote et la musique de l'antiquité, Genf 1973. – E. PÖHLMANN, Beiträge zur antiken und neueren Musikgeschichte, in: Wiener Studien 104 (1991) S. 301. – D. NAJOCK, Aristoxenos und die Auloi, in: Wörter – Bilder – Töne. Festschr. B. Kytzler, hrsg. von R. FABER und B. SEIDENSTICKER, Würzburg 1996, S. 59–76.

Arnobius
um 300 n. Chr. Sicca, Nordafrika

Wenn auch nicht im Rang, so doch im Lebensgang Männern wie Paulus oder → Augustinus vergleichbar, stand Arnobius zunächst dem Christentum fern, ja feindlich gegenüber. Er lehrte in Sicca Rhetorik; erst ein Traumgesicht ließ ihn den neuen Glauben suchen. Doch seine frühere Haltung schien ihn von der Taufe auszuschließen. Dem beschloß er mit einer Veröffentlichung entgegenzuwirken.

In den 7 Büchern *Gegen die Heiden* (*Adversus Nationes* oder auch *Adversus Paganos*), im ersten Jahrzehnt des 4. Jh. geschrieben, trat Arnobius energisch für das Christentum ein und gegen die alten Kulte und Mythen auf, deren Unsinnigkeit und Unsittlichkeit er nachdrücklich aufwies. So ist das Werk heute vor allem als Fundgrube für Informationen über die Heidenwelt von Interesse, während sein christlich-theologischer Gehalt gering bleibt. Stilistisch ein brillanter Rhetor, hat Arnobius mit seiner sensualistischen Psychologie noch im 18. Jh. auf La Mettrie und Condillac eingewirkt. Zu seinen persönlichen Schülern zählte → Laktanz. Infolge einer kuriosen Verwechslung hat der einzige Codex, der sein Werk überliefert, auch als angeblich 8. Buch, *liber octavus*, den *Octavius* des → Minucius Felix der Nachwelt erhalten.

A A. Reifferscheid, Wien 1875. – G. Marchesi, Turin 1934, ²1953. – **Ü** F. A. v. Besnard, Landshut 1842 (mit Erl.). – J. Alleker, Trier 1858. – **L** E. Rapisarda, Arnobio, Catania 1946.

Arrian, Arrianos, Flavius Arrianus
um 95 – 175 n. Chr.

Aus Nikomedeia in Bithynien gebürtig, diente Arrian dem Römischen Reich als Offizier und hoher Beamter: 130 war er *consul suffectus*, 134 wehrte er den Angriff der Alanen ab. Der größte Teil seiner Schriften ist verloren: seine umfangreichen Geschichtswerke über die Parther (17 Bücher), Bithynien (8 Bücher), die Diadochenzeit (10 Bücher) und manches mehr. Um so wichtiger sind zwei der erhaltenen acht Schriften: Als Schüler des Philosophen → Epiktet hat Arrian als einziger dessen Lehre genauer übermittelt (*Dissertationes*, Vorlesungsnachschriften, ergänzt durch ein *Enchiridion*, ein »Handbüchlein«); als kritischer Historiograph hat er die Gestalt Alexanders d. Großen entgegen den fabulösen Darstellungen seiner Zeit nach Möglichkeit klar und unverfälscht porträtiert (*Anabasis*, 7 Bücher); hinzu kommen eine fundierte Beschreibung Indiens (*Indike*) sowie der Küste des Schwarzen Meeres (*Periplus*; *Umschiffung*) und ein Bericht über den Alanenkampf; ferner Schriften über die Kriegstaktik und die Jagd (*Kynegetikos*; *Über die Jagd*).

Für die Neuzeit ist Arrian der beste Gewährsmann sowohl für die Gestalt Alexanders wie auch für die Lehren Epiktets. Seine nüchterne Darstellung gibt vertrauenswürdige Informationen, sein schlichter Stil, der ihn in der Antike eher in einen hinteren Rang verwies, macht ihn der Neuzeit besonders gut zugänglich.

A A. G. Roos / G. Wirth, Leipzig ²1967–68. – Ü *Der Alexanderzug*; *Indische Geschichte*: G. Wirth / O. v. Hinüber, Zürich/München 1985. – *Epiktet*; *Vom Kynismus*: M. Billerbeck, Leiden 1978 (mit Text und Komm.). – L H. Strasburger, Ptolemaios und Alexander, Leipzig 1934. – E. Kornemann, Die Alexandergeschichte des Königs Ptolemaios I. von Ägypten, Leipzig 1935. – H. v. Montgomery, Gedanke und Tat. Zur Erzähltechnik bei Herodot, Thukydides, Xenophon und Arrian, Lund 1965. – W. Hoffmann, Das literarische Porträt Alexanders des Großen, Leipzig 1909. – P. A. Stadter, Arrian of Nicomedia, Chapel Hill 1980. – H. Tonnet, Recherches sur Arrien, 2 Bde., Amsterdam 1988.

Artemidor, Artemidoros
2. Hälfte 2. Jh. n. Chr.

Artemidor aus Ephesos, der sich den Beinamen »aus Daldis« nach der Heimatstadt seiner Mutter in Lydien als eine Art Künstlernamen zugelegt hatte, ist weit umhergereist und hat viel Material gesammelt. Verloren sind seine Werke über Handlesekunst und Vogelzeichen, erhalten jedoch die fünf Bücher der *Traumdeutungen*: Die ersten 4 Bände erörtern die Einzelheiten der Traumdeutung. Das fünfte Buch enthält 95 Fälle von in Erfüllung gegangenen Träumen, die in der Antike ja als göttliche Botschaften und Vorverweise auf die Zukunft aufgefaßt wurden. Artemidor ist nicht nur eine wichtige Quelle für den antiken Traumglauben, auch Sigmund Freud hat in seiner *Traumdeutung* nachdrücklich auf ihn verwiesen.

A R. A. Pack, *Onirocriticon Libri V*, 5 Bde., Leipzig 1963. – **Ü** F. S. Krauss / M. Kaiser, *Traumbuch*, Basel/Stuttgart 1965. – K. Brackertz, *Das Traumbuch*, München 1979. – **L** R. Dietrich, Beiträge zu Artemidor, Rudolstadt 1910. – C. Blum, Studies in the Dream-Book of Artemidor, Diss. Uppsala 1936. – W. W. Kemper, Der Traum und seine Be-Deutung, München 1977. – W. Kurth, *Das Traumbuch* des Artemidor im Lichte der Freudschen Traumlehre, in: Psyche 4, 1951, S. 488 ff. – M. Pongracz / J. Santner, Das Königreich der Träume, Wien/Hamburg 1963.

Athenaios
um 200 n. Chr.

Das Opus des Athenaios aus Naukratis in Ägypten darf man nicht mit der literarischen Elle messen: Es ist ein kapitales Unding, wie es die Antike sonst nicht kennt, ein wahres Sammelsurium. Sein Titel *Deipnosophistai* bedeutet »Das Gelehrtengastmahl«; es ist nach → Platons berühmtem *Symposion* modelliert, aber weit von dessen Grazie und gedanklicher Größe entfernt. Es beschreibt eine Unterhaltung im Hause eines Römers von Rang, Larensios, in 30 Büchern, die uns in einer auf 15 Bücher komprimierten Fassung vorliegen, von denen wiederum Buch 1–3,73 fehlen und nur im Auszug vorhanden sind, Buch 11 und der Schluß weisen Lücken auf.

In diesem Rahmen werden antiquarische Kenntnisse abstrusester Art ausgebreitet, Kataloge von Hetären aufgestellt, Weinsorten aufgezählt, Tischgebete ebenso erörtert wie die Vorzüge der Knabenliebe, Gewürze angeführt und Musikkunde getrieben. Eine Fundgrube von vielerlei Notizen und Zitaten, wie kaum je anderswo, eine Goldgrube geradezu für den Komödienforscher, der hier reichstes Material findet – überhaupt ein Werk, das als Lesebuch unmöglich, als informationsreiches Sachbuch unschätzbar ist.

A G. Kaibel, 3 Bde., Leipzig 1887–90, reprogr. Nachdr. Stuttgart 1965–66. – S. P. Peppink, 2 Bde., Leiden 1936/39. – Ü G. B. Gulick, 7 Bde., London/Cambridge 1927–41 (griech./engl.). – Th. Kramer, *Die gelehrte Tischgesellschaft*, Augsburg 1872. – L W. Dittenberger, Athenäus und sein Werk, Berlin 1903. – K. Mengis, Die schriftstellerische Technik im *Sophistenmahl* des Athenaios, Paderborn 1920. – H. Papenhoff, Zum Problem der Abhängigkeit der Epitome von der venezianischen Handschrift des Athenaios, Göttingen 1954.

Atticus → Cicero.

Auctor ad Herennium → Cicero.

Augustinus, Aurelius Augustinus
13. November 354 Thagaste/Algerien – 28. August 430 n. Chr. Hippo/Algerien

Der tiefste Denker und größte Autor der lateinischen Christenheit berichtet selbst, wie er durch unterschiedliche Stadien hindurch seinen spirituellen Weg fand. Als 19jähriger las er 373 in Karthago den – verloren gegangenen – *Hortensius* von → Cicero; nach diesem Leseerlebnis wandte er sich von der Rhetorik der Philosophie zu. Er war neun Jahre lang Manichäer, also Anhänger einer im 3. Jh. n. Chr. von Mani gestifteten, aus altpersischen, gnostischen und christlichen Quellen gespeisten Hochreligion. Dann verließ er Karthago, suchte seinen äußeren Weg in Italien (Rom und Mailand), seinen inneren in der Skepsis und im Neuplatonismus, bis ihn 386 ein weiteres Bekehrungserlebnis in Mailand – wo er sich, angeregt durch → Ambrosius, die Synthese von Neuplatonismus und Christentum erschloß – für den Rest seines Lebens prägte.

In einem Garten grübelnd, vernahm er von einer Kinderstimme die Mahnung: *Tolle lege!* – »Nimm es, lies es!« Er ergriff die Bibel und wurde durch die zufällig aufgeschlagene Paulus-Stelle (*Römer* 13,13) zu Askese und Kirchentreue geführt. Hatte ihn früher → Symmachus gefördert, so wurde er nun Ostern 387 getauft, lebte als Mönch ab 391 in Hippo, als Bischof ab 396 bis zum Ende seiner Tage.

Viele Details seiner Biographie teilt Augustinus selbst in den 13 Büchern seiner Bekenntnisse (*Confessiones*, 386/388 n. Chr.) mit. Es ist dies die berühmteste Autobiographie des Abendlandes, eine Schrift, die die subtilsten Emotionen einer erregbaren Psyche mit einer zuvor unbekannten kritischen Klarheit und in vollendeter rhetorischer Brillanz darstellt. Der Titel faßt in ein einziges Wort nicht nur die offenen Bekenntnisse über eigene Wege und Irrwege, sondern zugleich auch das begeisterte Bekennen und Bezeugen der Güte, Größe und Gnade Gottes; die Übersetzung »Lobpreisungen« wäre nicht weniger zutreffend. Zentraler Gedanke ist der viel zitierte Satz des Vorspruchs: *Fecisti nos ad TE et inquietum est cor nostrum donec requiescat in TE* – »Zu DIR hast DU uns erschaffen, und unruhig ist unser Herz, bis es ruht in DIR«.

Am 24. August 410 eroberten die Westgoten unter Alarich Rom. Das unerhörte Ereignis, daß das »Haupt der Welt«, *Roma caput mundi*, in Barbarenhände hatte fallen können, gab, auch wenn Besetzung und Plünderung nur drei Tage dauerten, Anlaß zu bewegten Klagen, andererseits auch zu heftigen heidnischen Vorwürfen: Die Katastrophe sei als Strafe zu sehen für die Nichtachtung der alten Götter durch den neuen Glauben. Augustinus fühlte sich zur Antwort aufgerufen: Er schuf im Laufe der Jahre 412–426 die 22 Bücher *Vom Gottesstaat* (*De civitate Dei*) und mit ihnen den krönenden Schlußstein der lateinischen Apologetik, wie → Minucius Felix und → Tertullian sie begonnen hatten. Buch 1–10 widerlegen christenfeindliche Anschauungen: 1–5, daß es nötig und nützlich sei, die heidnischen Gottheiten zu verehren; 6–10, daß solche Verehrung für das Jenseits förderlich sei. Die Bücher 11–22 beschreiben die beiden Staaten, die des Augustinus Gedankengebäude als den Staat Gottes und den der Welt gegenüberstellt. Die ersten 4 Bücher (11–14) behandeln den Ursprung von göttlichem und weltlichem Staat, die zweiten (15–18) ihre Entwicklung, die letzten (19–22) ihren Ausgang. Weite und Wucht dieser Vision, die Tiefe und Tragfähigkeit der theologischen Thesen haben dem Werk einen im Abendland unvergleichlichen Einfluß gesichert.

Die Fülle der Schriften des Augustinus auch nur annähernd zu präsentieren ist hier unmöglich. Er selbst nennt im Jahre 427 in seinen *Retractationes* 93 Titel mit insgesamt 232 Büchern. Sie gelten naturgemäß im allgemeinen theologischen Fragen, bergen aber auch viel philosophisches Gut in sich. Unter ihnen findet sich auch ein so wenig beachtetes wie wertvolles Werk *De musica*, das mehr zur Musikphilosophie beizutragen hat als alle vergleichbaren Ausarbeitungen. Hinzu kommen 270 Briefe (einschließlich der Antworten) und rund 500 Predigten. Für die römische Literatur insgesamt sind wichtig die zahlreichen Zitate aus sonst verlorenen Werken heidnischer Schriftsteller wie → Sallust, → Varro u. a.

Auch den Einfluß des Augustinus nur annähernd anzudeuten, bedürfte es vieler Seiten, ja Bände. Bereits zu Lebzeiten als führende Autorität anerkannt, seit dem frühen Mittelalter als Doctor Ecclesiae, »Lehrer der Kirche«, verehrt, als Heiliger der katholischen Kirche am 28. August jährlich gefeiert, hat er doch auch reformerischen Richtungen als Anreger und Autorität gedient und noch in unseren Tagen Denker wie Reinhold Niebuhr und Paul Tillich beeinflußt. Der Heilige von Hippo in Afrika ist eine jener wenigen Gestalten Europas, die zu den »Vätern des Abendlandes« zählen.

A Patrologiae cursus completus, series Latina, hrsg. von J.-P. Migne, Bd. 32–47. 1845–49 (Gesamtausg.). – Corpus Scriptorum Ecclesiasticorum Latinorum (Einzelschr.). – C. Andresen, Bibliographia Augustiniana, 1962. – **Ü** *Bekenntnisse*: W. Thimme, Zürich/Stuttgart 1950. – *Vom Gottesstaat*: W. Thimme, Zürich/Stuttgart 1955. – **L** Zum Augustin-Gespräch der Gegenwart, 2 Bde., hrsg. von C. Andresen, Darmstadt 1975–81. – F. v. d. Meer, Augustin, der Seelsorger, Köln [2]1953. – K. Flasch, Augustin. Einführung in sein Denken, Stuttgart [2]1994. – M. P. Steppat, Die Schola von Cassiciacum. Augustins *De ordine*, Bad Honnef 1980. – H.-I. Marrou, Augustinus und das Ende der antiken Bildung, Paderborn 1981. – P. Brown, Augustinus von Hippo, Frankfurt a. M., [2]1982. – E. A. Schmidt, Zeit und Geschichte bei Augustin, Heidelberg 1985. – H. Chadwick, Augustin, Göttingen 1987. – Augustinus-Lexikon, hrsg. von C. Mayer, Basel 1986 ff.

Augustus

23. September 63 v. Chr. Rom – 19. August 14 n. Chr. Nola

Ähnlich der Stadt am Bosporus, die als Byzanz gegründet wurde, ein Jahrtausend später christianisiert Konstantinopel hieß und nun als Istanbul bekannt ist, hat auch Augustus 3 Namen getragen: Er wurde als Sohn des C. Octavius und der Atia, einer Nichte von → Caesar, geboren und selbst Gaius Octavius genannt. 44 von Julius Caesar testamentarisch adoptiert, führte er nun den Namen Caius Julius

Caesar, wurde aber auch Octavian genannt. Am 16. Januar 27 verlieh ihm der Senat, zusammen mit anderen Ehrungen, den Titel *Augustus* (»der Erhabene«), so daß er von nun an Imperator Caesar Augustus hieß. Unser Kalendermonat August trägt von seinem Sterbedatum her den geläufigen Namen und schließt damit an den Caesar zu Ehren Julius genannten Monat passend an.

In dieser Namensfolge spiegeln sich bereits die verschiedenen Stationen im Leben des Begründers des Kaisertums zu Rom. Auf eine kurze private Jugendzeit folgten rund anderthalb Jahrzehnte, in denen sich der junge Obrist, zunächst in einer Junta mit Lepidus und Mark Anton, gegen die Caesarmörder behauptete und dann in weiteren Auseinandersetzungen (Sieg bei Aktium 31 v. Chr. über Antonius und Kleopatra) die Alleinherrschaft errang. Viereinhalb Jahrzehnte leitete er nun das Reich; vor allem mit dieser Periode relativer Ruhe ist der Gedanke der *Pax Augusta*, des durch Augustus nach einem Jahrhundert der Bürgerkriege und Revolutionen neu befestigten Friedens, fest verbunden; Hand in Hand damit geht die gern als Goldenes Zeitalter Roms gesehene Blüte des geistigen Lebens und der Künste, die mit dem augusteischen Zeitalter verknüpft ist und die größten Namen der römischen Literatur umfaßt, wie → Horaz, → Livius, → Ovid, → Properz, → Tibull, → Vergil. Am 17. September 14 wurde Augustus durch Senatsbeschluß vergöttlicht.

Der Imperator wirkte nicht nur politisch, sondern widmete seine Zeit auch der literarischen Produktion. Freilich ist davon nur ein einziger, allerdings höchst wichtiger, Text erhalten; ansonsten besitzen wir nur Fragmente oder Titel. Das gilt gleichermaßen für die poetische Produktion (die Tragödie *Ajax*; Epigramme; ein Buch *Sicilia* in Hexametern u. a.) wie für die Prosa, wo einiges aus bzw. über seine Briefe bekannt ist, ferner die Reden, eine *Ermunterung zur Philosophie* u. a. m. Am wichtigsten für uns ist das *Monumentum Ancyranum*, eine 1555 in Ancyra (Ankara) an den zur Moschee umgewandelten Relikten des Augustus/Roma-Tempels aufgefundene Abschrift des Tatenberichtes des Augustus, in der Vorhalle auf Latein, an einer Außenwand auf Griechisch eingemeißelt. Während das römische Original verloren ist, sind in unserem Jahrhundert weitere Fragmente in Apollonia und Antiochia gefunden worden, die eine genauere Rekonstruktion des lückenhaften lateinischen Textes ermöglichen. Dieser berichtet in vier Abschnitten über die Ehrungen, die Augustus zuteil wurden (1–14), sodann über die Gelder, die er als Privatmann für öffentliche Zwecke aufgewendet hat (15–24), ferner die Taten, d. h. seine Kriegszüge und Eroberungen (25–32); schließlich steht am Ende ein Summarium über die Stellung des Souveräns im Staat (34/35). Es folgen noch vier von fremder Hand angeschlossene Kapitel mit Einzelauflistungen.

Der Text kann als historische Quelle für eine außerordentlich bedeutsame Epoche, eine Art Achsenzeit, und für ihre prominenteste Persönlichkeit nicht hoch genug eingeschätzt werden. Im Gegensatz zu anderen pathetischen, pompös prahlenden Herrscher-Inschriften bestätigt er die klare und kluge Haltung des Augustus; er bestätigt auch das Stilurteil des → Tacitus (*Annalen* 13,3), der von der Redeweise des Augustus rühmt, sie »sei eines Herrschers würdig« – *quae deceret principem.*

A Th. Mommsen, Berlin ³1883. – H. Volkmann, Berlin ³1964. – Ü Augustus. Meine Taten, hrsg. und übers. von E. Weber, München ⁵1989. – M. Giebel, Stuttgart 1975 (lat./dt.). – L W. Weber, Princeps, Stuttgart 1936, Nachdr. Aalen 1969. – H. Bengtson, Kaiser Augustus, München 1981.

Aurelius Victor, Sextus Aurelius Victor
4. Jh. n. Chr.

In Afrika gebürtig, zählte Aurelius Victor zu den Reichsbeamten seiner Zeit: Er war 361 Statthalter in Pannonien, 389 in Rom *preafectus urbi.* Als Schriftsteller schuf er eine von Augustus bis zum Tode des Constantius (360) reichende historische Darstellung *Caesares*. Der Titel weist darauf hin, daß Aurelius Victor, an → Sueton anknüpfend, seine historiographische Sicht auf die Herrschergestalten konzentriert. Die moralisierende Tendenz ist Tenor des Ganzen, wie schon bei → Sallust und → Tacitus. Als Heide geht Aurelius Victor gern auf Vorzeichen ein. Sein Werk ist von unbekannter Hand zu einer *Historia tripartita* (*Geschichte in drei Abschnitten*) erweitert worden, indem zwei Abschnitte vorangestellt wurden, *Origo gentis Romanae* (*Der Ursprung des Römervolkes*) und *De viris illustribus* (*Berühmte Männer* [*der Republik*]). Auch wurde eine sein Material abkürzende, aber bis 395 fortsetzende *Epitome* geschaffen. So liegt uns eine zwar zeitlich umfassende, historisch aber recht geringwertige Gesamtdarstellung der römischen Geschichte vor.

A F. Pichelmayer / R. Gründel, Leipzig 1911, [4]1970. – Ü A. Forbiger, 1866.

Ausonius, Decimus Magnus Ausonius
um 310 n. Chr. Burdigala/Bordeaux – 393/394 n. Chr.

Nahezu das ganze vierte nachchristliche Jh. umfaßt das Leben des in Burdigala (Bordeaux) gebürtigen Arztsohnes Ausonius. Räumlich hat es sich auf zwei Wirkungsstätten beschränkt, zu Beginn und im Alter die Heimatstadt, dazwischen etwa zwei Jahrzehnte die Kaiserresidenz Trier, wo Ausonius ab 365 als Prinzenerzieher und angesehener Hofmann bis nach der Ermordung Gratians (383) lebte und sogar 379 die Konsulswürde erreichte.

Seine Dankesrede für diese Würde, den → Panegyrikern nahestehend, ist das einzige von ihm erhaltene größere Prosaprodukt. Er ist demnach einer der wenigen lateinischen Autoren, die auf deutschem Boden geschrieben haben. Eines seiner ansprechendsten Gedichte ist denn auch *Mosella* (*Die*

Mosel). Es umfaßt 483 Hexameter, die eine Flußfahrt von Bingen bis Trier beschreiben und die Schönheiten der Landschaft, den Reiz der Villen und Städte anschaulich und anregend schildern. Ein anderes Gedicht, *Bissula*, ist benannt nach einem blonden, blauäugigen Schwabenmädchen, das Ausonius als Kriegsbeute zuteil geworden war. Er ließ die Sklavin frei, sie gewann seine Zuneigung, und eine Folge von freundlich verliebten Versen feiert die junge Schönheit aus dem Barbarenland. Diese erlernte alsbald Latein und verwirrte ihren Liebhaber durch den Widerspruch zwischen zivilisierter Rede und »barbarischer« Erscheinung. Dieser Verwirrung des Autors verdanken wir so die ersten Liebesgedichte auf ein deutsches Mädchen.

Wie man an diesen beiden Beispielen bereits beobachten kann, sind Gelegenheitsgedichte die Stärke des Ausonius. Er schrieb Briefe in Versen, teils mit Prosa untermischt, einen davon (Nr. 12) sogar – als Vorläufer der makkaronischen Poesie – in einer Mischung aus Latein und Griechisch; aber auch rein griechische Verse gibt es von ihm.

Im gesamten Katalog seiner zahlreichen Werke sind hervorzuheben seine spielerisch-artistischen Produkte, wie der *Cento nuptialis*, das *Hochzeitslied*, ein Mosaik aus Versteilen → Vergils zusammengesetzt: Die Bruchstücke sind jeweils so umfunktioniert, daß sie statt hoher und höchster nun herzhafte, ja heikle Dinge besagen. Formale Spielerei sind auch die *Technopaegnia*, die sich damit vergnügen, Hexameter durch die sonst unüblichen einsilbigen Wörter zu beenden, oder die *Versus rhopalici* (»Keulenverse«), die mit einem einsilbigen Wort beginnen und mit jeweils um eine Silbe längeren Wörtern fortfahren, so daß das Bild einer Keule entsteht. Als Beispiel der erste (und zugleich letzte) Vers der *Oratio Consulis Ausonii*:

Spes deus aeternae stationis conciliator.

Das Memorieren unterstützen epigrammatische Zusammenstellungen, z. B. der zwanzig bedeutendsten Städte oder

der zwölf ersten Caesaren. Interessant sind auch die zwei Dutzend Professorenporträts seiner Kollegen in Burdigala, die Biographie und pädagogische Tätigkeit skizzieren und den Hochschulbetrieb jener Zeit eigentümlich beleuchten.

Wie man sieht, ist Ausonius, auch wenn er mit → Symmachus korrespondierte, nicht den großen Fragen seiner Zeit nachgegangen, sondern hat sich in liebenswürdiger Detailfreude der alltäglichen Dinge seiner Umgebung angenommen. Bezeichnenderweise heißt denn auch ein Gedichtbuch *Ephemeris id est totius diei negotium* – »Ephemeris, d. h. ein voller Tageslauf«. So ist Ausonius ein Beispiel dafür, wie ein glückliches Naturell auch in schwierigen Zeitläuften sein ruhig geordnetes Leben zu führen und sein – hier und da manieristisch geprägtes – poetisches Œuvre zu produzieren vermag.

A Opuscula, hrsg. von C. Schenkl, Berlin 1883, Nachdr. 1961. – R. Peiper, Leipzig 1886, Nachdr. 1976. – S. Prete, Leipzig 1978. – H. G. E. White, 2 Bde., London/Cambridge (Mass.) 1919–21 u. ö. (mit engl. Übers.). – **Ü** *Mosella*: W. John, 1932. – *Mosella*; *Bissula*: C. Fischer, Antike Lyrik, München 1964.

Avianus

um 400 n. Chr.

Der letzte römische Fabeldichter hat seine Sammlung einem Theodosius gewidmet, in dem wir wohl → Macrobius sehen dürfen, in dessen *Saturnalia* sich die Figur eines Avienus findet, die gut auch Avian sein könnte. Von Avians 42 Fabeln stammen stofflich 31 von → Babrios (um 100 n. Chr.), jedoch wohl nicht direkt, sondern vermittelt durch eine lateinische Prosaparaphrase; 5 weitere sind nirgends sonst bezeugt, die restlichen kommen aus verstreuten Quellen.

Avian erzählt in Distichen; dadurch gerät er in die Tradition der hohen Dichtersprache, wie → Properz und → Ovid sie geprägt haben, und provoziert gelegentlich einen Gegensatz zwischen dem dargebotenen einfachen Fabelstoff und der erhöhten Diktion. Jedoch ist auch seine Tendenz nicht mehr, wie zuvor in der Gattung, Satire und Sozialkritik, sondern angenehm ausgeführte Unterhaltung. Das Mittelalter schätzte ihn so hoch, daß sein Werk als Schulbuch diente; zwischen dem 9. und dem 16. Jh. war Avian der einzige bekannte Fabeldichter der Antike; seine Sammlung wurde häufig bearbeitet (z. B. Alexander Neckam, *Apologi Aviani*; *Antiavianus*) und um *promythia* und *epimythia*, Vorwörter und Nachwörter, bereichert, die die Moral der Fabel hervorheben.

A A. Guaglianone, Paravia 1958. – **Ü** V. Rabenlechner, 1883. – L. Mader, Antike Fabeln, Zürich 1951 (Ausw.). – H. C. Schnur, Fabeln der Antike, Leipzig 1978 (Ausw.). – **L** J. Küppers, Die Fabeln Avians. Studien zu Darstellung und Erzählweise spätantiker Fabeldichtung, Bonn 1977.

Avienus, Postumius Rufius Festus Avienus
Ende 4. Jh. n. Chr.

Die strittige Frage, ob in der von → Macrobius in seinen *Saturnalia* erwähnte Avien eine andere Person ist oder ob hinter diesem der Fabeldichter → Avianus anzunehmen ist, tritt zurück hinter der deutlichen Tendenz, die Aviens Lebenswerk kennzeichnet: Er suchte seiner Zeit wesentliche Werke der griechischen Literatur – wie später z. B. → Boethius – in lateinischen Übertragungen zugänglich zu machen, und er schloß sich so den Bemühungen um die Restauration des paganen Erbes angesichts der erstarkenden christlichen Kultur an. Wie schon zuvor → Cicero und → Germanicus, so hat auch Avienus die *Phainomena* (*Sternkunde*) des → Arat (3. Jh. v. Chr.) übersetzt, jedoch durch Ergänzungen aus Kommentaren nahezu verdoppelt, so daß sie nun 1878 Verse umfaßt. Ebenfalls in Hexametern abgefaßt ist die Erdbeschreibung *Orbis terrae* in 1393 Versen, die inhaltlich auf Dionysios (2. Jh. n. Chr.) zurückgeht. In jambischen Senaren hingegen ist die Küstenbeschreibung *Ora maritima* geformt, die nach 713 Versen abbricht, d. h. nur die Strecke von Britannien bis Marseille beschreibt. Wenn die Quellenfrage auch nicht sicher beantwortet ist, so ist doch möglicherweise Material aus dem 6. Jh. v. Chr. verarbeitet, so daß Avien uns hier die frühesten Nachrichten über den Westen unseres Kontinents übermittelt.

A A. Holder, 1887, Nachdr. 1965. – *Orbis terrae*: P. v. d. Woestijne, 1961. – *Ora maritima*: D. Stichtenoth, 1968 (mit Übers.). – Ü P. G. Fischer / F. Köppner, in: Gymnasial-Programm Komotau, 1893.

B

Babrios
um 100 n. Chr.

Babrios stammte vermutlich aus Italien, lebte aber im Osten des Reiches. Möglicherweise war Latein seine Muttersprache, er schrieb jedoch griechisch und hat nach antiken Angaben zehn Bücher mit Fabeln verfaßt. Erhalten sind zwei Bücher mit 143 in Hinkjamben gefaßten Fabeln aus dem Corpus des → Äsop und auch anderen Kurzerzählungen (Novellen, Anekdoten, Paradoxa). Die verwendete Alltagssprache und der leicht zugängliche Inhalt machten das Werk rasch erfolgreich: Es wurde zum Schulbuch, diente als Vorlage für lateinische Übertragungen und war auch im Mittelalter bekannt und beliebt.

A O. Crusius, Leipzig 1897. – B. E. Perry, London 1964. – B. E. Perry, Aesopica, Urbana (Ill.) 1952, S. 428–476. – Ü L. Mader, Antike Fabeln, Zürich 1951, S. 227–320. – H. Gasse, Schöne Fabeln des Altertums, Leipzig [4]1968. – A. Hausrath, Äsopische Fabeln, München [2]1944 (mit griech. Text). – L O. Crusius, De Babrii aetate, Leipziger Studien II, 1879.

Baebius Italicus → Homerus Latinus.

Bakchylides
um 505 – 450 v. Chr.

Bakchylides, ein Neffe des → Simonides, stammte wie dieser von der Insel Keos und verdankte ihm seine Ausbildung. Er scheint ihm auch nach Syrakus gefolgt zu sein und danach in der Verbannung auf der Peloponnes gelehrt zu haben. Mit seinem Zeit- und Zunftgenossen → Pindar hatte er offenbar verschiedentlich Auseinandersetzungen; beide behandelten zuweilen dasselbe Thema. Während Pindar größere Gedankentiefe zugesprochen wird, wird Bakchylides' erzählerische Begabung und sprachliche Meisterschaft anerkannt. Ein Papyrusfund brachte 1896 Fragmente von 14 Siegesliedern und sechs Dithyramben ans Licht, weitere Reste kamen ergänzend hinzu. Sie bestätigen, daß ihm sein Platz im Kanon der neun exemplarischen Lyriker (→ Alkaios) zu Recht gebührt. Den modernen Leser mag sein Friedenslied besonders ansprechen (*Paian* 3):

Es bringt den Sterblichen der Friede
Männererhebenden Reichtum,
Blüten honigzüngigen, kunstvollen Sangs,
Läßt auf Altären den Göttern
Leuchten hell in gelber Flamme Schenkel von
Stieren und schönwollgen Schafen,
Jugend an Übungen sich,
Sang, Tanz und Flötenspiel erfreun.
Und an den Schildriemen, den eisenbeschlagnen,
Sitzen schwarzer Spinnen Netze;
Lanzen mit spitzem Erzhaupt und
Zweischneidige Schwerter frißt Rost auf.

Eherner Trompeten Schall gibt es nicht mehr;
Nicht geraubt wird sinnerfreunder
Schlaf von den Augen, der früh
Am Morgen die Herzen erwärmt.
Voll von Gelagen, von frohen, sind die Straßen,
Sang der Jugend hebt sich flammend.

A H. Maehler / B. Snell, Leipzig [10]1979. – J. C. Jebb, The Poems and Fragments, Cambridge 1905, reprogr. Nachdr. Hildesheim 1967 (mit engl. Übers.). – H. Maehler, Fragmente, Leiden 1982 (mit Übers. und Komm.). – Ü H. Rüdiger, Griechische Lyriker, Zürich 1949, S. 226–249 (mit Text). – O. Werner, München 1969. – H. Rüdiger, Griechische Gedichte, München [4]1972, S. 116–119. – L Pindaros und Bakchylides, hrsg. von W. M. Calder und J. Stern, Darmstadt 1970.

Batrachomyomachia → Homer.

Bellum Africum → Caesar.

Bellum Alexandrinum → Caesar.

Bellum Hispaniense → Caesar.

Benedikt
um 480 Nursia, Umbrien – um 550 n. Chr. Monte Cassino

Auf den Ruinen eines Apollo-Tempels zu Monte Cassino gründete 529, im Jahr der Schließung der nahezu tausend Jahre zuvor von → Platon in Athen begründeten Philosophenakademie durch Kaiser Justinian, Benedikt das erste Kloster seines Ordens. Aus der Praxis heraus gab er ihm die Regel, *Regula monasteriorum*, die Vorbild für die abendländischen Kloster-Organisationen wurde und bis heute befolgt wird; auch gegenwärtig gehorchen ihr mehrere hundert Männer- und Frauenklöster nach fast eineinhalb Jahrtausenden. In 5 Teilen mit insgesamt 73 Kapiteln legt sie die Grundgedanken über das mönchische Leben nieder: Ein erster Teil (2–57) regelt die allgemeinen Strukturen wie Hierarchie, Liturgie, Administration usw.; der zweite Teil (58–63) behandelt die Aufnahmeordnung, der dritte (64/65) die Bestellung von Abt und Prior als Leiter und Stellvertreter; der vierte Teil (66) gibt die Regeln für die Pforte, der Rest bringt einzelne Nachträge. Ein Prolog (1) und Epilog (73) rahmen die *Regel.*

Sie leitet die Mönche zu Gebet und Arbeit an; auf ihr beruht das Motto *ora et labora.* Vorgeschrieben sind Residenzpflicht (*stabilitas loci*), sittliche Reinheit und Gehorsam. Altrömisches Organisationstalent verbindet sich in dieser Ordnung mit christlich-asketischer Frömmigkeit, mönchische Hingabe aus den östlichen Urgebieten der Kirche mit westlicher Regelhaftigkeit. Wichtig ist, daß Benedikt neben die manuelle Arbeit, *labor*, die *lectio* der *codices* stellt, das kontemplative, meditative Lesen und Studieren (48), für das er den Mönchen monatlich mehr als hundert Stunden vorschreibt. Dadurch ist auch das *scriptorium*, die Schreibstube des Klosters, obligatorisch. Diese Ansätze, von → Cassiodor bestärkt, bestimmte die Bewahrung und Betreuung der Bibliotheksbestände in den mächtigen Monasterien des Mittelalters; nur durch sie ist der größte Teil der antiken lateinischen Literatur den Lesern der Neuzeit erhalten geblieben.

A R. Hanslick, Wien [2]1977. – B. Steidle, Beuron 1968 (mit Übers.). – **Ü** P. Bihlmeyer, Kempten/München 1914. – **L** I. Herwegen, Sinn und Geist der Benediktinerregel, Köln 1944. – Ph. Schmitz, Geschichte des Benediktinerordens, 4 Bde., Einsiedeln 1948–60. – E. v. Hippel, Der Krieger Gottes. Die Regel des Benedikt als Ausdruck frühchristlicher Gemeinschaftsbildung, Paderborn [3]1953.

Bias → Septem sapientes.

Bibel, Biblia → Hieronymus; → *Septuaginta*; → *Testamentum novum*.

Boethius, Anicius Manlius Torquatus Severinus Boethius
475/480 n. Chr. Rom – 524 n. Chr. Pavia

Selbst aus vornehmer alter Familie stammend, Schwiegersohn des Symmachus, eines Urenkels des bedeutenden → Symmachus, bekleidete Boethius unter Theoderich dem Großen hohe Staatsämter. Doch geriet er in den Verdacht, gegen die Gotenherrschaft zugunsten von Byzanz und Justinian, d. h. für die römische Freiheit, konspiriert zu haben. Er wurde eingekerkert und schließlich hingerichtet.

Als Mann der Wissenschaft hatte Boethius es unternommen, dem lateinischen Westen in Übersetzungen und Bearbeitungen die geistigen Güter der großen griechischen Philosophen zugänglich zu machen; zugleich bemühte er sich um Systematisierung. Der von ihm geprägte Ausdruck *quadrivium* (am Anfang seines Handbuchs über die Arithmetik) faßte die zahlenbezogenen Wissensdisziplinen als den einen Teil der *artes liberales* zusammen; erhalten sind die beiden ersten Ausarbeitungen (Arithmetik und Musik), die beiden anderen (Erd- und Himmelsmessung) dagegen verloren. Auf diese Grundlegung folgten Übersetzungen und Kommentare, insbesondere zu Aristoteles, aber auch zu *Topica* von → Cicero, ferner philosophische und theologische Abhandlungen.

Unvergleichlichen Ruhm gewann sich Boethius durch die im Kerker verfaßte Schrift *Trost der Philosophie* (*Consolatio Philosophiae*). In die 5 Prosabücher sind 39 Gedichte eingelegt; das sonst, bei → Seneca dem Jüngeren und → Petron etwa, scherzhafte Prosimetrum wird für ernste Zwecke gewonnen. Wie → Augustinus mit der Vernunft, der *ratio*, in den *Soliloquien* redet und zu Rate geht, so Boethius mit der als Frau vorgestellten Philosophie. Es sind nicht christliche, sondern (neu)platonische, kynische und stoische Gedankengänge, die ihm in seinen letzten Tagen Trost spendeten. Doch hat sich das christliche Mittelalter der Schrift mit besonderem Interesse angenommen; sie zählte zu den am meisten verbreiteten Büchern. Auch die Musikschrift des Boethius blieb das bestimmende Buch in diesem Bereich. Die größte Huldigung hat Dante Boethius zuteil werden lassen: Im *Paradiso* führt er ihn in der Sonnenrose als einen der zehn wichtigsten Theologen ein (*Göttliche Komödie*, Paradies 10, 124 ff.: »l'anima santa«). Zu Recht gilt Boethius als der letzte Römer und der erste Scholastiker zugleich.

A Patrologiae cursus completus, series Latina, hrsg. von J.-P. MIGNE, Bd. 63–64. – *Quadrivium*: G. FRIEDLEIN, Leipzig 1867, Nachdr. 1966. – *Consolatio:* W. WEINBERG, Wien 1934. – L. BIELER, Turnhout ²1984. – J. GRUBER, Berlin 1978 (mit Komm.). – Ü *Musik*: O. PAUL, Leipzig 1872, reprogr. Nachdr. Hildesheim 1973. –

Trost der Philosophie: E. GEGENSCHATZ / O. GIGON, Zürich [4]1990. – **L** Boethius and the Liberal Arts. A Collection of Essays, hrsg. von M. MASI, Bern 1981. – H. SCHEIBLE, Die Gedichte in der *Consolatio Philosophiae* des Boethius, Heidelberg 1972. – H. CHADWICK, Boethius. The Consolations of Music, Logic, Theology, and Philosophy, Oxford 1981. – Boethius, hrsg. von M. FUHRMANN und J. GRUBER, Darmstadt 1984.

Brutus → Cicero.

C

Caelius → Cicero.

Caesar, Gaius Iulius Caesar
13. Juli 100 v. Chr. Rom – 15. März 44 v. Chr. Rom

Das Leben des größten Römers, das schon viele Biographien gefüllt hat, kann hier kaum in seinem ganzen Umfang rekapituliert werden. Der schwierige Weg zum Konsulat (59), der harte Kampf in Gallien (58–50), das verzweifelte Ringen im Bürgerkrieg (49–45) und die wenigen Monate unangefochtener Macht bis zu den Iden des März 44 müssen hier zurücktreten. Der Politiker, Feldherr, Reformator Caesar bleibt außer Betracht, der kühle Planer ebenso wie der wagemutig mit dem Glück Spielende, der eitle Mann und skandalumwitterte Liebhaber wie der weitsichtige Herrscher. Hier ist allein vom Schriftsteller Caesar zu reden.

Es ist allerdings vorab zu betonen, daß Caesars Stellung als Schulautor den Blick auf den Literaten Caesar eher verstellt als eröffnet. Denn da gewöhnlich nur eines, bestenfalls zwei seiner Werke dem Schüler – meist auch nur teilweise – bekannt werden, formt sich allzu leicht ein einseitiges Bild. Fast 50 Seiten immerhin füllen die Fragmente und Testimonien seiner uns nicht mehr voll vorliegenden Werke; hinzu kommen weitere 40 Seiten mit Bezeugungen und Texten der Korrespondenz Caesars.

Das literarische Panorama dieser Produktion ist weit gespannt: Da sind die Reste der *Reden*, die → Cicero, dem Meister der römischen Rhetorik, das Kompliment abnötigten, von allen Zeitgenossen spreche Caesar das gewählteste Latein (*Brutus* 252); da sind die über 100 Bezeugungen seiner *Briefe*, von denen etwa ein Dutzend erhalten ist, darin das berühmte *Veni, vidi, vici*, »Ich kam, ich sah, ich siegte!«, bei denen, wie wir wissen, Caesar in bestimmten Fällen eine Geheimschrift benutzte; da ist ferner die Cicero gewidmete, wohl von seinem Werk *De oratore* angeregte sprachphilosophische Schrift *De analogia*, die Caesar während eines Alpenüberganges geschrieben haben soll und aus der ein Dutzend Zitate den Standpunkt des Imperators belegen, daß in der Sprache Regelhaftigkeit vorherrschen müsse; da sind auch Dichtungen, ein verlorenes Jugenddrama *Oidipus* und eine Reisebeschreibung *Iter*, wohl, wie später → Horaz, an das *3. Buch* (*Iter Siculum*; *Reise nach Sizilien*) des → Lucilius sich anschließend. Endlich ist der *Anticato* zu nennen, ein politisches Pamphlet gegen den Freiheitshelden Cato in zwei Büchern. Nachzutragen bleiben noch eine Sammlung geistreicher Aussprüche *Dicta Collectanea* sowie ein astronomisches Werk *De astris*, im Zusammenhang mit jener Kalenderreform (von Caesar oder von Sosigenes) konzipiert, die Europa und der Welt den Julianischen, bis heute nur einmal leicht korrigierten Kalender brachte.

Man sieht: Caesar ist als Literat alles andere als einseitig. Die Gebiete, denen er sich zuwandte, sind so vielfältig, die Mischung derart breit und bunt, daß erst vor diesem Hintergrund die berühmten *Commentarii de bello Gallico* und *De bello civili* klarere Kontur erhalten können.

Zunächst die äußeren Fakten: Die sieben ersten Bücher des *Gallischen Krieges* beschreiben die Vorgänge der Jahre 58–52; der *Bürgerkrieg* behandelt in drei Büchern die Ereignisse vom Ausbruch 49 bis zum Mord an Pompeius 48. Von anderer Hand sind Ergänzungsschriften verfaßt: Aulus Hirtius, Caesars Offizier und Vertrauter, als Konsul bei Modena gegen Antonius 43 gefallen, schloß die chronologische Lücke zwischen den beiden Memoiren-Bänden des Meisters mit dem 8. Buch des *Gallischen Krieges*; möglicherweise verfaßte er auch die Fortsetzung des *Bürgerkrieges*, die Kämpfe der Jahre 48/47, im *Bellum Alexandrinum*.

Andere Autoren steuerten noch je ein Buch bei über die Kriege in Afrika 47/46, das *Bellum Africum*, und die letzten Schlachten in Spanien 45, das *Bellum Hispaniense* – Bücher, die sprachlich und gestalterisch tief unter Caesars *Commentarii* stehen, doch als Quellen wichtig bleiben.

Neben den beiden Kommentarberichten Caesars stehen also noch vier andere, inhaltlich ergänzende Werke weiterer Autoren. Sie ermöglichen den Vergleich und zeigen, wie recht Cicero mit seinem Urteil hatte, Caesar habe bei aller Einfachheit der Darstellung eine endgültige Leistung vollbracht. Nun ist diese Einfachheit nicht nur die Absenz von rhetorischem Firnis und pathetischer Gebärde, sondern darüber hinaus die schlichte Schönheit eines Sprachduktus, der mit einem äußerst begrenzten Grundwortschatz von etwa 1200 Vokabeln die Dinge derart darzustellen und zu durchleuchten weiß, daß sie sich wie selbstverständlich zusammenfügen und keine anderen Sichtweisen zulassen. Caesar, der als Herrscher Finanz-, Verwaltungs- und Kalenderwesen ordnete, der als Denker für die analoge Ordnung der Sprache eintrat, gab auch als Autor seinen Werken ihre/seine so selbstverständlich erscheinende Ordnung, gab ihnen seine imperiale Sicht. Der Propagandist Caesar, dessen »Deformation« der Historie, dessen Desinformation verschiedentlich verurteilt worden sind, bedurfte keines kleinlichen Kalküls: Seine souveräne Sicht teilt sich suggestiv dem Leser mit. Der Erfolg des Schriftstellers ist mit dem Verfahren des Politikers identisch; er gründet in der genialen Fähigkeit, die Dinge den anderen zwingend so darzustellen, wie sie sich ihm selbst – im Zentrum der Dinge – darstellen.

Die Streitfrage, ob die jahrweise vorgehenden Bücher des *Bellum Gallicum* auch jahrweise produziert und publiziert worden sind oder ob eine rasche Gesamtabfassung im Winter 52/51 anzunehmen ist, dürfte, so formuliert, wohl zu simpel gestellt sein. Gewiß gab der General in Gallien der Zentrale in Rom jährlich seine Reporte; danach ist wohl, auf ihnen beruhend, eine großangelegte Gesamtkomposition anzunehmen, in deren Rahmen auch die ethnographischen Exkurse ihren Platz finden, z. B. die frühesten Nachrichten über die Germanen (6,11–28). Das *Bellum civile* erscheint unfertig; seine Niederschrift wurde vermutlich durch die Ermordung Caesars unterbrochen.

Der Mord freilich – und die Debatte über ihn – hat Caesars Ruhm eher vergrößert. Die unglaublich vielen Spuren seines Wirkens sind kaum zu verfolgen. Daß sein Name in den Herrschertiteln »Kaiser« und »Zar« weiterlebte, sei als einzelnes Indiz herausgegriffen. Der Autor Caesar dagegen, von den Zeitgenossen bewundert, geriet in der späteren Antike in Vergessenheit und wurde im Mittelalter eher als Sternkundiger (wegen seiner Kalenderreform) denn als Historiker geachtet. In Deutschland rückte der Schriftsteller erst wieder mit der Übersetzung Ringmanns, 1507 in Straßburg erschienen, ins Bewußtsein. Höhepunkt der Rezeption bleibt Shakespeares Drama *Julius Caesar* von 1599. Als Schulautor in Preußen wurde Caesar im vorigen Jahrhundert bekannter als je zuvor; wie richtig oder falsch diese Lektüreordnung ist, wird weiterhin diskutiert.

Die Gestalt des Herrschers Caesar ist oft und oft evoziert worden; in ihrem Schatten steht jedoch der Autor Caesar, den es immer noch zu entdecken gilt.

A *Bellum Gallicum*: W. Hering, Leipzig 1987. – *Bellum civile*: A. Klotz, Leipzig ^{5}1969. – *Bellum Alexandrinum*, *Bellum Africum*, *Bellum Hispaniense*, Fragmente: A. Klotz, Leipzig 1927. – F. Kraner / W. Dittenberger / H. Meusel, Berlin ^{19}1961–62, neu hrsg. von H. Oppermann, ^{12}1959. – *Epistulae*: P. Cugusi, Epistolographi Latini Minores, Bd. 2, Turin 1979, S. 72–112. – **Ü** *Der Gallische Krieg*: G. Dorminger, München ^{7}1981 (lat./dt.). – *Bürgerkrieg*: G. Dorminger, München ^{6}1983. – **L** Napoleon I., Précis des guerres de César, Paris 1835, dt. Stuttgart 1836. – Napoleon III., Histoire de Jules César, 2 Bde., Paris 1865–69. – M. Gelzer, Caesar. Der Politiker und Staatsmann, Wiesbaden 1960. – C. Meyer, Caesar, Berlin 1982. – F. E. Adcock, Caesar als Schriftsteller, Göttingen 1960. – G. Walser, Caesar und die Germanen, Wiesbaden 1956. –

H. Gesche, Caesar, Darmstadt 1976. – Caesar, hrsg. von D. Rasmussen, Darmstadt ³1980. – F. Gundolf, Caesar – Geschichte seines Ruhms, Leipzig ²1925. – F. Gundolf, Caesar im 19. Jahrhundert, Berlin 1926. – F.-H. Mutschler, Erzählstil und Propaganda in Caesars *Kommentarien*, Heidelberg 1975. – B. Kytzler, Shakespeares *Julius Caesar*, Berlin 1963.

Carmen arvale

Zwölf Mitglieder zählte das uralte Priesterkollegium der Flurgottheit Dea Dia zu Rom; sie hießen *fratres arvales*, Flurbrüder, und vollzogen im Monat Mai Fruchtbarkeitsrituale und Tänze im Heiligtum der Göttin fünf Meilen vor der Stadt. Dabei sangen sie auch zu einem Tanz im Dreierrhythmus einen Kultgesang aus der Königszeit, das *Carmen arvale*. Erst aus der Kaiserzeit (218 n. Chr.) hat uns ein Zufall einen inschriftlichen Beleg erhalten. Nachdem bereits Augustus den Kult hatte erneuern müssen, war der Text im 3. Jh. den Amtierenden wohl kaum noch verständlich: Sie erhielten Textvorlagen, gewissermaßen Gesangbücher zur Benutzung. Das kraftvolle Kultlied, in seiner Kürze vielleicht nur Teil eines längeren Hymnus, ist nur sehr schwer zu entschlüsseln und zu verstehen; doch hat es als frühes Zeugnis archaischer römischer Religion einzigartigen Rang.

A Acta fratrum Arvalium, hrsg. von W. Henzen, Berlin 1874. – Carmina latina epigraphica, Bd. 1, hrsg. von F. Bücheler, Leipzig 1895. – Altlateinische Inschriften, hrsg. von E. Diehl, Berlin ³1930. – *Carmen Arvale*, 2 Bde., hrsg. von M. Nacinovich, Rom 1933–34 (Text und Komm.). – Remains of Old Latin, Bd. 4, hrsg. von E. H. Warmington, London ²1953 (mit engl. Übers.). – **Ü** C. Fischer, Antike Lyrik, München 1964. – **L** E. Norden, Aus altrömischen Priesterbüchern, Lund 1939 (mit Übers.), Wiederabdr. in: Hauptwerke der antiken Literatur, hrsg. von E. Schmalzriedt, München 1976.

Carmina Priapea → *Priapea.*

Cassiodor, Flavius Magnus Aurelius Cassiodorus Senator
um 490 n. Chr. Süditalien – um 583 n. Chr. Vivarium

Als Konsul (514) und Kanzleichef (*magister officiorum*, 523–527) sowie in anderen Ämtern – u. a. auch als Nachfolger des hingerichteten → Boethius – bemühte sich Cassiodor, zwischen den Gotenkönigen und den Römern zu vermitteln. Doch zog er sich 538 aus der Politik zurück, nachdem er 535/536 zusammen mit Papst Agapet I. vergeblich versucht hatte, eine christliche Universität zu gründen. Er gründete nunmehr 555 auf eigenem Besitz bei Squillace sein Vivarium, eine klösterliche Gemeinschaft, die von ihm besonders auf Bewahrung und Betreuung geistiger Güter hin konzipiert wurde. Sein Hauptwerk, die *Institutiones*, gibt den Mönchen eine Anleitung zum Gebrauch sakraler und profaner Literatur. Der erste Teil bespricht Ausgaben, Übersetzungen, Kommentierungen der Heiligen Schrift, behandelt und beurteilt auch die wichtigsten Kirchenhistoriker und Kirchenväter; der zweite Teil spricht von den sieben *Artes liberales*, dem (seit dem 9. Jh. so genannten) *Trivium* (Dreiweg) von Grammatik, Rhetorik und Dialektik, und dem von Boethius so benannten *Quadrivium* (Vierweg) der zahlengestützten Disziplinen Arithmetik und Musik, Geographie und Astronomie. Cassiodor hat mit seinen *Institutiones* das erste Lehrbuch geschaffen, das antike und christliche Wissenschaft verbindet. Sein Erfolg übertraf alle Erwartungen: das kurze Kompendium, für ein kleines Kloster konzipiert, wurde »ein Grundbuch der mittelalterlichen Bildung« (E. R. Curtius).

Weitere Werke sind teils historischen Charakters (*Chronica*, eine Auflistung der Weltgeschichte vom Anfang bis 519; *De origine actibusque Getarum, Ursprung und Taten der Goten*, 12 Bücher, die jedoch nur in einem Auszug des Jordanes erhalten sind), teils theologisch (*De anima*; *Von der Seele*); weitaus am wichtigsten sind die *Variae epistulae* (*Vermischte Dokumente*), 12 Bücher der amtlichen Schreiben aus den Jahren 507 bis 537. Sie bieten interessante historische Informationen und dienten als Modelle musterhaften Kanzleistils.

So sind Cassiodors Verdienste vor allem die eines Anregers: Sein Briefstil wirkte als Vorbild, seine Schüler lieferten Bearbeitungen und Übersetzungen wichtiger Werke, seine *Institutiones* beeinflußten maßgeblich das Mönchsleben des Mittelalters und trugen mit dazu bei, die antike Literatur zu erhalten.

A *Variae*: TH. MOMMSEN, Berlin 1894, Nachdr. Berlin 1961. – *Institutiones*: R. A. B. MYNORS, Oxford [2]1961. – *Chronica*: TH. MOMMSEN, Berlin 1893. – *De anima*: J. W. HALPORN, in: Traditio 16, 1960, S. 39–109, und in: Corpus Christianorum 96, 1973, S. 534–575. – Ü *Gothengeschichte*: W. MARTENS, Leipzig 1884, [2]1913. – *Institutiones*: L. W. JONES, New York 1946 (lat./engl.). – L G. LUDWIG, Cassiodor. Über den Ursprung der abendländischen Schule, Frankfurt a. M. 1967. – J. J. O'DONNELL, Cassiodor, Berkeley 1979. – R. SCHLIEBEN, Christliche Theologie und Philologie in der Spätantike, Berlin 1974. – S. KRAUTSCHICK, Cassiodor und die Politik seiner Zeit, Bonn 1983.

Catalepton → Vergil.

Cato, Marcus Porcius Cato Censorius
234 v. Chr. Tusculum – 149 v. Chr.

Die lange Liste der Leistungen Catos auf militärischem und administrativem Gebiet wie als Politiker kann hier nur verkürzt wiedergegeben werden. Er bewährte sich als Soldat im Krieg gegen Hannibal, erreichte, wenngleich ohne adlige Abstammung, die höchsten Staatsämter Roms, konnte einen Triumph feiern (194) und erwarb sich als Censor (184) durch rigorose Amtsführung seinen Beinamen »Censorius«: Er hatte gewagt, sieben bestechliche Senatoren aus dem Senat auszuschließen, eine Luxussteuer zu erlassen u. a. Der streitbare Mann war in 44 Prozesse verwickelt, vermochte aber stets Freispruch zu erreichen. Berühmt geblieben ist sein legendärer ständiger Redeschluß im Senat als symbolische Formel für eine hartnäckig verfochtene Überzeugung: *Ceterum censeo Carthaginem esse delendam.* – »Im übrigen beantrage ich: Karthago muß zerstört werden!«

Von seinen 150 Reden, die in → Ciceros Zeit vorlagen (Cicero, *Brutus* 65), besitzen wir nur Bruchstücke. Dasselbe gilt von seinem Hauptwerk *Origines*, Gründungsgeschichten Roms und der italischen Stämme in sieben Büchern, durch die Cato die lateinische Geschichtsschreibung begründet hat. Um so wichtiger ist dann, daß in seiner Fachschrift *De agri cultura* (*Vom Ackerbau*), um 154 verfaßt, die erste lateinische Prosaschrift erhalten ist. Auf rund 100 Seiten werden in schmucklos knapper Diktion Vorschriften gegeben für die Einrichtung eines Gutes (1–22), landwirtschaftliche Arbeiten beschrieben (23–55) und schließlich unterschiedliche Anweisungen erteilt; die Skala ist weit gefaßt, neben Rezepten stehen Zauberformeln, neben Gebeten finden sich Vertragsformulare. Stilistisch unterstreicht die Schrift Catos Maxime *Rem tene, verba sequentur*, »Halte dich an die Sache, die Worte werden schon folgen!«; inhaltlich berät sie den Großgrundbesitzer, der sein Vermögen aus den Latifundien ziehen will. Cato sucht in ihr den Besitz wie auch die Machterhaltung der Oberschicht zu stützen.

Seine Gestalt, sein Name ist sprichwörtlich geworden zur Bezeichnung des strengen Sittenrichters. Seine Prosa ist der einzige solche Text aus dem 2. Jh. v. Chr. – Zeuge einer Zeit, in der sich die sozialen Spannungen zu verschärfen begannen, die das »Jahrhundert der Revolution« 133–131 v. Chr. herbeiführen und das Ende der römischen Republik hervorrufen sollten. Der konservative Cato ist klar konturiert als Kämpfer für eine in manchem wertvolle, in vielem nicht mehr realistische, oft auch reaktionäre Richtung. Sein Urenkel Cato d. J., der sich nach Caesars Sieg selbst bei Utica (daher sein Name Cato Uticensis) tötete und als Freiheitsheld zitiert wird, hat Catos Haltung auf seine Weise fortgesetzt.

Unter dem Namen Catos sind im 3. Jh. n. Chr. die → *Disticha Catonis* zusammengestellt worden.

A *De agri cultura*: A. Mazzarino, Leipzig [2]1982. – Ü *Vom Landbau*; Fragmente: O. Schönberger, München 1980 (lat./dt., mit Erl.). – L W. Richter, Gegenständliches Denken, archaisches Ordnen. Untersuchungen zur Anlage von Cato, *De agri cultura*, Heidelberg 1978.

Catull, Gaius Valerius Catullus
um 84 v. Chr. Verona – kurz nach 55 v. Chr.

Nur etwa dreißig Jahre währte das Leben des Catull, und es enthielt u. W. keine außergewöhnlichen Vorkommnisse. Der Sohn einer nicht unbemittelten Provinzfamilie, die jedenfalls im Besitze je einer Villa in Sirmio (Gedicht 31) und bei Tivoli (44) war, sah mehrfach → Caesar als Gast im Hause des Vaters in Verona, nahm aber als Poet politisch und persönlich pointiert gegen ihn Stellung. Eine Reise im Gefolge des Gouverneurs der Provinz Bythinien in dessen Amtsbereich im Jahre 57 brachte nicht den erhofften materiellen Gewinn (28), doch einige Gedichte von nicht geringem Gehalt (4, 31, 46, 111). Zentrales Erlebnis des jungen Mannes war seine Liebe zu einer verheirateten, älteren und erfahreneren Frau, die er als Lesbia besang. Man sieht in ihr Clodia, die Schwester von → Ciceros Todfeind Clodius. An dieser aus Freude und Schmerz, aus Haß und Liebe (*Odi et amo*, 85) gemischten Grunderfahrung wuchs das Talent Catulls zu dichterischer Größe. → Martial hat das in genialer Genauigkeit gedeutet:

Lesbia dictavit, docte Catulle, tibi.
Lesbia war's, die dir deine Dichtungen eingab,
gelehrter Catullus.

Dieser Vers (8,73,8) verzeichnet vollkommen die verschiedenen Elemente der Poesie Catulls. Die Liebe mit ihren ambivalenten Zügen hat ihn zu einem Sänger von hohem Rang reifen lassen; doch hat er sich auch, der alexandrinischen Art entsprechend, als *poeta doctus*, als gelehrter Dichter bemüht. Dieser Antithese entspricht auch im großen und ganzen die Anordnung der erhaltenen 116 Gedichte mit fast 3000 Versen.

In der Mitte (61–68) stehen die umfangreicheren Stücke, die als herkömmliche Hochzeitsgedichte (61 und 62), als Briefelegie (65 und 68) und sogar als Kleinepos von 408 Versen (64) über mythologische Motive ein ganz anderes Gesicht tragen als die – oft attackierenden – Epigramme im Schlußteil (69 ff.) oder die in unterschiedlichen Versformen (Elfsilbler, Hinkjamben, sapphische Strophen u. a.) gefügten Gedichte des Eingangsteiles. Während der gelehrte Dichter in hoher Diktion tradierte Themen aufgreift bzw. Übersetzungen und Überarbeitungen griechischer Vorlagen verfertigt, schreibt der Gelegenheitsdichter über die Themen des Tages, im Tonfall sich der Alltagssprache nähernd. Doch sind, ebensowenig wie bei → Horaz, beide Seiten keineswegs völlig zu trennen. Auch das spontane Sprechen der kleinen Poeme ist der Paraliteratur Roms verbunden, d. h. der Tradition der Schimpf- und Spottverse, der Grabinschriften und Scherzlieder. Catull selbst hat das spielerische Versemachen »bei Scherz und Wein« beschrieben (50). Beide Bereiche bedingen einander, die *nugae* (1, 4), Kleinigkeiten, bereiten den Boden für die höhere Poesie, die ihrerseits den kleinen Formen Motive und Modelle stellt, die wahlweise eingesetzt, umgesetzt oder außer Kraft gesetzt werden können.

Unbedenklich darf man gegenwärtig Catull als den hierzulande populärsten Poeten Roms bezeichnen. Das mag mehrerlei Gründe haben: Zum einen hat gewiß Carl Orffs mitreißende Vertonung der *Catulli carmina* viel dazu beigetragen; zum anderen wird einiges aus Catulls Poesie in den Schulen gelesen, wobei natürlich eine milde Mitte zwischen gelehrten Gedichten und anzüglichen Poemen sorgsam gewahrt wird. Schließlich aber glaubt man in Catull einen direkt verständlichen ›modernen‹ Dichter zu erleben, der seine Erfahrungen und Gefühle nach Art des Originalgenies unvermittelt in Verse bringt und sich so von den voraussetzungsreichen, vielfach verschlüsselten anderen antiken Autoren vorteilhaft abhebt. Das ist freilich nur bedingt richtig. Gewiß trifft es zu, daß Catull vielfältige Gelegenheitspoesie hinterlassen hat – was er mit →Martial, →Statius und manchen anderen teilt –, und daß er in seinen Liebesgedichten eigenes Erleben unverhüllt wie kaum ein anderer in das poetische Produkt einbringt. Allerdings darf dabei zweierlei nicht übersehen werden. Dem persönlichen Empfindungsgedicht treten in Catulls Werk die größeren, traditionell bestimmten Carmina und mythologischen Motive an die Seite; zugleich sind aber die kurzen, vibrierend lebendigen Psychogramme seiner Leidenschaft mehr als spontane Inspiration allein – sie nehmen vielmehr sprachliches und motivisches Gut aus volkstümlicher Sphäre und aus dichterischer Überlieferung in sich auf.

So ist die Faszination Catulls gerade in seiner Vielschichtigkeit zu suchen: Neben die Unflätigkeit, die mit Wendungen wie »Scheißpapiere«, *cacata carta* (36), um sich wirft, tritt die ernste Zartheit tief empfundener Schwüre und leidenschaftlicher Liebeslieder, neben die »Nichtigkeiten« der *nugae* tritt der große Griff nach hohen tradierten Themen. Der Reiz der Unmittelbarkeit und der Anreiz der Vielschichtigkeit bleiben die beiden Komponenten, durch die Catulls Werk den heutigen Leser als Leseerlebnis wie als

Hinführung zur lateinischen Lyrik in unvergleichlicher Weise fesselt und bereichert.

A R. A. B. Mynors, Oxford [4]1972. – H. Bardon, Stuttgart 1974. – **Ü** O. Weinreich, München [2]1983. – W. Eisenhut, München [8]1979. – C. Fischer / B. Kytzler, Frankfurt a. M. 1995. – **L** O. Weinreich, Die *Disticha* des Catull, Tübingen 1926. – I. Svennung, Catulls Bildersprache, Uppsala 1945. – G. Lieberg, Puella Divina, Amsterdam 1962. – H. P. Syndikus, Catull. Eine Interpretation, 3 Bde., Darmstadt 1984–90. – E. A. Schmidt, Catull, Heidelberg 1985.

Celsus, Aulus oder Aurelius Cornelius Celsus
frühes 1. Jh. n. Chr.

Ebenso wie uns das Leben des Celsus unbekannt ist, so sind auch weite Teile seines enzyklopädischen Werks *Artes* (*Künste*) bis auf geringe Fragmente verlorengegangen; es waren dies vermutlich Darlegungen über Philosophie und Rhetorik, über Landwirtschaft, Kriegskunst und Recht. Jedoch liegen die umfangreichen 8 Bücher *De medicina* (*Von der Medizin*) vor. Obgleich von einem Laien geschrieben, geben sie gute Quellen verständig wieder und zeichnen sich auch durch eine klassisch klare Sprache aus. Wichtig im allgemeinen ist der medizinhistorische Überblick in Buch 1, interessant die mannigfachen Details im folgenden: Buch 2 gibt Informationen über die Pathologie, Buch 3 und 4 über Krankheiten des ganzen Körpers resp. der einzelnen Körperteile, 5 und 6 behandeln die Pharmazie, 7 die Chirurgie, 8 die Knochenbehandlung.

Während Antike und Mittelalter nicht allzuviel Notiz von Celsus nahmen, wurde in der Neuzeit sein Werk bereits 1478 erstmalig gedruckt und in der Humanistenzeit hoch geschätzt. Celsus wurde als Stilvorbild angesehen: Er galt als *Cicero medicorum*, als der »Cicero unter den Ärzten«.

A F. Marx, Leipzig 1915. – **Ü** E. Scheller / W. Frieboes, Braunschweig [2]1906.

Censorinus
frühes 3. Jh. n. Chr.

Eine eigenartige, nicht leicht einzuordnende Schrift ist das nur 50 Druckseiten umfassende Büchlein des Censorinus *De die natali* (*Der Geburtstag*). Es ist im Jahre 238 einem – sonst unbekannten – Gönner Quintus Caerellius anläßlich des 50. Geburtstages gewidmet. Censorinus nimmt dieses Jubiläum zum Anlaß, den Caerellius einmal nach Art eines → Panegyricus zu preisen, ihm aber zugleich als Ehrengabe zwei wissenschaftliche Erörterungen im Zusammenhang mit dem Festtag darzubieten: Vor der genau in der Mitte (Kap. 15) plazierten Laudatio findet sich ein Abschnitt über Werden und Wesen des Menschen, nach ihr eine Darlegung über Fragen der Zeit und ihrer Einteilung, angelegt in absteigender Ordnung bis hinunter zur Tageseinheit, die von Mitternacht bis Mitternacht erörtert wird. Eingefügt sind in den ersten Teil zwei zahlenspekulative Exkurse zu astrologischen und zu musiktheoretischen Fragen, die mit der Periodisierung des Menschenlebens in Gruppen zu je sieben Jahren verbunden sind.

Die merkwürdige Mischung von Wissenschaftstradierung und Gönnerlob ist in sorgfältig gebauter, maßvoll archaisierender Sprache vorgetragen und beruht auf einem beträchtlichen Bildungsniveau. Sie stammt aus einer in der lateinischen Literatur sonst unfruchtbaren Epoche und gewinnt durch ihren gedankenreichen Gehalt wie durch ihre Position mitten zwischen Zeitepochen und Gattungsgrenzen eigenes Gewicht und besonderen Wert. Kein Geringerer als Nikolaus Kopernikus hat ihn erkannt und Censorinus in seiner Schrift *De revolutionibus orbium Coelestium* (1543) mehrfach zitiert.

A K. Sallmann, Leipzig 1983. – **Ü** K. Sallmann, Leipzig 1988. – **L** H. Hofmann, Über die Schrift des Censorinus, in: Gymnasialprogramm Trier 1891. – K. Sallmann, in: Hermes 111, 1983, S. 233–248.

Certamen Homeri et Hesiodi → Hesiod.

Chariton von Aphrodisias

1. Jh. n. Chr.

Chariton spricht am Anfang seines Romans selbst kurz von seiner Person: Er nennt seinen Namen, gibt als Geburtsort Aphrodisias an und bezeichnet sich als Sekretär eines Rechtsanwaltes namens Athenagoras. Mehr wird uns nicht mitgeteilt, und so ist die Wissenschaft auf Indiziensuche und Spurenkombination angewiesen, was freilich mitunter zu widersprüchlichen Ergebnissen führt. So datierte man Charitons Werk früher ganz am Ende der uns bekannten antiken Romane, d. h. am Ende des 5. oder am Anfang des 6. Jh.s. Seit 1900 weisen jedoch neu gefundene Papyrusfragmente des Romans genau in die andere Richtung: Sie sind offenbar um 200 n. Chr. geschrieben, so daß Charitons Erzählung nun nicht mehr am Ende, sondern am Beginn der Romanreihe zu stehen hat. Die Annahme der Entstehungszeit schwankte zwischen dem ersten vorchristlichen und dem ersten nachchristlichen Jahrhundert. Wie umstritten auch immer die genauere Datierung sein mag, die relative Chronologie wird im allgemeinen als gesichert angesehen.

Das Werk Charitons zeichnet sich durch die Klarheit der Erzählung aus, die nicht nach Art anderer antiker Unterhaltungsromane den Leser durch Überraschungseffekte zu fesseln sucht, sondern in Form einer historischen Darstellung mit dem Anspruch auf Authentizität auftritt. Von einigen geringfügigen Anachronismen abgesehen, ist die Fiktion durchgehalten, die Erzählung spiele zur Zeit des persischen Großkönigs Artaxerxes II., der sein Reich von 404 bis um 360 v. Chr. beherrschte. Dennoch ist keine Fixierung auf einen genau bestimmten Zeitpunkt angestrebt: Die Charakteristika der Epoche liefern den Hintergrund der Handlung. Auch wenn sie nicht gleichzeitig auftraten, fügen sie sich doch zu einem komplexen Porträt zusammen, dessen Widersprüche der Historiker analysieren mag.

Die Handlung folgt dem Schema der Romanliteratur jener Zeit: Kallirhoe und Charikles sind einander in ehelicher Liebe fest verbunden, ein böses Geschick reißt sie auseinander und führt sie durch eine endlose Folge von Bedrängnissen. Kallirhoes Schönheit erregt die Besitzgier hochgestellter Männer bis hinauf zum Großkönig selber. Abweichend von der Tradition geht sie – im Glauben, ihr geliebter Gatte sei gestorben – eine neue Ehe ein, zu der sie sich in einem anrührenden Dialog mit ihrem und Charikles' noch ungeborenen Kind entschließt. Die üblichen Erzählrequisiten werden mit bemerkenswerter Dezenz eingesetzt; Rettungen aus Scheintod, Räuberei, Piraterie, Kreuzigung, Krieg usw. folgen einander, ohne doch als kraß blendende Effekte zu wirken. Gleiches gilt auch von den partiell eingefügten Zitaten klassischer Schriftsteller; sie sollen der meist einfach gehaltenen Sprachform nach antikem Verständnis zu größerer Höhe und Schönheit verhelfen. Die Rekapitulation der Geschehnisse am Anfang von Buch 5 und 8, insbesondere aber die große Zusammenfassung der Gesamthandlung 8,7 f. unterstreicht nicht ohne Stolz die Einheitlichkeit und Übersichtlichkeit der Erzählung und weist indirekt auf den organischen Aufbau, die geordnete Struktur dieses möglicherweise frühesten, gewiß aber zu den besten gehörenden griechischen Romans hin.

A W. E. Blake, Oxford / Ann Arbor 1938. – Ü H. M. Werhahn, in: Im Reiche des Eros, hrsg. von B. Kytzler, München 1983, S. 513–672. – K. Plepelits, *Kallirhoe*, Stuttgart 1976 (mit Text und Komm.). – L A. D. Papanikolaou, Zur Sprache Charitons, Diss. Köln 1963. – G. L. Schmeling, Chariton, New York 1974. – B. P. Reardon, in: The Novel in the Ancient World, hrsg. von G. Schmeling, Leiden 1996, S. 309–335, 802 (Karte).

Chilon → Septem sapientes.

Chrysostomos → Dion (Cocceianus) Chrysostomos.

Cicero, Marcus Tullius Cicero
3. Januar 106 v. Chr. Arpinum – 7. Dezember 43 v. Chr. Caieta

Cicero hat den Vorzug, die uns heute am besten bekannte Gestalt des ganzen Altertums zu sein. Über viele Perioden seines Lebens sind wir genauestens, oft tage- oder sogar stundenweise, unterrichtet. Das verdanken wir den fast 1000 Briefen, die uns Details aus seinem Dasein und dem seiner Briefpartner mitteilen, wie es nirgends sonst – wohl bis in die Goethezeit hinein – der Fall ist. Da es hier um den Literaten Cicero geht, können nur die wichtigsten Stationen seines Lebensweges rekapituliert werden.

Sie sind charakterisiert durch Ciceros Herkunft aus der Provinz, wodurch der Abstand gegenüber der alteingesessenen römischen Nobilität gegeben war; den Aufstieg in die höchsten Staatsämter bis zum Konsulat im Jahre 63, wobei Cicero alle Ämter – zu seinem nicht geringen Stolze – zum frühest möglichen Zeitpunkt, *suo anno*, bekleidete; die Unterdrückung der Verschwörung Catilinas im Konsulatsjahr und die später daraus resultierende Verbannung von April 58 bis September 57; die Provinzialverwaltung in Kilikien von Juli 51 bis Juli 50; die zögernde Parteinahme gegen → Caesar im Bürgerkrieg und die Begnadigung durch diesen im September 47; nach Caesars Ermordung den letzten Kampf für die Republik mit den sog. *Philippischen Reden*; die Ermordung durch die Hände der Häscher auf Befehl der Triumvirn Antonius, Lepidus und Octavian, des späteren → Augustus.

Die literarische Leistung, die diesem bewegten Leben eines Rechtsanwalts und Redners, Philosophen, Politikers und Patrioten entstammt, ist so immens, daß auch sie hier nur angedeutet werden kann. Das Erhaltene gliedert sich für uns in folgende fünf Gruppen:

Reden: Die 58 erhaltenen Reden umspannen die ganze Zeit des öffentlichen Wirkens Ciceros, von seinem ersten

Auftreten als Anwalt im Jahre 81 *Pro Quinctio* (*Für Quinctius*), bis zu den *Philippicae*, den *Philippischen Reden* gegen Antonius im letzten Lebensjahr. Als besondere Höhepunkte heben sich heraus: die Reden gegen Verres, *In Verrem* (70), deren zweiten Teil Cicero in 5 Büchern als Muster ausgearbeitet und herausgegeben hat, obschon sie so nicht gehalten worden waren (ebenso wie später die 2. *Philippische Rede*), wertvolle Informationen bietend über Provinz-Administration, Kunstgeschichte und Kunstraub; *In Catilinam* (*Gegen Catilina*), jene vier Reden, mit denen der Konsul Cicero die Verschwörung der adligen Gruppe bekämpfte und ihre Hinrichtung einleitete; *Pro Archia poeta* (*Für den Dichter Archias*) (62), in der mancherlei Grundsätzliches zu Poesie und Literatur gesagt wird; *In Pisonem*, eine Invektive gegen Piso (55), die, obschon der Anfang fehlt, als einzige persönliche Attacke Ciceros einen besonderen Platz besitzt; *Pro Milone*, die Verteidigung des Milo (52), der Ciceros Todfeind Clodius umgebracht hatte, laut Cicero in Notwehr – erhalten ist nicht die erfolglose wirkliche Rede, sondern eine nachträglich überarbeitete Fassung; drei Reden an Caesar während seiner Alleinherrschaft, *Pro Marcello* und *Pro Ligario*, 46 gehalten, und *Pro rege Deiotaro*, 45 gehalten; schließlich 14 *Philippiken* vom 2. September 44 bis zum 22. April 43, die nach anfänglichen Erfolgen insgesamt politisch ergebnislos blieben und Ciceros Tod mit verursachten.

Rhetorische Schriften: Sie rühren ebenfalls aus verschiedenen Perioden in Ciceros Lebensgang her. Zu den vier wichtigsten zählen: Das Jugendwerk *De inventione* (um 84), das den ersten Teil der fünf Aufgaben des Redners, die Findung des Stoffs, behandelt; es folgte 55 das Hauptwerk *De oratore* (*Vom Redner*), drei Bücher eines fingierten Dialoges zwischen Rednern der Generation vor Cicero, durch die dieser seine eigenen Ansichten nun, im Moment der Meisterschaft, vorträgt; *Brutus de claris oratoribus* ist die erste Schrift, die Cicero unter Caesars Alleinherrschaft veröffentlichte (Anfang 46), gewidmet dem späteren Caesar-Mörder Brutus, beinhaltend eine *Geschichte der berühmten Redner*, die in der Autobiographie Ciceros gipfelt, der bedeutendsten Selbstanalyse vor den *Confessiones* des → Augustinus; schließlich *Orator* (*Der Redner*), ebenfalls 46 abgefaßt und gleichfalls Brutus gewidmet, eine Darstellung des idealen Redners, somit auch Ciceros Rede-Ideals, und sein theoretisches Vermächtnis.

Ebenfalls unter Ciceros Namen überliefert ist eine Schrift aus den Jahren 88–85 v. Chr. in vier Büchern, die jedoch, da unecht, als *Rhetorica* oder *Auctor ad Herennium* zitiert wird. Die Theorie, sie sei einem Cornificius zuzuschreiben, findet an einigen Bemerkungen → Quintilians eine Stütze, ist jedoch weiterhin umstritten. Das Werk berührt sich inhaltlich vielfach mit Ciceros Jugendschrift *De inventione* und mag auf eine mit dieser gemeinsamen Quelle zurückgehen.

Grundzüge der Überzeugungen Ciceros sind die Lehre vom *aptum*, der Angemessenheit der rhetorischen Mittel an die Gewichtigkeit des Gegenstandes, und vom Vorrang der psychagogischen Einwirkung auf den Hörer mit den Mitteln der Rhetorik und des Pathos, die über der logischen Argumentation stehen.

Philosophische Schriften: Eine Übersicht über die schon erschienenen Werke gibt Cicero selbst am Anfang des 2. Buches *De divinatione* (*Von der Weissagung*) nach der Ermordung Caesars. Wir besitzen von den uns bekannten zwanzig Werken nur dreizehn, als deren wichtigste zu gelten haben: *De re publica* (*Vom Staat*), 6 Bücher aus den Jahren 54–51, kaum zu einem Drittel erhalten, endend in der berühmten Vision des *Somnium Scipionis*, des *Traums des Scipio*, der durch → Macrobius gesondert erhalten worden ist; *De legibus* (*Von den Gesetzen*), begonnen unmittelbar nach dem *Staat*, jedoch unvollendet, nach Platons Vorbild dem *Staat* die *Gesetze* anschließend, griechische Philosophie und römisches Rechtsdenken in der Nachfolge der

Zwölftafelgesetze (→ *Leges duodecim tabularum*) verbindend; bis auf etwa 100 Fragmente verloren ist der *Hortensius*, die als Mahnung zur Philosophie konzipierte Schrift, mit der Cicero 45 seine systematische philosophische Schriftstellerei begann und durch die noch nach vier Jahrhunderten → Augustinus beeinflußt wurde. Es folgten Darlegungen zur Erkenntnislehre, *Academica* (*Akademische Bücher*), in zwei Fassungen, von deren erster der *Lucullus* erhalten ist und von deren zweiter der Anfang vorliegt; zur Hauptfrage der praktischen Philosophie, *De finibus bonorum et malorum* (*Über das höchste Gut und das größte Übel*), sowie die *Tusculanae disputationes* (*Gespräche in Tusculum*), behandelnd die Probleme von Tod, Schmerz, Leid und die Überwindung der Gemütsbewegungen; ferner zur Religionsphilosophie *De natura deorum* (*Über das Wesen der Götter*), *De divinatione* (*Über die Weissagung*) und *De fato* (*Über das Schicksal*). Eingeschoben wurden Schriften zu speziellen Problemen der praktischen Ethik, *Cato maior de senectute* (*Cato der Ältere über das Greisenalter*), und *Laelius de amicitia* (*Laelius über die Freundschaft*), schließlich *De officiis* (*Vom rechten Handeln*), gewidmet dem in Athen studierenden Sohne Ciceros, ein letztes Mal griechische Philosophie und römische Praxis vereinend.

Die Philosophie Ciceros wird als eklektisch angesehen; er selbst zählte sich der Schule Platons, der in seiner Zeit sog. Neuen Akademie, zu. Cicero hat in der Geschichte der Philosophie nicht das Verdienst neuer Fragestellungen oder Antworten, sondern das neuer Anwendungen: Die griechischen Lehrsysteme, von Erstarrung bedroht und in Schulkämpfen sich verzettelnd, wurden von ihm für die römische Wirklichkeit erschlossen, das lateinische philosophische Vokabular von ihm erst neu geprägt und der europäischen Tradition überliefert. Der ganze Gang der abendländischen Philosophie ist durch seine Vermittlertätigkeit vorab entscheidend beeinflußt.

Dichtungen: Nach einer Notiz Plutarchs (*Leben Ciceros* 3) galt Cicero seinen Zeitgenossen als der größte Dichter Roms und wurde erst durch die großen Klassiker aus dieser Position verdrängt; er habe auch in einer einzigen Nacht mit spielerischer Leichtigkeit 500 Verse zu dichten vermocht (*Leben Ciceros* 40). Wir besitzen, zumeist durch Selbstzitate, Fragmente aus seiner autobiographischen Dichtung *De consulatu suo* (*Über sein Konsulat*) und haben Kenntnis von einem Werk *De temporibus suis* (*Über seine Zeit*) und einige Jugendarbeiten. Am wichtigsten sind die gesondert überlieferten 469 Hexameter der Übertragung der *Phainomena* des → Aratos, die später von → Germanicus und → Avienus neu bearbeitet wurden. Ciceros Behandlung des Hexameters zeigt ihn als gewandten Versificator, der von den Anfängen des → Ennius zur Höhe der Klassik überleitet.

Briefe: Das einzigartige Corpus der 931 Briefe Ciceros besteht aus mehreren Sammlungen: 16 Bücher sind an den Freund und Betreuer seiner zu publizierenden Werke, den vermögenden und hochgebildeten Bankier Atticus, gerichtet, *Ad Atticum*, weitere 16 Bücher an andere Freunde, *Ad familiares*, je 2 Bücher an den Bruder → Quintus Tullius Cicero, *Ad Quintum fratrem*, und an den Caesarmörder Brutus, *Ad Brutum*, dem auch mehrere rhetorische und philosophische Schriften gewidmet sind. Drei Besonderheiten sind hervorzuheben: einmal, daß Cicero in vielen seiner privaten Schreiben ungeschminkt und ungeschützt seinen Erwägungen und Empfindungen Ausdruck verleiht, was ihm manchen Tadel – der sich aufgrund solch intimer Kenntnis leicht erheben läßt – eingetragen hat; zum anderen, daß hier ein unglaublich reiches Reservoir an Detailinformationen zu Fragen der hohen Politik wie des Alltagslebens, Einzelheiten zu fast allen Bereichen des römischen Daseins vorliegen, die es noch weiterhin auszuschöpfen gilt; schließlich die Ergänzungen der Schreiben Ciceros durch zahlreiche mit überlieferte Briefe seiner Korrespondenten, vom Diktator Caesar bis zum Sekretär Tiro, vom Bruder Quintus bis zu Brutus und Matius. Ja, sogar ein ganzes Buch (*Ad familiares* 8) stammt von einem Freunde, dem Caelius, der Cicero, welcher gerade in Kilikien Statthalter zu sein hat, über Politica und Personalia aus der Hauptstadt auf dem laufenden hält – Klatsch aus Rom, in amüsanter Mischung bunt dargeboten.

Ein Fazit der literarischen Leistung Ciceros ziehen zu wollen ist gewagt. Er hat seine Lebensmitte offenbar in einem ganz besonderen, intensiven Verhältnis zur Sprache gehabt: In einem anrührenden Bilde (*Brutus* 330) spricht er von der Redekunst wie von einer Tochter, die im Hause in freier Hut gehegt, deren jungfräuliche Ehre gewahrt werden solle. Sein Medium, die Eloquenz, war ihm mehr als Einhaltung von Regeln und Vermeidung von Verstößen: Sie ermöglichte künstlerische Faszination, gewährte artistische Befriedigung – eine Welt sprachlicher Erregungen, Sensationen, Erfüllungen.

Der sprachlichen entsprach die patriotische Hingabe. Cicero hat zeit seines Lebens das Wohl des Staates zu fördern getrachtet, hat für die Ideale einer Ordnung gekämpft, die der Krisenzeit nicht mehr standzuhalten vermochte. Auch seine Waffe, das Wort, war den Gegengewalten des Geldes und der Legionen nicht gewachsen. So ist der Politiker Cicero gescheitert; der Literat Cicero hat um so größeren Erfolg erzielt, hat den so heiß begehrten Nachruhm gefunden. Gerade an seinem Wort haben sich Geister von der Größe eines Augustinus und Petrarca entzündet: Quintilians Dictum bleibt bestehen, daß Ciceros Name nicht mehr der eines Menschen allein, sondern der der Redekunst an sich sei. Ehrentitel wie »christlicher Cicero« für → Laktanz oder »Cicero der Ärzte« für → Celsus zeigen das ebenso wie der italienische ›Cicerone‹, der sprachgewandte, informationsreiche Führer. Doch darf man nicht allein an das von Cicero geprägte ›geistige Latein‹ denken, das in seiner lichten Fülle Fakten und Nuancen in intensiver Klarheit darzustellen vermag. Man muß daneben auch die philosophische Begriffsbildung veranschlagen, die das Denken des lateinischen Westens bis in die Scholastik und weiterhin mit bestimmt hat. So ist zwar nicht der Mann der Tat, doch um so mehr der Mann der Sprache und des Denkens jener Cicero, der zu den »Vätern des Abendlandes« zählt.

A Gesamtausgabe in: Bibliotheca Teubneriana, Leipzig 1914 ff. – Oxford Classical Texts, 1900 ff. – Collection Budé, Paris 1918 ff. – Ü Reden: M. Fuhrmann, Zürich/München 1970–82. – Briefe: H. Kasten, München 1959 ff. – Rhetorica: *Brutus:* B. Kytzler, München [4]1990. – *Orator:* B. Kytzler, München [3]1988. – *De oratore:* H. Merklin, Stuttgart 1976. – Philosophica: *De re publica:* K. Büchner, Zürich [3]1973. – *De finibus:* K. Atzert, München 1964. – *Tusculanae disputationes:* O. Gigon, München [2]1970. – *De natura deorum:* W. Gerlach / K. Bayer, München 1978. – L M. Gelzer, Cicero, Wiesbaden 1968. – O. Seel, Cicero – Wort, Staat, Welt, Stuttgart 1953. – K. Büchner, Cicero, Heidelberg 1964. – Das neue Cicerobild, hrsg. von K. Büchner, Darmstadt 1971. – Ciceros literarische Leistung, hrsg. von B. Kytzler, Darmstadt 1973. – V. Pöschl, Römischer Staat und griechisches Staatsdenken bei Cicero, Darmstadt [2]1962. – J. Vogt, Ciceros Glaube an Rom, Stuttgart 1935, [2]1963. – P. Grimal, Cicero. Philosoph, Politiker, Rhetor, München 1988. – C. Habicht, Cicero der Politiker, München 1990. – M. Fuhrmann, Cicero und die römische Republik, München [2]1990. – T. Zielinski, Cicero im Wandel der Jahrhunderte, Leipzig/ Berlin [4]1924.

Cicero, Quintus Tullius Cicero
um 102 v. Chr. Arpinum – Ende 43 v. Chr.

Der jüngere Bruder → Ciceros war 65 v. Chr. gemeinsam mit → Caesar Ädil, also Aufsichtsbeamter für die Gebäude, Straßen und Märkte, vor allem für die Getreideversorgung Roms. Wohl aus den Erfahrungen dieses Amtes resultieren die Ratschläge, die er seinem Bruder im Jahre 64 für die Bewerbung um das Konsulat des Jahres 63 erteilt, das sog. *Commentariolum petitionis*. Diese *Denkschrift über die Bewerbung* im Umfang von etwa 20 Seiten, deren Echtheit nicht unumstritten ist, berät den Bewerber, sich ständig drei Dinge vor Augen zu halten: die eigene soziale Position (*novus sum*, »ich bin kein Adliger«), die Eigenheiten des erstrebten Amtes, d. h. des Konsulats, und die Umstände und Zustände am Wahlort Rom. Dabei werden erstaunlich realistische Ratschläge gegeben, Details, die bis zu ziemlich zynisch anmutenden Anweisungen gehen, etwa was das Einhalten von Wahlversprechungen betrifft.

Vier weitere Briefe des Quintus Tullius Cicero im Briefcorpus seines Bruders (*An die Freunde*, Buch 16, Nr. 8, 16, 26, 27) sind weniger bedeutend, mehr dagegen die zwei Bücher mit 27 Briefen, die dieser an ihn richtete. Am wichtigsten ist die lange Epistel, die → Cicero ihm als Ratgeber für die Verwaltung der Provinz Asia (61–58) sandte (*An den Bruder Quintus* 1,1). In dieser Antwort mag auch ein Echtheitsargument zugunsten des *Commentariolum petitionis* zu sehen sein. Quintus Tullius Cicero kämpfte mit Caesar in Gallien und Britannien, gegen ihn im Bürgerkrieg, wurde wie sein Bruder begnadigt und ebenfalls später von den Triumvirn proskribiert. Ein Sklave verriet seinen Aufenthalt, und er wurde ermordet.

A Epistulae: W. S. Watt, Bd. 3, Oxford 1958. – **L** A. Constans, Bd. 1, Paris 1950 (mit frz. Übers.). – D. R. Shackleton Bailey, Cambridge 1988. – **Ü** H. Kasten, Cicero an Bruder Quintus, München 1965 (lat./dt.). – **L** W. Wiemer, Quintus Tullius Cicero, Halle 1930.

Ciris → Vergil.

Claudian, Claudius Claudianus
um 370 n. Chr. Alexandria – nach 404 n. Chr.

Der in Ägypten gebürtige, griechisch sprechende (und auch dichtende) Claudian gelangte 394 nach Rom, wo er lateinisch zu dichten begann. Die erste Probe an Probinus und Olybrius war ein Preislied auf die neuen Konsuln.

Nach fünf Jahren am Hof in Mailand kehrte Claudian um 400 nach Rom zurück, wo er u. a. mit einer Statue auf dem Trajansforum geehrt wurde, deren Inschrift sich – jetzt im Museum in Neapel – erhalten hat. Sie nennt ihn auf Lateinisch den »ruhmvollsten der Poeten«, *praegloriosissimo poetarum*, und rühmt ihm auf Griechisch nach, → Homers musischen Geist und → Vergils künstlerischen Sinn in sich zu verbinden. Grund für solche Rühmung waren panegyrische Poeme auf die Konsulate der höchsten Herrschaften, Honorius (396, 398 und 404), Mallius Theodorus (399), Stilicho (400), dessen Sieg über Alarich 402 Claudian ebenfalls feierte in *De bello Gothico* (*Der Gotenkrieg*). Umgekehrt wurden die Feinde der Gönner Claudians in beißenden Invektiven kraftvoll attackiert (je zwei Bücher *In Rufinum* und *In Eutropium*). Claudians rein mythologisches Epos *De raptu Proserpinae* (*Der Raub der Proserpina*) blieb unvollendet, von seiner *Gigantomachia* liegt nur der Anfang vor. Kleinere Stücke stellen sich als Epigramme, Idyllen, Briefe u. a. dar.

Claudians Stil charakterisiert sich durch das »Prinzip der isolierten Bilder« (F. Mehmel), auf das hin schon → Statius seine Dichtung angelegt hatte. Kurze Einzelszenen wechseln mit Reden und Gegenreden; Götter greifen in das geschichtliche Geschehen ein, der Glanz mythologischer Überhöhung fällt auf die zeitgeschichtlichen Ereignisse; die glutvoll ausgemalte Gestalt der *Dea Roma*, der »Gottheit Rom«, verleiht dem Werk des letzten Epikers der Ewigen Stadt überzeitlichen Adel. Wie → Augustinus bezeugt (*Gottesstaat* 5,26), stand Claudian dem Christentum fern. In seinen Dichtungen ließ das antike Rom, bevor es 410 in Barbarenhände fiel, zum letzten Mal seine weithin hallende Stimme ertönen.

A TH. BIRT, Berlin 1892. – J. PLATNAUER, 2 Bde., London 1922 (mit engl. Übers.). – J. B. HALL, Leipzig 1985. – Ü G. v. WEDEKIND, 1868 (Ausw.). – B. KYTZLER, Roma Aeterna, Zürich/Stuttgart 1972 (Ausw.). – L H. STEINBEISS, Das Geschichtsbild Claudians, Diss.

Halle 1936. – W. Simon, Claudiani *Panegyricus de consulatu Manlii Theodosii*, Berlin 1975. – S. Döpp, Zeitgeschichte in Dichtungen Claudians, Wiesbaden 1980. – A. Cameron, Claudian. Poetry and Propaganda at the Court of Honorius, Oxford 1970.

Codex Iustiniani → *Corpus iuris civilis.*

Columella, Lucius Iunius Moderatus Columella
1. Jh. n. Chr. Gades/Cádiz, Spanien

Landsmann und Zeitgenosse → Senecas d. J., hat Columella nach einer Militärzeit in Syrien als Grundbesitzer in Italien gelebt. Sein Hauptwerk *De re rustica* behandelt als wichtigste Fachschrift auf diesem ja auch von → Cato, → Varro und → Vergil bearbeiteten Gebiet in 12 Büchern das so wichtige Thema *Vom Landbau*. Ursprünglich auf 10 Bücher hin konzipiert, ist es noch um die beiden letzten Bücher erweitert worden, die u. a. die Pflichten des Verwalters (11) und seiner Frau (12) besprechen. Buch 10 behandelt den Gartenbau; es ist, aus Verehrung für das Vorbild Vergil und seiner Anregung (*Georgica* 1,147) folgend, in 436 Hexametern abgefaßt. Stehen Columellas Verse freilich weit hinter seinem Muster zurück, so ist doch seine Prosa stilistisch gut und leicht lesbar. Sein Werk wurde allerdings wenig zitiert. Das gilt auch für seine erste Arbeit zum selben Thema, von der nur ein Buch *De arboribus* (*Von den Bäumen*) erhalten ist. Unter den uns vorliegenden Fachschriftstellern zum Agrarbereich ist Columella einer der wichtigsten.

A V. Lundström / Å. Josephson / S. Hedberg, Uppsala 1897 bis 1968. – Ü K. Ahrens, Berlin 1972. – W. Richter, München 1981 bis 1983 (mit Text). – L H. Weinold, Die dichterischen Quellen des Columella, Diss. München 1959.

Copa → Vergil.

Corippus, Flavius Cresconius Corippus
um 510 n. Chr. – 2. Hälfte 6. Jh. n. Chr.

Über das Leben des letzten lateinischen Epikers der Antike ist uns kaum etwas bekannt. Allein aus seinen Werken gewinnen wir ein paar spärliche Informationen: daß er als Redner in Nordafrika tätig war, dann aber, ermutigt durch den Erfolg seines ersten, etwa 549 entstandenen Epos, nach Konstantinopel ging und dort in bescheidenen Verhältnissen, aber immerhin als Inhaber eines Hofamtes, sein Leben führte. Als alten Mann, *senio fessum*, sieht er sich selbst in seinem letzten Werk 566/567.

Die beiden Epen des Corippus, mit rund 6000 Versen ein auch dem Umfang nach beachtliches Opus, sind Lobgedichte: die *Johannis* feiert den siegreichen Feldzug des Johannes, eines Feldherren Justinians, gegen die Mauren 546–548; das *Preislied auf Justin* (*In laudem Iustini Augusti Minoris*) beschreibt den Tod Justinians und besingt die Thronbesteigung des neuen Herrschers in vier Büchern, deren letztes später angefügt ist.

Als getreuer Zeuge übermittelt Corippus wichtige historische Informationen; als Dichter am Ende einer jahrhundertelangen Entwicklung zeigt er sich mit dem reichen Schatz der römischen Dichtung in vielen Reminiszenzen voll vertraut und zu eigener Gestaltung fähig. Hatte früher die Philologen-Zunft seine Kunst kräftig kritisiert, so scheinen seine Werke gegenwärtig in gerechterer Bewertung wieder mehr Beachtung und Zustimmung zu finden.

A J. Partsch, Corippi libri qui supersunt, Berlin 1879. – M. Petschenig, Corippi quae supersunt, Berlin 1886. – J. Diggle / F. R. D. Goodyear, *Johannis*, Cambridge 1970. – A. Cameron, *In laudem Iustini*, London 1976 (mit engl. Übers.). – L U. J. Stache, *In laudem Iustini.* Ein Kommentar, Berlin 1976.

Cornelia
2. Jh. v. Chr.

Die Tochter des älteren Scipio Africanus hat ihrem Gatten zwölf Kinder geboren, unter ihnen die beiden berühmt gewordenen Volkstribunen Tiberius und Gaius Gracchus. Als sie 153 Witwe wurde, warb der spätere König von Ägypten, Ptolemaios VIII, vergeblich um sie. Ein Zufall der Überlieferung hat im Rahmen der Reste aus dem Werk des → Nepos zwei Briefe von ihr bewahrt. Auch wenn die Echtheit nicht unumstritten geblieben ist, so darf man doch die Authentizität akzeptieren, insbesondere da ja antike Autoren wie → Cicero und → Quintilian Cornelias Briefe rühmend erwähnten.

Der einzige Prosatext einer antiken Römerin, den wir kennen, enttäuscht nicht. Gewiß geht die Grammatik gelegentlich Pfade fern der Klassik, ist die Logik mitunter etwas uneben; doch der lebendige Impetus der Rede zeigt eine Persönlichkeit von Format. Man würde gern von ihr mehr als nur diese beiden kurzen Episteln lesen können.

A In Gesamtausgaben des Nepos und bei P. Cugusi, Epistolographi Latini minores, Bd. 1,1, Turin 1970, S. 110–113. – Ü M. Hofmann, Antike Briefe, München 1935. – H. Rüdiger, Briefe des Altertums, Zürich/Stuttgart ²1965. – F. Leo, Geschichte der römischen Literatur, Berlin 1913, S. 479. – L Siehe bei Nepos. – P. Cugusi, Epistolographi, Bd. 1,2, S. 65–73.

Cornelius Nepos → Nepos.

Cornificius → Cicero.

Corpus Hermeticum → *Hermetica.*

Corpus Hippocraticum → Hippokrates.

Corpus iuris civilis
528–534 n. Chr.

Erst ein Jahrtausend nach ihrer Entstehung bürgerte sich – durch die Ausgabe des Gothofredus des Älteren 1583 – der im Mittelalter entstandene, jetzt geläufige Name *Corpus iuris civilis* für die Gesetzessammlung ein, die Kaiser Justinian 528–534 veranstalten ließ. Die Arbeit wurde von Gaius Tribonianus geleitet.

Das Corpus gliedert sich in vier Teile. Teil 1, der *Codex Iustinianus*, enthält die Kaiser-Constitutionen seit dem 2. Jh. im Umfange von 12 Büchern, 529 publiziert, 534 als *Codex repetitae praelectionis* in Überarbeitung endgültig festgelegt; Teil 2, die *Institutiones*, ein gesetzlich verbindlich gemachtes Lehrbuch für Rechtsstudenten in 4 Büchern; Teil 3, die *Digesta*, auch *Pandekten* genannt, eine 50 Bücher umfassende Sammlung, in der das »alte Recht«, *ius vetus*, aus dem klassischen juristischen Schrifttum in stark gekürzter und, wo nötig, modernisierter Form vorgelegt wurde; Teil 4, die *Novellae*, d. h. die neuen, unter Justinian erlassenen Gesetze, eine vom Kaiser noch beabsichtigte, aber nicht mehr durchgeführte Arbeit, die später durch private Tätigkeit zustande kam und, im Gegensatz zu den vorausgegangenen Teilen, meist auf Griechisch abgefaßt ist.

Das *Corpus iuris civilis* trägt einen Januskopf: es faßt die viele Jahrhunderte umfassende Rechtstradition Roms in grandioser Form zusammen und gibt so einer der größten Leistungen der lateinischen Zivilisation ihre endgültige Gestalt. Zugleich blickt die andere Seite des Doppelgesichts in die Zukunft: Bis ins vorige Jahrhundert blieb das *Corpus iuris civilis* zentrales Studienobjekt der Rechtswissenschaft; es wirkte als Vorbild und Rahmen für die Rechtsnormen und Rechtsformen des Mittelalters und oft auch der frühen Neuzeit; es hatte zugleich Bestand als das säkulare Gegenbild des *Corpus iuris canonici*, des Kirchenrechts. Rom hat kein einflußreicheres Erbe hinterlassen als diese ebenso monumentale wie meisterliche Rechtskodifizierung.

A P. KRÜGER / TH. MOMMSEN / R. SCHÖLL / W. KROLL, 3 Bde., Berlin [15]1928–29, Nachdr. 1954–59. – Ü C. E. OTTO / B. SCHILLING / C. F. F. SINTENIS, 7 Bde., Leipzig 1830–33. – *Corpus iuris.* Eine Auswahl der Rechtsgrundsätze der Antike, hrsg. von R. DÜLL. München [2]1960 (lat./dt.). – E. SCHARR, Römisches Privatrecht, Zürich 1960 (lat./dt., mit Erl.). – L F. WIEACKER, Das *Corpus iuris* Iustinians, in: F. W., Vom römischen Recht, Stuttgart [2]1961, S. 242 bis 287. – L. WENGER, Die Quellen des römischen Rechts, Wien 1953, S. 564–734.

Corpus Priapeorum → *Priapea.*

Culex → Vergil.

Curtius, Quintus Curtius Rufus
1. Jh. n. Chr. (?)

Während es beim Prioritätsstreit des → Minucius Felix nur um Jahrzehnte geht, geht es bei der Datierung des Curtius gleich um Jahrhunderte: Er hat den zweifelhaften Vorzug, der chronologisch am weitesten in der lateinischen Literaturgeschichte umhergeschobene Autor zu sein. Die Hypothesen beginnen beim jungen → Augustus und reichen bis zu den Kaisern Septimius Severus (193–211) und Theodosius d. Gr. (379–395). Das erste, vielleicht auch das zweite nachchristliche Jahrhundert sind immerhin wahrscheinlichere Werte als die extremen Daten; Sicherheit war bisher nicht zu erreichen.

Curtius' *Historiae Alexandri Magni regis Macedonum*, die *Geschichte Alexanders des Großen, des Königs der Makedonen*, ist erstaunlicherweise die einzige lateinische Bearbeitung des bedeutenden Stoffes; daß die große Gestalt durchaus gegenwärtig war, zeigen z. B. zahlreiche Zitate im Werk des → Valerius Maximus. Curtius gibt Alexander in seiner Darstellung psychologische Vertiefung, zeichnet ihn freilich eher als Despoten. Das Werk ist in 10 Bücher gegliedert, aber erst ab Buch 3 überliefert und auch sonst sehr lükkenhaft erhalten. Es steht in der Mitte zwischen Roman und Geschichte: Die Aufbereitung wirkt teils romantisch, teils rhetorisch, ja reißerisch, ist reich an erfundenen Reden und anderen Reizmitteln. Doch sind, bei allen Flüchtigkeiten und Fehlern, die Berichte des Curtius über den alle Maße sprengenden jungen König immer noch fesselnde Lektüre.

A E. HEDICKE, Leipzig, ²1908. – Ü K. MÜLLER / H. SCHÖNFELD, München 1954 (mit Text). – L D. KORZENIEWSKI, Die Zeit des Quintus Curtius Rufus, Diss. Köln 1959. – R. POROD, Der Literat Curtius. Tradition und Neugestaltung: Zur Frage der Eigenständigkeit des Schriftstellers Curtius, Graz 1987.

Cyprian, Thascius Caecilius Cyprianus
um 200 n. Chr. bei Karthago – 14. September 258 n. Chr. Karthago

Das bewegte Leben des Cyprian ist uns durch mehrere Quellen unterschiedlicher Bedeutung bekannt: Neben die ihm gewidmete erste christliche Biographie von seinem Diakon Pontius, die aber mehr Preisung als präzises Protokoll ist, treten die *Acta proconsularia Cypriani* von dokumentarischem Rang, schließlich die Selbstzeugnisse, die Schrift *Ad Donatum* (*An Donat*) mit der Schilderung der Konversion zum Christentum um 246, und die 65 Briefe (samt 16 der Korrespondenten) als Belege für das Leben der frühen Kirche in der Zeit der Verfolgung. Schon zwei Jahre nach seiner Bekehrung wurde Cyprian Bischof von Karthago (248); wieder zwei Jahre später mußte er die Verfolgung des Decius im Untergrund aushalten (250). Kaum war diese vorüber, kam nach abermals zwei Jahren die Pest für weitere furchtbare zwei Jahre (252/254). In der Valerianischen Verfolgung fiel am 14. September 258 der Heilige dem Henker zum Opfer.

Cyprian betrachtete, wie → Hieronymus berichtet (*De viris illustribus* 53), → Tertullian als seinen Meister; doch ist im Gegensatz zu dessen Stil der Cyprians glatt, sein Gedankengang genau und gut gefügt, so daß er als so verständlicher wie formvollendeter Autor bis zur Zeit → Augustinus' eine führende Position einnahm. Wichtig ist sein Werk *De Ecclesiae unitate* (*Von der Einheit der Kirche*), das Vorrangstellung und Mittlerrolle der Kirche und besonders ihrer katholischen Bischöfe betont: »Wer die Kirche nicht zur Mutter hat, kann Gott nicht zum Vater haben«, *Habere non potest deum patrem, qui ecclesiam non habet matrem* (Kap. 6). Verschiedene pastorale und dogmatische Schriften zeigen Cyprian als Seelenhirten, der sich in den Nöten seiner Gemeinde ihr nahe weiß und Trost, Ermunterung und Weisung – auch: Zurechtweisung – im rechten Maße zu vermitteln vermag. Er blieb denn auch lange eine populäre Persönlichkeit.

A W. v. Hartel, Wien 1868–71. – **Ü** J. Baer, Bibliothek der Kirchenväter 34 und 60, München 1918/1928. – G.W. Clarke, 3 Bde., New York 1984–86. – **L** J. Ludwig, Der Hl. Märtyrerbischof Cyprian von Karthago, München 1951.

D

Damasus
um 305 n. Chr. (Spanien?) – 11. Dezember 384 n. Chr. Rom

Im Oktober 366 zum Papst gewählt, hat Damasus es noch erleben können, daß Kaiser Theodosius 380 die römisch-katholische Konfession zur Reichsreligion erklärte. Zweifach hat Damasus sich in der lateinischen Literaturgeschichte einen Ehrenplatz verdient: Er war es, der seinen Sekretär → Hieronymus anregte, eine korrekte lateinische Bibelübersetzung zu erarbeiten, die spätere Vulgata; er selbst suchte und restaurierte mit Eifer Märtyrergräber in Rom und schmückte sie mit selbst verfaßten Epigrammen, die vom Skulptor Filocalus in würdigen Lettern eingraviert wurden. Teils durch Abschriften, teils noch in situ haben sich 59 Inschriften dieses ersten christlichen Dichters lateinischer Zunge erhalten.

A Epigrammata Damasiana, hrsg. von A. Ferrua, Rom 1942. – **Ü** B. Kytzler, Roma Aeterna, Zürich/München 1972, S. 192–195.

Deinarch, Deinarchos
um 360 – um 290 v. Chr.

Der letzte der zehn kanonischen attischen Redner (→ Andokides) stammte aus Korinth, studierte bei → Theophrast und wirkte in Athen seit 336 als Redenschreiber, da er als Nichtbürger gehindert war, selbst öffentlich aufzutreten. Sein Eintreten für die Gegner des → Demosthenes machte ihn 324 bekannt; nach Alexanders Tod galt er als der führende Logograph, da die anderen bedeutenderen Redner nicht mehr am Leben waren. Als 307 die Demokratie erneuert wurde, wich er nach Chalkis auf Euboia aus. 292 kehrte er nach Athen zurück; Umstände und genaueres Datum seines Endes sind unbekannt. Von den 60 Reden, die die Antike als echt anerkannte, besitzen wir nur drei (*Gegen Demosthenes*, *Gegen Aristogeiton*, *Gegen Philokles*). Abgesehen vom Gebrauch neuer Metaphern ist Deinarch wenig originell; trotz der politischen Gegnerschaft folgt er rhetorisch den Spuren des → Demosthenes, bleibt aber weit hinter diesem zurück. So trug er den Spottnamen »Dünnbier-Demosthenes«.

A F. Blass, Leipzig ²1988, reprogr. Nachdr. Stuttgart 1867. – Th. Thalheim, Berlin 1887. – M. Nouhaud u. a., Paris 1990. – Ü J. O. Burtt, Minor Attic Orators, Bd. 2, London 1954. – L L. Rademacher, in: Philologus 58, 1899, S. 161 ff. – F. Blass, Die attische Beredsamkeit, Hildesheim ²1887–98.

Demokrit, Demokritos
460–371 v. Chr.

Die Lebenszeit Demokrits wird unterschiedlich datiert. Es werden auch Geburtsdaten wie 470 oder gar 500 angegeben. Laut → Lukian (*Langlebige*, 18) erreichte er das 104. Lebensjahr; in jedem Fall hat Demokrit ein hohes Alter erlebt. Er stammte aus Abdera, einer wohlhabenden ionischen Handelsstadt in Thrakien, und war selbst Kind einer reichen Familie. Reisen sollen ihn nach Ägypten, Persien, Indien, Äthiopien und nach Athen geführt haben. Als seine Lehrmeister gelten Leukipp und möglicherweise auch Anaxagoras. Von den 70 Buchtiteln, die → Diogenes Laertios erwähnt, sind uns nur geringe Fragmente geblieben. Um so größer ist die Bedeutung des philosophischen Einflusses: Demokrit ist der Hauptvertreter der antiken Atomistik. Er hat → Epikur und → Lukrez nachhaltig beeinflußt, später auch Galilei, Leibniz und die moderne Atomphysik. Die Spätantike hatte ihn »den lachenden Philosophen« genannt;

in der Tat war sein ethisches Ideal die *euthymie*, »die Heiterkeit«.

A H. Diels / W. Kranz, Die Fragmente der Vorsokratiker, Bd. 2, Berlin [10]1960–61, S. 81–230. – **Ü** Griechische Atomisten, hrsg. von E.G. Schmidt u. a., Leipzig [2]1977. – W. Capelle, Die Vorsokratiker, Berlin [2]1961, S. 396–470. – **L** S. Luria, Die Infinitesimallehre der antiken Atomisten, in: Quellen und Studien zur Geschichte der Mathematik, B 2, 1933. – K. v. Fritz, Philosophie und sprachlicher Ausdruck bei Demokrit, Platon und Aristoteles, New York / Leipzig 1938, reprogr. Nachdr. Darmstadt 1963. – S. Luria, Zur Frage der materialistischen Begründung der Ethik bei Demokrit, Berlin 1964. – F. Wallner, Demokritische und epikureische Ethik, Wien 1972. – D. O'Brian, Democritus, Leiden 1981. – J. Mau, Zum Problem des Infinitesimalen bei den antiken Atomisten, Berlin 1954. – Karl Marx, Differenz der demokritischen und epikureischen Naturphilosophie, Doktordissertation, hrsg. von G. Mende und E. G. Schmidt, Jena 1964. – R. Löbl, Demokrits Atomphysik, Darmstadt 1987.

Demosthenes
384–322 v. Chr.

Geburts- und Todesjahr teilt der berühmteste griechische Redner mit dem bedeutendsten Philosophen von Hellas, mit → Aristoteles. Anders als dieser ist er jedoch als athenischer Bürger der Makedonenmacht gegenüber feindlich eingestellt. Sein ganzes politisches Leben ist von diesem Antagonismus geprägt.

Sein Vater, ein vermögender Waffenfabrikant, starb, als das Kind sieben Jahre alt war. Die Vormünder, vom Vater noch erwählt, haben ihre Aufgabe offenbar wenig redlich wahrgenommen: Als der junge Mann sich mit 18 Jahren fast ohne Besitz sah, klagte er gegen sie und erreichte sein Prozeßziel mit 21; zwei Jahre später erst erhielt er die Reste des Familienvermögens zurück. In diesen Jahren entwickelte er, von → Isaios geschult, seine Tätigkeit als *logographos*, als Schreiber von Prozeßreden für andere, eine Art Advokatenarbeit. Etwa als 30jähriger begann Demosthenes, sich politisch zu engagieren. Wenn wir hier von inneren Zwistigkeiten absehen, so bleibt vor allem die Hauptrichtung des Hasses zu beobachten, der den Nachwuchspolitiker erfüllte: Er sah in Philipp von Makedonien, dem Vater Alexanders des Großen, den gefährlichsten Feind der Freiheit von Hellas. Gegen die aus dem Norden drohende Invasion richtete er seine dynamischsten Reden: die drei sogenannten *Philippiken* (351, 344 und 341 v. Chr.) wie auch im Winter 349/348 die drei *Olynthischen Reden*. Freilich folgten den flammenden Worten nicht die notwendigen politisch-militärischen Erfolge. Am 2. August 338 errangen die Makedonen in der Kephissos-Ebene bei Chaironeia einen überragenden Sieg. Obwohl die Politik des Demosthenes damit eine definitive Niederlage erlitten hatte, beauftragte ihn doch das Volk von Athen, die *Leichenrede* für die Gefallenen zu halten. 336 beantragte Ktesiphon, ihm für seine Verdienste die Ehre einer feierlichen Bekränzung an den Großen Dionysien im Theater zuteil werden zu lassen. → Aischines führte dagegen eine Klage wegen Gesetzwidrigkeit, das Verfahren verzögerte sich bis 330, und die Rede des Aischines *Gegen Ktesiphon* sowie die des Demosthenes *Über den Kranz* zeugen von der Auseinandersetzung und behandeln eingehend seine Politik. Demosthenes setzte sich durch: Aischines erhielt weniger als ein Fünftel der Stimmen und verließ Athen.

324 erschien Harpalos, der Schatzmeister Alexanders des Großen, in Athen. Er flüchtete vor dem Zorn seines Herrn; die von ihm mitgeführten Schätze des Königs wurden auf der Akropolis deponiert, gerieten aber teilweise auch als Bestechung in die Hände athenischer Politiker. Als Harpalos entkam, hieß es, Demosthenes habe ihm zur Flucht verholfen und dafür Geld erhalten. Demosthenes wurde zu der hohen Geldstrafe von 50 Talenten verurteilt; in Troizen entzog er sich der Schuldhaft. Die bittere Zeit der Heimatferne wurde ihm durch Alexanders Tod 323 verkürzt. Athen nahm ihn wieder mit höchsten Ehren auf. Doch die make-

donische Militärmaschine walzte alle Hoffnungen auf Hellas' Freiheit nieder. Demosthenes nahm sich im Poseidontempel auf der Insel Kalauria mit Gift das Leben.

Seine Autorschaft ist nicht bei allen der 61 unter seinem Namen überlieferten Reden gesichert. Sie galten der Antike als höchste Verwirklichung der praktischen Rhetorik. Der Leidenschaft des Redners entsprechen die eingesetzten Sprachmittel, die sogar in der Übersetzung noch deutlich werden: hämmernde Wiederholungen, bohrende Fragen, aufreizende Antithesen, geglückte Gleichnisse, mitreißende Metaphern und bewegende Bilder. Ein Beispiel (*Über den Kranz* 71):

> Als Philipp Euboia annektierte
> und es als Operationsbasis gegen Attika etablierte,
> als er Megara attackierte,
> als er Oreos okkupierte,
> als er Porthmos verwüstete,
> als er in Oreos Philistides zum Tyrannen einsetzte
> und in Eretria Kleitarchos,
> als er sich den Hellespont unterwarf
> und Byzanz belagerte,
> als er einige der griechischen Stadtstaaten zerstörte,
> in andere die verbannten Verräter zurückführte –
> als er all das tat: tat er da Unrecht,
> brach er den Vertrag,
> verletzte er den Frieden
> oder nicht?
> Daß jemand unter den Griechen auf den
> Plan trat,
> ihn bei diesen Taten aufzuhalten,
> war das nötig
> oder nicht?

Es ist deutlich, wie sich politisches Pathos und künstlerisches Kalkül verbinden. Hinzu trat die Gewalt des Vortrags. Schon in seiner Jugend soll Demosthenes mit unglaublicher Zähigkeit und Entschlossenheit verschiedene ausgefallene Übungen auf sich genommen haben, um sich als Redner zu trainieren. → Cicero berichtet folgende Anekdote (*Brutus* 142): »Als ihn jemand fragte: ›Was steht in der Redekunst an erster Stelle?‹, soll er geantwortet haben: ›Der Vortrag!‹ Und an zweiter? ›Dasselbe!‹ Und an dritter? ›Wieder dasselbe!‹« Ob diese Sentenz wirklich von Demosthenes stammt oder nicht, sie veranschaulicht doch, was nach Meinung der Antike bei ihm im Vordergrund stand. Auch an anderen Stellen hören wir, er habe geredet *parabakchos*, »wie in bakchischer Verzückung«, *enthusion*, »wie im *enthusiasmos*, der göttlichen Raserei«.

Die politische Niederlage des Demosthenes wurde nach seinem Ende aufgewogen durch den Triumph seiner Redekunst. Sie galt Generation nach Generation als höchstes Muster, nicht nur im Griechischen, auch bei den Römern. Das haben → Cicero und → Quintilian nachdrücklich betont. Auch in der deutschen Sprache ist der Ausdruck *Philippika* geläufig, gebraucht als Synonym für Straf- oder Scheltrede. Hier wirkt das Ende des Demosthenes nach, tradiert von den ersten Erben Griechenlands, den Römern. Nach den Iden des März standen in Rom → Caesar-Erben gegen Caesar-Mörder, Monarchisten gegen Republikaner. → Cicero hielt gegen Antonius, den er als Feind der Freiheit des Vaterlandes ansah, 14 flammende Reden. Sie erhielten nach dem Vorbilde des Demosthenes den Namen »Philippiken« und leiteten so jenen übertragenen Sprachgebrauch ein, den auch das Deutsche übernommen hat.

A J. H. Vince / A. T. Murray u. a., 7 Bde., London 1956. – O. Navarre / P. Orsini u. a., 10 Bde., Paris 1945–59. – C. Fuhr / D. Sykutris, 3 Bde., Leipzig 1914–37. – C. Rehdantz / F. Blass / K. Fuhr, Demosthenes. Ausgewählte Reden, Leipzig/Berlin 1886–1910, reprogr. Nachdr. Hildesheim 1973. – W. Unte, Politische Reden, Stuttgart 1985 (mit Übers. und Komm.). – J. A. Goldstein, The

Letters of Demosthenes, New York 1968. – Ü W. Waldvogel, Demosthenes. Rede über den Kranz, Stuttgart 1968. – W. Zürcher, Rede für Ktesiphon über den Kranz, Darmstadt 1983 (griech./dt.). – L A. Schaefer, Demosthenes und seine Zeit, 3 Bde., Leipzig 1885–87, reprogr. Nachdr. Hildesheim 1966. – F. R. Wüst, Philipp II. von Makedonien und Griechenland, München 1973. – W. Jaeger, Demosthenes, der Staatsmann und sein Werden, Berlin 1939, reprogr. Nachdr. 1963. – U. Schindel, Demosthenes im 18. Jahrhundert, München 1963 (Zetemata 31). – E. Drerup, Demosthenes im Urteile des Altertums, Würzburg 1923. – Demosthenes, hrsg. von U. Schindel, Darmstadt 1987. – B. Kytzler, Demosthenes, in: Exempla historica 6, 1985, S. 69–87.

Dicta Catonis → *Disticha Catonis.*

Digesta → *Corpus iuris civilis.*

Diodor, Diodoros (Siculus)
um 80 – um 29 v. Chr.

Seinen Beinamen »aus Sizilien« verdankt Diodor seiner Geburt in Agyrion auf Sizilien. Diodors Weltgeschichte, *Bibliothek* genannt, schildert in 40 Büchern (von denen nur 1–5 und 11–20 vollständig überliefert sind, der Rest fragmentarisch) die Ereignisse von frühester Zeit an bis zur Eroberung Britanniens durch Caesar im Gallischen Krieg (54 v. Chr.); Ägypten, Mesopotamien, Indien, Nordafrika sind mit berücksichtigt, griechische und römische Geschichte miteinander verbunden. Diodors Bericht über Sizilien ist besonders ausführlich, so daß er für die Geschichte seiner Heimatinsel wie auch für die der sizilianischen Sklavenaufstände (136–132 und 104–101 v. Chr.) eine Quelle von außerordentlicher Wichtigkeit darstellt.

A F. Vogel / C. T. Fischer, 5 Bde., Leipzig 1888–1906, reprogr. Nachdr. 1985. – C. H. Oldfather u. a., London 1933 (mit engl. Übers.). – Ü A. Wahrmund, Diodors von Siculus Geschichts-

Bibliothek, Berlin/Stuttgart 1855–90. – J. F. WURM, Historische Bibliothek, Stuttgart 1827–40. – L W. W. TARN, Alexander der Große, 2 Bde., Darmstadt 1968, S. 63 ff. – M. KUNZ, Zur Beurteilung der Prooemien in Diodors historischer Bibliothek, Diss. Zürich 1935. – W. NESTLE, Griechische Weltanschauung, Stuttgart 1946, S. 352 ff. – F. JACOBY, Atthis, Oxford 1949. – J. PALM, Über Sprache und Stil des Diodor von Sizilien, Lund 1955.

Diogenes Laertios
1. Hälfte 3. Jh. n. Chr.

Diogenes Laertios, dessen Leben gänzlich unbekannt ist, hinterließ ein für die Geistesgeschichte überaus wichtiges Werk: Es behandelt in zehn Büchern *Leben und Lehren berühmter Philosophen* von → Thales bis → Epikur. Da weder der Neuplatonismus erwähnt wird noch Namen aus späterer Zeit genannt sind, datiert man die Darlegungen des Diogenes etwa um 220 n. Chr. So unkritisch und manches Mal mit mangelndem Verständnis das Material auch dargeboten ist, so wertvoll sind die Informationen, die der Doxograph (Gelehrter, der die Lehren der Philosophen nach Problemen geordnet sammelt) weitergibt. Als Quellen benennt er namentlich mehr als 200 Autoren mit mehr als 300 Werken. Die Angaben über Epikur gelten als ganz besonders wichtig, bewahren sie doch auch Texte des Denkers für uns auf, die sonst verloren wären.

A H. S. LONG, Oxford 1964. – Ü O. APELT, Berlin/Leipzig 1921, reprogr. Nachdr. 1955. – K. REICH, Diogenes Laertius. Leben und Meinungen berühmter Philosophen, Hamburg 1967. – L P. MORAUX, L'eposé de la philosophie d'Aristote chez Diogène Laerce, in: Revue Philosophique de Louvain 47, 1949. – J. MEJER, Diogenes Laertius and his Hellenistic Background, Wiesbaden 1978.

Dion, Cassius Dio Cocceianus
um 150 – um 235 n. Chr.

Oft auch als Dio Cassius (oder Cassius Dio) zitiert, hat der aus Nikaia in Bithynien stammende Historiker hohe Ämter erreicht: Er verwaltete mehrfach eine Provinz und wurde 205 *consul suffectus*, 229 *consul*. Von seiner 80 Bücher umfassenden *Römischen Geschichte*, die vom mythischen Stammvater Roms, Aeneas, bis 229 n. Chr. reichte, sind unversehrt nur die Bücher 36–60 erhalten, die die Epoche von 68 v. Chr. bis 47 n. Chr. behandeln, wobei jedoch Anfang und Ende fragmentarisch sind. Das übrige liegt in Auszügen byzantinischer Historiker, die Bücher 78 und 79 verstümmelt, in einem Codex der vatikanischen Bibliothek vor.

Dion arbeitete lange an seinem Werk: Zehn Jahre dauerte die Vorbereitungszeit, 12 Jahre die Ausarbeitung des Textes bis zum Jahre 211; später kam noch der Rest hinzu. Sprachlich an → Thukydides und auch → Demosthenes orientiert, historisch weitgehend unselbständig und durch seine Quellen gebunden, kann Dion dennoch, wenn auch nicht als Autor, so doch als Informant einen wichtigen Platz behaupten. Die letzten Jahre der römischen Republik und die beginnende Kaiserzeit sind uns vor allem durch ihn bekannt.

A J. Melber, 3 Bde., Leipzig 1890–1928. – U. P. L. Boissevain, 5 Bde., Berlin 1895–1931, [2]1955. – E. W. Cary, 9 Bde., London 1914–27 (mit engl. Übers.). – **Ü** L. Tafel, 3 Bde., Stuttgart 1831 bis 1844. – O. Veh / G. Wirth, Römische Geschichte, 5 Bde., Zürich/München 1985–87. – **L** F. Millar, A Study of Cassius Dio, Oxford 1964.

Dion (Cocceianus) Chrysostomos
um 40 – 120 n. Chr.

Aus Prusa gebürtig, dem heutigen Brusa in der Türkei, errang Dion seinen Beinamen (»Goldmund«) durch seine Redekunst. Unter Kaiser Domitian (82–96 n. Chr.) mußte er, aus seiner Heimat wie aus Rom verbannt, ein ärmliches Wanderleben führen, das ihn durch Griechenland, den Balkan und Kleinasien führte. Er predigte die stoisch-kynische Lehre, bis ihn Kaiser Nerva begnadigte und er schließlich die Freundschaft Kaiser Trajans gewann. Doch führte er sein Wanderleben als »Konzertredner« weiter, bis er sich auf seinen Familiensitz in Bithynien zurückzog, wo er noch vor dem Prokonsul → Plinius dem Jüngeren prozessieren mußte.

Seine 78 Reden zeigen eine weite Themenwahl: Neben der Philosophie erscheinen Mythologie und Literaturkritik, Leichenreden, Moralpredigten, Beschreibungen, Städtelob u. a. Sprachlich an → Platon und → Xenophon orientiert, idealisiert er die griechische Vergangenheit, gibt aber auch für uns Heutige ein lebendiges Bild der eigenen Umwelt. Besonders beliebt ist sein *Euboikos*, in dem er das bukolisch-beschauliche Dasein einer bescheidenen Familie auf Euboia in idyllischen Farben beschreibt.

A H. v. Arnim, Berlin 1893–96. – G. de Budé, Paris 1915–19. – **Ü** J. W. Cohoon / H. L. Crosby, 5 Bde., London 1932–51 (griech./engl.). – W. Ellinger, Sämtliche Reden, Zürich/Stuttgart 1967. – **L** H. v. Arnim, Leben und Werk des Dion von Prusa, Berlin 1898. – W. Schmid, Der Attizismus in seinen Hauptvertretern, 4 Bde., Stuttgart 1887, Bd. 1, S. 72 ff.

Dionysios von Halikarnass

2. Hälfte 1. Jh. v. Chr.

Wie Herodot in Halikarnass geboren, verbrachte Dionys die Jahre 30–8 v. Chr. in Rom und arbeitete in dieser Zeit die 20 Bücher seiner *Römischen Altertumskunde* aus, die 7 v. Chr. veröffentlicht wurden. Wie so oft ist auch von diesem Werk nur die erste Hälfte vollständig erhalten, die zweite dagegen in Auszügen. Der Schluß des Werkes war auf das Jahr 265 v. Chr. festgelegt; als Vorbild diente das Werk des → Polybios. Freilich ist Dionys diesem Vergleich nicht gewachsen: Zu zahlreiche, zu lange, erfundene Reden belasten sein Buch, die annalistischen Quellen sind kritiklos ausgeschrieben, die Kombination griechischer und lateinischer Daten will nicht recht gelingen. So ist das Buch ein breites, von rhetorischem Ballast belastetes Supplement zu → Livius; es wandte sich an die Griechen, um ihnen die Vorzüglichkeit römischen Wesens nahezubringen, und ging so weit, die Römer als Nachkommen und Stammverwandte der Griechen erweisen zu wollen.

Wesentlich wertvoller sind die rhetorischen Schriften des Dionys; am wichtigsten das Werk *Über Wortfügung*, das einzig erhaltene Buch aus der Antike, das Fragen der Euphonie, des sprachlichen Wohlklangs und der Wortstellung behandelt ferner Traktate *Über die alten Redner* oder *Über die Sprache des Demosthenes*. Stilistisch tritt Dionys für eine attizistische Erneuerung ein und gegen den sogenannten Asianismus auf in der Überzeugung, daß die Erneuerung sich auf den guten Geschmack der römischen Aristokratie gründen werde. Er bezieht damit in einem erstmals von → Cicero ausgefochtenen Konflikt Stellung, der auch weiterhin von Wichtigkeit sein sollte.

A C. Jacoby, Antiquitates, Leipzig 1885–1925, reprogr. Nachdr. 1967–85. – C. Cary, London 1937–50. – H. Usener / L. Radermacher, Opuscula, 2 Bde., Leipzig 1899–1904. – Ü G. J. Schaller / A. H. Christian, Stuttgart 1827–49. – W. K. Bitchett, Dionysios Halicarnassus, Thucydides, Berkeley 1975. – L S. F. Bonner, The Literary Treatises of Dionysius: A Study in the Development of Critical Method, Amsterdam 1969.

Dirae → Vergil.

Disticha Catonis
3. Jh. n. Chr.

Unter den Namen → Catos gestellt, jedoch im Grundbestand auf das 3. Jh. n. Chr. zurückgehend, liegen 4 Bücher mit insgesamt 144 Lebensregeln vor, abgefaßt in hexametrischen Doppelversen: die *Disticha Catonis*. Vorangestellt finden sich 57 Prosasprüche, angeschlossen 77 Einzelverse, die *Monosticha Catonis*. Manche Maximen mögen auf klassische Quellen zurückgehen, wie → Horaz und → Seneca der Jüngere, mitunter ist auch christliches Gedankengut feststellbar bzw. in der Formulierung faßbar.

Die Vulgärethik der *Disticha Catonis* zeigt sich weder formal noch gedanklich höheren Ansprüchen gewachsen. Um so bemerkenswerter ist ihr ungeheurer Erfolg als weitverbreitetes Vademecum, als mittelalterliches Schulbuch, als Vorlage für eine Vielzahl von Übersetzungen in eineinhalb Dutzend Nationalsprachen, als Anregung für Umdichtungen und Bearbeitungen bis ins 18. Jh. Weniger als literarisch wertvolles Werk, desto mehr aber als Spiegel volkstümlicher Vorstellungen und Verhaltensweisen haben die *Disticha Catonis* einen eigenen Platz inne.

A M. Boas, Amsterdam 1952. – **Ü** J. W. Duff / A. M. Duff, London [2]1935, Nachdr. in: Minor Latin poets, S. 592 ff. (engl. Übers.).

E

Egeria → Silviae peregrinatio.

Eid des Hippokrates → Hippokrates.

Empedokles
um 490 – um 430 v. Chr.

Über das Leben des Aristokratensohns aus Akragas (Agrigent) auf Sizilien existieren so viele Legenden, daß Fakten und Fabeln kaum zu trennen sind. Fest steht, daß Empedokles als Arzt und Priester wirkte; Wunder werden ihm nachgesagt, als Prophet verkündete er seine Lehren. Die Königswürde hatte er abgelehnt; seine spätere Verbannung brachte ihn nach Griechenland, wo er in Olympia seine Dichtung *Reinigungen* rezitierte. Er starb wohl im Peloponnes. *Über die Natur*, wie die zuvor genannte Schrift ebenfalls in Hexametern abgefaßt und gleichfalls nur fragmentarisch erhalten, läßt doch in etwa 350 Versen die Grundzüge seines Denkens erkennen. Es basiert auf der Ansetzung der vier Elemente und der beiden sie bewegenden Kräfte *Philia* und *Neikos*, »Liebe« und »Streit«. Diese Triebkräfte bewirken die Mischung der Elementarteilchen; eine ständige Bewegung zwischen den Extremen der Herrschaft der »Liebe« (völlige Mischung) und des »Streites« (völlige Trennung) ist das Wesen der Welt, in der die Einzeldinge, die Naturphänomene wie auch der Mensch, nur in Zwischenstufen existieren können. In den *Reinigungen*, von denen nur 100 Verse vorliegen, entwirft Empedokles sein Bild vom Wesen des Menschen: Er ist ursprünglich aus der Gottheit, doch durch Irrtum und Schuld abgesunken in die irdische Welt, die er in wechselnder Gestalt durchwandert mit dem Ziel, schließlich geläutert den göttlichen Zustand wieder zu erreichen. Dafür werden im zweiten Teil (nach dem das Werk seinen Namen trägt) Vorschriften gegeben, die zur Askese anleiten.

Es zeigt sich, daß Empedokles Züge der Systeme des → Parmenides und des → Heraklit in seinem Denken integriert. An der Schwelle zwischen mythischer Weltschau und analytischer Daseinsbewältigung, zwischen archaisch-poetischem Glanz und intellektueller Erkenntnissuche faszinierte seine Gestalt viele Persönlichkeiten. → Epikur ist zutiefst von ihm beeinflußt, → Lukrez hat ihm gehuldigt. Goethe, Hölderlin und Brecht haben ihm schöpferisch geantwortet.

A H. Diels / W. Kranz, Die Fragmente der Vorsokratiker, Bd. 1, Berlin [5]1951, S. 276–375. – M. R. Wright, New Haven 1981. – J. Bollack, Empédocle, Paris 1965–69 (mit frz. Übers. und Komm.). – **Ü** Siehe Diels/Kranz. – W. E. Leonard, La Salle (Ill.) 1973. – **L** W. Jaeger, Die Theologie der frühen griechischen Denker, Stuttgart 1953, S. 147–156. – Th. Gomperz, Griechische Denker, Bd. 1, Berlin/Leipzig [4]1922, S. 187–210. – F. Altheim, Porphyrios und Empedokles, Tübingen 1954. – J. Ch. Lueth, Die Struktur des Wirklichen im empedokleischen System *Über die Natur*, Meisenheim 1970. – U. v. Wilamowitz-Moellendorff, Die *katharmoi* des Empedokles, Berlin 1929. – W. Kranz, Empedokles. Antike Gestalt und romantische Neuschöpfung, Zürich 1949.

Ennius, Quintus Ennius
239 v. Chr. Rudiae (Kalabrien) – 169 v. Chr.

Drei Herzen habe er, so soll Ennius gesagt haben, in seiner Brust. Die Erklärung fügt → Gellius (17,17) gleich hinzu: Die drei Sprachen sind gemeint, Griechisch, Latein, Oskisch, die der »dichterische Hauptrepräsentant der archaischen Epoche« (E. Norden) aus seiner Heimat, dem Schnittpunkt dreier Kulturen, mitgebracht hat. Vielseitiger noch ist seine poetische Produktion. 204 v. Chr. von → Cato nach Rom gebracht, zwanzig Jahre später mit dem Bürgerrecht ausgezeichnet, wirkte er als Lehrer und Dichter, war auch 189 im Gefolge des Feldherrn M. Fulvius Nobilior mit auf dem Kriegszug in Ätolien, was Stoff zu einem Drama *Ambracia* gab. Auch den Raub der Sabinerinnen hat Ennius auf die Bühne gebracht; doch sind von den zwanzig Stükken, die wir andeutungsweise kennen, die meisten nach griechischen Vorlagen, vor allem nach Euripides, gearbeitet. Mehr als 400 erhaltene Verse zeigen, wie frei Ennius seine Muster umgestaltet hat; → Accius hat sein Werk fortgesetzt.

Das Hauptwerk des Ennius, *Annales* (*Jahrbücher*), ist uns auch nur durch etwa 600 Versfragmente bekannt. Allerdings ist seine literarhistorische Stellung unvergleichlich: Ennius schreibt, zunächst in 12, dann in weiteren 6 Büchern Roms Geschichte von Trojas Ende und der Ankunft des Äneas in Italien über die Gründung der Stadt bis hinein in die unmittelbar erlebte Gegenwart. Diesem großen Griff nach höchster nationaler Thematik korrespondierte die Wahl des Musters und der Mittel. Im Proömium erzählt Ennius seinen Traum, in dem Homer ihm erscheint und verkündet, in ihm wiedergeboren zu sein. So wurde ihm der erste und größte griechische Dichter zum Vorbild. Dementsprechend wird von Ennius auch der griechisch geprägte Hexameter ins Lateinische eingeführt, während Frühere den italischen Saturnier verwendet hatten. Für dieses neue Medium hatte Ennius aber erst selbst alle Vorarbeiten zu leisten; Metrik, Prosodie, Orthographie u. a. m. waren zu regeln. Er wurde so der Begründer der lateinischen Dichtersprache und zugleich der Schöpfer des Nationalepos der Römer, bis dieses später von → Vergils *Aeneis* verdrängt wurde.

Auch *Saturae* hat Ennius geschrieben, Gedichte vermischten Inhalts in verschiedenen Versmaßen. Wieder steht er hier am Anfang, wenngleich erst → Lucilius die Gattung zu ihrer vollen Form entwickelt hat. In *Epigrammen* führte Ennius auch das Distichon ein. Die Reste seiner Übersetzung der *Heiligen Aufzeichnung* des → Euhemeros sind Dokumente der ältesten literarischen Prosa Roms.

Den Einfluß des Ennius kann man kaum hoch genug einschätzen, obwohl wir heute diesen aufgrund der allzu geringen Reste nur vereinzelt genauer beobachten bzw. analysieren können. Ein in seiner Zeit moderner, ja avantgardistischer Dichter, die reichen Reizmittel der Rhetorik mit archaisch-naiver Freude voll ausspielend, ist Ennius durch Maß und Größe der Klassik verdrängt worden, hat in der archaisierenden Epoche im 2. Jh. n. Chr. wieder Interesse gefunden, ist aber schließlich fast völlig in Vergessenheit geraten. Doch bleibt sein Name wie auch sein Werk jedem, der sich mit Roms Literatur beschäftigt, gegenwärtig.

A J. VAHLEN, Leipzig [2]1903, reprogr. Nachdr. Amsterdam 1963. – *Annales:* L. VALMAGGI, Turin 1956. – **Ü** E. H. WARMINGTON, London [2]1956 (lat./engl.). – **L** E. NORDEN, Ennius und Vergilius, Leipzig/Berlin 1915. – O. SKUTSCH, The Annals of Ennius, London 1952, Oxford 1985. – Ennius, hrsg. von O. SKUTSCH, Genf 1972.

Epigrammata Bobiensia
um 400 n. Chr.

Ursprünglich im Kloster Bobbio aufbewahrt und bereits dort am Anfang und Ende verstümmelt, dann von Humanistenhand kopiert und in der Bibliothek des Vatikans verborgen, wurde 1950 eine Gedichtsammlung entdeckt, bestehend aus 70 Epigrammen und der sog. Satire der → Sulpicia. 27 Stücke waren bereits durch Auson-Ausgaben bekannt; neu traten nun verschiedenerlei Poeme hinzu, von denen die des → Naucellius hervorzuheben sind (Nr. 2–9). Verschiedene Stücke der Sammlung sind nicht mehr als lateinische Nachschöpfungen griechischer Vorbilder. Die Kollektion als solche ist vermutlich erst nach dem Tode des Naucellius 400/405 zusammengestellt worden. Sie verdient als einer der – nicht eben allzu oft auftauchenden – neuen Texte aus der ausgehenden Antike Beachtung.

A F. MUNARI, Rom 1955. – W. SPEYER, Leipzig 1963. – **L** W. SPEYER, Naucellius und sein Kreis, München 1959.

Epiktet, Epiktetos
um 50 n. Chr.

In Hierapolis in Phrygien geboren, lehrte Epiktet als freigelassener Sklave in Rom, bis ihn 89 wie alle anderen Philosophen das Verbannungsedikt des Kaisers Domitian traf. Sein weiteres Leben verbrachte er in Nikopolis. Erst nach seinem Tode publizierte sein Schüler → Arrianos die Lehren des Meisters.

Der einstige Sklave hat in der Philosophiegeschichte seinen Platz neben den Spitzen des Römerreiches, zwischen Seneca dem Jüngeren und dem Kaiser Marc Aurel. Mit ihnen zusammen vertritt er für uns die stoische Philosophie in den ersten Generationen n. Chr. Doch spricht er nicht zu Fachphilosophen, wendet sich nicht an eine Bildungselite, sondern an jedermann, der Rat und Lebenshilfe sucht.

A H. Schenkl, Stuttgart ²1965. – J. Souilhe, Épictète, in: Entretiens sur l'antiquité classique, Bd. 4, Genf 1965 (mit frz. Übers.). – Ü W. Capelle, Epiktet, Teles und Musonius: Wege zu glückseligem Leben, Zürich 1948. – H. Schmidt, Stuttgart 1966. – K. Steinmann, Stuttgart 1992 (griech./dt.). – L A. Bonhoeffer, Epictet und die Stoa. Untersuchungen zur stoischen Philosophie, Stuttgart 1890. – A. Bonhoeffer, Die Ethik des Stoikers Epictet, Stuttgart 1894. – W. A. Oldfather, Contributions towards a Bibliography of Epictetus, University of Illinois 1927. – G. Misch, Geschichte der Autobiographie, 2 Bde., Frankfurt a. M. 1950, S. 441–448. – J. C. Gretenkord, Der Freiheitsbegriff Epiktets, Bochum 1981.

Epikur, Epikuros
341–270 v. Chr.

In Samos als Sohn des Schulmeisters Neokles aus Athen geboren, kam Epikur mit 18 Jahren nach Athen. Später kehrte er zu seiner Familie, nun nach Kolophon, zurück. Mit 32 Jahren ging er nach Mitylene auf Lesbos, bald darauf nach Lampsakos am Hellespont; hier wie dort eröffnete er eine Schule. 306 fand er nach Athen zurück, wo er, abgesehen von gelegentlichen Besuchen in Kleinasien, bis zu seinem Lebensende blieb. Er erwarb ein Haus, dessen Garten (griech. *kepos*) die Bezeichnung für seine philosophische Schule wurde. Ihr gehörten auch, für die damaligen Verhältnisse ein außergewöhnlicher, ja schockierender Zug, Sklaven und Frauen an.

Wie → Diogenes Laertios (Buch 10) berichtet, hat Epikur rund 300 Bücher verfaßt. Unglücklicherweise sind diese bis auf drei Lehrbriefe und zwei Spruchsammlungen verlorengegangen. Hinzu kommen noch sein Testament und ein brieflicher Abschiedsgruß an den Freund Idomeneus am Tage des eigenen Todes (Diog. Laert. 10,16–22).

Im *Brief an Herodotus* (1) gibt Epikur eine Zusammenfassung seiner Lehre, im Brief an *Menoikeus* (3) eine einfache Darstellung der epikureischen Moral; Brief (2) *An Pythokles* beschäftigt sich mit Fragen der Meteorologie, seine Echtheit wird angezweifelt. Diese Schreiben sind ebenso durch den Doxographen Diogenes Laertios erhalten wie die *Kyria doxai* (»Hauptlehrsätze«), 40 Maximen zur Moral. Daneben haben wir auf Papyrus aus Herkulaneum Reste des einst 37 Bücher umfassenden Hauptwerkes *peri physeos* (*Über die Natur*) und schließlich in einem 1888 im Vatikan entdeckten Manuskript das *Gnomologium Vaticanum*, 81 kurze Grundsätze. Infolge dieses dürftigen Materials beruht die gegenwärtige Kenntnis der Lehre Epikurs zu einem nicht geringen Teil auf zusätzlichen Informationen, nicht nur bei dem bereits benannten Doxographen, sondern insbesondere auf der poetischen Ausgestaltung des Lehrgebäudes durch → Lukrez. Auch → Horaz bekannte sich zur Schule des Meisters, während → Cicero ihn in seinen philosophischen Schriften strikt ablehnte. Noch schärfer war die Verdammung durch die Kirchenväter; von ihr ist auch das moderne Zerrbild des haltlos hedonistischen »Epikureers« mit geprägt. In Wirklichkeit führten Epikur und seine Schüler ein der Askese nahes Leben, das zwar das Lustprinzip akzeptierte, jedoch die Ruhe des Gemüts voranstellte und ihr auch die Beteiligung am öffentlichen Leben unterordnete, von der dringend abgeraten wurde (*lathe biosas*, »Lebe im Verborgenen!«). Als Atomist führte er die Lehre → Demokrits weiter, als Materialist wollte er die Menschen von Aberglauben und Todesfurcht befreien. Der Kult der Freundschaft gibt seiner Art der Lebensführung einen besonderen menschlichen Gehalt. Die verzerrte Auffassung Epikurs und seiner Lehren wurde erst allmählich in der Renaissance (durch Lorenzo Valla) und besonders im 17. Jh. durch Pierre Gassendi korrigiert, wodurch dem modernen Atomismus die Bahn bereitet wurde.

A H. Usener, Leipzig 1887, Stuttgart 1966. – A. Vogliano, Berlin 1928. – P. von der Mühll, Leipzig 1922. – G. Arrighetti, Turin 1960, ²1973 (mit ital. Übers.). – Ü O. Apelt, Diogenes Laertius, Berlin/Leipzig 1921, reprogr. Nachdr. Berlin 1955. – J. Mewaldt, Stuttgart 1965. – O. Gigon, Epikur. Von der Überwindung der Furcht, Zürich/Stuttgart ²1983. – H.-W. Krautz, Stuttgart 1980 (griech./dt.). – L J. Mewaldt, Die geistige Einheit Epikurs, Halle 1927. – W. Schmid, Epikurs Kritik der platonischen Elementenlehre, Leipzig 1936. – G. Freymuth, Zur Lehre von den Götterbildern in der europäischen Philosophie, Berlin 1953. – K.-D. Zacher, Plutarchs Kritik an der Lehre Epikurs, Königstein 1982. – M. Hossenfelder, Epikur, München 1991.

Erinna

Ende 4. Jh. v. Chr.

Die auf der Insel Telos (bei Rhodos) lebende Dichterin wurde nur 19 Jahre alt; nur geringe Reste ihrer Poesie im dorischen Dialekt sind erhalten. Ihr Hauptwerk ist *Die Spindel*: In etwa 300 Hexametern erinnert sie sich an ihre früh verstorbene Freundin Baukis und die gemeinsam verbrachte Jugend. Außer Papyrusresten und Zitaten bei anderen antiken Autoren hat auch die → *Anthologia Graeca* einige ihrer Verse bewahrt (6,352; 7,10 und 12). Sie gilt in ihrer liebevollen Detailzuwendung als Vorläuferin der genrehaften hellenistischen Dichtung.

A H. Beckby, Anthologia Graeca, 4 Bde., München ²1965 (griech. / dt.). – E. Diehl, Anthologia Lyrica Graeca, Bd. 1, Leipzig ³1954–64, S. 207–213. – Ü H. Rüdiger, Griechische Gedichte, München/Zürich ⁴1972, S. 232 f. – L G. Luck, Die Dichterinnen der griechischen Anthologie, in: Museum Helveticum 11, 1954, S. 170–187.

Etheria → *Silviae peregrinatio.*

Eucheria → *Silviae peregrinatio.*

Euhemeros
um 300 v. Chr.

Euhemeros von Messene ist als Religionsphilosoph bekannt. Philosophisches Gedankengut findet sich auch in seinem Reiseroman, der von einem utopischen Staatswesen auf einer Inselgruppe im Weltmeer erzählt, wo auf einer »Heiligen Inschrift« (daher der Titel *Hiera anagraphe*) von den Urkönigen Uranos, Kronos und Zeus berichtet wird. Diese sind also nicht unsterbliche Götter, sondern Herrscher, die wegen ihrer Leistungen vergöttlicht wurden. Das euhemeristische Erklärungsprinzip wurde später auch auf »Erfinder« angewandt. Sie genossen zwar aufgrund ihrer Gaben bzw. Wohltaten für die Menschen und ihre Zivilisation (Beispiel: Bakchos als Bringer des Weines) göttliche Ehren, waren aber rational als bedeutende Menschen zu erklären. Festzuhalten bleibt, daß der Gedankengang zwar nicht von Euhemeros erfunden (→ Prodikos), jedoch von ihm so ansprechend formuliert worden ist, daß die ganze Gedankenrichtung nach ihm ihren Namen trägt. In der Antike wurde sein Werk von → Ennius ins Lateinische übertragen, wovon sich Spuren bei → Augustinus, → Laktanz und → Varro finden.

Auszüge liefert neben → Diodoros (5,41–46) auch Eusebios (*Praeparatio evangelica* 2,2). Wichtig ist, daß uns hier der erste ›Staatsroman‹ begegnet, der uns zugleich Erklärungen über das Rechtsgefüge und die ökonomischen Verhältnisse des Traumlandes darbietet.

A F. Jacoby, Fragmente der griechischen Historiker, Nr. 63, Berlin 1923. – G. Vallauri, Turin 1956. – Ü B. Kytzler, in: Im Reiche des Eros, hrsg. von B. K., Bd. 2, München 1983, S. 669–674. – L R. v. Pöhlmann, Geschichte der sozialen Frage, 2 Bde., München [3]1925, Nachdr. Darmstadt 1984, S. 293 ff. – H. Dörrie, Der Königskult des Antiochos von Komagene, Abh. der Akad. Göttingen 1964, 3. Reihe LX, S. 218 ff. – G. Vallauri. Origine e diffusione dell'evemerismo nel pensiero classico, Turin 1960.

Eumenius → *Panegyrici.*

Euripides
um 485/484 (oder 480) – 406 v. Chr.

Der letzte der drei großen griechischen Tragiker wurde auf einem Besitz seiner Eltern auf Salamis geboren. Die Berichte und Anekdoten über sein Leben in und um Athen, die die Antike überliefert hat, sind von sehr zweifelhaftem Wert und vielfach wohl einfach aus Komödienspäßen heraus entstanden. Festzuhalten bleibt, daß Euripides wenig am öffentlichen Leben teilnahm und als introvertiert und mürrisch angesehen wurde. Andererseits hatte er mit den großen Geistern seiner Zeit Umgang; so soll er Schüler von → Prodikos und → Protagoras gewesen sein. Noch kurz vor seinem Ende verließ er (nach 408) Athen und ging an den Königshof von Pella in Makedonien. Auf die Nachricht von seinem Tode Anfang 406 erschien → Sophokles vor seinem Publikum in Trauergewändern und ließ Schauspieler samt Chor unbekränzt auftreten. Dem großen Toten zu Ehren errichteten die Athener ein Kenotaph (ein leeres Grabmal zur Erinnerung an einen Toten, der an anderer Stelle begraben ist).

Das Schaffen des Euripides umfaßte verschiedenen antiken Quellen zufolge 92 oder 78 Tragödien. Zieht man von der letztgenannten Zahl drei als unecht erwiesene Stücke ab, ergibt sich die von → Varro verwendete, bei → Gellius (*Attische Nächte* 17,4,3) überlieferte Zahl von 75 Dramen. Andererseits liegt eine Notiz vor, die von 22 Aufführungen spricht, was auf 88 Stücke führt. Erhalten sind 17 Tragödien und ein Satyrspiel sowie der als unecht bzw. als unreifes Frühwerk angesehene *Rhesos*, ferner eine Fülle von Fragmenten.

In der Abfolge der Jahre ergibt sich folgendes Bild: Nach der ersten Teilnahme am Tragikerwettbewerb, die für 455 bezeugt ist, liegt als frühestes Werk *Alkestis* vor, 438 mit dem 2. Platz ausgezeichnet; eine Tragödie, die in der Trilogie *Kreterinnen*, *Alkmeon*, *Telephos* nicht enthalten, sondern an Stelle des Satyrspiels zum Schluß aufgeführt wurde. Es folgte 431 die *Medea*, die ohne Anerkennung blieb; *Herakliden* und *Andromache* schlossen sich an; für den *Hippolytos* ist der Sieg im Jahr 428 bekannt, für *Die Troerinnen* im Jahr 415 der zweite Preis; weitere Daten sind 412 *Helena*, 408 *Orest*, nach 406 *Iphigenie in Aulis* und *Bakchen*; weitere erhaltene Werke mit ungesicherter Entstehungszeit: *Hekabe*, *Hiketiden*, *Herakles*, *Elektra*, *Iphigenie in Tauris*, *Ion*, *Phönizierinnen*; hinzu kommt das Satyrspiel *Der Zyklop*, wohl vor 422, und das bereits erwähnte Stück *Rhesos*.

Euripides gestaltet wie auch die anderen Tragiker Figuren und Szenen aus dem überlieferten Mythos. Doch ist die Einstellung zu ihm – im Zeitalter der Sophistik – gewandelt: Er wird nun zum Träger neuer Gedankeninhalte, oft genug greift gegen Ende ein *Deus ex machina* ein und lenkt das Geschehen in eine, wie es scheint, unerwartete Richtung. War man in der Forschung um die Jahrhundertwende bestrebt, ein Gesamtprogramm zu erschließen, das alle bekannten Stücke einer großen Übersicht einfügen könnte, wollte man den Rationalisten und Aufklärer Euripides erschließen, der im Mythos Absurdes und Amoralisches analysierte und attackierte, so sahen danach andere Interpreten in ihm den religiösen Verkünder, den frommen Künstler. Paul Friedländer schrieb schon 1926: »Euripides läßt sich nicht auf eine Formel verpflichten« (*Antike und Abendland* 2, S. 86). Dennoch entwickelte man weiterhin neue Ansätze, z. B. psychologisierend, indem der Dichter als Deuter des Seelischen definiert wurde. Doch versuchten auch einige Interpreten, zwischen den einzelnen Sichten zu vermitteln bzw. das brauchbar Erscheinende zu verbinden. Die vielfältigen, oft genug widersprüchlichen Interpretationen erinnern in ihrer Gegensätzlichkeit und Unvereinbarkeit an die Verse des Euripides (*Bakchen* 907–910, übers. von E. Buschor):

Tausend Menschen –
Tausend Träume.
Manche führen zum Glück,
Manche zerflattern.

Festzuhalten ist, daß Euripides der Generation angehört, in der Sokrates und die Sophisten das kritische Denken entdeckten und entwickelten. Die kultische Tradition der Tragödie in dieser geistigen Situation fortführen zu wollen, mußte den Autor zu schweren Spannungen, die Interpreten zu schwierigen Antithesen führen. Der unbefangene Leser jedoch, der unvoreingenommene Theaterbesucher wird zunächst von ganz anderen Dingen beeindruckt sein: der scharf konturierten, oft zur Sentenz sich zuspitzenden Diktion; der Kunst, »ein ergreifendes dramatisches Bild menschlichen Wesens, Lebens und Strebens in spannendsten und kritischsten Momenten zu geben« (W. Schmid, *Geschichte der griechischen Literatur*, S. 688); der Kraft der Vergegenwärtigung extremer Situationen, wie sie schon → Longinus (15,4–5) an Euripides gerühmt hat. Genaueres Zusehen zeigt auch das Vordringen der Alltagssprache, das Hervortreten von Gestalten aus sozial niederem Niveau, die Rolle von Frauen als Protagonistinnen. Für eine Zeit der Spannungen, Gegensätze und Fragen, wie es die Gegenwart ist, kann kaum eine Kunst angemessener sein als die Tragödiendichtung des Euripides. Als Beleg für die Empfindung der Antinomien dienen die ersten Strophen des zweiten Chorliedes aus der *Iphigenie in Aulis* (übers. von Friedrich Schiller):

Selig, selig sei mir gepriesen,
Dem an Hymens schamhafter Brust
In gemäßigter Lust
Sanft die Tage verfließen!

Wilde, wütende Triebe
Weckt der reizende Gott.
Zweierlei Pfeile der Liebe
Führt der goldlockige Gott.

Jener bringt selige Freuden,
Dieser mordet das Glück.
Reizende Göttin, den zweiten
Wehre vom Herzen zurück.

Sparsame Reize verleih mir, Dione,
Keusche Umarmungen, heiligen Kuß,
Deiner Freuden bescheidnen Genuß!
Göttin, mit deinem Wahnsinn verschone!

Euripides zählt zu den umstrittensten Klassikern Europas. Schon in der Antike gab es gegenläufige Reaktionen. War die eingangs beschriebene Reaktion nach seinem Tode überaus ehrenvoll, so war der Dichter andererseits heftig attackierte Zielscheibe des Komödienspottes (→ Aristophanes). Insgesamt war er nur viermal zum Sieger im Dichteragon erklärt worden. Nur dem Zufall ist es zu verdanken, daß von ihm mehr Stücke erhalten sind als von den beiden großen Tragikerkollegen → Aischylos und → Sophokles zusammen. Eine Autorität wie Goethe trat oft gegen die

Kritiker zugunsten des Euripides ein. So liest man in den *Tagebüchern* (22./23. November 1831): »Ich las hernach den *Ion* des Euripides abermals zu neuer Erbauung und Belehrung. Mich wundert's denn doch, daß die Aristokratie der Philologen seine Vorzüge nicht begreift, indem sie ihn mit herkömmlicher Vornehmigkeit seinen Vorgängern subordinirt, berechtigt durch den Hanswurst Aristophanes. Hat doch Euripides zu seiner Zeit ungeheure Wirkungen gethan, woraus hervorgeht, daß er ein eminenter Zeitgenosse war, worauf doch alles ankommt. Und haben denn alle Nationen seit ihm einen Dramatiker gehabt, der nur werth wäre, ihm die Pantoffeln zu reichen?« Zwar hieß es gar (J. P. Eckermann, *Gespräche mit Goethe*, 28. März 1827): »Ein Dichter aber, den Sokrates seinen Freund nannte, den Aristoteles hoch stellte, den Menander bewunderte, und um den Sophocles und die Stadt Athen bei der Nachricht von seinem Tode Trauerkleider anlegte, mußte doch wohl in der That etwas seyn. Wenn ein moderner Mensch, wie Schlegel, an einem so großen Alten Fehler zu rügen hätte, so sollte es billig nicht anders geschehen als auf den Knieen.« Andererseits hat der junge Nietzsche nicht minder engagiert in der *Geburt der Tragödie* die alten Vorwürfe gegen den letzten Tragiker erneuert. Und umgekehrt hat Ulrich von Wilamowitz-Moellendorff, der große Gräzist der Jahrhundertwende, in seinem Pamphlet *Zukunftsphilologie* mit aller Schärfe zurückgeschlagen – ein Streit, der noch weitere Wellen schlug und bis heute nicht vergessen ist.

Die gegenwärtige Position des Euripides ist ebenfalls zwiespältig. Seine Dramen werden zwar aufgeführt, jedoch seltener als die der anderen Tragiker. Die Wissenschaft diskutiert seine Werke weiterhin, ohne daß doch eine einheitliche Sicht zu erarbeiten gelungen wäre.

A G. Murray, 3 Bde., Oxford 1902, ³1910. – L. Méridier u. a., Paris 1923–61. – Tragicorum Graecorum Fragmenta, hrsg. von A. Nauck, Leipzig ³1889, reprogr. Nachdr. Hildesheim 1964 (mit einem Suppl. von B. Snell), S. 363–716, 1027–44. – Ü H. v. Ar-

NIM / F. STOESSL, Die Tragödien und Fragmente, 2 Bde., Stuttgart/ Zürich 1958–68. – Sämtliche Tragödien und Fragmente, 6 Bde., hrsg. von G. A. SEECK, übers. von E. BUSCHOR, München 1972–81. – *Alkestis:* K. STEINMANN, Stuttgart 1981 (griech./dt.). – *Die Bakchen:* O. WERNER, Stuttgart 1968. – *Hippolytos:* E. BUSCHOR, Stuttgart 1981. – *Ion:* CH. KLOCK / D. MÜLLER, Stuttgart 1982 (griech./ dt.). – *Medea:* K. H. ELLER, Stuttgart 1983 (griech./dt.). – J. J. DONNER, Stuttgart 1994. – *Iphigenie in Aulis:* J. J. DONNER, Stuttgart 1989. – *Iphigenie bei den Taurern:* J. J. DONNER, neu bearb. von C. WOYTE, Stuttgart 1992. – *Die Troerinnen:* K. STEINMANN, Stuttgart 1987 (griech./dt.). – **L** Euripides, hrsg. von E.-R. SCHWINGE, Darmstadt 1968. – E. KURTZ, Die bildliche Ausdrucksweise in den Tragödien des Euripides, Amsterdam 1985. – H. ROHDICH, Die euripideische Tragödie, Heidelberg 1968. – G. MURRAY, Euripides und seine Zeit, Oxford 1935, Darmstadt 1957. – H. ERBSE, Studien zum Prolog der euripideischen Tragödien, Berlin / New York 1984. – E. A. MACKAY, Sacred Space in Euripides' *Bakchai*, in: Wörter – Bilder – Töne. Festschr. B. Kytzler, hrsg. von R. FABER und B. SEIDENSTICKER, Würzburg 1996, S. 39–50.

Evangelien → *Testamentum novum.*

F

Flaccus → Horaz; → Valerius Flaccus.

Frontin, Sextus Julius Frontinus
um 40 n. Chr. – um 104 n. Chr.

In seiner Ämterlaufbahn erreichte Frontin dreimal konsularische Würden (73, 98, 100), die beiden letzten Male zusammen mit Kaiser Trajan; von 74 bis 77 verwaltete er die Provinz Britannien, wo ihn Agricola, der Schwiegervater des → Tacitus, ablöste.

Aus Frontins Tätigkeit als *curator aquarum*, als Verantwortlicher für die Wasserversorgung Roms, zu der er 97 ernannt wurde, erwuchs sein erst unter Trajan (also nach 98) vollendetes Werk *De aquis urbis Romae* (*Über die Wasserversorgung der Stadt Rom*). Zwar nicht vollständig erhalten, gibt das Werk doch in einzigartiger Weise Auskunft über Grundfragen und Detailprobleme der gewaltigen Aufgabe, die Riesenstadt mit Wasser zu versorgen; man wird den Stolz auf die großen Leistungen der Landsleute – und auf die eigenen – nicht mißdeuten, der aus dem Satz (Kap. 16) spricht, man möge ruhig die nutzlosen Pyramiden und die so vielgerühmten unpraktischen Bauten der Griechen mit diesen Wasserleitungen vergleichen: In der Tat ist die eigenartige Schönheit römischer Aquädukte, wie man sie in der Campagna, in Spanien und am Pont du Gard in der Provence erleben kann, ein gültiger Ausdruck künstlerisch gestalteter römischer Weltbewältigung; sie hat in Frontins Buch angemessene literarische Würdigung erfahren.

Während die Schriften *Über das Kriegswesen* (*De re militari*) verlorengegangen, *Über die Feldmeßkunst* nur bruchstückhaft erhalten sind, besitzen wir von Frontin noch die

Bücher der *Strategemata* (*Kriegslisten*), abgefaßt unter Kaiser Domitian und in der Weise komponiert, daß 1–3 die Beispiele berichten, die vor (1) und während (2) des Kampfes bzw. bei der Belagerung (3) relevant sind, während 4 allgemeine, mehr moralische Erwägungen für Feldherren vorführt (zu Themen wie Disziplin, Mäßigung, Entschlossenheit, Gerechtigkeit u. a. m.). Die Echtheit dieses letzten Buches ist nicht unumstritten.

Stilistisch ist Frontin als Sachbuchautor Verfasser einer klaren, ansprechenden Prosa, die sich nur gelegentlich auch rhetorischer Reizmittel bedient. Seine Art der Darbietung wie auch das Interesse an seinen Stoffen sicherten den Werken Überlieferung in zahlreichen Handschriften und Erwähnung bzw. Zitierung bei verschiedenen Autoren wie Paulus Diaconus (8. Jh.) und Johannes von Salisbury (12. Jh.) im *Policraticus*.

A *De aquaeductu:* A. GONZÁLES ROLÁN, Madrid 1985. – *Strategemata:* R. IRELAND, Leipzig 1990. – **Ü** Frontin, *Kriegslisten*, hrsg. von G. BENDZ, Berlin 1963.

Fronto, Marcus Cornelius Fronto
um 100 n. Chr. Cirta, Numidien – um 166 n. Chr.

143 erlangte Fronto die Konsulwürde. Als Erzieher zählte er die späteren Kaiser Marcus Aurelius und Lucius Verus zu seinen Schülern, als Verfasser von Reden galt er seinen Zeitgenossen und den folgenden Generationen als dem → Cicero ebenbürtig. Doch sind gerade diese Reden nicht erhalten, auch nicht jene gegen die Christen, die → Minucius Felix (9,6) erwähnt. Erst Anfang des 19. Jh.s konnte Kardinal Angelo Mai in Mailand und Rom 194 (von insgesamt etwa 340) Seiten eines Palimpsestes mit Texten von Fronto auffinden. Sie enthalten – freilich vielfach in lückenhaftem Zustand – die Briefe, die Fronto mit seinen fürstlichen Schülern wechselte, dazu einige, ebenfalls höchst lückenhafte, rhetorische Übungen (*Laudes fumi et pulveris – Lob des Rauches und des Stau-*

bes; *Laudes neglegentiae – Lob der Nachlässigkeit*), Ansätze zur Geschichtsschreibung (*Principia historiae*; *De bello Parthico*), Anweisungen für sinnvolle Feriengestaltung einschließlich einer Lektüreliste (*De feriis Alsiensibus* 3,1). In den Briefen anläßlich des Verlustes eines Verwandten (*De nepote amisso* 2,8 f.) gibt Fronto eine würdevolle Selbstcharakteristik: Er habe nie geldgierig, nie treulos gehandelt, sich mehr um seinen Geist als um seinen Leib bekümmert, Servilität gemieden, Dankbarkeit bewiesen. Sein *Erotikos* antwortet auf den erotischen Redeteil in Platons ein halbes Jahrtausend zurückliegendem *Phaidros*. Auch einige griechische Texte Frontos liegen vor.

Stilistisch ist Fronto die Hauptfigur des lateinischen Archaismus (→ Gellius, → Apuleius), Gellius, der im 2. Jh. n. Chr. den Rückgriff auf Vokabular und Sprachduktus des 2. Jh.s v. Chr. empfahl. Die schon erwähnte Leseliste nennt die Dichter → Plautus Accius, → Ennius, → Lucrez, als Redner werden andernorts → Cato und → Gracchus empfohlen. So wird sowohl die spätrepublikanisch-augusteische Klassik wie auch die modernistische Manier → Senecas des Jüngeren abgelehnt zugunsten einer Rückwendung zu einer über 300jährigen Tradition. Dementsprechend rät Fronto, bei früheren Autoren nach seltenen Wörtern zu suchen und sie umsichtig einzusetzen. Propagiert er hier eine Art Überraschungseffekt und archaischen Schauder (ungewöhnliche Wendungen, doch durch Tradition legitimiert), so empfiehlt Fronto andererseits, Redeschmuck durch Bilder (*Ad Marcum Caesarem* 3,8) zu erzielen. So vermögen in seinem System Fleiß und Phantasie gleichermaßen zu stilistischer Vervollkommnung beizutragen.

A Frontonis Epistulae, hrsg. von M. P. J. van den Hout, Leipzig 1988. – Ü C. R. Haines, Loeb Classical Library, 2 Bde., 1919–20 (engl. Übers.) – A. Schmitt, Das Bild als Stilmittel Frontos, München 1934. – E. Champlin, Fronto and Antonine Rome, Cambridge 1980.

Froschmäusekrieg → Homer.

G

Gaius
um 110/120 n. Chr. – um 180 n. Chr.

Bei keinem klassischen Autor liegt die Lebensgeschichte so im dunkeln wie bei Gaius; es fehlt so sehr an sicheren Anhaltspunkten, daß man in ihm u. a. einen Sklaven oder auch eine Frau sehen wollte, ja, daß man ihn zur Unperson erklärte und sein Werk dem Juristen Cassius Longinus, der die *Libri iuris civilis* verfaßt hat, zuschrieb. Ist außer seinen ungefähren Lebensdaten zur Person nichts weiter bekannt, so sind seine *Institutiones* um so bekannter geworden. Ähnlich wie → Quintilian, so gibt auch Gaius eine ›Einführung‹ in sein Metier, die Jurisprudenz. Er tut das in so leicht faßlicher und sprachlich vollkommener Form, daß sein 4 Bücher umfassender Lehrgang zum erfolgreichsten Unterweisungsbuch der Rechtskunde wurde, das → *Corpus iuris civilis* grundlegend beeinflußte und selbst noch im Rechtssystem Preußens und Österreichs seine Spuren hinterließ. Ob die Einteilung in die drei Gebiete Personen, Sachen und Fälle eigene Erfindung oder Übernahme ist, mag offenbleiben; als führender Vermittler juristischen Definierens und Denkens hat Gaius wie kein anderer Generation um Generation in seinem Fach geprägt.

A E. Seckel / B. Kübel, Leipzig [7]1935. – M. David / H. L. W. Nelson, Amsterdam 1954 ff. (mit Komm.). – Ü J. Lammeyer, Paderborn 1929. – L F. Kniep, Der Rechtsgelehrte Gaius und die Ediktskommentare, Jena 1910. – H. L. W. Nelson, Überlieferung, Aufbau und Stil von Gai *Institutiones*, Leiden 1981.

Galen, Galenos
129–199 n. Chr.

In seiner Heimatstadt Pergamon, wo er als Sohn eines Mathematikers und Architekten geboren wurde, wirkte Galen 157–161 als Gladiatorenarzt. Dann wandte er sich nach Rom, wo er 169 Hofarzt des Kaisers wurde und bis zu seinem Lebensende blieb. Er war neben seinem ärztlichen Beruf sein Leben lang schriftstellerisch tätig und verfaßte philosophische wie auch später medizinische Abhandlungen. Nur etwa ein Drittel seiner über 250 Werke ist erhalten. Er ging davon aus, *Daß der beste Arzt auch Philosoph ist*, und setzte wie → Hippokrates voraus, *Daß die Fähigkeiten der Seele Folge der Mischungen im Körper sind*. Diese beiden typischen Titel weisen auf den enzyklopädischen Ansatz Galens hin wie auf seine Tendenz, die hippokratischen Lehren fortzuführen und zu ergänzen. Er galt lange als Eklektizist und Kompilator, wird jedoch jetzt eher als Schwellenfigur verstanden, die die Summe des Voraufgegangenen zieht und dadurch die Grundlage für das Kommende bereitet.

A C. G. Kühn / K. Schuhbring, 20 Bde., Leipzig 1821–33, reprogr. Nachdr. Hildesheim 1965. – Ü F. Beinther / W. Kahlenberg, Werke des Galenos, 5 Bde., Stuttgart 1939–54. – M. Simon, Sieben Bücher Anatomie des Galen, 2 Bde., Leipzig 1906 (arab./dt.). – L Th. Meyer-Steineg, Studien zur Physiologie des Galenos, in: Archiv für Geschichte der Medizin 5, 1912, S. 172–224, 6, 1913, S. 417–448. – F. Ullrich, Die anatomische und vivisektorische Technik der Griechen, Diss. Leipzig 1919. – J. Mewaldt, Galenos. Über echte und unechte Hippocratica, Berlin 1909.

Gallicanus, Vulcacius Gallicanus → *Historia Augusta*.

Gallus, Gaius Cornelius Gallus
70/69–26 v. Chr.

Als Schulfreund → Vergils und Parteigänger des → Augustus ist es möglicherweise Gallus gewesen, der für Vergil bei der Beschlagnahme seines Gutes die Hilfe von Octavian vermittelte. Als erfolgreicher Oberbefehlshaber in Ägypten ließ er seine Taten durch Inschriften auf Pyramiden und Obelisken rühmen, die noch in Ägypten und auf dem Petersplatz zu Rom zu sehen sind. Sei es durch eigene Überheblichkeit, sei es durch Verleumdung, vielleicht auch durch beides, fiel er bei Augustus in Ungnade. Er wurde abberufen, verbannt und gab sich schließlich selbst den Tod. Vergil hatte dem Freunde schon zuvor in den *Eklogen* gehuldigt (6,64–73 und 10); nun, heißt es, habe er den Schluß der *Georgica*, die ebenfalls das Lob des Gallus sangen, getilgt und durch die Aristaeus-Episode ersetzt. Freilich ist diese Nachricht recht umstritten.

Als Autor ist Gallus von größter Wichtigkeit. Als erster Römer schuf er um 40 v. Chr. 4 Elegien-Bücher. Er hat damit, → Catulls Anregung (68) aufgreifend, die Gattung der subjektiv-erotischen Elegie begründet, die in → Tibull und → Properz ihre Vollendung, in → Maximian ihre Nachblüte fand. Unglücklicherweise war nur ein einziger Vers erhalten und die Poesie des ersten Elegien-Dichters somit völlig undeutlich geblieben. Da bedeutete es keine geringe Sensation, als 1979 ein im ägyptischen Sand entdeckter Papyrus veröffentlicht wurde, der den Namen der von Gallus besungenen Geliebten, Lycoris, enthielt und also alsbald Gallus zugeschrieben wurde. Auch wenn gewisse Zweifel daran geäußert wurden, so ist doch im allgemeinen die Zuschreibung akzeptiert, und ein Dutzend Verse ermöglichen nun ein klareres Bild des Wegbereiters der römischen Elegie. → Quintilian (*Institutio* 10,1,93) nennt Gallus *durior*, »rauher« (als Tibull und Properz). Für den Literaturhistoriker sind die – immer noch wenigen – Zeilen ein kostbarer Fund, der die Geschichte jener Gattung, in der die Römer nach Quintilians Wort die Griechen herausfordern können, deutlicher und verständlicher werden läßt.

A R. D. Anderson / P. J. Parsons / R. G. M. Nisbet, in: Journal of Roman Studies 69, 1979, S. 125 ff. – K. Büchner, Fragmenta poetarum Latinorum, Leipzig 1982 (mit Bibliogr.), 3. Aufl., hrsg. von J. Blänsdorf, Leipzig 1995.

Gellius, Aulus Gellius.
um 130 – um 180 n. Chr.

Noctes Atticae (*Attische Nächte*) hat Gellius sein Werk genannt, weil er es während seiner Studien in Athen in langen Winternächten begonnen hatte (praefatio 4). Gellius führte seine in der Jugend dort begonnene Arbeit später weiter. Von den 20 Büchern fehlen Anfang und Ende, Buch 8 ist bis auf die Kapitelüberschriften verloren. Die erhaltene Exzerptensammlung bietet in rund 400 Kapiteln verschiedenartigste Informationen aus rund 275 Autoren, wobei wechselnde Wissensgebiete zu Worte kommen wie Philosophie, Literatur, Grammatik, Etymologie, Lexikographie und Historiographie, Recht und Rhetorik, Musik und Medizin, Arithmetik, Geometrie, Astrologie. All dieses ist in buntem Wechsel (sog. Poikilographie, »Buntschriftstellerei«) dargeboten; die Abwechslung soll das Interesse des Lesers wachhalten. In dieselbe Richtung wirkt auch die gelegentlich gebrauchte Einkleidung des Problems in Dialogform oder als Lehrvortrag eines bestimmten Gelehrten. Von Favorinus beeinflußt (*Attische Nächte* 16,3,1), hat Gellius auch mit Herodes Atticus und Peregrinus Proteus verkehrt. Sein behutsam archaisierender Stil ordnet ihn der Zeitströmung seiner Epoche zu. Manche seiner Themen sind als Wandergut in der Weltliteratur zu finden, wie die von ihm nach → Ennius erzählte Fabel von der Haubenlerche (*Attische Nächte* 2,29), die bei La Fontaine wiederkehrt, oder die Geschichte von Androclus und dem Löwen (5,14), die sich in dem gleichnamigen Drama von George Bernard Shaw wiederfindet. Von → Augustinus als »ebenso gewandter wie beredter, vielseitig gebildeter Erzähler« (*Civitas Dei* 9,4: *Vir elegantissimi eloquii et multae et facundae scientiae*) gepriesen, von Erasmus bewundert, hat Gellius auch das Motto für Lessings *Nathan der Weise* geliefert: *Introite, nam et hic dii sunt* – »Tretet ein, denn auch hier sind Götter!«

A C. Hosius, Leipzig 1903, reprogr. Nachdr. 1959. – P. K. Marshall, Oxford ²1990. – Ü Die Attischen Nächte, hrsg. von F. Weiss, Leipzig 1875, reprogr. Nachdr. Darmstadt 1965.

Germanicus, Julius Caesar Germanicus.
24. Mai 15 v. Chr. – 10. Oktober 19 n. Chr. Antiochia

Auf Weisung des → Augustus wurde Germanicus 4 n. Chr. von seinem Onkel, dem späteren Kaiser Tiberius, adoptiert; unter seinen eigenen neun Kindern ist auch der auf Tiberius folgende Kaiser Caligula. Seinen Siegernamen Germanicus erwarb er sich durch Feldzüge in Germanien 13–16 n. Chr., die ihn über die Weser bis an die Ems, auch auf das Feld der Varus-Schlacht führten, wo er für die Bestattung der einst dort gefallenen Römer Sorge trug. Es gelang ihm, Arminius zu besiegen und Thusnelda gefangenzunehmen. Während seiner letzten Lebensjahre hatte er ein hohes Kommando im Osten des Reiches inne. Aufgrund einer Feindschaft glaubte er auf dem Sterbebett, von seinem Gegner Piso vergiftet worden zu sein.

Als Autor steht Germanicus in Konkurrenz zu → Cicero und → Avienus: Wie diese hat er des Griechen → Aratos *Phainomena* (*Sternzeichen*) ins Lateinische übertragen, etwa zu der Zeit, da auch → Manilius sein astronomisches Lehrgedicht schuf. Die 725 Hexameter von Germanicus' *Aratea* geben der alten Dichtung nicht nur neues sprachliches Gewand, sondern auch zusätzlichen informatorischen Gehalt. Seine Komödien sind verlorengegangen, doch haben sich einige seiner teils griechisch, teils lateinisch geschriebenen Epigramme erhalten (→ *Anthologia Latina* I,2, Nr. 708 und 709; *Anthologia Graeca* IX 17,18,387). Sie wurden von → Ausonius (*Ephemeris id est totius diei negotium* 35) und in den → *Epigrammata Bobiensia* (Nr. 29) wiederbelebt.

A A. Breysig, Leipzig ²1899. – A. Le Bœuffle, Paris 1975. – **Ü** Griechische Epigramme, in: Anthologia Graeca, hrsg. von H. Beckby, München ²1965. – B. Kytzler, Roma aeterna, Zürich 1972, S. 106–109 (Ausw.).

Gorgias
um 480 – 380 v. Chr.

Aus seiner Heimatstadt Leontinoi (Lentini im Osten Siziliens) kam Gorgias als Gesandter 427 v. Chr. nach Athen. Der Sophist, angeblich Schüler des → Empedokles und Lehrer des → Isokrates, erregte mit seiner kunstreichen Vortragsweise größtes Aufsehen. Die Rhetoriklehre nennt nach ihm die sogenannten »gorgianischen« Figuren der Rede, z. B. Antithese, Parallelismus, Gleichklang u. a. m. Er ist so einer der wichtigsten Schöpfer der antiken Kunstprosa.

Erhalten sind nur Fragmente seiner Hauptwerke. Immerhin liegen zwei Reden als Stilmuster ganz vor, das *Lob der Helena* und *Die Verteidigung des Palamedes*. Spuren eines *Lehrbuches der Rhetorik* lassen vermuten, daß es vor allem die Beeinflussung der Hörerschaft mit klanglichen und psychologischen Mitteln behandelte. Die Schrift *Über das Nichtseiende* wendete sich gegen die Eleaten und → Parmenides mit der These: Nichts existiert; falls aber etwas existiert, ist es nicht erkennbar; falls es erkennbar ist, ist es nicht mitteilbar.

Der stilistische Einfluß des Gorgias zeigte sich unmittelbar bei → Antiphon und → Thukydides; → Platon respektierte ihn und gab einem Dialog seinen Namen als Titel, parodierte andererseits die Redeweise des Gorgias im *Gastmahl* (194 ff.) in der Agathon-Rede mit allem Nachdruck.

A H. Diels / W. Kranz, Die Fragmente der Vorsokratiker, Bd. 2,6, Berlin 1952, S. 271–307 (mit Übers.). – T. Buchheim, Hamburg 1989. – *Lob der Helena:* F. Donadi, Rom 1983 (mit ital. Übers.). – D. M. MacDowell, Bristol 1982 (mit engl. Übers.). – Ü Siehe Diels/Kranz. – L G. A. Kennedy, The Art of Persuasion in Greece, Princeton 1963, S. 61 ff. – E. Norden, Die Antike Kunstprosa, Stuttgart [5]1958, S. 63 ff. – V. Buchheit, Untersuchungen zur Theorie des Genos Epideiktikon von Gorgias bis Aristoteles, München 1960. – H.-A. Koch, Homo mensura – Studien zu Protagoras und Gorgias, Erlangen 1970. – H.-J. Newiger, Untersuchungen zu Gorgias' Schrift über das Nichtseiende, Berlin / New York 1973. – M. W. Poelert, Untersuchungen zu Denk- und Beweisform des Gorgias und ihren geschichtlichen Hintergründen, Kiel 1974.

H

Hedyle
um 300 v. Chr.

Auffällig an der Person der Hedyle ist ihre Familientradition: Sowohl ihre Mutter Moschile als auch ihr Sohn Hedylos waren wie sie selbst poetisch tätig. Um so bedauerlicher, daß von ihrem Kleinepos *Skylle* nur ein einziges Fragment (bei → Athenaios 7, 297 A) erhalten ist; es spricht von Geschenken, die der verliebte Glaukos der Skylla bringt, ohne jedoch besondere eigene Züge erkennen zu lassen.

A Siehe Athenaios. – Ü Siehe Athenaios.

Heilige Schrift → Hieronymus; → *Septuaginta*; → *Testamentum Novum*.

Heliodor von Emesa
3. Jh. n. Chr.

Am Schluß seines Romans *Aithiopika* nennt sich Heliodor selbst namentlich als Verfasser. Er bezeichnet sich als Sohn des Theodosios aus dem Geschlecht des Helios und gibt als seine Heimatstadt Emesa in Phönizien (Syrien) an. Weitere Einzelheiten seines Lebens aus anderen Quellen erscheinen dagegen höchst zweifelhaft. So soll er den Roman in seiner Jugend geschrieben haben, später aber christlicher Bischof geworden sein und in Trikka in Thessalien den Zölibat eingeführt haben. Im Mittelalter hieß es, eine Synode habe an seinem Jugendwerk Anstoß genommen und ihn vor die Wahl gestellt, entweder sein Buch zu verbrennen oder sein Bischofsamt niederzulegen. Darauf habe sich der Autor für sein Werk entschieden und auf sein geistliches Amt verzichtet. All diese Legenden sind nicht weiter ernst zu nehmen; schwieriger ist die Frage nach der Lebenszeit Heliodors. Aus inhaltlichen wie sprachlichen Gründen wird dafür die Mitte oder die 2. Hälfte 3. Jh. angenommen; jedoch sind auch Verfechter einer späteren Datierung bis ins ausgehende 4. Jh. hinein aufgetreten.

Heliodors Roman ist nicht nur der längste, sondern auch der am kunstvollsten konstruierte der vergleichbaren antiken Texte. Die Handlung führt unmittelbar in medias res und holt in einer Reihe von einander ergänzenden Rückblenden die vorherliegenden Ereignisse nach, so daß man den Anfang der Schicksale der Hauptheldin erst im vierten Buch erfährt. Erst im 7. der insgesamt 10 Bücher setzt eine einsträngige kontinuierliche Erzählweise ein, nachdem zuvor mehrere Handlungslinien auf wechselnden Schauplätzen verfolgt worden waren: Die Schulung an der Kompositionskunst der Odyssee ist unverkennbar.

Am Ende seines Werkes skizziert der Autor die Ziele seiner Erzählung: Es ist die Rührung der Affekte, die Darstellung von Freude und Leid, Jubel und Tränen. Bemerkenswert auch die moralische Tendenz: Das Ende des Romans stellt die Abschaffung der Menschenopfer bei den Äthiopiern ausdrücklich vor Augen und zielt so auf eine ethische Erhebung und Reinigung der Leser.

Heliodors Werk erfreute sich kontinuierlich einer außerordentlichen Beliebtheit. Bei den byzantinischen Autoren wurde das Buch wegen seiner erbaulichen Züge hoch geschätzt und im 12. Jh. in den Versromanen des Theodoros Prodomos und Niketas Eugenianos nachgeahmt. Auf den griechischen Erstdruck 1534 folgte 13 Jahre später Amyots französische Übersetzung. Die Liebesromane des 16. und 17. Jh. orientieren sich an ihm, eine Reihe von bedeutenden Autoren, wie Tasso, Cervantes, Calderón, modellierten wichtige Gestalten nach seinem Vorbild. Einwirkungen finden sich auch in Goethes *Wahlverwandtschaften* und Verdis

Aida. Der Autor selbst hat seinen Erfolg vorausgesagt: »Erzählt einer von der Liebe zwischen Theagenes und Chariklea, müßte man schon ein Herz hart wie Diamant oder wie Stahl haben, um nicht entzückt zuzuhören.«

A A. Colonna, Rom 1938. – R. M. Rattenbury / T. W. Lumb / J. Maillon, 3 Bde., Paris 1935–43. – Ü R. Reymer, Hamburg 1962 (mit einem Nachw. von O. Weinreich). – R. Reymer, in: Im Reiche des Eros, hrsg. von B. Kytzler, Bd. 1, München 1983, S. 224–512. – L M. Oeftering, Heliodor und seine Bedeutung für die Literatur, Berlin 1901. – V. Hefti, Zur Erzählungstechnik in Heliodors *Aethiopica*, Diss. Basel/Wien 1950. – Ch. Prosch, Heliodors *Aithiopica* als Quelle für das deutsche Drama des Barockzeitalters, Diss. Wien 1956. – B. Kytzler, Persinna und Charlotte, in: Res publica literarum VI, 1983, S. 187–191. – J. R. Morgan, in: The Novel in the Ancient World, hrsg. von G. Schmeling, Leiden 1996, S. 417–456, 805 (Karte). – J. Hilton, Theagenes, Chariclea and the *Enagismos* of Neoptolemus at Delphi, in: Worte – Bilder – Töne. Festschr. B. Kytzler, hrsg. von R. Faber und B. Seidensticker, Würzburg 1996, S. 187–196.

Hellenica Oxyrhynchia

entstanden zwischen 387 und 346 v. Chr.

Als *Hellenica Oxyrhynchia* (*Die Hellenika von Oxyrhynchos*) bezeichnet man einen Papyrus aus der in Mittelägypten etwa 300 km südlich von Alexandria gelegenen Stadt, der 1906 publiziert und 1949 durch weitere Funde ergänzt wurde. Er ist um 200 v. Chr. geschrieben und enthält in 21 Kolumnen mit rund 900 Zeilen Darstellungen aus der griechischen Geschichte der Jahre 409, 407 und 396/395. Es liegt nahe anzunehmen, daß dieser Text insgesamt an die Darstellung des → Thukydides, die 411 endet, anschloß. Allerdings finden sich im Gegensatz zu diesem keine direkten Reden. Auch hat sich noch nicht herausfinden lassen, wer als Autor in Betracht kommt. So ist weiterhin ein Anonymus anzusetzen, der jedoch zu den Besten seines Fachs zählt, material- und einsichtsreich informiert und der Vergessenheit entrissen zu werden verdiente.

A B. P. Grenfell / A. S. Hunt, Oxford 1909. – V. Bartoletti, Leipzig 1959. – **L** I. A. F. Bruce, An Historical Commentary on the *Hellenica Oxyrhynchia*, Cambridge 1967. – F. Jacoby, Der Verfasser der *Hellenika von Oxyrhynchos*, in: Nachrichten der Königl. Ges. der Wiss. Göttingen, Phil.-hist. Kl., 1924, S. 13–18. – J. H. Lipsius, Der Historiker von Oxyrhynchus, Leipzig 1915.

Heraklit, Herakleitos
um 500 v. Chr.

Heraklit trug im Altertum die Beinamen »aus Ephesos« nach seinem Geburtsort und *ho skoteinos* (»der Dunkle«) nach der oft nur schwer erschließbaren Aussageweise seiner »Sprüche«. So bezeichnet man die rund 125 Fragmente seines Werkes *peri physeos* (*Über die Natur*), ein Titel, den man auch als »Das Wesen der Welt« übersetzen könnte.

Heraklit hat selbst von »Dunkelheit« gesprochen, bezogen freilich auf das Delphische Orakel (Fragment B 93): »Der Herr in Delphi – er spricht nicht aus noch verbirgt er – er zeigt an.« Er selbst will dem Menschen den *logos* zeigen (Fragment B 1), d. h. eine Logik der Erscheinungen aufweisen, indem er seinen *logos*, seine Lehre, mitteilt. Dieser *logos* begreift also gleichermaßen in sich das Ordnungsprinzip der Dinge wie auch die Botschaft, die die Vernunft von ihr durch den Autor ausspricht. Den Dingen wohnt ein Antagonismus inne, in dem die drei Grundelemente Erde, Wasser, Feuer in stetigem Wandel ineinander übergehen. Diese Spannung, der alles Dasein unterliegt, drückt Heraklit auch in einem anderen Bilde aus: Er spricht von der »widerstrebenden Harmonie wie bei Bogen und Leier«, bei denen die Saiten erst durch Anspannung Gebrauch und Genuß ermöglichen, »Harmonie« aus dem »Widerstreben« möglich machen. So ist für ihn »Kampf der Vater von allem, der König von allem«. Das Verständnis des ständigen Wechsels vermittelt der Gedanke, daß niemand ein zweites Mal in denselben Fluß steigen könne, weil dieser sich inzwischen gewandelt habe wie der Mensch auch. Dieser Gedanke ist in dem vielzitierten, freilich von Heraklit selbst so nicht formulierten Zitat summiert: *panta rhei* (»Alles fließt«). Ein Denken in Gegensätzen, die doch einer Einheit zugehören, ist zu allen Zeiten erwogen, oft auch geteilt worden. Hegel hat Heraklit den höchsten Tribut gezollt: »Es ist kein Satz des Heraklit, den ich nicht in meine Logik aufgenommen habe.«

A H. Diels / W. Kranz, Die Fragmente der Vorsokratiker, Bd. 1, Berlin [5]1951, S. 139–190 (mit Übers.). – I. Bywater, Oxford 1877. – B. Snell, München [10]1989. – **Ü** W. Capelle, Die Vorsokratiker, Stuttgart 1953, S. 126–157. – **L** O. Gigon, Untersuchungen zu Heraclit, Leipzig 1935. – K. Reinhardt, Heraclits Lehre vom Feuer; Heraclitea, beides in: Das Vermächtnis der Antike, hrsg. von C. Becker, Göttingen [2]1966, S. 41–100. – K. Axelos, Héraclite et la philosophie, Paris 1962. – E. Kurtz, Interpretationen zu den Logos-Fragmenten Heraklits, Hildesheim 1971.

Hermetica

3. Jh. n. Chr.

Das *Corpus Hermeticum* steht unter dem Namen des *Hermes Trismegistos*, des »Allergrößten Hermes«, einer nicht eben glücklich gefaßten griechischen Übertragung des ägyptischen »Thoth der Allergrößte«. Thot ist der Gott der Schreibkunst und der Wissenschaft. Ihm wird die Verfasserschaft zugesprochen für eine Sammlung von 17 Einzelschriften, die gelegentlich auch nach dem Titel der ersten Schrift als *Poimandres* bezeichnet wird. Es handelt sich jedoch nicht um authentische ägyptische Weistümer, sondern um eine Mystifikation, die der damaligen Mode folgt, Ägypten als Urquelle geheimer Einsichten und Offenbarungen zu betrachten. Die Schriften sind (der Gnosis vergleichbar) Erbauungsliteratur aus dem Heidentum, in den geläufigen Formen von Dialog, Brief und Traktat gehalten. Sie sprechen von der Erschaffung und Erhaltung der Welt durch den Geist (ein Schlüsselwort der *Hermetica*) wie auch von der Erlösung der gefallenen Seele. Sie wollen dem Bedürfnis des Individuums nach höherer Führung dienen und vermitteln ein Konglomerat aus ägyptischem, gnostischem, jüdischem und griechischem Gedankengut. Zunächst in Konkurrenz mit dem frühen Christentum haben die *Hermetica* auch im Mittelalter ihre Spuren hinterlassen (hierfür stehen Namen wie Petrus Abaelard und Albertus Magnus) und wurde in der Renaissance neu beachtet. Marsilio Ficino, ein berühmter Arzt und Philosoph, der an der von Cosimo de Medici gestifteten Platonischen Akademie in Florenz unterrichtete, hat auf dessen Wunsch 1463 den *Poimandres* ins Lateinische übertragen.

A A. D. Nock / A.-J. Festugière, 4 Bde., Paris 1945–54 (mit frz. Übers.). – Ü A. Bertholet, Religionsgeschichtliches Lesebuch 5, 1927, S. 71 ff. – L A.-J. Festugière, La Révélation d'Hermès Trismégiste, 4 Bde., Paris 1949–54. – A.-J. Festugière, Hermétisme et mystique paiënne, Paris 1967. – K.W. Troeger, Mysterienglaube und Gnosis, in: Corpus Hermeticum 13, Berlin 1971. – W. Gundel, Neue astrologische Texte des *Hermes Trismegistos*, Hildesheim 1978.

Herodot, Herodotos
um 485 – 425 v. Chr.

Herodot stammte wie →Dionysios aus Halikarnassos, dem heutigen Bodrum in der Türkei. Er unternahm weite Reisen durch die damals bekannte Welt und sammelte dabei mannigfaches Material. In Athen war er mit Perikles und →Sophokles befreundet. Er nahm an der gesamtgriechischen Gründung der Stadt Thurioi in Unteritalien 444/443 teil. Waren zuvor Logographen (»Geschichtenschreiber«) nur als unkritische Erzähler einzelner Berichte und lokaler

Traditionen aufgetreten, so wurde Herodot für Europa der »Vater der Geschichtsschreibung«, *pater historiae*. Diesen Ehrentitel hat → Cicero ihm verliehen (*Über die Gesetze* 1,5), da Herodot als erster eine umfassende Darstellung geschichtlicher Zusammenhänge verfaßt hat. Sein Werk, später in neun Büchern nach den Namen der neun Musen eingeteilt, stellt die Auseinandersetzung der persischen Despotie mit der griechischen Demokratie dar; es beginnt bei den sagenhaften Kämpfen um Troja und hat seinen Höhepunkt in der Schilderung der Perserkriege am Anfang des 5. Jh. v. Chr., die mit den Namen Thermopylen, Salamis und Marathon verbunden sind. Der – wohl unvollendete – Text endet mit der Schlacht bei Mykale 479. Grundsätzliche Erörterungen sind eingefügt, z. B. die berühmt gewordene Debatte über Vorzüge und Nachteile der verschiedenen Verfassungen (3,80 ff.).

Dieser Krieg ist gewiß das große übergreifende Moment des herodoteischen Geschichtswerkes; dennoch ist er alles andere als ein Kriegsschriftsteller. Wie er über den Krieg denkt, hat er deutlich genug dargelegt (1,88): »Kein Mensch ist so töricht, daß er den Krieg wählte statt des Friedens; im Frieden legen die Söhne ihre Väter zur Ruhe, im Krieg aber begraben die Väter ihre Söhne.« Neben der Darstellung des Krieges schenkt Herodot dem Leben der Völker besondere Beachtung. In lebendiger Detailfreude beschreibt er ihre Sitten und Besonderheiten. Auch von Cicero werden an der schon zitierten Stelle die *innumerabiles fabulae*, »die unzähligen Geschichten«, erwähnt, die sich bei Herodot finden.

Der Autor hat sein Werk selbst eingangs als *histories apodeixis* charakterisiert, als »Darlegung der Erkundung«, moderner formuliert als ›Forschungsbericht‹. So tritt zu den selbst gemachten Beobachtungen auch noch die Ergänzung durch kritisch gesichtete Berichte von Gewährsleuten. Diese »Darlegung« ist mehr als nur Beschreibung von Rüstungen und Kriegszügen, von Schlachten, Siegen und Niederlagen.

Sie ist auch Erkundungsfahrt in das Wesen des Menschen, Einsicht in die Eigenart von Stämmen und Nationen, Einfühlung in Einzelschicksale.

Immer wieder bereichert Herodot den Gang der Erzählung durch Kurzerzählungen unterschiedlicher Thematik. Diese Novellen quellen über von reizvollen Bildern aus jener Epoche, da die Ratio sich zu regen und zu revoltieren begann gegen die Mächte des Mythos. Eine Welt wird gezeigt, in der noch die Götter, ihre Rituale und Orakel, wichtig und mächtig sind – in der aber auch der Blick sich schärft für die damit verbundenen Manipulationen des Menschen. Die Königswahl des Dareios (3,84–88) gibt ein gutes Beispiel ab: Ein Gottesurteil soll über die Person des Thronfolgers entscheiden – aber der Klügste der Bewerber weiß sich die metaphysische Machtlegitimation auf sehr natürliche Weise selbst zu verschaffen. Neben solcher Pfiffigkeit, ja Dreistigkeit werden auch Rachsucht, Grausamkeit und Verblendung geschildert, ihnen werden jedoch humane Einsichten entgegengehalten. Dies gibt den Novellen Gehalt und Gewicht weit über das Einzelschicksal hinaus. Namen wie Gyges oder Polykrates haben von Herodot her (1,7–14 und 3,39–43) ihren Weg auch in die deutsche Literatur, in das Drama Hebbels, in die Ballade Schillers gefunden.

Geschichtliche Größe und menschliche Eigenart – diese beiden Grundkomponenten prägen Herodots Darstellung. Die bunte Fülle seines Berichts schließt weltgeschichtlich Wichtiges ebenso ein wie kulturhistorisch Interessantes, erzählfreudig Novellistisches wie menschlich Bewegendes. Sein Werk vermittelt beides, Nachdenklichkeit und Unterhaltsamkeit, Information und Spekulation.

A C. Hude, 2 Bde., Oxford [3]1927, reprogr. Nachdr. 1947. – Ph. E. Legrand, 10 Bde., Paris 1932–54. – H. B. Rosen, Leipzig 1987 (Buch 1–4). – Ü A. Horneffer, *Historien*. Deutsche Gesamtausgabe, Stuttgart 1971. – Th. Braun, Leipzig 1927, Neuausg. Berlin 1967. – W. Marg, Geschichten und Geschichte, 2 Bde., Zürich/Stuttgart 1973/1983. – J. Feix, München [4]1988. – L W. Aly, Volksmärchen, Sage und Novelle bei Herodot und seinen Zeitgenossen. Eine Untersuchung über die volkstümlichen Elemente der altgriechischen Prosaerzählung, Göttingen 1921. – D. FEHLING, Die Quellenangaben bei Herodot. Studien zur Erzählkunst Herodots, Berlin / New York 1971. – W. SPIEGELBERG, Die Glaubwürdigkeit von Herodots Bericht über Ägypten, Heidelberg 1926. – M. POHLENZ, Herodot, Leipzig 1937. – Herodot. Eine Auswahl aus der neueren Forschung, hrsg. von W. MARG, Darmstadt [3]1982. – H.-F. BORNITZ, Herodot-Studien. Beiträge zum Verständnis der Einheit des Geschichtswerkes, Berlin 1967. – A. DE SÉLINCOURT, Die Welt Herodots, Wiesbaden 1967. – H. STRASBURGER, Herodot als Geschichtsforscher, Zürich/München 1980. – G. STRASBURGER, Lexikon zur frühgriechischen Geschichte auf der Grundlage von Herodots Werk, Zürich/München 1984. – I. BECK, Die Ringkomposition bei Herodot und ihre Bedeutung für die Beweistechnik, Hildesheim 1981.

Herondas, Herodas
2. Hälfte 3. Jh. v. Chr.

Bis 1891 kannte man nur wenige Zitate von Herondas. Dann brachte ein Papyrus 7 sogenannte *Mimiamben* (in Hinkjamben geschriebene realistische Alltagsszenen in Dialogform) ans Licht, Teile eines 8. und 9. Stückes traten hinzu. Die Kurzszenen, um 100 Zeilen lang, stellen meist nur zwei oder drei Personen aus kleinbürgerlichen Verhältnissen dar, die im Dialog ihre Schwächen deutlich zeigen. Titel wie »Der Lehrer«, »Der Schuster«, »Die Kupplerin«, »Der Hurenwirt« zeigen den Radius der Sketche. Der gespreizte Sprachduktus des Kupplers vor dem Gericht (2), das verrenkungsreiche Verkaufsgespräch des Schusters (7), die diskret-delikate Diskussion im Damenzimmer (6) präsentieren sich als prachtvoll-parodistisches Parlando. Sie sind in sogenannten Hinkjamben verfaßt (der letzte Versfuß ist nicht jambisch, sondern umgekehrt, also lang/kurz), die Sprache hat ionische Anklänge. Herondas stammte wohl aus Kos, wo auch zwei der Szenen lokalisiert sind. Die prägnante Schärfe der naturalistischen und zugleich parodistisch-pittoresken Alltagsszenen gibt den knappen Bildern eine lockere Lebendigkeit, die nicht leicht ihresgleichen findet.

A I. C. Cunningham, Oxford 1971, dt. Leipzig 1987. – Ü O. Crusius / R. Herzog, Die *Mimiamben* des Herondas, Leipzig ²1926. – K. Treu, Menander – Herondas, Berlin/Weimar 1980, S. 307–335. – L W. Headlam / A. D. Knock, Cambridge 1922 (mit Komm.). – V. Schmidt, Sprachkundliche Untersuchungen zu Herondas, Berlin 1968. – F. J. Simon, τὰ κύλλ' ἀείδειν: Interpretationen zu den *Mimiamben* des Herondas, Frankfurt a. M. 1991.

Hesiod, Hesiodos
um 700 v. Chr.

Hesiod ist der erste europäische Dichter, der biographische Angaben hinterlassen hat. Freilich muß man das, was er selbst authentisch mitteilt, von späterem Legendengut geringeren Wahrheitsgehalts genau trennen. Hesiods Vater zog aus Kyme in der Äolis (Kleinasien) nach Askra in Böotien, wo seine Söhne zur Welt kamen. Der junge Hesiod war Schafhirte; an den Hängen des Helikon, so berichtet er selbst, weihten die Musen ihn zum Dichter – ein Motiv, das, von ihm eingeführt, weit in die Literatur unseres Kulturkreises hineingewirkt hat. Als der Vater verstorben war, bestach sein Bruder Perses die Richter, so daß Hesiod im Erbprozeß das Nachsehen hatte.

Diese Motive finden sich auch in den beiden Hauptwerken Hesiods wieder. In der *Theogonie* (»Göttergeburt«), die auch die Dichterweihe enthält (22 ff.), entwirft der Dichter eine Genealogie der archaisch-griechischen Götterwelt; in den *Erga kai hemerai* (*Werke und Tage*) spricht er seinen Bruder an und versucht ihn wieder auf den Weg von Rechtschaffenheit und Fleiß zu führen. Weitere Werke Hesiods sind die *Ehoien* (»Frauenkatalog«), von deren 6000–7000 Versen nur Fragmente erhalten sind, sie führen die *Theogo-*

nie fort und geben die Genealogien der Heroen an; die *Melampodie*, ebenfalls nur fragmentarisch erhalten, eine Genealogie der großen griechischen Seher; *Aspis* (»Der Schild«) 480 Hexameter auf einen Sieg des Herakles mit der Beschreibung seines Schildes. Bei diesem Werk ist Hesiods Autorschaft allerdings umstritten.

In der *Theogonie* (1022 Verse) wird nach dem Proömium (Vorrede) mit Musenanruf und Dichterweihe (1–115) ein Schöpfungsbericht gegeben: Am Anfang entstanden Chaos, die gähnende Leere, Gaia, die Erde, sowie *Eros*, die Urmacht, die alle folgenden Verbindungen bewirkt. Als Kinder des Chaos werden Nyx, die Nacht, und Erebos, die Finsternis, genannt. Diese beiden bringen den Tag hervor und den leuchtenden Äther, Gaia den Himmel als Hülle, der auch ihr Gatte wird, so daß Riesen und Titanen entstehen und auch Kronos, der seinen Vater Uranos entmannt, wobei Aphrodite, die Schaumgeborene, entsteht. Später wird berichtet, wie Kronos seine Kinder verschlingt, Zeus aber durch List gerettet wird. Nach vielen weiteren Erzählungen wird Zeus gezeigt als König des Olymps, Überwinder ungeschlachter Unholde, Vater vieler Götter und Heroen.

Das Gedicht wurde Gemeingut der Griechen. → Herodot bezeugt (2,53): »Hesiod und Homer ... sind es, die einen Götterstammbaum der Griechen geschaffen, den Göttern ihre Beinamen gegeben, Ehren und Künste verteilt und ihre Gestalten kenntlich gemacht haben.« So ist eine Art Kanon entstanden, vergleichbar dem Vorgang im frühen Christentum (→ *Testamentum novum*); andererseits hat die Forschung gezeigt, daß schon vor dem Griechen Hesiod vergleichbare Mythen in hethitischen, vorderasiatischen und kretisch-minoischen Kulturen anzutreffen sind.

Die *Werke und Tage* (828 Verse) beginnen mit einem Hymnos auf Zeus, richten sich aber – ein Novum in der alten Literatur – an einen Adressaten, den Bruder Perses, der in Vers 10 genannt, in Vers 27 angeredet wird: Nach dem

»Ich« führt Hesiod auch das »Du« in die Dichtung ein. Sein Lehrepos warnt vor Streitsucht und ermahnt zu Arbeitsamkeit und Rechtsliebe; er unterstreicht seine Hinweise mit Mythen (Prometheus und Pandora 42–105; die fünf Weltalter von der Goldenen Zeit bis herab zur Eisernen Gegenwart 106–201), der ersten europäischen Fabel (Nachtigall und Adler 202–212) und allgemein gehaltenen moralischen Mahnungen. Im zweiten Hauptteil (342 ff.) folgen einzelne Regeln für rechtes Arbeiten und Leben samt einem Bauernkalender, Hinweisen für die Schiffahrt und Angaben über günstige und ungünstige Tage – er hat dem Titel seinen zweiten Begriff beigegeben, ist jedoch in seiner Echtheit umstritten. Als Probe dieser Regeln die Eheberatung (695 bis 705; übers. von Th. v. Scheffer):

> Führe zur rechten Zeit ein Weib in deine Behausung,
> Wenn du vom dreißigsten Jahr nicht mehr um vieles entfernt bist
> Noch es weit überschritten; das ist die Zeit zur Vermählung.
> Vier Jahre blühe das Weib und mache Hochzeit im fünften.
> Freie nur eine Jungfrau, sie rechtliche Sitten zu lehren,
> Die dir benachbart wohnt, die ist zur Ehe am besten.
> Rings beachte, daß nicht die Heirat den Nachbarn ergötze.
> Kann doch kein schöneres Gut der Mann sich wahrlich erwerben
> Als ein treffliches Weib, kein schlimmeres als eine arge,
> Eßbegierige, die den Mann, so stark er auch sein mag,
> Ohne Feuer verbrennt und macht ihn vorzeitig altern.

Als Begründer des Lehrgedichts der systematischen Götter- und Lebenslehre hat Hesiods Werk höchsten Rang im Rahmen der antiken Geistesgeschichte. Wie sehr man ihn schätzte, zeigt ein Text aus späterer Zeit, *Certamen Homeri et Hesiodi*, der »Wettkampf zwischen Homer und Hesiod«.

Er erzählt, wie die beiden Dichter in einem dichterischen Wettbewerb gegeneinander antraten, wobei die Zuhörer Homer als Sieger sehen wollten, der Richter jedoch Hesiod auszeichnete, weil er nicht wie jener von Krieg und Schlacht, sondern von Friede und Arbeit singe – ein Vergleich, der in der Antike so oder ähnlich gezogen wurde (z. B. bei → Aristophanes in den *Fröschen* 1033–36) und den auch Brecht noch aufgegriffen hat.

A A. Rzach, Leipzig 1883, ³1958. – U. v. Wilamowitz-Moellendorff, Berlin 1928. – R. Merkelbach / M. L. West, Oxford ³1990. – F. Solmsen / R. Merkelbach / M. L. West, Oxford 1983. – A. Colonna, Turin 1977 (mit ital. Übers.). – P. Mazon, Paris 1951 (mit frz. Übers.). – H. G. Evelyn-White, London 1970 (mit engl. Übers.). – **Ü** W. Marg, Sämtliche Gedichte, Stuttgart/Zürich 1970. – Th. v. Scheffer, Hesiod, Leipzig 1938. – A. v. Schirnding u. a., Zürich 1991. – **L** H. Troxler, Sprache und Wortschatz Hesiods, Zürich 1964. – W. Nicolai, Hesiods *Erga*. Beobachtungen zum Aufbau, Heidelberg 1964. – Hesiod, hrsg. von E. Heitsch, Darmstadt 1966. – F. Krafft, Vergleichende Untersuchungen zu Homer und Hesiod, Göttingen 1963. – H. Munding, Hesiods *Erga* in ihrem Verhältnis zur *Ilias*. Ein Vergleich und seine Folgerungen für die Entstehung der Gedichte, Frankfurt a. M. 1959.

Hieronymus, Eusebius Hieronymus
um 347 n. Chr. Stridon, Dalmatien – um 420 n. Chr. Bethlehem

Des Heiligen Hieronymus Leben teilt sich in eine erste Phase unsteter Pilgerschaft und in eine zweite des ortsgebundenen Gelehrtendaseins. Er kam jung zum Studium nach Rom, reiste nach Trier und Antiochia, wo er einen dreijährigen Wüstenaufenthalt als Mönch in Ostsyrien auf sich nahm. 382 wurde er Sekretär von Papst → Damasus in Rom und auch Lehrer und Leiter eines Laienkreises vornehmer frommer Frauen. Nach des Damasus Tod ging Hieronymus wieder in den Orient und lebte seit 386 dreieinhalb Jahrzehnte in Bethlehem.

Schon in Rom hatte → Damasus ihn angeregt, eine korrekte lateinische Bibelübersetzung zu erarbeiten. Diese Aufgabe hat Hieronymus in mehrfachen Anläufen bewältigt und seine Fassung auch beredt verteidigt. Sie verdrängte nach und nach die früheren freieren Fassungen, die als *Itala* (»die italische«) bezeichnet wurden oder heute auch als *Vetus Latina* (»die alte lateinische Fassung«) bezeichnet werden. Später sprach man von der zum größten Teil auf Hieronymus beruhenden Version als der *Vulgata*, der »allgemein verbreiteten«. Hieronymus ist so der Schutzpatron der Übersetzergilde geworden und hat durch zahlreiche Bilddarstellungen – am berühmtesten ist wohl der 1514 geschaffene Kupferstich »Der heilige Hieronymus im Gehäus« von Albrecht Dürer – eine gewisse Popularität gewonnen.

Weitere wichtige Werke sind die erste christliche Literaturgeschichte *De viris illustribus* mit den Biographien von 135 christlichen Autoren vom Apostel Paulus bis zum Verfasser selbst (unter Einschluß des Heiden → Seneca und der Juden Josephus und Philon), ferner zahlreiche dogmatische und exegetische Schriften und Pamphlete, schließlich 150 aufschlußreiche Briefe, darunter 26 Antwortschreiben der Adressaten, u. a. von → Augustinus.

Hieronymus stand auf der Höhe der Bildung seiner Zeit, er war der gelehrteste Christ lateinischer Sprache und ist einer der vier großen Kirchenlehrer des Westens. Sein unruhiges Temperament verstrickte ihn vielfach in Fehden und Feindseligkeiten; in sich selbst hatte er den Zwiespalt zwischen Welt und Entsagung, zwischen heidnischer und christlicher Kultur auszutragen. Berühmt ist sein Traumerlebnis in der Fastenzeit des Jahres 375, wo ihn des Herren Anklage traf: *Ciceronianus es, non Christianus.* – »Ciceronianer bist du, nicht Christ.« Doch hat gerade Hieronymus später durch sein Lebens- und Übersetzerwerk entscheidend zur Verbindung und Versöhnung beider Sphären beigetragen.

A Patrologiae cursus completus, series Latina, hrsg. von J.-P. Migne, Bd. 22–30. – Corpus Scriptorum Ecclesiasticorum Latinorum, Bd. 54–56, 59. – *De viris illustribus:* G. Herding, Leipzig [2]1924. – *Epistulae:* J. Labourt, Paris 1949 ff. – *Chronicon:* R. Helm, Berlin 1956. – Ü L. Schade, Kempten/München 1914. – L J. Steinmann, Hieronymus. Ausleger der Bibel, Köln 1961. – I. Opelt, Hieronymus' Streitschriften, Heidelberg 1973. – H. Marti, Übersetzer der Augustin-Zeit, München 1974. – K. Sugano, Das Rombild des Hieronymus, Frankfurt a. M. 1983.

Hippokrates
um 460 – um 370 v. Chr.

Über das Leben des größten Arztes der klassischen Antike wissen wir wenig. Er stammte von der Insel Kos, soll von kleiner Statur gewesen sein und viele Reisen unternommen haben; er starb in Larissa in Thessalien.

Unter seinem Namen sind 58 Schriften in 73 Büchern überliefert (wobei der Bestand des *Corpus Hippocraticum* zahlenmäßig schwankt). Sie sind im ionischen Dialekt abgefaßt, können jedoch Hippokrates nicht sicher zugewiesen werden, sondern gelten als Erzeugnisse des 5. vorchristlichen bis 2. nachchristlichen Jahrhunderts. Doch dürften die meisten im 5. oder 4. Jh. v. Chr. entstanden sein. Sie kennzeichnen die Abwendung von magisch-mythischer Medizin und die Hinwendung zu wissenschaftlich fundierter, rational reglementierter Heilkunst. Als grundlegend wurden die vier Säfte des menschlichen Körpers angesehen: Blut, Schleim, gelbe Galle und schwarze Galle. Ihre richtige Mischung bedeutet Gesundheit, eine falsche Verteilung bewirkt Krankheit. Aber auch Umwelteinflüsse sind zu beachten, wie die Schrift *Über Luft, Wasser und Ortslagen* lehrt. Die Säftelehre wurde noch bis ins vorige Jahrhundert tradiert.

Die Schriftensammlung erfaßt nahezu alle Gebiete der Medizin, auch Geisteskrankheiten. Hinzu kommt noch die ärztliche Standeslehre, die in dem berühmten *Eid des Hip-*

pokrates gipfelt, der bei den Heilgottheiten Apollon und Asklepios, Hygieia und Panakeia geleistet wurde. Seine beiden Teile umfassen zunächst die Verpflichtungen des Arztes gegenüber seinen Lehrern und das Versprechen, die Zunftgeheimnisse zu bewahren, sodann die Verhaltensregeln des Arztes in seiner Berufsausübung. Sie sind in leicht abgewandelter Form als ethisches Fundament des Ärztestandes in Antike, Mittelalter und Neuzeit angesehen worden.

Der hippokratische Eid hat folgenden Wortlaut (übers. von W. Capelle):

> Ich schwöre bei Apollon, dem Arzt, und Asklepios und Hygieia und Panakeia und allen Göttern und Göttinnen, die ich zu Zeugen anrufe, daß ich diesen Eid und diese Niederschrift nach bestem Wissen und Können erfüllen werde.
>
> Ich werde den, der mich diese Kunst gelehrt hat, gleich meinen Eltern ehren und ihm Anteil an meinem Leben geben, und wenn er in Schulden geraten sollte, ihn unterstützen und seine Söhne meinen Brüdern gleichhalten und sie diese Kunst lehren, falls sie den Wunsch haben sollten, sie zu erlernen, und zwar ohne jede Vergütung und schriftliche Verschreibung, und an Vorschriften, am Vortrag und aller sonstigen Belehrung werde ich meine Söhne und die meines Lehrers teilnehmen lassen, wie auch die mit mir eingeschriebenen Jünger der Kunst, die durch den ärztlichen Eid gebunden sind, aber niemanden sonst.
>
> Und ich werde die Grundsätze der Lebensweise nach bestem Wissen und Können zum Heil der Kranken anwenden, dagegen nie zu ihrem Verderben und Schaden.
>
> Ich werde auch niemandem eine Arznei geben, die den Tod herbeiführt, auch nicht, wenn ich darum gebeten werde, auch nie einen Rat in dieser Richtung erteilen.
>
> Ich werde auch keiner Frau ein Mittel zur Vernichtung keimenden Lebens geben.

Ich werde mein Leben und meine Kunst stets lauter und rein bewahren.
Ich werde auch nicht Steinleidende operieren und Männern, die solche Praktiken ausüben, aus dem Wege gehen.
In welche Häuser ich auch gehe, die werde ich nur zum Heil der Kranken betreten, unter Meidung jedes wissentlichen Unrechts und Verderbens und insbesondere jeder geschlechtlichen Handlung gegenüber weiblichen Personen wie auch gegenüber Männern, Freien und Sklaven.
Was ich in meiner Praxis sehe oder höre oder außerhalb dieser im Verkehr mit Menschen erfahre, was niemals anderen Menschen mitgeteilt werden darf, darüber werde ich schweigen, in der Überzeugung, daß man solche Dinge streng geheimhalten muß. Wenn ich nun diesen Eid treu halte und nicht entweihe, dann möge ich von meinem Leben und meiner Kunst Segen haben, bei allen Menschen zu jeder Zeit hochgeachtet; wenn ich ihn aber verletze und eidbrüchig werde, dann möge mich das Gegenteil hiervon treffen.

A M. P. E. Littré, 10 Bde., Paris 1839–61 (mit frz. Übers.) – H. Kühlewein / J. Illberg, 2 Bde., Leipzig 1894–1902. – J. L. Heiberg, Corp. Medic. Graec., Bd. 1,1, 1927. – R. Joly, Hippocrate, Paris 1978 (mit frz. Übers.). – **Ü** R. Kapferer / G. Sticker, Die Werke des Hippokrates, 5 Bde., Stuttgart 1933 ff. – W. Capelle, Hippokrates. Fünf auserlesene Schriften, Zürich/München 1956. – W. Capelle, Der wahre Arzt, Zürich/München 1959. – **L** W. Müri, Der Arzt im Altertum, München ^{4}1979. – H. Diller, Stand und Aufgaben der Hippocrates-Forschung, Jahresbericht der Akad. Mainz 1958, S. 271 ff. – Hippokratische Gynäkologie, hrsg. von H. Grensemann, Wiesbaden 1982. – H. Grensemann, Die hippokratische Schrift *Über die heilige Krankheit*, Berlin 1968. – K. Deichgräber, Die Epidemien und das Corpus Hippocraticum. Voruntersuchungen zu einer Geschichte der koischen Ärzteschule, Berlin 1933, reprogr. Nachdr. Berlin / New York 1971. – J. Jouanna, Hippocrate, Paris 1992.

Hipponax
Mitte 6. Jh. v. Chr.

Hipponax stammte aus Ephesos; er soll von den Tyrannen Athenagoras und Komas in die Verbannung getrieben worden sein und sich nach Klazomenai begeben haben. Offenbar verbrachte er sein Leben in bitterer Armut. Er verfaßte Bettel- und Schmähgedichte. Meist gebrauchte er den Hinkjambus, d. h. den jambischen Vers, dessen letztes Glied den Rhythmus umkehrt und statt kurz/lang die Folge lang/kurz benutzt; er wird als Erfinder dieses Metrums angesehen. In Zitaten anderer Autoren sind etwa 80 Fragmente erhalten, ergänzend treten Reste von 10 Liedern auf einem Papyrus hinzu. Hipponax verwendete auffällig viel nichtgriechische Fremdwörter; die Metrik ist nachlässig gearbeitet, so daß sich das Bild eines recht unbekümmerten Dichters ergibt. Gerade auf ihn haben sich später → Kallimachos und → Herondas berufen; noch → Catull und → Martial haben Hinkjamben verwendet.

A E. Diehl, Anthologia Lyrica Graeca, fasc. 3, Leipzig [4]1954–64, S. 74–118. – W. de Sousa Medeiros, Coimbra 1961. – O. Masson, Paris 1962. – E. Degani, Leipzig [2]1991. – **Ü** B. Snell / Z. Franyó, Frühgriechische Lyriker, Bd. 2, Berlin 1972, S. 90–113. – K. Preisendanz, Griechische Lyrik, Leipzig 1936, S. 19. – **L** F. Jung, Hipponax redivivus, Bonn 1929.

Aulus Hirtius → Caesar.

Historia Apollonii regis Tyri

Die Geschichte von Apollonius, dem König von Tyros, eines der erfolgreichsten Bücher der Spätantike, leitet sich vermutlich aus einer verlorenen griechischen Quelle des 3. Jh.s her; sie liegt in zwei divergierenden lateinischen Fassungen des 5. oder 6. Jh.s vor.

Das anonyme Werk, das über den heidnischen Grund einen leichten christlichen Firnis breitet, schildert des Apollonius und später seiner Tochter Tarsia Leben und Leiden bis zum glücklichen Ende. Es ist in seiner einfachen Sprache und bildkräftigen Darstellung so recht ein Volksbuch, das alle Schichten und viele Generationen anzusprechen vermochte, sei es in Übersetzungen oder auch in Bearbeitungen. Der Stoff findet sich noch in zwei lateinischen Fassungen wieder: bei Gottfried von Viterbo im *Pantheon* (um 1186) und in den *Gesta Romanorum* (13./14. Jh.). In nicht weniger als zwölf Sprachen wurde das kurze Buch übertragen; es diente auch als literarische Anregung, so für das unter Shakespeares Namen überlieferte Drama *Pericles, Prince of Tyre* und in unseren Tagen für T. S. Eliots *Marina*. Der Grundzug des Werkes, das nicht Heldentum oder List verherrlicht, sondern Wissen und Kenntnisse, geistige und körperliche Gewandtheit, war eine dem anbrechenden Mittelalter gemäße, gern aufgenommene Lehre.

A G. A. A. Kortekaas, Groningen 1984. – G. Schmeling, Leipzig 1988. – Ü F. O. Waiblinger, *Die Geschichte vom König Apollonius*, München 1978 (lat./dt.). – Im Reiche des Eros, hrsg. von B. Kytzler, München 1983, Bd. 1, S. 164 ff. – L E. Klebs, Die Erzählung von Apollonius aus Tyrus. Eine geschichtliche Untersuchung über ihre lateinische Urform und ihre späteren Bearbeitungen, Berlin 1899. – J. Raith, Die alt- und mittelenglischen Apollonius-Bruchstücke mit dem Text der *Historia Apollonii* nach der englischen Handschriftengruppe, München 1956. – The Novel in the Ancient World, hrsg. von G. Schmeling, Leiden 1996, S. 517–554, 809 (Karte).

Historia Augusta

Der Sammelname *Scriptores Historiae Augustae* (»Schriftsteller der Kaisergeschichte«) ist 1603 von I. Casaubonus einer Biographiensammlung beigelegt worden, die vorgibt, von sechs verschiedenen Autoren zu stammen (Aelius Spartianus, Vulcacius Gallicanus, Trebellius Pollio, Iulius Capitolinus, Aelius Lampridius, Flavius Vopiscus). In ihr sind die römischen Kaiser und Prätendenten der Jahre 117–284, d. h. von Hadrian bis zu Carinus und Numerianus, einzeln dargestellt, abgesehen von einer Lücke 244–253 und von Ausfällen in den Viten des Gallicanus und Valerian.

Die neuere Forschung sieht in den sechs Namen und einigen eingelegten Widmungen aus der Zeit Diokletians und Konstantins eine Mystifikation; sie sucht einen einzigen Autor zu erweisen, der im Schutze der Pseudonyme gegen das sich siegreich behauptende Christentum heidnische Geschichtsapologetik betrieben hat. Dabei wird seine Person unterschiedlich in das späte 4. oder auch ins frühe 5. Jh. gesetzt. Problematisch für den Historiker bleibt, daß nachweislich Falsches mit zweifelsfrei Authentischem sorglos vermengt ist, so daß Theodor Mommsen von einer der »elendsten Sudeleien, die wir aus der Antike haben«, sprechen konnte. Demzufolge ist jede anderweitig nicht belegte Einzelheit von vorneherein verdächtig, und Mommsen wollte die *Historia Augusta* nicht einmal »als getrübte Quelle, sondern nur als Kloake« gelten lassen. In der Tat sind hier in die Biographie, wie sie von → Sueton geprägt wurde, mancherlei Elemente aus Wundererzählung und Legende, aus Novellistik und Roman eingedrungen. Dadurch ist eine – geschmacklich tief anzusetzende – Unterhaltungsliteratur entstanden, dem Trivialroman näher stehend als der Historiographie; der Stoßseufzer des Forschers Ernst Hohl trifft zentral zu: »Unentbehrliche Schundliteratur«.

A Scriptores *Historiae Augustae*, hrsg. von E. Hohl, Leipzig 1927, Neuausg. 1965. – Ü *Historia Augusta.* Römische Herrschergestalten, 2 Bde., hrsg. von E. Hohl, E. Merten und A. Rösger, Zürich/München 1976–85. – L W. Hartke, Römische Kinderkaiser, Berlin 1951. – J. Straub, Heidnische Geschichtsapologetik in der christlichen Spätantike. Untersuchungen über Zeit und Tendenz der *Historia Augusta*, Bonn 1963.

Homer, Homeros
2. Hälfte 8. Jh. v. Chr. (?)

Sieben Städte, sagt die Sage, stritten sich um die Ehre, die Heimat Homers zu sein: Smyrna, Rhodos, Kolophon, Salamis, Chios, Argos und Athen. Die Legende zeigt zweierlei: die Zweifel, die man schon in der Antike hinsichtlich der Person des Dichters hatte, und die Hochschätzung Homers, die die ganze Ökumene erfüllte.

In der Tat steht der Name Homer weniger für ein menschliches Wesen als für ein musisches Werk. Über seine Person sind nur Legenden bekannt, sie brauchen hier nicht nacherzählt zu werden. Es liegt nahe anzunehmen, daß ein fahrender Sänger nach der Mitte des 8. Jh.s v. Chr. die schon seit Generationen in seiner Zunft kursierenden, mündlich tradierten Gesänge zu dem Großepos gestaltete, das wir als die *Ilias* kennen. Von ihm, möglicherweise auch von einem Jüngeren, wurde danach die *Odyssee* geschaffen. Diesen beiden unerreichten Mustern früher Heldendichtung standen andere ähnliche Dichtungen zur Seite; man spricht vom epischen *Kyklos*, dem »Zyklus«, der wie ein Kranz die trojanische Sage umrahmte und ergänzte, von den *Nostoi*, den »Heimfahrten« der Helden. Auch die *Batrachomyomachia*, der »Froschmäusekrieg«, wurde Homer zugeschrieben, eine Epenparodie, in der die im Titel benannten Tiere nach Art der Helden Homers einander bekämpfen, und ebenso der *Margites*, eine Tölpeldichtung. Am wichtigsten unter diesen Parerga und Pseudepigrapha sind die *Hymnen*, 33 Preisgesänge auf die großen Götter Griechenlands, sechs davon größeren Umfangs (über 500 Verse). Sie alle stammen aus verschiedenen Zeiten und Regionen, insgesamt datieren sie zwischen dem 8. und 6. Jh. v. Chr.

Die *Ilias*, eine Dichtung von nahezu 16 000 Hexametern, ist erst etwa fünfhundert Jahre nach ihrer Entstehung von alexandrinischen Gelehrten in die 24 Bücher (nach den 24 Buchstaben des griechischen Alphabets) eingeteilt worden, die wir heute kennen. Dasselbe gilt von der *Odyssee*, die etwa 12 000 Verse umfaßt. Die Hexamter dienen einer Kunstsprache, die durch mannigfache feststehende Wendungen, sogenannte Formeln, dem Memorieren für den freien mündlichen Vortrag improvisatorischen Charakters (*oral poetry* oder *oral composition*) entgegenkommt. Sie umfassen jeweils sechs Versfüße aus Daktylen (eine Länge und zwei Kürzen), die auch als Spondeen gebildet sein können (zwei Längen).

Natürlich schreckt die gelehrte Welt davor zurück, Homer als Analphabeten zu sehen – wohl der mißlichen Konnotationen dieses Wortes wegen. Doch ist in seiner Zeit die neu aufkommende Schriftlichkeit als Träger des Großtextes nur allzu schwer vorstellbar; sie mag »Homer« bestenfalls als Stütze der Gesamtgliederung gedient haben. Als Stütze des Erzählflusses dienen auch typische Wendungen, Verse oder Versformen, und Szenen, deren Grundgestalt in jeweils neuer Abwandlung wiederkehren kann. In der *Ilias* wird ein Ausschnitt aus dem zehnjährigen Kampf um Troja geschildert, der nur wenige Tage umfaßt, wie beim Eingang das Proömion (die Vorrede) ankündigt (übers. von G. P. Landmann):

Zorn und grollen Achills, das unselige, singe uns, Muse.
Leiden schuf es den Griechen vieltausendfach; kraftvolle leben
Stürzt' es – wieviele! – zum totengott in die finstere tiefe,
Leben von helden, sie selbst aber wurden zur beute der hunde,
Vögeln zum frass: so vollzog sich der wille des donnrers in höhen,
Seit jenem tag, da die beiden zerstritten sich schieden, des Atreus
sohn, Agamemnon, der fürst, und die göttergestalt des Achilleus.

Das ganze Geschehen wird aus einer zentralen Perspektive dargestellt: die Verweigerung und schließlich die Versöhnung des Achill, der verbittert den Kampf aufgibt, als er sich durch den Heerführer Agamemnon beleidigt sieht, jedoch zurückkehrt und zur Rache schreitet, als Trojas Held Hektor ihm seinen besten Freund Patroklos erschlagen hat. So ist das geschilderte Kriegsgeschehen mit einer menschlichen Problematik verknüpft, die außerhalb der Kampfszenen ihren Platz hat und sich mit diesen zu einem Gesamtbild jener Kriegergesellschaft verbindet, das zu allen Zeiten zutiefst beeindruckt hat.

Hinzu treten die sogenannten epischen Gleichnisse, 182 in der *Ilias*, 39 in der *Odyssee*: Kurzbilder von wenigen Versen, in denen ein Vorgang der Erzählung durch ein gleichgeartetes Geschehen aus einer anderen Sphäre verdeutlicht und poetisch überhöht wird. Auf diese Weise finden auch Gebiete Eingang ins Epos, die ihm sonst fremd bleiben: Tiere etwa und Pflanzen, Wetterphänomene und einfache Verrichtungen des Menschen. Die dichterische Durchdringung des Stoffs hat hier stärkste Momente. Durch sie wird auch die Abrundung des Weltbildes erreicht, das das Epos entwirft und deutet. Es ist am deutlichsten in der Beschreibung des Schmuckbildes auf dem Schild des Achilleus (*Ilias* 18,488 ff.) dargeboten. Als (kürzeres) Beispiel hier ein Gleichnis aus der *Ilias* (14,61–69):

> Wie wenn ein leu, der die berge durchstreift, im gefühl seiner kräfte
> Aus einer weidenden herde die beste der kühe geraubt hat,
> Packt ihren nacken zuerst mit dem starken gebiss und zerbricht ihn,
> Dann aber schlürft er, der mörder, das blut und die ganzen geweide;
> Ringsum stehen und schauen von ferne die hunde und hirten,

Suchen mit gellendem schrein ihn zu scheuchen und haben den mut nicht,
Ihm entgegen zu gehn, weil die grüne angst sie gepackt hat –
Ebenso standen die Troer und fühlte sich keiner im herzen
Mut, Menelaos entgegenzutreten, dem ruhmvollen kämpen.

Im Gegensatz zur *Ilias* entwirft die *Odyssee* ein weitausgreifendes Bild: War dort alles Geschehen vor Troja konzentriert, so ist hier den Irrfahrten des Heimkehrers durchs Mittelmeer breiter Raum gegeben, ja sogar eine Unterweltsfahrt (*Nekyia*, Buch 11) ist eingefügt. Doch ist damit nur der erste Teil des Epos erzählt. In zweisträngiger Handlungsführung entwickelt es bis zur Mitte die Irrfahrten des Odysseus und die Suche seines Sohnes nach ihm; bei der darauffolgenden Heimkehr beginnt die Aktion, die zur Rache an den übermütigen Freiern der Penelope führt, die den Besitz der vermeintlichen Witwe verprassen. Erst mit der Tötung der Freier findet das Geschehen sein Ende.

Beide Epen sind von einer Götterszenerie erfüllt: Die Olympischen beraten über das Schicksal der Menschen, greifen auch selbst in die Geschehnisse bald fördernd, bald hemmend ein, ja, sie nehmen sogar am Kampf mit teil. Die komplexe Religiosität der archaischen Welt und ihre Durchdringung durch den Dichter ist ein kontrastreiches, weit differenziertes Gebiet; der sogenannte Götterapparat ist im Epos bis zum Ende der Alten Welt in verschiedener Form präsent geblieben und nur einmal von → Lukan protestierend ausgeschlossen worden.

Es konnte nicht ausbleiben, daß die Unsicherheit bezüglich der Person des Autors auch das Werk affizierte. Dieses wies ja selbst Probleme, Widersprüche, Verständnisschwierigkeiten genug auf. So ist seit der Antike, besonders aber seit den *Prolegomena ad Homerum* (*Vorwort zu Homer*) von Friedrich August Wolf 1795 die sogenannte »Homerische Frage« Gegenstand intensiver Forschung und heftiger Auseinandersetzung. Wolf wollte beweisen, daß nicht ein individueller Poet, »Homer«, das uns vorliegende Werk geschaffen habe, sondern daß nur eine (unzureichende) Verbindung von Einzelliedern im 6. Jh. v. Chr. bei der ersten schriftlichen Fixierung vorgenommen worden sei, bei der sogenannten »Peisistratidischen Redaktion«, nach dem Tyrannen Peisistratos benannt, der etwa 560–527 in Athen herrschte. Von nun an begann die Philologie, in die beiden Lager der »Analytiker« und der »Unitarier« zu zerfallen; wollten die einen immer mehr Einzelteile als ursprünglich selbständige Stücke ausheben, so versuchten die anderen, die Einheit des Ganzen zu retten und die von den Analytikern beobachteten Widersprüche durch ein vertieftes Textverständnis zu erklären. Seit den zwanziger Jahren dieses Jahrhunderts gewann eine andere Betrachtungsweise an Boden. Sie ging von der Formelhaftigkeit der Verse aus und stützte sich auf den Satz, daß mündlich tradierte Dichtung, *oral poetry*, eine andere Anlage als die von den Analytikern angenommen habe, weil die Forschung Modelle späterer Dichtung anachronistisch auf die frühe vorschriftliche Poesie übertrage.

Einhelligkeit der Auffassung ist bislang nicht zu erzielen gewesen, weder zwischen den Analytikern und Unitariern noch zwischen ihrer konventionelleren Methodik und den aus der Beobachtung der *oral poetry* hervorgegangenen Arbeiten. Dennoch ist zu erwarten, daß im Laufe der Zeit eine gegenseitige Anerkennung der jeweiligen Arbeitsweise und eine wechselseitige Befruchtung der Sichten und Studien erfolgen wird.

A D. B. Monroe / Th. W. Allen, 5 Bde., Oxford 1912–46. – P. Mazon, 2 Bde., Paris 1947–55 (mit frz. Übers.). – J. Humber, Paris 1951 (mit frz. Übers.). – Ü J. H. Voss, Homer, *Ilias* (Hamburg 1793) und *Odyssee* (Hamburg 1781), München 1979. – *Ilias:* H. Rupé, München [8]1983. – W. Schadewaldt, Frankfurt a. M. 1975. – *Odyssee:* R. Hampe, Stuttgart 1979. – W. Schadewaldt, Zürich/Stuttgart 1966. – H. Ahlborn, Pseudo-Homer, *Der Froschmäuse-*

krieg, Berlin 1968. – L K. LACHMANN, Betrachtungen über Homers *Ilias*, ³1874. – CH. BARK, Wort und Tat bei Homer, Hildesheim 1976. – F. BECHTEL, Lexilogus zu Homer, Halle 1914, reprogr. Nachdr. Hildesheim 1964. – G. FINSLER, Homer, Leipzig/Berlin ²1914 ff. – A. HEUBECK, Die Homerische Frage, Darmstadt 1974. – K. MEISTER, Die homerische Kunstsprache, Darmstadt 1966. – C. M. BOWRA, Heldendichtung, Stuttgart 1964. – R. FRIEDRICH, Stilwandel im homerischen Epos, Heidelberg 1975. – Homer. Tradition und Neuerung, hrsg. von J. LATACZ, Darmstadt 1979. – W. SCHADEWALDT, Von Homers Welt und Werk, Stuttgart ⁴1965. – W. SCH., Der Aufbau der *Ilias*, Frankfurt a. M. 1975. – T. KRISCHER, Formale Konventionen der homerischen Epik, München 1971. – T. K., Eine Eigenheit homerischer Darstellung, in: Antike und Abendland 23, 1977, S. 77–95. – W. BURKERT, Das hunderttorige Theben und die Datierung der *Ilias*, in: Wiener Studien 10, 1976, S. 5–21. – E. HOWALD, Der Dichter der *Ilias*, Erlenbach/Zürich 1946. – G. STRASBURGER, Die kleinen Kämpfer der *Ilias*, Diss. Frankfurt a. M. 1952. – U. v. WILAMOWITZ-MOELLENDORFF, Die *Ilias* und Homer, Berlin 1916. – S. BESSLICH, Schweigen – Verschweigen – Übergehen. Die Darstellung des Unausgesprochenen in der Odyssee, Heidelberg 1966. – D. L. PAGE, The Homeric *Odyssee*, Oxford ²1963. – U. v. WILAMOWITZ-MOELLENDORFF, Die Heimkehr des Odysseus, Berlin 1927. – W. UNTE, Studien zum homerischen Apollonhymnus, Diss. Berlin 1968. – J. TH. KAKRIDIS, Probleme der griechischen Heldensage, in: Poetica 5, 1972, S. 152–163. – O. TSAGARAKIS, Nature and Background of Major Concepts of Divine Power in Homer, Amsterdam 1977. – S. DEGER, Herrschaftsformen bei Homer, Wien 1970. – H. H. WOLF / A. WOLF, Der Weg des Odysseus, Tübingen 1968. – E. S. STAMATIS, The Mathematics of Homer, Athen 1970. – E. BRADFORD, Reisen mit Homer, Bern/München 1964. – D. PACKARD, A Bibliography of Homeric Scholarship, Malibu 1974. – K. REINHARDT, Die Ilias und ihr Dichter, Göttingen 1961. – H. EISENBER, Studien zur Odyssee, Wiesbaden 1973. – Archaeologia Homerica, 3 Bde., hrsg. von H. MATZ und G. BUCHHOLZ, Göttingen 1967 ff. – H. ERBSE, Untersuchungen zur Funktion der Götter im homerischen Epos, Berlin 1986. – U. HÖLSCHER, Die *Odyssee*. Epos zwischen Märchen und Roman, München 1988. – J. LATACZ, Homer. Eine Einführung, München/Zürich ²1989. – A. HEUBECK, Die homerische Frage, Darmstadt ²1988. – J. LATACZ, Homer. Die Dichtung und ihre Deutung, Darmstadt 1991.

Homerus Latinus
vor 68 n. Chr.

Im Mittelalter frappierend weit verbreitet, in mehr als hundert Handschriften heute noch erhalten, sind die 1070 Hexameter der *Ilias Latina* ein Paradoxon: Mit dem großen Grad ihrer Beliebtheit kontrastiert die Minderwertigkeit ihres Gehalts. Zwar ist der allgemeine Ansatz anzuerkennen: Roms Leserschaft, die Homers griechisches Original (in 24 Büchern!) nicht lesen konnte oder wollte, mochte doch, wie die Parodie von → Petrons *Trimalchio* zeigt, auf die Kenntnis des großen griechischen Sagenschatzes nicht völlig verzichten. Aber die verkürzende Umsetzung ist hier recht ungereimt ins Werk gesetzt worden: Homers ersten 5 Büchern entsprechen immerhin 537 Verse, Buch 13 aber nur noch 7, Buch 17 gar nur 4 Zeilen. Wie die Verse 899 ff. zeigen, ist die Arbeit angefertigt noch unter der julisch-claudischen Dynastie, also vor 68 n. Chr. Die ersten und die letzten 8 Verse bilden je ein Akrostichon *Italicus – Scripsit*, »Italicus« – »hat es geschrieben«. Das könnte auf → Silius Italicus deuten oder auf den Freund des → Germanicus, Baebius Italicus. Daß der ›lateinische Homer‹ anonym bleibt, ist seiner Reputation vielleicht am dienlichsten.

A E. Baehrens / F. Vollmer, Poetae Latini minores, Leipzig ²1913, Bd. 3, S. 3–59. – **L** J. Tolkiehn, Homer und die römische Poesie, Leipzig 1900.

Horaz, Quintus Horatius Flaccus
8. Dezember 65 v. Chr. Venusia – 27. November 8 v. Chr.

Horaz hat sich für die Nachwelt selbst porträtiert. Am Ende des ersten Briefbuches (*Briefe* 1,20,20 ff.) beschreibt er sich als klein von Statur, vorzeitig ergraut, ein Freund der Sonnenwärme, rasch aufbrausend im Zorn, doch auch wieder schnell versöhnt. Er ist zu diesem Zeitpunkt, wie er hinzufügt, im Jahre 21 v. Chr. 44 Jahre alt; und er ist, womit er den Bericht beginnt, Sohn eines Freigelassenen, aus kleinen Verhältnissen stammend. Doch hat er aus engem Nest die Schwingen zu höherem Flug gereckt, steht bei den ersten Männern Roms in hohem Ansehen. Der Kern dieser Kurzkonfession:

ut quantum generi demas, virtutibus addas.

»Was der Herkunft abgeht, das ersetzt die eigene Leistung.«

An anderen Stellen treten noch weitere Züge hinzu: Horaz ist nicht nur klein von Gestalt (*Satiren* 2,3,309), sondern auch rundlich, von wohlgepflegter Leiblichkeit (*Briefe* 1,4,15), in der Jugend mit vollen schwarzen Haaren und kräftiger Brust.

→ Suetons Biographie bestätigt das: Horaz war klein und dick. Sie ergänzt auch pikante Einzelheiten: → Augustus habe Horaz *purissimum penem* d. h. etwa »prächtigen Stößer« genannt, und Horaz selbst habe sein Schlafzimmer zu einem Spiegelkabinett ausgestaltet, so daß ihm von allen Seiten die Bilder des Beischlafs begegneten.

Wichtiger als solche für den biographischen Stil Suetons typischen Eigenheiten mag die Kennzeichnung der Herkunft sein, die Horaz selbst (*Satiren* 2,1,34 ff.) gibt: Ob er Lukaner oder Apuler sei, wisse er selbst nicht genau. In der Tat liegt sein Geburtsort Venusia an der Grenze zwischen Lukanien und Apulien; von diesen Völkern mag denn auch seine Streitlust stammen, sein Jähzorn sich herleiten. Aber an derselben Stelle betont der Dichter, daß er nicht von selbst angreife, sondern sich nur, wo nötig, zur Wehr setze. Und schließlich ordnet er sich auch philosophisch ein: Er nennt sich in dem schon zitierten Schreiben an den Dichterfreund → Tibull (*Briefe* 1,4,16) ein *Epicuri de grege porcum*, »ein Schweinchen aus des Epikuros Herde«.

Der Lebensweg dieses Mannes verlief in merkwürdigen Windungen und Wendungen. Vom Vater mit einer exzellenten Erziehung zuerst daheim, dann in Rom und zuletzt in Athen ausgestattet, erwarb sich der Sohn eines Freigelassenen eine Bildung, wie sie sonst nur Abkömmlingen des Adels zuteil wurde. Nach → Caesars Ermordung hat Brutus, der im Osten des Reiches seine Heeresmacht aufbaute, dem erst dreiundzwanzigjährigen Horaz ein Kommando als Militärtribun übertragen, den Kleinbürger also als geradezu Gleichrangigen anerkannt. Die Niederlage bei Philippi im Herbst 42 v. Chr. beendete diesen ersten Höhenflug jählings: Horaz fand sich, politisch nicht verfolgt, doch des väterlichen Besitzes verlustig gegangen, in Rom als armer Angestellter in der Hauptstaatskasse wieder.

Und diese Not war es, die ihn poetisch produktiv machte und zum Verseschmieden brachte, wie er später spöttisch bemerkt. Er führte eine Zeitlang eine Art Kafka-Existenz – freilich mit mehr Glück als der Prager Dichter: Seine Verse erregten das Interesse des Maecenas, der ihn, wie Horaz in den *Satiren* (1,6) erzählt, im Frühjahr 38 v. Chr. durch → Vergils Vermittlung kennenlernte und ihn im Winter danach in seinen Kreis aufnahm. Verbunden damit war materielle Sicherheit: Das Sabinum, ein bescheidenes Landgut nicht allzu weit von Rom, schenkte Maecenas – als ›Mäzen‹ – dem Dichter, der dort nach damaligen Begriffen genügsam, d. h. mit acht Sklaven und fünf Pächterfamilien, sein Leben führte. Es mündet von nun an ein in die Geschichte der Literatur. Der Staat erhob noch einmal Anspruch auf seine Dienste, so ehrenvoll wie nur denkbar: Augustus bot ihm den Posten seines Sekretärs, *ab epistulis*, an; doch Horaz blieb sich treu und lehnte diese hohe Berufung ab, ohne daß eine Verstimmung zwischen dem Dichter und dem Kaiser eingetreten zu sein scheint.

Das Werk des Horaz soll hier sukzessive, nicht systematisch, vorgestellt werden. Gewiß ist es gerechtfertigt, seine hexametrische und seine lyrische Dichtung gesondert zu behandeln; doch ist das, so korrekt es nach Formkategorien wäre, der Poesie gänzlich unangemessen. Das Individuum

Horaz ist Schöpfer in beiden Bereichen, z. T. sogar gleichzeitig mit beiden beschäftigt. Und überdies sind die Titel dieses Lebenswerkes an den Fingern einer Hand aufzuzählen: Auf die *Epoden*, veröffentlicht 30 v. Chr., und die beiden Bücher *Satiren* (35 und 30) folgen die drei Bücher *Carmina* (23), Lieder, denen sich nicht ganz ein Jahrzehnt später ein viertes anschließt; auch das *Carmen saeculare* aus dem Jahre 17 v. Chr. ist ein ihnen zuzuzählendes Einzelwerk. Zwei Bücher *Briefe* bilden den Beschluß, das erste um 20 v. Chr. veröffentlicht, das zweite eine Frucht der letzten Lebensjahre; hierzu gehört auch der *Brief an die Pisonen*, besser bekannt unter dem Titel *Ars poetica*.

Man sieht drei Phasen sich abzeichnen: die Frühwerke der Satiren und Epoden, die Meisterwerke der Lyrik, das Spätwerk der Briefe. Folgt man dieser Gliederung, so überrascht am meisten, wie Horaz sich im ersten Jahrzehnt seines Dichtens auf zweierlei Weise mit seinen Themen und Problemen dichterisch auseinandersetzt: Er gibt in den beiden Büchern der *Satiren*, auch *Sermones* genannt, belustigende Bilder vom Leben Roms, von den Verkehrtheiten und Fraglichkeiten des Umgangs der Menschen miteinander – er beabsichtigt, wie der berühmte, wenn auch nicht eigentlich programmatische Vers lautet, *ridentem dicere verum* (*Satiren* 2,1,24) – »die Wahrheit lachend zu sagen«. Und er greift in den gleichzeitig entstandenen *Epoden* verwandte Fragestellungen von hoher Warte aus auf, redet in höherem Ton – er kündet, wo er sonst kritisiert, er singt, wo er sonst spottet.

Beide Gattungen sind von Horaz vervollkommnet, nicht erfunden worden. In den *Satiren* folgt er dem → Lucilius, freilich kritisch und distanziert: Der Vorgänger hat die Gattung begründet, sie aber nicht poetisch angemessen präsentiert, nicht verfeinert genug vorgeführt. → Quintilian (10,1,93) hat die Satire als die einzige ganz und gar römische Dichtungsart gekennzeichnet: *Satura tota nostra est*. Horaz verleiht ihr nun vollkommene Form, ja er transzendiert sie:

Der würdige Hexameter fügt sich einem heiter gelösten Gesprächston, die humane Haltung der miteinander scherzenden Freunde im Reisebericht, dem *Iter Brundisinum* (1,5), das befriedete Glück der Geborgenheit auf dem geschenkten Gute im Gegensatz zum städtischen Trubel, verbildlicht in der fröhlichen Fabel von der Stadt- und der Landmaus (2,6), das sind Stücke, die das Aggressive bereits hinter sich lassen und auf Späteres vorausdeuten.

In den *Epoden* hat sich Horaz durch Archilochos von Paros, dem griechischen Jambographen aus dem 7. Jh. v. Chr., anregen lassen; freilich, wie er selbst sagt (*Briefe* 1,19,23 ff.), nur im Hinblick auf die Metrik, nicht auf die Motivik, wohl im Geiste der Kritik, nicht in der Geste des Angriffs. Horaz lehnt des Archilochos Stoff- und Wortwahl ab und übernimmt nur seine Versform und Gesinnung. Humanisierung einer vorgegebenen Form, Einführung eines artistischen Elements aus dem frühen Griechentum in die römische Literatur – Horaz hatte einen Weg gefunden, der sein Weg werden sollte.

Schon im Frühwerk gab es gelegentlich Partien zarterer Prägung: Das Treuebekenntnis zum Freunde Maecenas etwa (*Epoden* 1) oder die Besorgnis um den kämpfenden Herrscher (*Epoden* 9) treten neben die schon genannten Stücke der *Satiren*. Nach Aktium (31 v. Chr.), als der Sieg über Antonius und Kleopatra nach einem Jahrhundert der Selbstzerfleischung, die Horaz bewegt beklagt hatte (*Epoden* 7 und 16), den Frieden gewährleistete, begann Horaz in der neu sich entfaltenden augusteischen Ordnung, seine Gedanken in den Formen der großen griechischen Lyrik zu gestalten, wie die Klassiker Sappho und Alkaios sie um 600 v. Chr. geprägt hatten. Zwischen 30 und 23 v. Chr. entstanden 88 *Carmina*, die wir heute gern griechisch als *Oden* bezeichnen. Sie wurden nicht ganz eine Dekade später ergänzt durch die Sammlung der nur 15 Gedichte des 4. Buches. Zwischen beiden Veröffentlichungen, im Jahr 17, hatte Horaz im offiziellen Auftrag ein öffentliches Festlied für die von Augustus zur Einleitung eines neuen Zeitalters veranstaltete Jahrhundertfeier geschaffen, das *Carmen saeculare.* Diese 104 Dichtungen bilden das bedeutendste, das einflußreichste Corpus der alteuropäischen Lyrik.

Welche Themen der Lyrik zugehören, hat Horaz selbst in seiner *Dichtkunst* (*Ars poetica* 83–85) deutlich dargetan:

> Die Muse verlieh den Saiten, Götter und Göttersöhne,
> Den Sieger im Faustkampf, das Pferd, das im Rennen das erste,
> Junger Leute Liebesleid und den befreienden Wein zu besingen.

Hymnen und Siegeslieder, Preisgesänge und Liebespoesie, schließlich Trink- und Festgedichte sind demnach die Grundthemen lyrischer Lieder. In der Charakterisierung Pindars (*Oden* 4,2,13–24) sind zusätzlich noch Klagegesänge genannt. In diesem Gedicht grenzt Horaz seine eigene Lyrik strikt ab vom hohen Sange Pindars: Wenn dieser wie ein Bergstrom dahinbrause, wie ein stolzer Schwan sich zu den Wolken erhebe, so sieht Horaz sich selbst wie die bescheidene Biene beim arbeitsreichen Komponieren von Liedern. Inspiration und Ingenium, aber auch langjähriges Bessern, Glätten, Feilen sind in seine Lieder eingegangen, und seine Mahnung gilt zu Recht, bis ins neunte Jahr solle der Dichter seine Werke zurückhalten und zu läutern suchen (*Ars poetica* 388).

Die Strophenform des Alkaios ist von Horaz 37mal, die der Sappho 26mal gebraucht worden, jeweils mit direktem Bezug zum behandelten Bereich: Im Maß der Sappho sind Götterhymnen, Freundesgedichte und Liebeslieder geformt, in dem des Alkaios politische Weisungen, wiederum Freundeslieder, schließlich Reflexionen. Charakteristisch unterscheiden sich die zu Freunden sprechenden Stücke in den beiden Maßen: Die in sapphischen Strophen gestalteten zeigen einen warmen und stillen Grundzug, sie sind innigere, intimere Anreden, während die in alkäischem Maß ausgeführten meist lebhafte Mahnungen beinhalten, Aufforderungen zum Trinken, zum Lebensgenuß – sie sind lauter, eindringlicher, drängender.

Ein dritter Dichter, Asklepiades, hat Horaz das formale metrische Vorbild zu 36 Gedichten gegeben. Auch in ihnen finden sich Mahnungen an Freunde, nachdrückliche, ja beschwörende Zusprüche und temperamentvolle Anreden. Überhaupt sind die nach Asklepiades geformten Lieder die »lyrischen« par excellence: Ihr Ton ist leidenschaftlich, subjektiv, ihr Inhalt ist oft der Liebe Leid und Freud, ihre Bewegung wirkt leicht, mitunter erregt.

Wie wichtig für Horaz die metrische Formung ist, zeigt sich daran, daß er bei 4 seiner Lyrikbücher den Eingang deutlich durch metrische Beziehung der Einzellieder aufeinander gestaltet. Am klarsten tritt das am Beginn von Buch 3 zutage, wo 6 lange Lieder mit identischer Strophenform und verwandtem Inhalt den Zyklus der sogenannten *Römer-Oden* bilden. In ihnen hat der Dichter seinem Volk Wert und Würde der frühen römischen Haltungen, Leistungen, Gesinnungen eindringlich vor Augen gestellt und so seinen Teil zur augusteischen Erneuerung beizutragen versucht. Das zeigt sich auch am Anfang von Buch 1, wo sämtliche für Rom neu erschlossenen Versmaße in einer geschlossenen Reihe von Beispielen vorgeführt werden und so die ersten 9 bzw. 11 Oden ordnen. Es zeigt sich gleichfalls in Buch 2, wo die ersten 12 Lieder abwechselnd in den beiden Hauptmaßen gestaltet sind, derart, daß die gradzahligen Gedichte in sapphischen, die ungradzahligen in alkäischen Strophen abgefaßt sind. Nicht anders das *Epoden*-Buch: Auch da sind die ersten 10 Stücke durch gleiches Maß zusammengeschlossen; die folgenden sieben Nummern setzen sich von ihnen ab, sie sind in anderen wechselnden Metren geschrieben; ein rein jambisches Gedicht schließt das Buch ab.

Briefe (*Epistulae*) beschließen das poetische Werk des Horaz. Seine Lyrik hatte nicht den von ihm erhofften breiten Erfolg gefunden, auch wenn Kenner sie zu würdigen wußten. Der älter gewordene Dichter kehrte zu den Hexametern der *Satiren*, zu den Gedanken über die rechte Lebenshaltung zurück, die sein Jugendwerk bestimmt hatten. Im Alterswerk treten theoretische Überlegungen zum Thema der Dichtkunst hinzu.

Die 20 Briefe des ersten Buches, das wieder, wie zuvor die *Epoden* und die *Oden*, dem Maecenas gewidmet ist, behandeln »Wahrheit und Pflicht« (*verum atque decens*, *Briefe* 1,1,11). Das geschieht nicht in trockenem Philosophenton. Horaz gibt seine Lebensweisheit im Plauderton kund, bringt Beispiele, erzählt von eigenen Alltagserfahrungen und den Lehren, die er für sich daran knüpft und den anderen empfiehlt. *Nil admirari*, »Nichts anstaunen« (1,6,1) ist solch ein Motto; *non iurare in verba magistri*, »nicht auf eines Meisters Worte schwören« (1,1,14) ein anderes; *metiri se quemque suo modulo*, »ein jeder messe sich nach seinem eigenen Maß« (1,7,98) ein drittes. Die Briefform wird bald mehr, bald weniger genau gewahrt, die Empfänger sind bald hohe, bald weniger hohe Herrschaften und Freunde; auch sein Verwalter ist unter ihnen (1,14). Schließlich wird am Ende (1,20) das Buch selbst angeredet und in die Welt entlassen, mit Wendungen freilich, die für das vollendete Volumen ebenso passen wie für einen sich prostituierenden Strichjungen – der Spötter Horaz gibt seinen vielen guten Lehren einen lustig-zweideutigen Abschluß: Alles ist Spaß im Leben, scheint er zu sagen.

Literaturbriefe bilden den zweiten Bereich der Briefbücher. Es sind längere Dichtungen von jeweils mehreren hundert Versen, eine dem Augustus gewidmet, die andere dem Freunde Florus. Diese beiden Episteln sind nicht weniger wertvoll, doch weniger berühmt als die *Ars poetica*, der den Pisonen gewidmete, 476 Hexameter umfassende Traktat über Grundfragen der Dichtkunst. Hier zieht Horaz die Summe seines Sinnens und seines Singens, nicht systematisch, sondern in leicht gleitendem Gedankenfluß, vergnügliche Bilder und ernste Belehrungen bunt vermischend. Man hat viele Jahrhunderte hindurch die *Ars* als eine normative Poetik mißverstanden; das hat ihren enormen Einfluß nicht beeinträchtigt, vielleicht aber ihre Wirkung in Bahnen gelenkt, die der Autor selbst mit Verwunderung betrachtet hätte.

Den Stil von Horaz zu definieren, ist meist als ein Spiel mit Gegensätzen betrieben worden, als ein Vordringen zum Antithetischen, zum Paradoxon. Horaz selbst hat die Wichtigkeit der Reihung und Fügung der Wörter als Grundprinzip dichterischen Sprechens nachdrücklich betont. Die *callida iunctura* (*Ars poetica* 48 und 242) ist zum geflügelten Wort geworden, die gekonnte geistreiche Verbindung alltäglichen Sprachgutes zu neuer Wirkung. Dem entspricht im Größeren die unerwartete Schlußwendung, die etwa ein Idyll zum Sarkasmus sich wandeln lassen kann (*Epoden* 2). Die Kunstkritiker der Antike haben selbst die Junktur benutzt, um Horaz zu ergründen: → Petron (118,5) spricht von der *curiosa felicitas*, der Verbindung von Mühe und glücklichem Erfolg, Quintilian (10,1,96) sagt, Horaz sei *verbis felicissime audax*, in seinen Wörtern kühn und dadurch besonders erfolgreich; Alexander Pope sah bei Horaz »coolness« in der Theorie, »fire« im Gedicht. Nietzsche hat das antithetische Schema fortgeführt, hat des Horaz »tänzerische Festlichkeit und feierlichen Leichtsinn« bewundert.

Es war wohl die Ironie des Dichters, die den Analysen seiner Kunst solche Doppelformeln aufgezwungen hat. Wer ihn einseitig festlegen will (Dante nennt Horaz in der *Göttlichen Komödie*, Inferno 4, nur »Orazio satiro«), sieht am Spannungsvollen der horazischen Existenz vorbei. Die Ansätze früherer Generationen, die den Anakreontiker Horaz oder den politischen Römer Horaz oder schließlich den Existentialisten Horaz herausstellen wollten, verabsolutierten Einzelnes zum Schaden des Ganzen.

Das Wichtigste bleibt wohl jene Bewegung vom Beginn bis zum Beschluß in den meisten Dichtungen des Horaz, die den Miterlebenden vom Weiten ins Umschlossene führt, vom breit Ausgreifenden ins Bescheidene; sie leitet von der Erregung zur Besänftigung, von der Düsternis zur Helle, aus Zweifel und Trauer zur Heiterkeit. Das mag mit ironischer Verfremdung geschehen oder in sanftem Abgesang, in offener Aussage oder in verhaltener Hindeutung, in knapp überraschender Pointe oder in ruhigem Ausklingen. Lyrische Kunst als Klärung der Welt und als Verklärung des Daseins ist nirgends reiner erschienen als in den Strophen, die der römische Sänger hinterlassen hat.

Wie stark sich seine Sätze eingeprägt haben, zeigt Büchmanns Band *Geflügelte Worte*, wo Horaz als der am meisten zitierte Autor einer fremden Sprache figuriert. Daß sie auch unser Jahrhundert zentral anzusprechen vermögen, hat Bertolt Brecht (*Beim Lesen des Horaz*) bekräftigt.

A Gesamtbibliogr. von W. Kissel in: Aufstieg und Niedergang der römischen Welt, Bd. 2,31,3, Berlin 1981, S. 1403–1558. – F. Klingner, Leipzig [3]1959. – S. Borzsák, Leipzig 1984. – D. R. Shackleton Bailey, Stuttgart 1985. – C. Wickham / H. C. Garrod, Oxford 1941 (Nachdr.) – Ü H. Färber / W. Schöne, München [10]1985 (lat./dt.). – M. Simon / W. Ritschel, Berlin 1972. – *Oden*; *Epoden:* B. Kytzler, Stuttgart [5]1990 (lat./dt.). – C. F. K. Herzlieb / J. P. Uz / W. Killy / E. A. Schmidt, Zürich/München 1981 (lat./dt.). – *Satiren*; *Briefe:* R. Helm, Zürich/Stuttgart 1962 (lat./dt.). – *Satiren:* K. Büchner, Stuttgart 1972 (lat./dt.). – *Briefe:* B. Kytzler, Stuttgart 1986 (lat./dt.). – *Ars poetica:* H. Rüdiger, Zürich 1961 (mit Einf., Übers., Erl.). – E. Schäfer, Stuttgart 1972 u. ö. – L E. Doblhofer, Horaz in der Forschung seit 1957, Darmstadt 1992. – C. Becker, Das Spätwerk des Horaz, Göttingen 1963. – K. Büchner, Horaz, Wiesbaden 1962. – E. Fraenkel, Horaz, Darmstadt 1962. – T. Halter, Vergil und Horaz, Bern/München 1970. – H. Hommel, Horaz, Heidelberg 1950. – K. Numberger, Inhalt und Metrik in der Lyrik des Horaz, Diss. München 1959. – V. Pöschl, Horazische Lyrik, Heidelberg 1970. – H. P. Syndikus, Die Lyrik des Horaz, 2 Bde., Darmstadt 1972–73. – W. Wimmel, Zur Form der horazischen Diatribensatire, Frankfurt a. M. 1962. – E. Stemplinger, Horaz im Urteil der Jahrhunderte, Leipzig 1921. – E. St., Das Fortleben der horazischen Lyrik seit der Renaissance, Leipzig 1906, reprogr. Nachdr. Hildesheim 1976. – E. LEFÈVRE, Horaz. Dichter im augusteischen Rom, München 1993. – J. DRAHEIM, Robert Schumann als Horaz-Übersetzer, in: Worte – Bilder – Töne. Festschr. B. Kytzler, hrsg. von R. FABER und B. SEIDENSTICKER, Würzburg 1996, S. 211–287. – H. CANCIK, *carmen* und *sacrificium*. Das Saecularlied des Horaz in den Saecularakten des Jahres 17 v. Chr., ebd., S. 99–114.

Hyginus

Zwar ist uns ein Gaius Julius Hyginus bekannt, ein Freigelassener des → Augustus, der die palatinische Bibliothek leitete und auch als Fachschriftsteller (Philologie, Geschichte, Landwirtschaft) gewirkt hat, wovon Fragmente zeugen. Allem Anschein nach nicht mit ihm identisch ist ein Hyginus, der ein mythologisches Handbuch hinterlassen hat: *Fabulae*, abgefaßt vor 207 n. Chr. und 277 Kurzfassungen antiker Sagen enthaltend. Das Kompendium ist nur als Stoffsammlung wertvoll, nicht in der – oft holprigen – Ausgestaltung. Doch bietet es unschätzbare Informationen und hochpoetische Themen. Ob die *Astronomica*, Sternsagen und astronomische Erläuterungen in 4 Büchern, demselben Hyginus oder einem anderen zugehören, ist nicht ganz sicher, doch durchaus wahrscheinlich. Da es auch noch einen Verfasser von Landvermessungsschriften des Namens Hyginus gibt, ist gewiß noch viel Scharfsinn nötig, um die Konturen der einzelnen Personen und die Zuschreibungen der Werke zu präzisieren. Doch sind die Sagensammlungen ein Schatz, den der Forscher ebenso gern ausschöpfen wie der Leser genießen wird.

A *Astronomica*: A. LE BŒUFFLE, Paris 1983. – *Fabulae:* H. J. ROSE, [2]1963. – Ü L. MADER, Griechische Sagen, Zürich/Stuttgart 1963, S. 239–364.

Hymnoi → Homer; → Kleanthes; → *Orphika.*

Hypereides
390–322 v. Chr.

Aus einer wohlhabenden Familie zu Athen stammend, war Hypereides als Redner ein Schüler des → Isokrates und studierte vielleicht auch bei → Platon. Er begann als Redenschreiber, griff bald auch in die Politik ein, zunächst zusammen mit → Demosthenes, dann im Harpalos-Prozeß gegen ihn, nach Alexanders Tod jedoch wieder mit ihm gemeinsam. Auch er wurde wie Demosthenes nach der Niederlage bei Krannon ein Opfer der Politik: Er floh nach Ägina, wurde dort ergriffen und von Antipater gefoltert und hingerichtet.

Die Antike kannte 72 Reden unter seinem Namen, davon wurden jedoch nur 52 als echt anerkannt; die Moderne besitzt lediglich sechs im vergangenen Jahrhundert gefundene Reden auf Papyri in ungenügendem Erhaltungszustand und kennt 276 meist nur ein oder zwei Worte umfassende Zitate bei anderen Autoren. Sein Stil wurde im Altertum hoch geschätzt. Er fand seinen Platz im Rednerkanon (→ Andokides) und galt neben Demosthenes als größter attischer Redner. Seine rhetorische Leistung ist von → Longinos (34) eingehend beschrieben worden: »Hypereides ahmt in allem, außer in der Wortordnung, die wohlgelungenen demosthenischen Bildungen nach und hat sich dazu noch die Vorzüge und die Anmut des Lysias angeeignet. Denn er erzählt einfach, wo es sich gehört, und redet nicht alles hintereinander in der gleichen Tonhöhe heraus wie Demosthenes. Die Schilderungen hat er durch ihre Gefälligkeit leicht schmackhaft gemacht; zahllos sind seine urbanen Feinheiten: seine höchst politische Art, die Nase zu rümpfen; seine Noblesse, die Geschmeidigkeit im Spott; sein Witz, der nie platt ist, doch sitzt, ist er auch nicht so aufreizend wie der attische; seine Geschicklichkeit, wenn er etwas durchzieht oder Lachen erregt; der wohlgezielte Stachel seines Scherzens – unmöglich läßt sich das Bezaubernde, das all diesem innewohnt, wiedergeben. Er ist groß darin, Rührung zu erregen, flüssig, wenn er Mythen erzählt, und ist obendrein, wie von feuchtem Wind getragen, höchst wendig, von der Richtung abzuschweifen; derart hat er etwa die Leto-Geschichte so dichterisch, die Grabrede so prunkvoll behandelt wie wohl kaum ein anderer« (übers. von R. v. Scheliha).

A L. Jensen, Leipzig 1917, reprogr. Nachdr. Stuttgart 1963. – G. Colin, Paris 1946 (mit frz. Übers.). – F. G. Kenyon, Oxford 1906. – Ü J. O. Burtt, Minor Attic Orators, Bd. 2, London/Cambridge (Mass.) 1954, S. 363 ff. – L U. Pohle, Die Sprache des Redners Hypereides in ihren Beziehungen zur Koine, Leipzig 1928. – H. Hess, Textkritische und erklärende Beiträge zum *Epitaphios* des Hypereides, Leipzig 1938.

I

Ibykos
um 576 – um 525 (?)

Nach → Stesichoros ist Ibykos der zweite westgriechische Dichter. In Rhegion (Reggio di Calabria) geboren, ging er, vermutlich um 535, nach Samos an den Hof des Polykrates.

Sein Werk soll nur 7 Buchrollen umfaßt haben. Es bestand vor allem aus Liebesliedern, Mythen und Gedankenlyrik. Der Sage nach (Wandermotiv!) wurde er unterwegs von Räubern erschlagen; jedoch verrieten sich seine Mörder, als sie vor allem Volk einen Kranichzug wiedererkannten, der beim Mord vorbeigezogen und von Ibykos zu Zeugen genommen worden war. Schillers Ballade »Die Kraniche des Ibykos« (nach → Plutarch, *Von der Geschwätzigkeit* 15) hat seinen Namen bekannt erhalten; Neufunde haben vor etwa zwei Jahrzehnten Werk und Wesen des Ibykos deutlicher hervortreten lassen.

A D. L. Page, Poetae Melici Graeci, Oxford 1962. – D. L. P., Lyrica Graeca Selecta, Oxford 1968. – Ü Die Griechische Literatur in Text und Darstellung, hrsg. von J. Latacz, Bd. 1: Archaische Periode, Stuttgart 1991. – L C. M. Bowra, Greek Lyrical Poetry, Oxford ²1961, S. 241 ff.

Ilias Latina → *Homerus Latinus.*

Institutiones → *Corpus iuris civilis.*

Iosephos, Flavius Iosephus
37 – um 100 n. Chr.

Der aus der jüdischen Aristokratie abstammende Hasmonäer *Ioseph ben Mathijahu* stand als Pharisäer auf der Seite seiner aufständischen Landsleute gegen Rom. 67 ergab er sich Vespasian nach 47tägiger Belagerung in Iotapata und prophezeite ihm den Aufstieg zum Kaiser. Er wurde daraufhin verschont, trug nun den römischen Namen Flavius Iosephus und lebte nach dem Fall Jerusalems im Jahre 70 und der Verwirklichung seiner Prophezeiung in Rom bis zu seinem Tode unter Trajan.

In 7 Büchern beschrieb er zwischen 75 und 79 den *Jüdischen Krieg*. Die Ereignisse bis 72 n. Chr. schilderte er aus eigener Erfahrung; er blickte jedoch insgesamt bis zum Jahr 175 zurück, d. h. von den Makkabäern bis zum Fall von Masada. Das Werk, ursprünglich aramäisch abgefaßt, wurde von Griechen unter Anleitung des Autors übersetzt. Es folgten 80–84 die *Jüdischen Altertümer*, die als *Iudaïke Archaiologia* der *Rhomaïke Archaiologia* des → Dionysios an die Seite gestellt wurden. In 20 Büchern berichtet Iosephos von den Schicksalen seines Volkes; er beginnt bei der Weltschöpfung und endet mit dem Tode Neros 68 n. Chr. Damit schließt er an das eigene Werk über den Judenaufstand zeitlich an. Die Echtheit des in 18,3,3 gegebenen Hinweises auf Jesus Christus wird allgemein bestritten. Schließlich verfaßte Iosephos noch eine *Autobiographie*, in der er sich vornehmlich gegen die Kritik an seinen früheren jüdischen Aktivitäten in Galiläa verteidigt, und die 2 Bücher *Gegen Apion*, eine Stellungnahme gegen den Antisemitismus.

Die Verbindung von griechischer Geisteskultur, römischer Gesinnung und jüdischer Schulung ist charakteristisch für das Œuvre des Iosephos. Er ist ein Historiker von Rang, der nicht nur gute Quellen vermittelt, sondern darüber hinaus die Geschichte eines alten Volkes einleuchtend darstellt und die Situation der Randvölker des Imperiums verdeutlicht.

A B. Niese, 7 Bde., 1887 ff., reprogr. Nachdr. Berlin 1955. – S. A. Naber, 6 Bde., Leipzig 1895. – Th. Reinach / L. Blum, Paris 1930 (mit frz. Übers.). – H. St. J. Thackeray u. a., 9 Bde., London 1926 bis 1965 (mit engl. Übers. und Komm.). – O. Michel / O. Bauernfeind, Der jüdische Krieg, 2 Bde., 1959–69 (mit dt. Übers. und

Komm.). – **Ü** H. Clementz, Jüdische Altertümer, 2 Bde., Berlin/ Wien 1923. – H. Clementz / H. Kreissig, Der jüdische Krieg, Leipzig 1974. – **L** R. Laqueur, Der jüdische Historiker Flavius Josephus, Gießen 1920. – L. Bernstein, Flavius Josephus: His Time and His Critics, New York 1938. – W. Weber, Josephus und Vespasian, Berlin 1921. – Zur Josephus-Forschung, hrsg. von H. Schalit, Darmstadt 1973.

Isaios
um 420 – 350 v. Chr.

Die Nachrichten über das Leben des zum Kanon der zehn attischen Redner (→ Andokides) zählenden Isaios sind unsicher. Er soll in Chalkis auf Euboia geboren sein, war also in Athen nicht Vollbürger und konnte sich darum an der Politik nicht direkt beteiligen. So wirkte er als Redenschreiber. In der Geschichte der Rhetorik gilt er als Schüler des → Isokrates und Lehrer des → Demosthenes.

Von den 50 Reden, die die Antike als echt anerkannte, besitzen wir nur 11 sowie die Reste einer zwölften. Diese 11 behandeln Erbschaftsstreitigkeiten, das Fragment dagegen verteidigt das angezweifelte Bürgerrecht des Emphiletos. Die Reden gehören in die Jahre von um 377 bis um 353. In Fragen des Erbrechts ist Isaios eine Quelle höchsten Ranges. Sein Stil, der schon im Altertum mit dem des → Lysias verglichen wurde, ist einfach und durchsichtig, doch sind logische Gedankenführung und Verwendung von Sinnfiguren betont.

A Th. Thalheim, Leipzig 1903. – P. Roussel, Paris [2]1960 (mit frz. Übers.). – E. S. Forster, London/Cambridge 1927 (mit engl. Übers.). – **Ü** K. Münscher, in: Zeitschrift für vergleichende Rechtswissenschaft 37, 1919, S. 32–328. – **L** E. Wolf, Griechisches Rechtsdenken, Bd. 3,2, Frankfurt a. M. 1956, S. 201 ff. – R. Lentzsch, Studien zu Isaeus, Diss. Leipzig 1932. – R. F. Wevers, Isaeus, Diss. Wisconsin 1962.

Isidor von Sevilla, Isidorus Hispalensis
560/570 Cartagena, Spanien – 4. April 636 Sevilla

Neben →Boëthius, →Benedikt und →Cassiodor hat kein anderer das Wissen des Mittelalters mehr bereichert, sein Denken nachhaltiger beeinflußt als Isidor. Er folgte seinem Bruder Leander um 601 im Amt des Erzbischofs von Sevilla. So finden sich denn auch in den vier umfangreichen Bänden seiner Schriften zahlreiche theologische Traktate. Wichtiger sind uns heute seine historischen Werke, die *Historia Gothorum*, Geschichte der Westgoten bis 620, die *Chronica*, eine kurze Weltchronik bis 615, und die Geschichte der Sueben und der Vandalen, *Historia Sueborum et Vandalorum*, wertvolle Zeugnisse über die Geschichte germanischer Stämme.

Am wichtigsten jedoch sind die 20 Bücher der *Etymologiae* oder *Origines* (*Ursprünge*), in denen Isidor das Wissen seiner Zeit in enzyklopädischer Form darbietet, exzerpiert im allgemeinen aus der heidnischen Literatur der vergangenen Jahrhunderte. Als Kompilator sucht Isidor seinesgleichen: Nicht nur die sieben *artes liberales* werden behandelt, sondern auch Kalender- und Rechtsfragen, Medizin und Mineralien, Architektur und Ackerbau, Kleidung, Hausrat, Spiele, Theater u. a. m. Eine solche Summe des Wissens war nirgends sonst gezogen worden; sie ist denn auch in fast 1000 Handschriften verbreitet. Isidor hat einen Informationsschatz ohnegleichen hinterlassen, den das Mittelalter eifrig genutzt, die Neuzeit noch bei weitem nicht voll ausgeschöpft hat.

A Patrologiae cursus completus, series Latina, hrsg. von J.-P. Migne, Bd. 81–84. – Th. Mommsen, *Chronica minora*, Berlin 1893. – M. W. Lindsay, *Etymologiae*, Oxford 1911 (Nachdr.). – **Ü** Geschichtsschreiber der deutschen Vorzeit, Bd. 10, hrsg. von D. Coste, Leipzig [3]1909 (*Gotengeschichte*). – **L** J. Fontaine, Isidore de Seville, 2 Bde., Paris 1959.

Isokrates
436–338 v. Chr.

Der Sohn eines begüterten Flötenfabrikanten aus Athen war selbst nicht zum Redner geeignet. Dafür trat er mit geschriebenen fiktiven Reden (»Flugblätter«, »Pamphlete«) an die Öffentlichkeit und wurde damit der erste Publizist Europas.

Als Pädagoge praktizierte er seit etwa 390 eine erfolgreiche Schulleitung und zählte bedeutende Männer wie → Hypereides und → Isaios zu seinen Adepten.

Isokrates wird als erster Vertreter einer Art enzyklopädischer Bildung angesehen. Dabei galt ihm als Grundlage nicht wie → Platon die Philosophie, sondern die Beredsamkeit. Von seinen Veröffentlichungen besaß man im augusteischen Rom 60 Reden, von denen → Dionysios nur 25 als echt anerkannte. Die Moderne besitzt 21; sechs davon sind Prozeßreden. Ferner existieren 9 Briefe, deren Echtheit allerdings zum Teil angezweifelt wird. Von den Reden sind 2 dadurch besonders wichtig, daß sie eine neue Gattung einführen: Im *Euagoras* (Nr. 9) legt Isokrates zum ersten Mal eine Lobeshymne in Prosa vor; die Rede *Über den Vermögenstausch* (Nr. 15) enthält eine Art Autobiographie, eine Form, für die frühere Belege im Griechischen fehlen. Hervorzuheben sind ferner der *Panegyrikos* (Nr. 4), in dem für eine panhellenische Einheitsfront gegen Persien plädiert und Athen für die führende Rolle neben Sparta empfohlen wird – eine in der Antike vielbewunderte und oft zitierte Rede, an der ihr Autor 10 oder sogar 15 Jahre gearbeitet haben soll, ehe er sie zur Olympiade des Jahres 380 veröffentlichte; sodann der *Philippos* (Nr. 5), der den Makedonenkönig direkt anspricht, ihn als »Wohltäter Griechenlands« feiert und in ihm den Anführer der Hellenen gegen die Barbaren sehen möchte; schließlich der *Panathenaikos* (Nr. 12), im 94. bis 97. Lebensjahr ausgearbeitet, in dem er einen Vergleich mit Sparta zum Lobe Athens zieht, zugleich aber selbstkritisch diese Position zur Diskussion stellt.

Stilistisch hat Isokrates größten Einfluß auf die Entfaltung der griechischen Kunstprosa ausgeübt. Er vollendete die Entwicklung des großräumig gebauten, in sich ausgewogen gegliederten Satzes der rhetorischen Periode mit ihren Antithesen und Parallelen. Auch die Rhythmisierung der Satzschlüsse hat er entscheidend beeinflußt.

Pädagogisch ist der Platz des Isokrates nicht weniger zentral. Seine Schulung faßte das Wirken der Sophisten zusammen und systematisierte es; sein Bildungsideal stand im Kontrast zu den Ansichten → Platons, hat aber weit über seine eigene Zeit hinaus zu wirken vermocht.

A E. Drerup, Leipzig 1906. – G. B. Norlin / L. van Hook, 3 Bde., London/Cambridge 1928–45 (mit engl. Übers.). – G. Mathieu / E. Brémond, 4 Bde., Paris 1928–62 (mit frz. Übers.). – Ü A. H. Christian, Stuttgart 1833–36. – G. E. Benseler, 2 Bde., Leipzig 1854. – Th. Flathe, Des Isokrates *Panathenaikos*, Stuttgart 1858. – L E. Mikkola, Isocrates. Seine Anschauungen im Lichte seiner Schriften, Helsinki 1954. – K. Bringmann, Studien zu den politischen Ideen des Isokrates, Göttingen 1965. – Isokrates, hrsg. von F. Seck, Darmstadt 1976. – F. Seck, Untersuchungen zum Isokrates-Text mit einer Ausgabe der Rede an Nikokles, Hamburg 1965.

Itala → Hieronymus.

Italicus → Homerus Latinus; → Silius Italicus.

Itinerarium Egeriae → *Silviae peregrinatio.*

Iulius Capitolinus → *Historia Augusta.*

Ius vetus → *Corpus iuris civilis.*

Iustinus → Trogus.

J

Juvenal, Decimus Iunius Iuvenalis
um 60 n. Chr. Aquinum – um 130 n. Chr.

Der letzte Satiriker Roms ist zugleich auch der bitterste. Gingen seine Vorläufer mit lächelnder Ironie an ihr kritisches Werk, so geschah es bei ihm mit Abscheu und Heftigkeit, mit beißendem Sarkasmus und mit dem Pathos erregter Entrüstung. Freilich: Friedrich Nietzsche nannte das Rom Juvenals »diese Giftkröte mit den Augen der Venus« (*Menschliches, Allzumenschliches* 2,224). Die Verbitterung, aus der heraus Juvenal über die Zeit der Despotie Kaiser Domitians spricht, läßt ihn die zum Glücklicheren gewendete Gegenwart vergessen und die Düsternisse früherer Dezennien heraufbeschwören; sie läßt ihn auch reden über Roms Ruin, schweigen dagegen über die eigene Person. Da auch sonst sichere Informationen fehlen, ist uns sein Leben kaum deutlich. Er scheint als Deklamator tätig gewesen zu sein, wie →Martial ihn denn auch *facundus*, »beredt«, nennt (7,91); möglicherweise hat er eine Zeit der Verbannung (vielleicht in Ägypten) erleiden müssen aufgrund einiger Spottverse gegen einen Günstling des Kaisers.

Die zwischen 100 und 128 in Abständen veröffentlichten 5 Bücher der 16 Satiren (16 ist fragmentarisch) umfassen etwa 4000 Hexameter. Die erste Satire bezeichnet mit drastischer Deutlichkeit Juvenals Blickpunkt: Wer sich in Rom umschaut, »den bringt Entrüstung zum Dichten« (80), »denn fürwahr ist's schwer, da keine Satire zu schreiben« (30). Auch wenn sich die Zeiten zum Besseren wenden, das traumatische Erlebnis der Despotie Domitians wirkt – wie bei →Tacitus – noch lange nach, und das Lasterleben der pervertierten Gesellschaft im Herzen des Imperiums bietet immer neuen Stoff: »Möchte man nicht auf offener Straße sein dickstes Notizbuch füllen?« (63 f.). Solcher Blick ins Leben gibt den Satiren Juvenals ihr Salz: Ihre konzis kondensierten Karikaturen und Kleinszenen sind von einprägsamer Prägnanz; die dichterische Diktion weiß dem Hexameter in Klangfarbe und Wortwahl Wirkungen abzugewinnen, die Juvenal zu einem oft zitierten Autor machen. Darunter ist so bekanntes Gut wie *Panem et circenses*, »Brot und Spiele« (10,87) und *mens sana in corpore sano*, »gesunder Geist in gesundem Körper« (10,356).

Juvenals Attacken gelten dem Hof (4) und dem Adel (8), dem Militär (16) und der Intelligenz (7), den Homosexuellen (2 und 9), aber auch den Frauen (6) und allgemein den Gefahren der Großstadt (3). Dem Abgrund der Gegenwart hielt Juvenal den Spiegel altrömischer Werte entgegen; nicht der urbane →Horaz, sondern der aggressive →Lucilius war sein Muster.

Juvenal wurde zunächst in seiner Zeit und danach weniger beachtet; er fand jedoch gegen Ende des 4. Jh.s neues Interesse, sein Werk wurde ediert und kommentiert. →Ammianus (28,4,14) nennt ihn als einen der beiden einzigen, die überhaupt noch gelesen werden. Im Mittelalter brachte ihm seine rigoristische ethische Haltung die Ehrenstellung eines Schulautors ein, zahlreiche Manuskripte und Kommentare entstanden. Von der Romantik abgelehnt, ist er heute wieder als Kronzeuge für das gesellschaftliche Leben seiner Zeit und als sprachmächtiger Dichter neu anerkannt.

A U. Knoche, München 1950. – W. V. Clausen, Oxford 1959, [2]1966. – L. Friedländer, Leipzig 1895 (mit Komm.). – Ü U. Knoche, München 1951. – L G. A. Highet, Juvenal the Satirist, Oxford 1954. – J. Adamietz, Untersuchungen zu Juvenal, Wiesbaden 1972.

K

Kallimachos

vor 300 – nach 245 v. Chr.

Der Name des Kallimachos aus Kyrene steht nicht nur für ein bedeutendes literarisches Werk, sondern auch für ein folgenreiches poetologisches Programm. Der junge Mann begann seine Karriere in Eleusis, einer Vorstadt von Alexandria, als Schullehrer. Als er etwa um 280 den ersten Hymnos (auf Zeus) verfaßte, war der Schritt noch nicht erfolgt, der bald darauf die weiteren mehr als 30 Jahre seines Lebens beeinflussen und bestimmen sollte: Er kam mit dem Hof in Berührung, wurde Mitglied eines kleinen hochgebildeten Kreises und Mitarbeiter an der berühmten Bibliothek in Alexandria. In ihr entstand sein Lebenswerk, das über 800 Bücher umfaßt haben soll.

Wenn auch nur durch Titel bekannt, zeigen sich die Prosaschriften als Ergebnisse eines enormen Fleißes beim Sammeln und Sichten der Dinge, denen das Interesse des Kallimachos galt. In ihm tritt uns der erste Buchgelehrte entgegen. Nicht eigentlich Forschung war sein Anliegen, dafür Ordnung, Systematisierung, Katalogisierung. 120 Bücher allein umfaßten seine *Pinakes*, die »Tafeln« oder »Kataloge der wichtigsten Wissenschaftler aller Disziplinen und ihrer Werke«, ein im großen systematisch gegliederter, im einzelnen dann alphabetisch angeordneter Katalog des Buchbestandes der Bibliothek mit biographischen Angaben über die Verfasser. Auch die Theaterurkunden der Aufführungen zu Athen hat Kallimachos vorgelegt, er hat die Werke → Demokrits behandelt und insbesondere allerlei Informationen gesammelt und zusammengestellt, etwa Namen von Inseln, Städten, Flüssen samt den Umbenennungen, Vogel- und

Fischnamen, wie sie bei den verschiedenen Stämmen der Griechen variieren, sowie Kuriositäten aus dem geographischen Raum.

Aus dieser Tätigkeit fließt manches auch in seine Dichtung ein. Mit ihm beginnt die Tradition des *poeta doctus*, des »gelehrten Dichters«, der sein Publikum unterhält durch Anspielungen auf entlegenes Bildungsgut, beispielsweise durch den Gebrauch wenig bekannter Kultnamen für einen Gott, durch kaum vertraute Sagenversionen und unübliche Mythendetails. Gerade für außergewöhnliche Kulte hat Kallimachos ein besonderes Interesse. Sein Dichtungsprinzip ist die Reihung, nicht das Konstrukt. Der zum Programm erhobenen »Feile«, der langen, sorgfältigen Ausarbeitung des dichterischen Produkts, entspricht die Ablehnung des großen umfänglichen Gedichts, das als schlammiger Strom gesehen wird – ihm tritt die Vorliebe für die kleine ausziselierte Form entgegen. Das gern zitierte Schlagwort faßt diese Gedanken glänzend zusammen: *Mega biblion mega kakon.* – »Ein großes Buch – ein großes Übel!«

Das vorliegende Werk besteht aus zwei Teilen: Der eine umfaßt 6 *Götterhymnen* und ist in der üblichen Überlieferungsform als Abschrift auf uns gekommen. Der andere beruht auf zahlreichen Papyrusfunden, die im Laufe unseres Jahrhunderts ans Tageslicht gelangten und Reste von 13 *Jamben* brachten, z. T. in der Tradition des → Hipponax, sowie 4 *Mele*, »Lieder« stark lyrischer Färbung, schließlich ein Kurzepos – es mag 1000 Verse umfaßt haben – namens *Hekale* und zwei Siegeslieder in Distichen. (Beim Distichon oder Doppelvers besteht eine Strophe aus zwei verschiedenen Versen, besonders häufig ist das Verspaar aus Hexameter und Pentameter.) Hinzu treten noch die *Aitia*, »Ursachen«, das Alterswerk des Kallimachos, in dem er mythologische Begründungen für vielerlei Phänomene folkloristischer, kultischer und künstlerischer Besonderheiten zusammenbringt und zugleich das Distichon in die Dichtung dieser Art einführt. Darüber hinaus haben Epigrammsammlungen (→*Anthologia Graeca* und andere Quellen) 63 dem Kallimachos zugeschriebene Epigramme erhalten, von denen die meisten als echt angesehen werden.

A R. PFEIFFER, 2 Bde., Oxford 1949, Neuausg. 1953. – **Ü** E. HOWALD / E. STAIGER, Die Dichtungen, Zürich 1955 (mit griech. Text). – **L** A. KÖRTE / P. HÄNDEL, Die Hellenistische Dichtung, Stuttgart 1960. – U. v. WILAMOWITZ-MOELLENDORFF, Hellenistische Dichtung in der Zeit des Kallimachos, 2 Bde., Berlin 1924. – F. ZUCKER, Der Hellenismus in der deutschen Forschung, Wiesbaden 1956. – E. HOWALD, Der Dichter Kallimachos von Kyrene, Erlenbach/Zürich 1943. – E. REITZENSTEIN, Zur Stiltheorie des Kallimachos, Leipzig/Berlin 1931, S. 23 ff. (Festschr. R. Reitzenstein). – M. PUELMA, Lucilius und Kallimachos, Frankfurt a. M. 1949. – B. SNELL, Die Entdeckung des Geistes, Hamburg [3]1955, S. 353 ff. – W. WIMMEL, Kallimachos in Rom, Wiesbaden 1960. – E. EICHGRÜN, Kallimachos und Apollonius Rhodius, Diss. Berlin 1961. – Kallimachos, hrsg. von A. D. SKIADES, Darmstadt 1975.

Kleanthes
331–251 v. Chr.

Der Schüler → Zenons des Jüngeren und dessen Nachfolger als Leiter der *Stoa* setzte seinem Leben durch Verweigerung der Nahrungsaufnahme selbst ein Ende. Er ist als Verfasser eines Zeus-Hymnos berühmt, in dem die alles durchdringende göttliche Allvernunft, ein Grundgedanke seiner Sekte, in hochpoetischen Tönen gefeiert wird (übers. von U. v. Wilamowitz-Moellendorff):

> Höchster allmächtiger Gott, den viele Namen benennen,
> Zeus, du Herr der Natur, der das All du nach dem Gesetz lenkst,
> sei mir gegrüßt! Dein Preis ziemt den sterblichen Menschen . . .
> Ja, nichts gibt es auf Erden, was deiner Gottheit entzogen,

nicht in dem Reiche des Äthers noch drunten in Fluten des Meeres.
Nur was Böses die Menschen vollbringen, das tut ihre Torheit.
Aber du weißt auch das Krumme zum Graden zu richten. Was häßlich,
schön wird's in deiner Hand, was feindlich, ergibt sich in Liebe;
Gutes und Böses, sie werden vereint zu einem Verbande;
eine Vernunft herrscht ewig, faßt alles harmonisch zusammen.
Ihr zu entweichen versuchen die Menschen, die Böses erwählten ...
Drum, du allgütiger Zeus, inmitten des dunklen Gewölkes
Herr des flammenden Blitzes, sei gnädig uns Menschenkindern!
Nimm auch das Dunkel der Torheit, o Vater, von unserer Seele!
Einsicht gib uns und rechtlichen Sinn, dein königlich Erbe!
Ehrst du uns so, dann können wir die Ehre dir geben,
stimmen das Loblied an, wie es ziemet sterblichen Menschen.
Denn kein höheres Amt ward Göttern und Menschen verliehen,
als das Gesetz zu preisen, das beide im Recht hat verbunden.

A H. v. Arnim, Stoicorum veterum fragmenta, Bd. 1, Stuttgart 1978, S. 103–139. – U. v. Wilamowitz-Moellendorff, Hellenistische Dichtung, Bd. 2, Berlin 1924, S. 257 ff. – A. C. Pearson, The Fragments of Zenon and Cleanthes, New York 1973. – **Ü** U. v. Wilamowitz-Moellendorff, Reden und Vorträge, Bd. 1, Berlin 1925, S. 325–327. – **L** M. Pohlenz, Kleine Schriften, Bd. 1, Hildesheim 1965, S. 87–93.

Kleobulus → Septem Sapientes.

Klosterregel → Benedikt.

Korinna
um 200 v. Chr. (?)

Obwohl sie von einigen Quellen dem 5. Jh. v. Chr. zugewiesen wird, sieht die moderne Forschung in der Lyrikerin aus Tanagra in Böotien meist eine Gestalt des Hellenismus, die vielleicht sogar erst ins 2. oder 1. Jh v. Chr. gehört. Sie behandelt im Dialekt ihrer Heimat Lokalsagen wie z. B. *Die Sieben gegen Theben* oder *Jolaos* oder *Boiotos*. Nur Fragmente sind erhalten; doch war ihr Nachruhm nicht gering: → Ovid z. B. benannte nach ihr die in seinen *Amores* besungene Geliebte Corinna.

A E. Diehl, Anthologia Lyrica Graeca, Bd. 1,4, Leipzig [3]1954–64, S. 193–206. – D. L. Page, London 1953 (mit engl. Übers.). – **Ü** Siehe Page (engl. Übers.). – **L** U. von Wilamowitz-Moellendorff, in: Berliner Klassische Texte, Bd. 5,2, S. 19 ff. – D. L. Page, Corinna, London 1953. – E. Lobel, Corinna, in: Hermes 65, 1930, S. 356–365.

Kyklos → Homer.

L

Laktanz, Lucius Caelius Firminianus Lactantius
240 n. Chr. Nordafrika – 320 n. Chr. Trier (?)

Laktanz, ein Schüler des →Arnobius, wurde 303 von Diokletian nach Nikomedia in Bithynien berufen, um dort als Lehrer lateinischer Rhetorik zu wirken. Der zum Christentum Bekehrte mußte 303 seine Ämter niederlegen und begann, sich der Schriftstellerei zu widmen. 317 berief ihn Kaiser Konstantin als Prinzenerzieher nach Trier.

Viele Schriften des Laktanz (Briefsammlungen u. a.) sind verloren; erhalten hat sich sein Hauptwerk *Divinae Institutiones*, eine Einführung in den christlichen Glauben in 7 Büchern, aus den Jahren 304–311, von dem der Autor selbst einen Auszug, *Epitome*, verfertigte. Es will Philosophie und Religion verbinden und so das Christentum den Gebildeten vermitteln als eine *sapiens religio aut religiosa sapientia*, »eine religiöse Philosophie oder eine philosophische Religion« (*Epitome* 36,4). Wichtig ist ferner die Schrift *De opificio Dei* (*Das Werk Gottes*), in dem der menschliche Körper in seiner Zweckmäßigkeit, Schönheit und Geistigkeit als natürlicher Gottesbeweis betrachtet wird. *De ira Dei* (*Vom Zorne Gottes*) erweist gegen Stoiker und Epikureer die Gerechtigkeit der strafenden Rache Gottes. *De mortibus persecutorum* (*Von den Todesarten der Christenverfolger*) malt das Ende der betreffenden Kaiser grausig aus. Unter den Schriften von Laktanz findet sich auch ein Gedicht auf den Vogel Phönix, freilich von vielen Forschern als Fälschung verurteilt.

Die Reinheit seiner Diktion, die Glätte und der Glanz seines Stils haben Laktanz im Humanismus den Ehrennamen eines »christlichen Cicero« eingebracht, so daß in seiner Person der Zwiespalt, den noch → Hieronymus und → Augustinus auszutragen haben sollten, vorab eine Synthese gefunden zu haben schien. Doch ist der dogmatische christliche Gehalt seiner Werke gering, ihre Wirkung beruht vornehmlich auf der formvollendeten Präsentation philosophischer Theoreme zugunsten des Christentums.

A S. Brandt / G. Laubman, Wien 1890–97, Nachdr. 1965. – *Divinae Institutiones:* M. Perrin, in: Sources Chrétiennes 335, Paris 1987. – *De ira Dei:* H. Kraft / A. Wlosok, Darmstadt [4]1983 (lat./dt.). – Ü A. Hartl / A. Knappitsch, in: Bibliothek der Kirchenväter 36, Kempten [2]1919. – L A. Wlosok, Laktanz und die philosophische Gnosis, Heidelberg 1960.

Lampridius → *Historia Augusta.*

Leges duodecim tabularum, Zwölftafelgesetz
451–449 v. Chr.

Die erste römische Rechtskodifikation eröffnet würdig den Reigen juristischer Regelungen, die das Reich groß zu machen halfen, und zugleich auch die Folge von Denkmälern der römischen Literatur. Freilich liegt die Entstehung des frühesten lateinischen Gesamttextes, der *Leges* (oder *Lex duodecim tabularum*, des *Zwölftafelgesetzes*), im Licht der Legende: Auf langes Drängen der Volkstribunen hin sei eine Kommission bestellt worden, die sogar in Griechenland Informationen sammelte und 451 v. Chr. 10 Gesetzestafeln verlegte: 450 habe man noch 2 Ergänzungstafeln als Nachtrag erarbeitet und alsdann die 12 bronzenen oder hölzernen Tafeln auf dem Forum aufgestellt, so daß den Bürgern ihr Recht nun zugänglich war. 387 v. Chr. seien diese Tafeln jedoch im Galliersturm verlorengegangen. In der Tat kennen wir höchstens ein Drittel dieser Texte, und diese wiederum ausschließlich durch Zitate bei um vieles späteren Schriftstellern, so daß wir nie sicher sind, ob uns der authentische Wortlaut vorliegt oder eine mehr oder weniger weitgehende Abwandlung seitens anderer Autoren.

Immerhin hat man den Aufbau der *Zwölftafelgesetze* weitgehend rekonstruieren können. Tafel 1–3 regeln das Zivilprozeßrecht, 4–5 das Familien- und Erbrecht, 6–7 das Sachenrecht, 8–9 das Straf- und 10 das Sakralrecht; 11–12 schließlich fügen verschiedenartige einzelne Ergänzungen hinzu. Bedenkt man moderne Rechtsauffassungen, so erscheinen Bekräftigungen des Beklagtenschutzes, die freie Bestimmung bei Erben und Vormündern sowie andere, den Bürger begünstigende Vorschriften als für die damalige Zeit sehr bemerkenswert.

Von → Livius (3,34,6) wurde das *Zwölftafelgesetz* als *fons omnis publici privatique iuris* bezeichnet, als Quelle allen öffentlichen und privaten Rechts. Allerdings benötigte man im Voranschreiten der Zeit Erklärungen und Auslegungen; als erster dieser Kommentatoren gilt der Konsul des Jahres 198 v. Chr., Sextus Aelius Paetus Catus, dem viele weitere folgten, die teils rein rechtlich, teils auch philologisch die Formulierungen und ihr Verständnis verfeinerten. Als Beispiel für die hochaltertümliche Sprech- und Denkweise sei aus der 8. Tafel das 12. Fragment zitiert:

SI NOX FURTUM FAXSIT
SI IM OCCISIT
IURE CAESUS ESTO

wenn er nachts einen Diebstahl macht
wenn er ihn totschlägt
soll er rechtens totgeschlagen sein

Sprachlich beachtenswert ist die Bildung der Vergangenheit von *facere*, »machen« (*faxsi* statt *feci*) und des Pronomens (*im* statt *eum*) sowie der Zeitbestimmung (*nox* statt *noctu*); gedanklich hervorhebenswert ist der archaische Wechsel der in Rede stehenden Person: im ersten Drittel ist ›er‹ der Dieb, im zweiten der Bestohlene, im dritten wieder der Dieb.

Als Ganzes wurde das *Zwölftafelgesetz* ein Jahrtausend lang beibehalten und formal erst durch das → *Corpus iuris civilis* ersetzt; nur Einzelgesetze wurden gelegentlich offiziell aufgehoben, so 445 v. Chr. das Eheverbot zwischen Patriziern und Plebejern. Zu → Ciceros Zeiten lernte man es als nationalen Grundtext im Schulunterricht auswendig (*Gesetze* 2,59), so daß der Konsular es denn auch mehrfach zitiert hat. → Gaius schrieb im 2. Jh. n. Chr. einen 6 Bücher umfassenden Kommentar. Selbst in das *Corpus iuris civilis* sind diese und andere Kommentierungen in Teilen aufgenommen worden. Ein Jahrtausend hindurch hat so das Zwölftafelgesetz direkt, weiterhin noch indirekt in unvergleichlicher Weise zu wirken vermocht.

A C. G. Bruns, fontes iuris Romani antiqui, Tübingen [7]1909. – Ü R. Düll, München 6 [6]1989 (mit Text). – L M. Kaser, Römische Rechtsgeschichte, München 1950. – L. Wenger, Die Quellen des Römischen Rechts, München 1963. – F. Wieacker, Vom Römischen Recht, Stuttgart [2]1961. – H. Hausmaninger / W. Selb, Römisches Privatrecht, Wien [7]1994.

Livius, Titus Livius
59 v. Chr. Patavium/Padua – 17. n. Chr.

Obwohl Livius das – nach unserem Wissen – umfangreichste Gesamtwerk der ganzen antiken Literatur geschaffen hat, ist über sein Leben nur wenig bekannt. Er muß seine Tage teils zu Rom, teils in seiner Heimatstadt verbracht, Zugang zu Kaiser → Augustus besessen (4,20,7) und in der Hauptstadt neu fertiggestellte Teile seines Werkes öffentlich vorgelesen haben. Den späteren Kaiser Claudius ermunterte er bei dessen historischen Studien (Sueton, Claudius 41), seinem eigenen Sohn widmete er einen Brief über stilistische Fragen mit der Aufforderung zum Anschluß an das Vorbild → Cicero (Quintilian, *Institutio* 10,1,39). Auch philosophische Traktate, teils in Dialogform, soll er verfaßt haben (Seneca der Jüngere, *Briefe* 100,9).

Erhalten ist allein das Lebenswerk des Livius, seine Darstellung der römischen Geschichte *Ab Urbe Condita* (*Von der Gründung der Stadt an*). Sie umfaßte ursprünglich nicht weniger als 142 Bücher im Umfang von ungefähr 7000 modernen Druckseiten. Nur etwa ein Viertel ist erhalten, und zwar die Bücher 1–10 und 21–45 (ab 41 mit Lücken). Für die Kenntnis der fehlenden Teile sind wir auf die bereits bald nach seinem Tode bezeugten (Martial 14,190) Auszüge angewiesen; von diesen haben wir zu jedem einzelnen Buch die *Periochae* (Buch 136/137 fehlen), wohl aus dem 4. Jh. stammend, ferner geringe Reste auf Papyrus (zu 37–40, 48 bis 55, 87/88) oder als Palimpsest (aus Buch 91, Sertorius betreffend); bei → Seneca dem Älteren ist die Darstellung von Ciceros Tod aus Buch 120 zitiert (*Suasoriae* 6, 17 und 22).

Das Gesamtwerk war offenbar zunächst in Buchgruppen zu 10 oder 5 (bzw. 15) gegliedert: Nicht nur Buch 1, sondern auch Buch 6, 21, 31 weisen eigene Vorreden auf. Inhaltlich beziehen sich Buch 1–5 auf die Jahre 753–389, d. h. von der Gründung bis zum Galliersturm; 6–15 auf die Zeit bis zum 1. Punischen Krieg; 16–20 bis zum 2. Punischen Krieg; dieser wird 21–30 geschildert (berühmte Stellen sind das Charakterporträt des Hannibal und sein Alpenübergang in 21). Wie weit diese Gliederungsform fortgeführt wurde, ist nicht gewiß; Buch 108 beendet die Behandlung der Vergangenheit (Eroberung Galliens durch → Caesar), 109–116 beschreiben den Bürgerkrieg, 117–133 die weiteren Ereignisse bis 31 v. Chr., der Rest ist der Regierung des Augustus gewidmet.

Dieser soll im Scherz gesagt haben, Livius habe Roms Geschichte als ›Pompeianer‹ dargestellt (Tacitus, *Annales* 4,34), also als Anhänger der von Caesar und seinem Erben Augustus überwundenen Republik. In der Tat schildert Livius den Werdegang des Römerreiches als Resultat der republikanischen Tugenden seiner Bürger, rühmt ihre anfängliche Redlichkeit und Rechtlichkeit, ihre Einfachheit, Sparsamkeit und Strenge, stellt sich dagegen strikt gegen späteren Luxus und Sittenverfall. In diesem Engagement für die von ihm hochgehaltenen traditionellen Werte seines Volkes liegt der Hauptvorzug des Livius; seine historiographische Leistung als solche ist, obschon als Quelle für die moderne Forschung von größter Wichtigkeit, doch infolge seiner unkritischen Nutzung von Sekundärquellen (Annalisten, → Polybios) und seiner Vernachlässigung von Primärmaterial nur geringeren Wertes. So sind militärische und geographische Genauigkeit gar zu gering, Sozial- und Verfassungsgeschichte werden nur ungenügend berücksichtigt.

Um so höher steht das stilistische Können des Autors; der ruhig strömende Sprachfluß hat schon im Altertum uneingeschränkt Bewunderung gefunden (obschon gelegentlich Kritik an seiner *Patavinitas* laut wurde, dem Einfluß heimatlicher Diktion aus Patavium/Padua); bewundert wurde auch die grandiose Verlebendigung einer vielhundertjährigen nationalen Geschichte. Zur Charakterisierung von Situationen bzw. Personen sind zahlreiche – frei erfundene – Reden eingefügt; man hat errechnet, daß das Gesamtwerk rund 1650 aufzuweisen hatte. In der Glorifizierung der Anfänge Roms berührt sich die Darstellung des Livius mit der gleichzeitig entstehenden *Aeneis* → Vergils: Beide Werke haben den Boden für die Reorganisation des Römischen Reiches durch Augustus bereitet.

Der Ruhm des Livius war im Altertum unbestritten, Historiker wie auch Dichter (z. B. → Lukan, → Silius Italicus) orientierten sich an ihm. Am Ende des Mittelalters haben ihn Dante (»Livio che non erra« – »Livius der nie irrt«, Inferno 28,12), der römische Volksführer Cola di Rienzo, der Humanist und Dichter Petrarca gepriesen; später behandelte Machiavelli in seinen *Discorsi*, in denen er die republikanische Staatsverfassung analysierte, die 1. Dekade aus dem Werk des Livius. Während die Bewunderung für den Stilisten ungeschmälert blieb, hat die kritische Analyse des 19. Jh. die Einschätzung des Historikers Livius zurücktreten lassen.

A W. Weissenborn / M. Müller / O. Rossbach, 10 Bde., Berlin 1880 ff., Nachdr. 1962 (mit Komm.). – R. S. Conway u. a., 5 Bde., Oxford 1914–65. (Buch 1–35). – J. Bayet u. a., 34 Bde. (bisher ersch. 20), Paris 1947–91 (mit frz. Übers.). – **Ü** J. Feix / J. Hillen, München 1973 ff. – **L** E. Burck, Die Erzählungskunst des T. Livius, Berlin ²1964. – Wege zu Livius, hrsg. von E. Burck, Darmstadt 1967. – G. Wille, Der Aufbau des Livianischen Geschichtswerks, Amsterdam 1970. – Livius. Werk und Rezeption, hrsg. von E. Lefèvre und E. Olshausen, München 1983 (Festschr. E. Burck).

Livius Andronicus, Lucius Livius Andronicus
um 285 v. Chr. – vor 200 v. Chr.

Obgleich heute im allgemeinen gänzlich unbekannt, für die Fachwelt nur in wenigen Fragmenten faßbar und aus widersprüchlichen Zeugnissen zu erschließen, ist doch die Figur des Livius Andronicus von epochaler Größe. Der gebürtige Grieche, wohl aus Tarent stammend, kam als kriegsgefangener Sklave vermutlich 272 v. Chr. nach Rom, wo er nach seiner Freilassung den Namen seines vormaligen Herren, Livius, der Sitte gemäß seinem eigenen voranstellte. Er erteilte griechischen und lateinischen Unterricht. Da es für letzteren kein Schulbuch gab, schuf er selbst eines: die *Odusia*, eine lateinische Nachdichtung von Homers *Odyssee*, die noch dem →Horaz im Unterricht eingetrichtert wurde (*Briefe* 2,1,70). Nichts Geringeres als die literarische Übersetzertätigkeit Europas nimmt damit bei Livius Andronicus ihren Anfang.

Seine Umsetzung der homerischen Dichtung begründete zugleich die Gattung des Epos in Rom und darüber hinaus auch die lateinische Dichtersprache, die fortan das Medium sein sollte für die Poesie so vieler Folgegenerationen. Diese Neuerung beinhaltete auch die Ersetzung griechischer Götternamen durch italische: Statt der Muse wird Camena angerufen, für Kronos wird nun Saturn gesagt und für Poseidon Neptunus. Im Metrum romanisierte Livius Andronicus gleichfalls: Er benutzte statt Homers Hexametern den heimischen Saturnier, ein urtümliches Versmaß, das schon aus sakralen Formeln bekannt war und erst bei → Ennius wieder dem Hexameter weichen mußte.

Noch auf zwei anderen Gebieten hat Livius Andronicus eine Pionierrolle gespielt. Als aus Anlaß der Siege im 1. Punischen Krieg die Ludi Romani aufwendiger als sonst gefeiert wurden, ergriff er die Gelegenheit und das offizielle Angebot der Ädilen: Vom 15. bis 18. September 240 v. Chr. fanden die Spiele statt, in deren Verlauf Livius Andronicus eine griechische Tragödie und eine Komödie in lateinischer Fassung zur Aufführung brachte, wobei er auch selbst als Schauspieler auftrat. Damit setzte er den Anfang für die Theatertradition Roms, die er auch selbst weiter pflegte: Fast 50 Fragmente liegen vor, die Titel von neun Tragödien und zwei Komödien sind bekannt, während 46 Fragmente von der *Odusia* zeugen.

Als dritter Bereich ist die Chorlyrik zu nennen: 207 v. Chr. geboten die *Sibyllinischen Bücher* im 2. Punischen Krieg zur Abwendung von Gefahren ein Sühnelied. Livius Andronicus wurde beauftragt, es für einen Chor von dreimal drei Jungfrauen für die Prozession zu komponieren – fast 200 Jahre später wird Horaz mit seinem *Carmen Saeculare* eine ähnliche Aufgabe erfüllen. Für Livius Andronicus brachte sie eine besondere Anerkennung: die Zuweisung des Tempels der Minerva auf dem Aventin als Versammlungszentrum für die Zunft der Autoren und Schauspieler. Da 200 v. Chr. ein anderer Verfasser ein neues Sühnelied schuf, muß man annehmen, daß Livius Andronicus zwischen 207 und 200 verstorben ist.

Der griechische Gründer dreier römischer Gattungen galt den großen Klassikern als rauh und veraltet, nur die Archaisten fanden ihn anziehend. Durch vollkommenere Werke verdrängt, gingen seine Texte verloren. Aber die Anstöße, die er gegeben hatte, wirkten weiter: Die lateinische Poesie hatte er sprechen gelehrt, eine Prägung, die sich nie ganz verlor. Mit Livius Andronicus wurde auch zum ersten Mal griechisches Kulturgut in eine andere Zivilisation integriert – die Römer begannen sich durch ihn als die ersten Erben Griechenlands zu zeigen.

Statt des →Hieronymus sollte Livius Andronicus der Schutzpatron der Übersetzer sein – ihr Ahnherr ist er unbestreitbar, auch wenn wenige es wissen.

A M. Lenchantin de Gubernatis, Turin 1937. – U. Caratello, Rom 1979. – Ü E. H. Warmington, Remains of Old Latin, Bd. 2, London 1936 (lat./engl.). – *Odusia*, in: S. Mariotti, Livio Andronico, Urbino ^{2}1986.

Longinos
1. Jh. n. Chr. (?)

Eine unvollständig überlieferte Schrift *peri hypsus* stellt die Philologie vor eine Reihe von Problemen. Zunächst der Titel selbst: Er bedeutet wörtlich »Über die Höhe« und meint die hohe Art zu reden, den hohen Stil (im Gegensatz zum mittleren und zum einfachen oder niederen). Traditionellerweise wird er im Deutschen als *Über das Erhabene* wiedergegeben, während im Romanischen die lateinische Form *de sublimitate* weiterwirkt (frz. *sublime*).

Dann der Autor: Der Codex Parisinus 2036 benennt Dionysios Longinos. Zunächst wurde das Werk, ungeachtet des Unterschieds der Vornamen, dem Kassios Longinos zugeschrieben, einem Rhetor aus dem 3. Jh. n. Chr. Später erst bemerkte man zwischen den Namen D. und L. ein »oder«, d. h. ein Auswahlangebot zwischen →Dionysios und Longinos, das ein offenbar selbst im Zweifel befindlicher Schreiber gemacht hatte. Weitere Untersuchungen ergaben aber, daß beide genannten Autoren nicht in Betracht kommen können. So spricht man heute, falls man die Schrift nicht unter ihrem Titel zitiert oder einem Anonymus zuschreibt, lieber von Pseudo-Longinos.

Damit ist die dritte Frage gegeben: die Datierung. Da konkrete Anhaltspunkte fehlen, ist man auf allgemeine Anhaltspunkte angewiesen und wird von diesen – freilich ohne wirkliche Sicherheit – auf die erste Hälfte des ersten nachchristlichen Jahrhunderts verwiesen.

Schließlich die Schrift selbst: Sie umfaßt (mit gelegentlichen Lücken) etwa 40 Druckseiten und bricht am Beginn eines Abschnitts ab, der den Affekten gewidmet sein sollte. Sie will zeigen, »auf welche Weise man seine natürlichen Anlagen entwickeln und in ihrer Größe steigern könne« (1,1), möchte zugleich »den in der Öffentlichkeit wirkenden Männern« (1,2) Nutzen bringen, d. h. den Politikern für ihre Reden praktische Hinweise an die Hand geben. Weiter werden die Gefahren aufgezeigt, die es zu vermeiden gilt (3–5), Schwulst, kindischer, affektierter Enthusiasmus, frostiger Ausdruck. Die Merkmale der wahren Größe werden aufgezeigt (6–7), dann die fünf Quellen (8): natürliche Anlage und Pathos (9–16), sinnvolle Anwendung der rechten Stilmittel (16–29) sowie die speziell dem erhabenen Stil zugeordneten Redefiguren (30–38), schließlich der angemessene Satzbau (39–42). Der Rest (bis 44) behandelt die Gründe für den Niedergang der Beredsamkeit, ein Thema, das auch in der lateinischen Literatur, bei →Petron, →Quintilian, →Seneca dem Älteren und →Tacitus intensiv diskutiert wurde.

Das Werk ist, dem Gegenstand entsprechend, keine trokkene Systematik oder rigide Definitionsliste; es besticht durch sein energisches Engagement. Wertvoll sind auch die zahlreichen Zitate: So wird Sapphos Lied der Leidenschaft, das später →Catull zu lateinischer Nachdichtung anregte, zusammenhängend nur hier überliefert (10). Auch aus der Genesis wird zitiert (9,9; übers. v. E. Norden):

»In diesem Sinne spricht auch der Gesetzgeber der Juden, kein gewöhnlicher Mann, ein erhabenes Wort. Er hatte die Kraft des Göttlichen in würdiger Weise gefaßt und

zum Ausdruck gebracht, indem er gleich im Eingang seines Gesetzbuches schrieb: ›Und Gott sprach.‹ Und was sprach er?
›Es werde Licht, und es ward.
Es werde Erde, und sie ward.‹«

Wie die Schrift analysiert und charakterisiert, wird auch an anderer Stelle vorgeführt (→ Hypereides). Sie ist ein Sonderfall in der antiken Literaturkritik, der nichts Vergleichbares neben sich hat. Ihre Nachwirkung war im 17. und 18. Jh. in ganz Europa zu verzeichnen; der Klassizist, der hier sprach, traf in jenen Jahrhunderten auf ein verwandtes Antikenverständnis. Dryden, Swift und Pope, Boileau, Kant und Schiller beziehen sich auf sie. Erst im Laufe des 19. Jh. geht diese breite Bezugnahme – wie der Klassizismus selbst – zu Ende.

A O. Jahn / J. Vahlen, [4]1910, reprogr. Nachdr. Stuttgart 1967 (mit Index). – D. A. Russell, Oxford 1968 (mit Komm.). – Ü R. Brandt, Darmstadt 1966 (mit griech. Text). – L H.-D. Blume, Untersuchungen zu Sprache und Stil der Schrift περὶ ὕψους, Diss. Göttingen 1963. – W. Bühler, Beiträge zur Erklärung der Schrift vom Erhabenen, Göttingen 1964.

Longos
um 200 n. Chr.

Über den Verfasser von *Daphnis und Chloe*, dem heute wohl beliebtesten antiken Roman, ist nichts weiter bekannt. Vielleicht stammt er aus Lesbos, wo seine Erzählung angesiedelt ist. Auch zeitlich wurde *Daphnis und Chloe* im Laufe der Forschungsgeschichte sehr unterschiedlich eingeordnet: gegenwärtig wird meist die Zeit um oder kurz vor 200 n. Chr. angenommen.

Die in 4 Bücher gegliederte, nach dem Ablauf der Jahreszeiten strukturierte Erzählung spielt auf dem Lande; diese Umgebung steht zugleich symbolisch für ein reines, unverdorbenes und ausgeglichenes Dasein in der schützenden Natur. Entgegengesetzt ist die entfernte Stadt gezeichnet, aus der mehrfach Störungen und Gefährdungen (Entführung) in das pastorale Idyll hereinbrechen. Kern der Erzählung ist das Erwachen der Liebe zwischen jungen Hirtenkindern, die im Laufe der Jahreszeiten einander immer näherkommen, die winterliche Trennung schwer ertragen und endlich im folgenden Herbst den Ehebund schließen können. Zuvor hat Philetas, ein freundlicher alter Hirte, ihnen ihre Empfindungen als Wirkung des Eros, der ältesten Urmacht der Welt, gedeutet; zuvor hat auch eine kokette Nachbarin, als die beiden Kinder nicht von selbst den Weg zur vollen Erfüllung ihrer Liebe zu finden wußten, dem jungen Mann praktische Unterweisung erteilt. Der nun Wissende hält sich jedoch aus Liebe zu seiner Braut bis zur Hochzeit zurück.

Stilistisch kontrastiert der einfache Erzählton, in dem die Handlung vorangeführt wird, mit Beschreibungen und anderen Einlagen, in denen ein höherer Ton vorherrscht. Dieser einzige Schäferroman der Antike darf – neben → Platons *Gastmahl* – als das poetischste Prosastück der klassischen griechischen Literatur gelten. Es hat seit der Renaissance in Bildern, Balletten, Bühnenstücken, Musikwerken und Erzählungen vielerlei Nachgestaltungen erfahren. Der über achtzigjährige Goethe äußerte gegenüber Eckermann (20. März 1831):

> Keine Spur von trüben Tagen, von Nebel, Wolken und Feuchtigkeit, sondern immer der klarste, reinste Himmel, die anmuthigste Luft und ein beständig trockener Boden, sodaß man sich überall nackend hinlegen möchte . . . Man müßte ein ganzes Buch schreiben, um alle großen Verdienste dieses Gedichts nach Würden zu schätzen. Man thut wohl, es alle Jahre einmal zu lesen, um immer wieder davon zu lernen und den Eindruck seiner großen Schönheit aufs neue zu empfinden.

A G. DALMEYDA, Paris [2]1960 (mit frz. Übers.). – J. M. EDMONDS, London/Cambridge 1955 (mit engl. Übers.). – O. SCHÖNBERGER, Berlin [4]1989 (mit dt. Übers.). – M. D. REEVE, Leipzig [2]1986. – Ü F. JACOBS, in: Im Reiche des Eros, hrsg. von B. KYTZLER, München 1983, Bd. 1, S. 21–99. – L R. MERKELBACH, Roman und Mysterium in der Antike, München/Berlin 1962, S. 192 ff. – G. VALLEY, Über den Sprachgebrauch des Longos, Uppsala 1926. – R. HUNTER, in: The Novel in the Ancient World, hrsg. von G. SCHMELING, Leiden 1996, S. 361–386.

Lucan → Lukan.

Lucilius, Gaius Lucilius
168 (?) v. Chr. Suessa Aurunca, Kampanien – 102 v. Chr.

Es mag wohl mehr als nur ein Spiel des Zufalls sein, daß im selben Jahr, 133 v. Chr., im politischen Leben Roms durch den Mord an dem Tribunen Tiberius Gracchus das »Jahrhundert der Revolution« begann, das zum Untergang der Republik führen sollte, und daß gleichzeitig im literarischen Leben Roms die einzige Gattung entstand, die ohne griechisches Modell rein römischen Wesens war und gerade jenem Untergang der Republik durch genau gezielte Geißelung gesellschaftlicher Mißstände wehren wollte: die Satire.

Der Name *satura* war schon zuvor von → Ennius gebraucht worden; doch erst der reiche römische Ritter Lucilius gab ihr jene Form, in der sie später von → Horaz, → Juvenal, → Persius weitergeführt wurde und die → Quintilian (*Institutio* 10,1,93) das stolze Urteil ermöglichte: *Satura quidem tota nostra est* – »Die Satire wenigstens ist ganz und gar geistiges Eigentum der Römer«.

Die Formung durch Lucilius bezog sich äußerlich auf das Versmaß: Fanden sich bei Ennius und in den frühen Büchern des Lucilius gemischte Maße, so konzentrierte er sich später allein auf den Hexameter, der für die Gattung bestimmend bleiben sollte. Als innere Form verlieh Lucilius der Gattung jenen aggressiven Akzent, der ebenfalls ihr wesentliches Charakteristikum blieb, ja in dem die Späteren seinen Spuren in Spannweite und Spontaneität nicht voll zu folgen vermochten. Als römischer Bürger von Rang erlaubte sich Lucilius die Freiheit des namentlichen Angriffs auf lebende Zeitgenossen. In seiner Person haben wir wohl auch den ersten frei geborenen römischen Bürger zu sehen, der sich der Poesie – statt der Prosa – zuwandte, bezeichnenderweise aber einer Gattung der Poesie, die der Prosa überaus nahe steht.

So bedeutend das poetische Profil des Lucilius war, so nachhaltig sich sein Einfluß auf die folgenden Vertreter der von ihm geprägten Form auswirkte, so desolat ist die Überlieferung seiner 30 Satirenbücher. Nicht ein einziges Stück, geschweige denn Buch, ist vollständig erhalten. Zwar besitzen wir nahezu 1400 Fragmente, doch handelt es sich zumeist um einzelne Wendungen und Verssplitter, nur selten um ganze Verse oder gar um Partien von einigen Zeilen Länge. Dennoch sind mehr oder weniger deutliche, mehr oder weniger sichere Rekonstruktionen unternommen worden. Als Grundzüge ergeben sich Kritik am hohlen Überschwang epischer und tragischer Dichterkollegen, Angriffe gegen Korruption (Persius 1,114: »Er peitschte die Stadt«), auch persönliche, namentlich geführte Attacken. Als Publikum wünschte sich Lucilius weder den Ungebildeten noch den Übergebildeten (591 f.). Er behandelte auch Themen wie Reisebilder (Buch 3, *Iter Siculum, »Reise nach Sizilien«*, von Horaz mit dem *Iter Brundisinum, »Reise nach Brindisi«, Sermones* 1,5 beantwortet), Gladiatorenkämpfe (Buch 4), ein Gastmahl (Buch 5). Am bekanntesten sind die 13 Verse über die *Virtus*, die rechte römische männliche Haltung (1342–54), das längste erhaltene Fragment, das von → Laktanz (6,5,2) angeführt wird, weil es, wie er meint, den Begriff bestens bestimmt; man wird es heute trotz aller Sprachkunst und Rhetorik auch als Bestätigung der Kritik des Horaz ansehen, Lucilius habe unausgefeilte und etwas weitschweifige Dichtungen geschaffen. Doch hat das breite

Spektrum seines Sprechstils, vom hohen Pathos über die gebildete Konversation und das Alltagsgespräch bis hinab zur Gosse reichend, wie auch die vielleicht nicht graziöse, aber elementare Kraft seiner Poesie ihm Bewunderer und Anhänger gewonnen, wie Quintilian (*Institutio* 10,1,93) dann auch bezeugt hat.

A *Saturae*, Fragmenta: F. Marx, Leipzig 1904–05, Nachdr. 1963. – F. Charpin, 3 Bde., Paris 1978–91 (mit frz. Übers.). – Ü *Satiren*: W. Krenkel, Berlin 1970.

Lucretius → Lukrez.

Lucrez → Lukrez.

Lukan, Marcus Annaeus Lucanus
3. Januar 39 n. Chr. Cordoba, Spanien – 30. April 65 n. Chr.

Der Enkel → Senecas des Älteren und Neffe → Senecas des Jüngeren kam schon als Kind nach Rom, gewann nach einer Studienreise nach Athen 59 Neros Gunst und konnte schon 60 seine erste öffentliche Dichterlesung veranstalten. Er war als Poet von unglaublicher Produktivität: Ein Gedenkgedicht des → Statius (*Silvae* 2,7) zum Geburtstag des Verstorbenen nennt eine lange Reihe inzwischen verlorener Werke. Aus diesem umfänglichen Katalog hat sich nur Lukans Hauptwerk erhalten, das auch als *Pharsalia* (*Der Kampf von Pharsalos*) bezeichnete *Bellum civile* (*Der Bürgerkrieg*), ein unvollendetes Epos in 10 Büchern. Daß es nicht abgeschlossen wurde, hatte politische Ursachen: Die Gunst Neros hielt nicht an – vielleicht, daß der selbst dichterisch dilettierende Kaiser Lukans Erfolge mit Neid sah, vielleicht daß andere Gründe mitwirkten. Der Dichter, in die mißglückte Pisonische Verschwörung verwickelt, mußte wie Seneca der Jüngere und → Petron seinem Leben ein

Ende setzen. → Tacitus (*Annalen* 15,70) hat die Szene vom Tod des Sechsundzwanzigjährigen gezeichnet.

Lukans Epos setzt ein mit dem Beginn des Bürgerkrieges 49 v. Chr. und bricht bei der Belagerung → Caesars durch die Ägypter in Alexandrien ab. Es hat in der Geschichte der antiken Epik einen einzigartigen Platz inne. Die beiden gegensätzlichen Themen der Gattung, Geschichte und Mythologie, hatte → Vergil in seiner *Aeneis* auf unwiederholbare Weise miteinander verschmolzen. Unter dem politischen Druck der Kaiser wählten die Epiker des 1. Jh. n. Chr. entweder einen mythologischen Stoff wie Statius und → Valerius Flaccus, oder sie behandelten, wie → Silius Italicus, einen drei Saecula zurückliegenden historischen Stoff auf traditionelle Weise. Anders Lukan: Er griff im *Bürgerkrieg* ein Thema auf, das zwar auch drei Generationen weit zurücklag, doch im Denken der Aristokratie lebendig geblieben war und in seinen Auswirkungen auch die Gegenwart bestimmte. Lukan hat das auf die Formel *libertas aut Caesar*, »Freiheit oder Caesar« gebracht (7,696), im Kontext bezogen auf Gaius Iulius Caesar 48 v. Chr., in den Konnotationen unmißverständlich als Anklage auf die Herrschaft des jeweiligen »Caesar« zielend. Lukan hat diese Protesthaltung nicht nur in der Literatur, sondern auch im Leben gezeigt – er hat mit dem Leben dafür bezahlen müssen.

Das Äußere der *Pharsalia* mag zunächst als die traditionelle Form des Epos erscheinen: Bucheinteilung nach dem üblichen Umfang, Gebrauch des Hexameters, Einfügung von – fast 100 – Reden, Verwendung von Vorzeichen und Träumen, Illustration durch Gleichnisse, Effekte durch Totenbefragung – alles die üblicherweise genutzten Mittel. Dennoch sind Differenz und Distanzierung überdeutlich: Der herkömmliche Götterapparat, der meist die Menschen mahnt und motiviert, fehlt völlig. Fatum und Fortuna sind die Mächte, die ihr ungerechtes, grausames Spiel treiben. Die Götter bleiben im Hintergrund, sie werden gelegentlich als abwesende Autoritäten angeklagt, die dem Erfolg, nicht der Gerechtigkeit zuneigen. Berühmt ist Lukans provokative Sentenz (1,128):

> *victrix causa deis placuit, sed victa Catoni*
>
> »Der Sache des Siegers stimmten die Götter bei, dem Geschlagenen Cato.«

Hier ist der Freiheitsheld moralisch größer gezeichnet als die Götterwelt. Er ist der heimliche Held des Epos, nach Pompeius, der mit seinem Beinamen *Magnus* (»der Große«) genannt wird, während Caesar, der Sieger, als eine eher unheimliche, finstere Figur erscheint, durch den in Lukans Sicht dazumal Unfriede und später dann Unfreiheit in die Welt gekommen sind. Solche Perspektive, die die Götter insgesamt ausschließt, ja sie aburteilt, die gegen den Gang der Geschichte pathetisch protestiert, ist so ›modern‹ wie keine andere antike Epik.

In Parenthese sei klargestellt, daß die Freiheit, die Lukan sucht und besingt, nicht die der Sklaven von ihren Fesseln oder die der Armen von ihrer Not ist; es ist die Freiheit der führenden Schicht, die sich seit Generationen der Macht eines Monarchen unterordnen muß, seit Jahrzehnten immer skurrileren, grausameren, wahnwitzigeren Cäsaren. Doch ist nicht jede Freiheit, die erstrebt, besungen, die mit dem Leben bezahlt wird, aller Hochachtung wert?

Auch stilistisch folgt Lukan Methoden und Prinzipien abseits aller anderen Ausrichtungen. Man hat ihn früher gern mit dem Rubrum des rhetorischen Dichters versehen; auch →Quintilian (*Institutio* 10,1,90) tut das. In der Tat hat Lukan technisch viel aus diesem Bereich in sein Werk integriert. Aber es fehlte auch nicht an Gegenstimmen, die in ihm, wie u. a. →Petron (118,6), mehr einen Historiker als einen Poeten sahen. Doch führen beide Bewertungen einseitig ins Unwesentliche. Genauer greift die Charakterisierung von Lukan als dem »Mittler des antiken Pathos« (E. Fraenkel). Sie weist auf zwei wesentliche Elemente hin:

die Werkintention und die Wirkungsweise bei der Nachwelt.

Der erste Vers schon kündigt als Thema *bella plus quam civilia*, »Bürgerkrieg und mehr als Bürgerkrieg« an. Dieses »mehr als« ist typischer Gestus Lukans: Seine Dichtung sucht alle vergleichbaren Passagen aus anderen Epen zu überbieten, an Intensität, an Dramatik, auch an Gräßlichkeit; sie gipfelt in Paradoxien, steigert sich zu spitzen Sentenzen. Lukan attackiert den Hörer, den Leser mit immer wiederkehrenden Anreden an die agierenden Personen, er bezieht ihn durch solche Apostrophierungen mit ein in den Dialog zwischen dem Dichter und der Welt von damals. Wer sich von Lukan führen läßt, nimmt mit teil an den Erschütterungen und den Entscheidungen des Bürgerkriegs wie ein gegenwärtiger Zeuge, mehr noch: wie ein Beteiligter. Solcher Nähe ist ein objektiv referierender Stil nicht konform: Drängendes Pathos, sich übersteigernde Intensität verbinden den schicksalsschweren Stoff mit der ihm adäquaten Darstellung. Man wird das hohes, nicht hohles Pathos nennen müssen.

Wenn von Lukan als dem Mittler dieses antiken Pathos die Rede war, so weist das auf die immense Einwirkung hin, die sein Werk ausgeübt hat. Zwar haben die ihm folgenden Epiker, wie schon bemerkt, andere Wege beschritten. Doch sein Erfolg beim Publikum ist durch → Martial (14,194) belegt. Tacitus nennt ihn zusammen mit → Horaz und → Vergil als eines seiner drei großen Vorbilder (*Dialogus* 20,5). Dante versetzt ihn unter die größten Dichter aller Zeiten (*Göttliche Komödie*, Inferno 4), hat auch aus den *Pharsalia* eine Reihe von Anregungen für seine große Dichtung gewonnen; dasselbe gilt für Petrarca, der im 44. und 102. Sonett, im Brief an Papst Benedict und an vielen weiteren Stellen lukanische Motive aufgenommen und neu gestaltet hat. In der Spätantike und im Mittelalter wurde Lukans Werk gelesen und kommentiert. Später haben Corneille, Shelley und andere sich von ihm inspirieren lassen. Hölderlin hat

600 Verse des Anfangs ins Deutsche übertragen. Goethe hat Anregungen für den Anfang der klassischen Walpurgisnacht im Faust »aus Lukan geschöpft«.

Während heute in der Schule und vom Lesepublikum Lukan weiterhin vernachlässigt wird, hat die Fachwelt, geistig aufgerüttelt durch die Erfahrungen des Zweiten Weltkriegs, begonnen, die Schreckensschilderungen der *Pharsalia* mit neuen Augen anzusehen und mit neuen Ansätzen zu analysieren.

Eines immerhin lebt aus Lukans Werk unter uns weiter: das auch bei → Claudian (26,292) belegte, aber von Lukan (1,255) geprägte Worte vom *furor teutonicus*, eine Formel, die Bismarck in seiner Reichstagsrede vom 10. März 1877 aktualisiert hat. Und auch das mittelalterliche Siegel der deutschen Kaiser schmückte ein Spruch aus Lukans Werk (2,655), die Formel *Roma caput mundi*, »Rom Haupt der Welt«. Das *Bellum civile* harrt noch einer kongenialen Verdeutschung.

A A. E. Housman, Oxford 1927, Nachdr. 1970. – J. D. Duff, London 1928, Nachdr. 1969 (mit engl. Übers.). – D. R. Shackleton Bailey, Stuttgart 1988. – A. Bourgery / M. Ponchant, Paris ^{4}1967. – Ü W. Ehlers, München ^{2}1978 (lat./dt.). – G. Luck, Berlin ^{2}1989 (lat./dt.). – L O. Schönberger, Untersuchungen zur Wiederholungstechnik Lukans, Heidelberg 1961. – Lucain, in: Entretiens sur l'antiquité classique, Fondation Hardt, Bd. 15, Vandœuvres/Genf 1968. – Lucan, hrsg. von W. Rutz, Darmstadt 1970. – C. Wanke, Seneca, Lucan, Corneille. Studien zum Manierismus der römischen Kaiserzeit und der französischen Klassik, Heidelberg 1964. – W. D. Lebek, Lucans *Pharsalia*, Göttingen 1976.

Lukian, Lukianos
um 120 – um 180 n. Chr.

Lukians Leben ist uns in seinen Hauptzügen bekannt. Er lebte etwa von 120 bis 180, war also Zeuge der Goldenen Zeit des Römischen Imperiums, das im 2. Jh. n. Chr. seine größte äußere Ausdehnung erreichte und seine beste innere Verfassung genoß. Lukian wurde als Kind armer Leute in Samosata am oberen Euphrat geboren, war also Syrer und sprach vermutlich Aramäisch. Er soll zunächst als Steinmetz begonnen, bereits nach einem Tag aber aufgrund einer Tracht Prügel für ein verpfuschtes Werkstück diesen Beruf aufgegeben haben und schon bald nach Absolvierung des üblichen Unterrichts als Redner in Prozessen aufgetreten sein. Er muß also bereits damals das Griechische genügend gemeistert haben, so daß er auch den nächsten Schritt wagen konnte: Er wurde Sophist, trat als Wanderredner in verschiedenen Städten quer durch die ganze Oikumene mit dem Vortrag eigener Werke auf (man hat diese Tätigkeit witzig als die eines Konzertredners bezeichnet) und wurde rasch wohlhabend. Um sein 40. Lebensjahr erfolgte die vorletzte Konversion dieses unruhigen Lebens: Wohl angeregt durch eine Unterredung mit dem Platoniker Nigrinus in Rom, wandte er sich von der Rhetorik ab und dem zu, was er als Philosophie bezeichnete. Er nahm eine Zeitlang festen Wohnsitz in Athen, scheint zu der dort immer noch existierenden Schule Platons, der Akademie, nähere Beziehungen unterhalten zu haben und wirkte in einer Form, die wir heute als »freier Schriftsteller« bezeichnen würden. Später nahm er auch sein Reiseleben wieder auf, bis er schließlich schon in vorgerücktem Alter ein öffentliches Amt in Ägypten (welches, ist uns nicht bekannt) als Sicherheit für seinen Lebensabend übernahm. Über sein Ende wissen wir nichts.

Die überaus reiche schriftstellerische Produktion dieses wechselvollen Daseins umfaßt in der Hauptsache Dialoge, daneben Reden, Briefe und Erzählungen, doch sind unter den im Corpus des Lukian überlieferten und meist recht kurzen 80 Schriften auch solche, deren Echtheit unsicher oder sogar unwahrscheinlich ist.

Auch die Datierung der Einzelwerke ist meist nicht gesichert. Jedenfalls zählen zu einer ersten Phase, die im Zeichen der Sophistik stand, Übungsreden, unter denen *Das Lob der Fliege* am berühmtesten ist. Zu den *Prolaliai* (Vorreden vor einem Vortrag) zählt der autobiographische *Traum*: Lukian verweist auf die Herakleserzählung des → Prodikos und erläutert so seinen Weg zur Sophistik. Der Übergang zur nächstfolgenden Entwicklungsstufe wird durch den Dialog *Der doppelt Angeklagte* markiert: »Ein Syrer«, d. h. Lukian, muß sich am Ende eines so langen wie lustigen Gerichtstages gegen die Anschuldigungen wegen böswilligen Verlassens (der Rhetorik) und Vergewaltigung (des Dialoges) verantworten. *Das Gastmahl* parodiert die von → Platon und → Xenophon geadelte literarische Form und präsentiert statt hoher Gedankenflüge eine Prügelei unter Philosophen. Besonders unterhaltsam sind, so paradox das klingen mag, die 30 *Totengespräche*, bei denen mancherlei markante Namen aus Mythos und Geschichte als Schatten in der Unterwelt in anderem Licht gezeigt werden als in ihrer ersten Existenz; nicht minder munter als bei den Toten geht es auch in den 26 *Göttergesprächen*, den 15 *Seegöttergesprächen* und speziell in den 15 *Hetärengesprächen* zu. In *Ikaromenippos oder Die Luftreise* wird gar eine Mondfahrt phantasievoll ausgemalt, in der *Wahren Geschichte* das ganze Genre des fabulösen Reiseromans parodiert. Ernsthaften Lesern rät eine andere Schrift, *Wie man Geschichte schreiben soll*. Lukian hat auch selbst mit seinen beiden Schriften über *Das Lebensende des Peregrinus* und *Alexander oder Der falsche Prophet* aus der Geschichte der eigenen Zeit den sonderbarsten Schwärmer und den größten Betrüger dargestellt und so zur Historiographie beigetragen.

War Lukian »ein Spötter von Profession« (Ch. M. Wieland)? Seine Lust an Spott und Karikatur hat all seinen Werken über nun mehr als 60 Generationen hinweg ihren immer neuen Charme gegeben. Als echter Aufklärer wandte er sich gegen Aberglauben und Eitelkeiten, überhaupt gegen alle menschlichen Schwächen und Laster. So nimmt es denn auch nicht wunder, daß ein bedeutender Autor des ausgehenden 18. Jh. sich seiner angenommen hat: Christoph Martin Wieland ließ ab 1788/89 zu Leipzig seine vollständige Übersetzung sämtlicher Werke Lukians erscheinen, ausgeführt in dem Empfinden, von dem das Vorwort berichtet: »Indessen gestehe ich, daß ich mir nicht vorstellen kann, wie ein Leser von offenem und gesundem Kopf die Bekanntschaft Lukians aus seinen Schriften machen könnte, ohne ihn lieb zu gewinnen.« In der Tat hat sich hier jene ideale Synthese – vielleicht besser sogar: Symbiose – ereignet, in der ein lebendiger, geistreich-spöttischer Kopf der Antike seinen nicht minder gewandten, überlegen satirisch argumentierenden und formulierenden Übersetzer fand. Kein Geringerer als Goethe hat das anerkannt (*Zu brüderlichem Andenken Wielands*, 1813): »So entstand der deutsche Lukian, der uns den griechischen um desto lebhafter darstellen mußte, als Verfasser und Übersetzer für wahrhafte Geistesverwandte gelten können.«

A C. Jacobitz, Leipzig 1836–41, reprogr. Nachdr. Hildesheim 1966. – N. Nilén, Leipzig 1906–23. – J. Sommerbrodt, Berlin 1886–99. – A. M. Harmon u. a., London 1913 ff. (mit engl. Übers.) – K. Mras, Hauptwerke, München 1954 (mit dt. Übers.). – E. Steindl, Toxaris, Scytha, Anacharsis, Leipzig 1970. – M. D. MacLeod, 4 Bde., Oxford 1972–87. – **Ü** Siehe Mras. – Ch. M. Wieland, hrsg. von J. Werner, H. Crainer-Mai, 3 Bde., Berlin 1974. – Ch. M. Wieland, hrsg. von E. Ermatinger und K. Hoenn, Zürich/Stuttgart 1967 (Ausw.). – Lucian von Samosata, Lügengeschichten und Dialoge, übersetzt von Ch. M. Wieland, hrsg. von H. M. Enzensberger, Nördlingen 1985. – **L** R. Helm, Lucian und Menipp, Leipzig/Berlin 1906. – O. Schissel von Fleschenberg, Novellenkränze Lucians, Halle 1912. – G. Misch, Geschichte der Autobiographie, Bd. 3,1,2, Frankfurt a. M. 1949, S. 385 ff. – H. D. Betz, Lucian und das Neue Testament, Berlin 1961. – H. G. Nesselrath, Lukians Parasitendialog, Berlin 1985.

Lukrez, Titus Lucretius Carus
um 94 v. Chr. – 15. Oktober 55 (?) v. Chr.

Philosophie und Poesie haben einander wohl nie näher, nie nachhaltiger durchdrungen als im Lehrgedicht des Lukrez. Die 6 Bücher mit 7415 Hexametern *De rerum natura* (*Vom Werden und Wesen der Welt*) sind das umfänglichste wie auch das bedeutendste philosophisch-didaktische Poem der Antike.

Es muß aus sich selbst heraus erschlossen werden; des Dichters Lebensgang ist nahezu völlig unbekannt. Die Datierung seines Todes auf den Geburtstag → Vergils in jenem Jahr, da dieser nach Anlegen der *toga virilis* den Erwachsenen zugezählt wurde, mag nicht mehr sein als symbolische Synchronisation, die die Abfolge der beiden Dichter darstellen will. Und des → Hieronymus Information, Lukrez habe im Wahnsinn selbst Hand an sich gelegt, mag aus des Kirchenvaters Sicht die Leugnung göttlicher Führung durch Lukrez – in des Frommen Sicht ein frevelhafter Wahn – verbildlichen. Der Korrespondenz von → Cicero entnehmen wir, daß ihm im Februar 54 v. Chr. Dichtungen des Lukrez vorlagen und ihn wie seinen Bruder → Quintus Tullius Cicero tief beeindruckten. Daß er sie wirklich auch selbst herausgegeben hat, wie es heißt, ist unwahrscheinlich, ebenso, daß er sie emendiert, also korrigiert hat. Gewiß belegen Dubletten u. ä., daß das Werk in Einzelheiten unfertig ist; doch ist seine Gesamtanlage klar konturiert, seine Ausführung im allgemeinen vollkommen.

Die 6 Bücher sind in drei Doppelbände gegliedert: 1 und 2 erklären, so wie auch 5 und 6, Naturphänomene. In diesem Rahmen steht dominierend in der Mitte (3 und 4) der Mensch, dessen Wesen, Wahrnehmungsvermögen und Weltverständnis diskutiert werden. Dieser stofflichen, streng symmetrischen Struktur ist eine gegenläufige, stimmungsmäßige Ordnung eingefügt: Die ungradzahligen Bücher 1, 3, 5 finden einen freundlich gelösten Abschluß, die gradzahligen 2, 4, 6, damit auch das Gesamtwerk, nehmen ein düster grundiertes Ende. Dieses Prinzip hat Vergil in seinen *Georgica* später beibehalten, jedoch umgepolt und den Leser in klassischer Haltung wie → Horaz vom Düsteren ins Helle geführt.

Hat man sich so des Gesamtaufbaus versichert, bleiben die einzelnen Bücher kurz zu kennzeichnen. Das 1. Buch bespricht Raum und Materie. Es vermittelt die Lehre von den Atomen nach dem Grundsatz »Aus nichts entsteht nichts« (1,150) (*nullam rem e nihilo gigni*) und dem Prinzip »Es gibt nur die Materie und das Leere« (1,420) (*corpora sunt et inane*). Mit diesen Thesen will Lukrez das erschließen, was bei ihm *naturae species ratioque* (1,148) heißt, Erscheinung und wahres Wesen der Welt. Dies jedoch nicht um der Erkenntnis selbst willen, sondern um mit Hilfe der Aufklärung den Menschen von Furcht zu befreien: von Furcht vor den Göttern, die es nicht gibt, und vor dem Tod, der sein natürliches Teil ist.

Buch 2 behandelt die Bewegung der Atome und ihre Vielgestaltigkeit als Ursprung des Lebens. Des Menschen Leben und Seele – die auch stofflich gedacht ist und mit dem Leibe zusammen vergeht – sind Themen des 3. Buches, seine Sinneswahrnehmungen die des 4. Buches, das auch die durch diese hervorgerufenen Gefühle bespricht, die Liebe mit ihren Beglückungen und Gefährdungen. Nicht nur die Todesfurcht, auch der Liebeswahn kann bekämpft und überwunden werden.

Das 5. Buch zeichnet sich nach Darstellung der Kosmologie aus durch die Kulturentstehungslehre (925–1475), die ein komplexes Bild bietet: In der alternden Natur steht der sich selbst domestizierende Mensch; doch solchem Abstieg tritt der Fortschritt von Zivilisation und Kultur ausgleichend gegenüber. Das Schlußbuch endlich betrachet jene Naturphänomene, die durch ihren rätselhaften Charakter den Menschen berunruhigen, wie Gewitter, Vulkanismus und dergleichen. Auch sie sind nach Lukrez nicht mythologisch, sondern materialistisch zu deuten und verlieren dadurch ihre Unheimlichkeit – auch wenn das abschließend geschilderte Wüten von Krankheiten, speziell der Pest im Athen des Jahres 429 v. Chr., in voller Furchtbarkeit vor Augen tritt.

Lukrez will dem Leser Befreiung von Furcht und Angst bringen. Er widmet sein Werk jenem Memmius, der auch → Catulls Protektor war, und will ihm – und durch ihn auch den Lesern – alle Besorgnisse nehmen, alle Schrecken bannen, die das unverstandene Dasein dem Menschen einflößt. → Epikurs Lehre ist die Heilsbotschaft, die mit missionarischem Eifer verkündet wird. → Demokrits grundlegende Atom-Theorie ist übernommen; von dem etwas älteren → Empedokles, dem einzigen, dem neben Epikur ein eigenes Loblied vorbehalten ist (1,717–733), stammt die künstlerische Form der philosophisch-didaktischen Dichtung. Von zentraler Wichtigkeit für Lukrez ist die Zurückdrängung von Aberglauben und Zwangsvorstellungen. Doch neben dem Dozenten, neben dem Seelenarzt steht der Poet.

Zwar hat er mit der für seine Aufgaben und Ansprüche unvorbereiteten lateinischen Sprache zu ringen, muß die »Armut der heimischen Sprache«, *patrii sermonis egestas* (1,832) erst überwinden. Doch ist der Glut seiner Gedanken die Pracht seiner Poesie adäquat. Im Eingangshymnus wird in der Feier der Venus eines der schönsten Lieder auf ihre Belebungskraft und Liebesmacht angestimmt, das je zu hören war; in den Einleitungen der Einzelbücher wird das leidenschaftliche Lob Epikurs und seiner Lebenslehre gesungen; prägnant präzisierte Einzelschilderungen, glänzend geglückte Gleichnisse geben den gedankentiefen Darlegungen Sinnhaftigkeit und Anschaulichkeit. Der gemäßigt archaisierende Tonfall verleiht dem Lehrvortrag Autorität und Würde.

Cicero mag in der Prägung von philosophischen Termini im Latein erfolgreicher gewesen sein, als Poet ist Lukrez ein Stern erster Ordnung, dessen Strahlungskraft große Geister wie Cicero und Vergil, Montaigne und Goethe tief berührt hat und auch in der Gegenwart leuchtet.

A A. J. Martin, Leipzig [6]1969. – C. Müller, Zürich 1975. – Ü K. Büchner, Welt aus Atomen, Zürich/Stuttgart 1956 (lat./dt.). – K. L. v. Knebel, Leipzig [2]1931, Frankfurt a. M. 1960 (Exempla Classica 4). – J. Martin, *Über die Natur der Dinge*, Berlin 1972 (lat./dt.). – L H. Klepl, Lukrez und Vergil in ihren Lehrgedichten, Leipzig 1940, Nachdr. Darmstadt 1967. – O. Regenbogen, Lukrez. Seine Gestalt in seinem Gedicht, Leipzig 1932. – K. G. Sallmann, Die Natur bei Lukrez, Diss. Köln 1959, wiederabgedr. in: Archiv für Begriffsgeschichte 7, 1962, S. 140 ff. – K. Büchner, Beobachtungen über Vers und Gedankengang bei Lukrez, Leipzig 1936. – B. Effe, Dichtung und Lehre, München 1977. – D. J. Furley u. a., Lucrèce, in: Entretiens sur l'antiquité classique, Fondation Hardt, Bd. 24, Vandœuvres/Genf 1978. – E. Ackermann, Lukrez und der Mythos, Wiesbaden 1979.

Luxorius

frühes 6. Jh n. Chr. Karthago

Luxorius, auch »Luxurius« geschrieben, jedoch mit dem im Mittelalter genannten Lisorius nicht sicher zu identifizieren, ist einer der wichtigeren Autoren der →*Anthologia Latina*. Ob diese gar in der uns vorliegenden Form von ihm selbst redigiert worden ist, muß ebenfalls hypothetisch bleiben. Sein 89 Gedichte umfassendes Epigrammbuch (Nr. 287–375) wird noch ergänzt durch ein Einzelepigramm (Nr. 203) und ein aus Versteilen →Vergils mosaikartig zusammengesetztes *Epithalamium*, ein Hochzeitslied (Nr. 18). →Martial folgend, krönt Luxorius seine Poeme permanent mit einer Pointe. Saftiger Spott und durchaus derbe Erotik kontrastieren mit Grabgedichten und Beschreibungen. Traditionelle Züge mischen sich mit dem neuen Geist der Zeit der Völkerwanderungen in eigentümlicher Weise.

A Anthologia Latina, hrsg. von A. Riese, Leipzig [2]1894, Bd. 1,1, hrsg. von D. R. Shackleton Bailey, Stuttgart 1982. – M. Rosenblum, Luxorius. A Latin Poet among the Vandals, 1961 (mit engl. Übers.). – H. Happ, Luxurius. Text, Untersuchungen, Kommentar, 2 Bde., Stuttgart 1986.

Lygdamus → Tibull.

Lykophron
3. Jh. v. Chr.

Wir besitzen von einem Dichter namens Lykophron das bizarrste Poem des klassischen Altertums: 1474 Verse unter dem Titel *Alexandra* in den Jamben der Tragödie. Aber schon die Anlage ist trügerisch: Das Werk, im Umfang einer Tragödie gleich, gibt sich als Botenbericht. Ein einzelnes Element der tragischen Kunstform wird so verabsolutiert und zur Größe des übergeordneten künstlerischen Organismus aufgeschwemmt. Tiefergreifend als diese Verunklarung der Form ist der Obskurantismus der Sprache. Das beginnt bereits beim Wortschatz. Man hat beobachtet, daß von den 3000 Wörtern des Gedichtes nicht weniger als 518 sogenannte Hapaxlegomena darstellen, Wörter also, die nirgends sonst in der uns erhaltenen antiken Literatur belegt sind; weitere 117 Wörter erscheinen hier zum ersten Mal.

Extravagant wie die Wortwahl ist auch die Aussageweise. Der Text ist überschwemmt von rhetorischen Figuren. Die wirklichen Namen etwa erscheinen nahezu nie. Zeus und Agamemnon beispielsweise sind regelmäßig miteinander vertauscht, Götter tragen irgendwelche obskuren Kultnamen, Helden müssen aus Umschreibungen durch Tiernamen oder andere Verrätselungen erschlossen werden, Landschaften sind durch Synekdoche vermittels einzelner ihrer Elemente gekennzeichnet, wie etwa die Namen von halbvergessenen kleinen Städten, von entlegenen Bergen oder winzigen Flüssen. Das alles ist derart verschlüsselt, daß bereits antike Scholiasten volle 400 Seiten an Erklärungen verfertigten. Der Inhalt? Er tut wenig zur Sache. Ein Sklave, der Alexandra alias Kassandra zu bewachen hat, berichtet dem König Priamos ihre Prophezeiungen über den Fall Trojas und das Vergehen des Ajax, über die Heimkehr der Griechen und den Kampf zwischen Europa und Asien. Mythische und geschichtliche Perspektiven gehen ineinander über, Kunstgattungen werden vermischt und verwischt, formale und sprachliche Elemente verabsolutiert, die Aussage verdunkelt, verschlüsselt, verrätselt – wir stehen hier in der Tat innerhalb der klassischen Antike einem Gegenpol des Klassischen gegenüber; er ist mitunter als manieristisch bezeichnet worden.

A C. v. HOLZINGER, Leipzig 1895, reprogr. Nachdr. Hildesheim 1973. – E. SCHEER, 2 Bde., Berlin 1881–1908. – L. MASCIALINO, Madrid 1956, Leipzig 1964. – **Ü** Siehe HOLZINGER. – G. W. MOONEY, New York 1979 (griech./engl.). – A. W. MAIR, Callimachos Hymns and Epigrams, London 1960. – **L** U. v. WILAMOWITZ-MOELLENDORFF, Hellenistische Dichtung, Bd. 2, S. 143–164. – M. G. CIANI, Lexikon zu Lycophron, Hildesheim / New York 1975. – E. SCHEER, Die Überlieferung der *Alexandra* des Lycophron, in: Rheinisches Museum 34, 1879, S. 442–473.

Lykurgos

um 390 – um 325 v. Chr.

Lykurgos war unter den zehn kanonischen Rednern (→ Andokides) der einzige Adlige und hatte eine einflußreiche Position. Er war es auch, der im Rahmen der öffentlichen Bautätigkeit das Dionysostheater unter der Akropolis in Stein ausführen und ein offizielles Exemplar der Werke der drei großen Tragiker anfertigen ließ.

In der Ausbildung war er von → Platon und → Isokrates beeinflußt, in der Politik stand er an der Seite des → Demosthenes. Er galt auch als Verfasser von 15 Gerichtsreden, von denen nur die *Gegen Leokreites* aus dem Jahre 330 erhalten ist. In ihr geht es um Hochverrat. Sie ist stilistisch einfach gehalten und sucht durch lange Dichterzitate eine höhere Tonlage zu erreichen.

A F. BLASS, Leipzig 1912. – N. C. CONOMIS, Leipzig 1970. – F. DURRBACH, Paris [2]1956 (mit frz. Übers.). – E. MALCOVATI, Rom 1966 (mit ital. Übers.). – **Ü** H. BENDER, in: Isokrates. Ausgewählte

Reden, 2 Bde., Berlin 1855–91. – J. O. BURTT, Minor Attic Orators, Bd. 2, London 1954 (griech./engl.). – H. BENDER, Lykurgos' Rede gegen Isokrates, Berlin 1909. – F. DURRBACH, Paris ²1956 (griech./frz.). – L N. C. CONOMIS, Notes on the Fragments of Lycurgos, in: Klio 1961, S. 72 ff. – E. KESSLER, Plutarchs Leben des Lykurgos, Wittenberg 1909. – A. BUSSON, Lykurgos und die große Rhetra, Innsbruck 1887. – R. F. RENEHAN, The Platonism of Lykurgus, in: Greek, Roman and Byzantine Studies 11, 1970, S. 219–231.

Lysias
um 445 – um 380 v. Chr.

Kephalos, der Vater des Lysias, war während der Zeit des Perikles aus Sizilien nach Athen gekommen und betrieb dort eine gutgehende Schildfabrikation. Seine drei Söhne zogen zunächst nach Thurioi in Unteritalien, Lysias kehrte 412 nach Athen zurück, mußte 404 ins Exil nach Megara, wurde aber 403, nachdem die Dreißig Tyrannen einen Bruder getötet und den Besitz beschlagnahmt hatten, im Sinne einer Wiedergutmachung zum Vollbürger gemacht. Infolge eines Formfehlers blieb die Ernennung unwirksam. So ging er ähnlich dem → Isokrates nun der Beschäftigung des Logographen (Redenschreibers für andere) nach, da er selbst nicht vor Gericht auftreten konnte. Auch erteilte er gleichfalls Redeunterricht.

Die Antike besaß nicht weniger als 425 Reden unter dem Namen des Lysias; von diesen wurden immerhin 213 als echt angesehen. Davon sind nur 34 erhalten; hinzu tritt eine bei → Platon im *Phaidros* als lysianisch bezeichnete und zitierte Lobrede auf Eros, deren Echtheit weiter umstritten ist wie die einiger anderer Reden. Nr. 12 erhebt in eigener Sache Anklage wegen der Tötung des Bruders; die anderen Prozeßreden haben vielfach politische Hintergründe; zwei Ansprachen wurden für die breitere Öffentlichkeit verfaßt: die Leichenrede (Nr. 2) für die Gefallenen des Korinthischen Krieges und der *Olympikos*, eine Rede *In tyrannos* für die Festversammlung in Olympia. Lysias, einer der zehn kanonischen Redner (→ Andokides), galt als unübertroffener Meister des einfachen Stils. Er vermochte die Alltagssprache durch sorgfältige Auswahl und künstlerische Fügung zu besonderem Glanz zu erheben. So wurde er von den sogenannten Attizisten, den Anhängern der klassischen athenischen Sprechweise, in Rom gegen die Fülle → Ciceros als Stilideal ins Feld geführt.

A Th. Thalheim, Leipzig ²1913. – K. Hude, Oxford 1958. – L. Gernet / M. Bizos, Paris 1924–26, ²1955 (mit frz. Übers.). – Ü A. Westermann, in: Isokrates. Ausgewählte Reden, 2 Bde., Berlin 1855–91. – W. R. M. Lamb, London 1967 (engl. Übers.). – L C. Wolgast, Zweigliedrigkeit im Satzbau des Lysias und Isokrates, Diss. Kiel 1962. – K. J. Dover, Lysias and the Corpus Lysiacum, Berkeley 1968. – W. Voegelin, Die Diabole bei Lysias, Basel 1943. – M. Weissenberger, Die Dokimasierreden des Lysias, Frankfurt a. M. 1987.

M

Macrobius, Ambrosius Theodosius Macrobius
um 360 n. Chr. – um 425 n. Chr.

Der vermutlich aus Spanien stammende, offenbar als Heide, vielleicht auch als Namenschrist anzusehende Macrobius, dem Kreis um → Symmachus zuzählend, ist vor allem als Informant von hoher Bedeutung. Sein Kommentar zu → Ciceros *Somnium Scipionis*, dem Schluß-Mythos der Staatsschrift *De re publica*, hat aus dem bis zum Beginn des letzten Jahrhunderts verlorenen Text die wichtige Endpartie erhalten und sie so dem Mittelalter und der frühen Neuzeit bekannt gemacht. Der dem Text beigegebene Kommentar ist weniger philologische Erläuterung als vielmehr spekulative Ausdeutung in neuplatonischem Geist, dessen Seelenlehre, Astronomie, Geometrie u. a. anhand der klassischen Vorlage entwickelt werden.

Die *Gespräche am Saturnalienfest* (*Saturnalia*) sind in 7 Büchern konzipiert, jedoch ist unsere Kenntnis durch gravierende Lücken beeinträchtigt. Teilnehmer des fiktiven Gesprächskreises sind hochgestellte Personen der politischen Szene auf der Seite der konservativen, antichristlich eingestellten Opposition, unter ihnen auch Symmachus und → Avienus. Geschlossen werden weit variierende Themen im Sinne der Buntschriftstellerei abgehandelt, wie etwa Kalender- und Namenskunde, Luxus, Tanz, Trunkenheit u. a. Zentrale Figur ist besonders in den Büchern 3–6 die Person → Vergils, der als der unfehlbare, alle Künste beherrschende, alles Wissen in sich vereinende und in seinem Werk bezeugende Weise dargestellt ist. Dadurch hat Macrobius Anteil an den Bestrebungen des Symmachus-Kreises zur Restauration altrömischer Werte und öffnet zugleich dem

Vergil-Verständnis des Mittelalters den Weg, das den Poeten aus Mantua mitunter als Magier ansah.

Diese beiden Hauptwerke (Macrobius hat noch ein Fragment über lateinische und griechische Verben hinterlassen) bieten dem modernen Leser das, was der Autor in der Einleitung zu den *Saturnalien* seinem Sohne Eustachius sagt, dem beide Werke gewidmet sind: Information über vielerlei Wissensgebiete, angenehm aufgelockert im Saturnalien-Gespräch, philosophisch verdichtet im Cicero-Kommentar, Information über zahlreiche Details und auch über ganze Gedankengebäude. Das Fehlen einer deutschen Übersetzung als eines Schlüssels zu einem spätantiken Thesaurus des Wissens, der seinesgleichen sucht, bleibt ein bedauerliches Manko.

A I. Willis, Leipzig 1963, ²1970. – Grammatici Latini, 7 Bde., hrsg. von H. Keil, Leipzig 1857–89, Bd. 5, Leipzig 1868, S. 599–655 (Grammatik-Fragment). – H. Bornecque / F. Richard, Paris 1936–37 (*Saturnalien*, mit frz. Übers.). – **Ü** P. V. Davies, The Saturnalia, New York / London 1969 (lat./engl., mit Komm.). – W. H. Stahl, Commentary on the Dream of Scipio, 1952 (engl. Übers.). – **L** T. Whitacker, Macrobius on Philosophy, Cambridge 1923. – E. Tuerk, Macrobius und die Quellen seiner *Saturnalien*, Diss. Freiburg 1962. – C. Zintzen, Römisches und Neuplatonisches bei Macrobius, in: Politeia und Res publica, Gedenkschrift R. Stark, hrsg. von P. Steinmetz, Wiesbaden 1969, S. 357–376.

Mamertinus → *Panegyrici.*

Manilius, Marcus Manilius
um Christi Geburt

Der uns als Person gänzlich unbekannte Manilius hat zwischen 9 und 22 n. Chr. (die Varusschlacht ist 1,898 ff. erwähnt) das dem Tiberius gewidmete astrologische Lehrgedicht *Astronomica* in 5 Büchern verfaßt. Es ist entweder von ihm nicht mehr vollendet oder in der Überlieferung am Ende verstümmelt worden. In Antithese zum Epikureer → Lukrez behandelt er darin aus stoischer Sicht die Struktur des Sternenhimmels, besonders aber den Einfluß der Gestirne auf das Menschenleben. Erstaunlich ist die Fähigkeit des Verfassers, komplizierte Sachverhalte in Verse zu fassen. Seine Hexameter sind flüssig formuliert und erheben sich an manchen Einzelstellen, z. B. in den Einleitungen, zu poetischer Größe. Interessant ist auch die Beschreibung der Berufe unter Einwirkung des Horoskops; das geht bis zu divertierenden Details, etwa daß im Zeichen des Löwen Geborene bestimmt und geeignet sind, Jäger oder Fleischer zu werden, Krebse Kaufleute usw.

Während sich sein Zeitgenosse → Germanicus mit der Erneuerung der klassischen astrologisch-astronomischen Schrift des griechischen Stoikers → Aratos begnügte, schuf Manilius ein wohl auf mancherlei Quellen beruhendes, doch in sich neues, groß konzipiertes Werk, das das Wesen der Welt und die Stellung des Menschen in ihr zu deuten unternahm. Das Lob des Logos als die den Kosmos wie das Individuum leitende und verbindende Kraft ist eine bedeutende und bewegende Beschreibung (4,893 ff.); sie tritt mit den bunt bewegten Berufsbildern, dem Mathematischen und Mythologischen (»Andromeda« 5,538 ff.) zu einer den mitunter trockenen Stoff belebenden und poetisch verklärenden Schöpfung zusammen, die im Rahmen der Lehrdichtung einen hohen Rang einnimmt.

A A. E. Housman, London 1903–30 (Neuausg. 2 Bde. 1972); Editio minor, London 1932 (mit Erl.). – G. P. Goold, Leipzig 1985. – Ü W. Fels, Stuttgart 1990 (lat./dt.). – L W. Hübner, Die Eigenschaften der Tierkreiszeichen in der Antike, Wiesbaden 1982.

Margites → Homer.

Mark Aurel, Marcus Aurelius Antoninus
26. April 121 – 17. März 180 n. Chr.

Einer Senatorenfamilie spanischer Herkunft entstammend, wurde Mark Aurel, durch Abstammung, Adoption und Heirat der kaiserlichen Familie eng verbunden, 146 n. Chr. Mitregent, am 7. März 161 römischer Kaiser, bis 169 zusammen mit seinem Adoptivbruder L. Verus. Während seiner gesamten Regierungszeit mußte Mark Aurel Abwehrkämpfe des Römischen Reiches gegen anstürmende Völkerstämme führen; Szenen davon sind auf der in Rom stehenden 30 Meter hohen Ehrensäule dargestellt. Er starb an der Pest in Vindobona (Wien). Die einzige aus der Antike erhaltene Reiterstatue zeigt Mark Aurel in Rom auf dem Kapitolsplatz.

Sein Lehrer → Fronto hatte ihn für die Rhetorik zu begeistern versucht, doch der Schüler wandte sich der Philosophie zu. Von → Epiktet beeinflußt, konzentrierte er sich auf die Ethik. Als letzter großer Stoiker führte er sein Kaiserleben als Philosoph; Zeugnis davon sind seine in den letzten Lebensjahren aufgezeichneten Betrachtungen *Ta eis heauton* (*Selbstbetrachtungen*). Hier legt der Herrscher des um seinen Bestand ringenden Riesenreiches in 12 Büchern seine Gedanken aphoristisch nieder. Meist im Feldlager an der Grenze zum Barbarenland geschrieben, offenbaren die einfach gehaltenen Sätze die Empfindungen und Reflexionen eines Menschen, der seine hohe Aufgabe im Staatsdienst zu meistern versucht und die Realität nüchtern betrachtet, ein Gegner aller Illusionen und Utopien: »Hoffe nicht auf Platons Staat, sondern sei zufrieden, wenn das Kleinste vorwärts gehen wird, und überlege dir, daß der Ausgang gerade davon nichts Geringes ist« (9,29,5).

Es wäre verkehrt, in dieser realistischen Sicht Resignation zu sehen oder gar Melancholie und Pessimismus. Man muß eher den Ernst eines Mannes erkennen, der es ablehnt, sich den in seiner Zeit wuchernden Mysterienkulten, Heilsbotschaften und Erlösungsversprechen anzuvertrauen, vielmehr asketisch und wahrhaft sich selbst an strengen stoischen Idealen mißt und – in dem zuletzt und als Ganzes geschriebenen Buch 1 – seine Vorgänger und Vorbilder aufführt. So liegt ein autobiographisches Dokument vor, das in seinem besonnenen Ton und seiner menschlichen Tiefe zwischen → Ciceros *Brutus* und → Augustins *Bekenntnissen* einen besonderen Platz innehat. An ihm, dem Philosophenkaiser, haben sich auch andere Herrscher gemessen, unter ihnen Julian, Justinian und Friedrich II.

A J. DALFEN, Leipzig ²1987. – Ü W. CAPELLE, Marcus Antonius, Stuttgart ¹²1973. – A. MAUERSBERGER, Leipzig ³1954. – A. WITTSTOCK / H.-J. DIESNER, Leipzig ²1969. – W. THEILER, München/Zürich ²1974. – W. TH., Kaiser Marc Aurel, Frankfurt a. M. 1976. – R. NICKEL, Zürich/München 1990. – L M. POHLENZ, Stoa, 2 Bde., Göttingen 1978–80, S. 288 ff., S. 341–353. – W. WEBER, Rom. Herrschertum und Reich, Stuttgart/Berlin 1937, S. 282–350. – G. MISCH, Geschichte der Autobiographie, Bd. 1,2, Frankfurt a. M. 1950, S. 448–493.

Marmor Parium

264/263 v. Chr.

Von der Kykladeninsel Paros stammen zwei Teile einer in Marmor gemeißelten Chronik. Block A kam schon 1627 aus Smyrna nach England, Block B wurde erst 1897 in Paros gefunden. Block A befindet sich in Oxford, B im Museum von Paros. Der Verfasser ist unbekannt. Er hat in seiner Chronik politische und militärische, aber auch kulturelle Ereignisse zusammengefaßt, die vom sagenhaften attischen König Kekrops bis in die eigene Zeit reichen, d. h. von 1581 bis 264/263. Erhalten sind in A die Abschnitte 1581–355/354 mit 80 Daten, in B 336/335–299/298 mit 27 Daten.

Das Marmor Parium ist als Quelle überaus wichtig, als steinerne Chronik ein eigentümlicher Sonderfall.

A F. Jacoby, Das *Marmor Parium*, Berlin 1904 (mit Komm.). – F. Jacoby, Die Fragmente der griechischen Historiker, Bd. 2 B und 2 D, Nr. 239, Berlin 1923 ff. – F. Hiller von Gaertringen, Inscriptiones Graecae XII,5, S. 444, und Add., S. 315, sowie XII Suppl., S. 110. – L F. Jacoby, Ueber das *Marmor Parium*, in: Rheinisches Museum 59, 1904, S. 63–107. – E. Hermann, Sprachlich-sachliche Erläuterungen zum *Marmor Parium*, in: Nachrichten der Akad. der Wiss. Göttingen, Phil.-Hist. Kl., 1945. – J. A. R. Munro, in: Classical Review 15, 1901, S. 149–154 und 355–361. – R. Laqueur, *Marmor Parium*, in: Paulys Real-Encyclopädie der classischen Altertumswissenschaft 14,2, 1930, Sp. 1885–97.

Martial, Marcus Valerius Martialis
um 40 n. Chr. Bilbilis, Spanien – um 103 Bilbilis

Martial lebte zuerst und zuletzt in seiner Heimat, dazwischen etwa von 64 bis 98 in Rom, zunächst wohl von seinen spanischen Landsleuten →Lukan und →Seneca dem Jüngeren, dann von einer Reihe reicher Römer, unter ihnen →Silius Italicus und →Plinius dem Jüngeren unterstützt. Auch →Juvenal war sein Freund, ebenso →Frontin und →Quintilian; →Statius und Martial erwähnen einander nicht, obschon (oder gar gerade weil) sie stellenweise dieselben Anlässe poetisch feiern. Martials für heutige Verhältnisse aufwendiger, für damalige durchaus dürftiger Lebensstandard (Stadtwohnung, Landhaus, Sklaven, ein gewisses Vermögen) wurde durch Geschenke der Gönner finanziert, die ihrerseits dazu durch die deutlichen Huldigungen Martials motiviert wurden. Erst 80 errang er Anerkennung mit seinen 33 Epigrammen auf die Einweihung des flavischen Amphitheaters (Kolosseum), dem sogenannten *Liber spectaculorum*; es schlossen sich 2 Bücher *Xenia* und *Apophoreta* (Verse auf Geschenke zum Saturnalienfest) an, die jetzt Buch 13 und 14 bilden. Seit etwa 85 entstand im Jahresrhythmus jeweils ein Epigramm-Buch, meist mit einer Prosa-Praefatio eröffnet; von den insgesamt 12 Büchern wurde das letzte bereits wieder bei Bilbilis bearbeitet.

Formal wie inhaltlich ist Martial ein Dichter von weitester Variationsbreite. Er bevorzugt das Distichon aus Hexameter und Pentameter (1235mal), benutzt aber auch den Elfsilbler (238mal) und den Hinkjambus (77mal), daneben auch noch Hexameter, Jamben und Sotadeen. Diese mehr als anderthalbtausend Poeme sind zumeist von äußerster Kürze, sie beginnen beim Einzeiler und erreichen nur selten größeren Umfang; das längste zählt 51 Verse (3,58). Martials Kunst der Pointe ist unübertroffen: ein Wortwitz, ein Sarkasmus, eine Enthüllung beschließen locker und treffsicher eine mit knappsten Strichen entworfene, genau gezeichnete Skizze. Er attackiert, doch unter fingiertem Namen, Personen aller Stände (der Kaiser bleibt natürlich sakrosankt), er verspottet mit blitzschnell zufahrendem Wortrapier Geiz und Geilheit, Hochmut und Heuchelei, Prätention und Perversion, Korruption und Käuflichkeit, aber auch Typen wie Parasiten, Protzen und Parvenus. Sein frech aggressiver Witz hat ihn weltberühmt gemacht; seine wohl weniger häufigen (aber gewiß nicht weniger poetischen) leisen und besinnlichen Töne verdienten mehr Aufmerksamkeit; der Lyriker Martial ist noch genauer zu entdecken.

Plinius der Jüngere nennt in seinem Nachruf (3,21) Martial einen »talentierten, geistreichen, temperamentvollen Mann, in seinen Gedichten voller Witz, voller Galle, aber nicht minder auch von reiner Lauterkeit«. Martial selbst hat seinen direkten Realitätsbezug auf die Formel gebracht (10,4,10): *Hominem pagina nostra sapit*, »Mein Buch schmeckt nach Mensch«.

Im Gegensatz zu früheren Zeiten wird man an seinen gelegentlich recht krassen Obszönitäten heute weniger Anstoß nehmen, ebenso auch nicht mehr wie einst gegen die huldigenden Verrenkungen der ›Bettelpoesie‹ wettern, die es ja zu allen Zeiten und in allen Zonen zu beobachten gab und gibt; dagegen sind die Grausamkeiten der Gladiatorensphären, von Martial in ihrer ganzen Gräßlichkeit mit gleichgültiger Genauigkeit geschildert, dem heutigen Leser von Geschmack am fernsten.

Martials Ruhm in der Antike und im Mittelalter war groß und blieb beständig; in der Neuzeit erreichte er in der Bewunderung Lessings, in der Nachahmung durch ihn wie auch durch Schiller und Goethe (in den *Xenien*) seinen Höhepunkt.

A L. FRIEDLÄNDER, 2 Bde., Leipzig 1886 (mit Komm.). – W. HERAEUS / I. BOROVSKIJ, Leipzig [3]1982. – W. M. LINDSAY, Oxford [2]1929, Nachdr. – D. R. SHACKLETON BAILEY, Stuttgart 1990. – **Ü** R. HELM, Zürich 1957. – **L** G. E. LESSING, Zerstreute Anmerkungen über das Epigramm und einige der vornehmsten Epigrammatisten (1771), in: G. E. L., Sämtliche Werke, hrsg. von K. LACHMANN, Bd. 11, Stuttgart [3]1895, S. 214–315. – K. BARWICK, Martial und die zeitgenössische Rhetorik, Berlin 1959. – E. SIEDSCHLAG, Zur Form von Martials Epigrammen, Berlin 1977.

Matius → Cicero.

Maximian, Maximianus
um 520 n. Chr.

Die erotische Elegie, in der nach → Quintilians Wort (*Institutio* 10,1,93) die Römer getrost die Griechen herausfordern dürfen, hat nach ihrer Blütezeit in der augusteischen Epoche ein halbes Jahrtausend lang geruht, – mit Maximianus nimmt sie, merkwürdig genug, ein letztes Mal das Wort.

Über den Autor selbst unterrichten uns nur einzelne seiner Verse: Er ist etruskischer Herkunft (*Elegie* 5,5), hat in Rom gelebt (1,65), sein Freund war → Boethius, wohl der bekannte Philosoph (3,47); eine Gesandtschaftsaufgabe hat ihn nach Ostrom geführt (5,1 ff.). Ob der an einen Maximianus gerichtete Brief bei → Cassiodors (*Variae epistulae* 1,21) an unseren Dichter gerichtet ist, muß ebenso offenbleiben wie die Frage, ob er Heide oder Christ – oder Namenschrist – war.

Hatten die klassischen Elegien Freuden und Leiden der Liebe unter jungen Leuten besungen, so stellt Maximianus sich als alter, dem Versagen ausgelieferter Mann dar. Seine sechs Elegien beginnen mit breitem Pinselstrich: In 146 Distichen werden allgemein des Alters Beschwerden, Beschränkungen, Belastungen beklagt; und auch, daß seine Geliebte Lykoris ihn nun verlassen habe (*Elegie* 2). Erinnerungen steigen auf an die erste unerfüllte Liebe zu Aquilina (3) wie an die Begegnung mit der Tänzerin Candida (4); doch die triste Gegenwart manifestiert sich (5) in der vergeblichen Bemühung um eine junge Frau, die in ihrer Enttäuschung im Bett eine pathetische Klagerede über das unzuverlässige Glied hält: »Nicht ein privates, nein, ein allgemeines Unglück muß ich beklagen.« Nur noch sechs Distichen umfaßt der Epilog (6), der des Alters Trauer und Tragik als Tod schon im Leben beklagt und auf den Nachruhm verweist.

Solche Thematik und Haltung ist himmelweit entfernt von den jugendlich vibrierenden, kraftvollen Klängen der klassischen Elegie. Aber ein gewichtiger Grundzug ist gemeinsam: Das Ausgeliefertsein an die Glut der Leidenschaft, die qualvolle innere Zerrissenheit des Liebenden, der seine Sehnsucht nicht stillen kann.

Man sollte ferner auch nicht übersehen, daß das heikle Thema des männlichen Versagens in antiker wie moderner Literatur seit Homers *Odyssee* (10,309,341) belegt ist: Philodem von Gadara hat es behandelt, ebenso → Ovid in den *Amores* (3,7), bei → Petron ist es sogar zum zentralen Thema geworden, später hat Ariost es im *Rasenden Roland* nicht übergangen (8,48), Goethe ihm das *Tagebuch* gewidmet, Schnitzler es in den *Reigen* aufgenommen und Stendhal in seinem Buch *Über die Liebe* im Kapitel vom Fiasko theoretisiert. Maximianus ist also mit seiner Thematik Teil einer Tradition, die es verbietet, ihn, wie früher gern geschehen, ob seines ›Johannistriebs‹ zu schmähen und ob seiner Lüsternheit, Frivolität usw. zu verdammen.

So eigenartig die Gattung Elegie mit Maximianus endet, so eigenartig ist auch das Überlieferungsschicksal. Obschon in der Neuzeit als Unflat abgekanzelt, waren die Verse des Maximianus im Mittelalter als Schullektüre akzeptiert; der Dichter selbst galt als *ethicus*, insofern er das Thema des Alterns auszudrücken unternahm und auch Anklänge an Auffassungen der Askese anbietet (3 und 5). Andererseits wurde 1501 in Venedig sein Werk als das des → Gallus gedruckt, eine Verfälschung, die sich über zwei Jahrhunderte zu halten vermochte und auch noch die deutsche Übersetzung Mayrs 1786 kennzeichnet. Seitdem ist Maximianus fast völlig vergessen – ganz zu Unrecht. Das Mittelalter wußte ihn richtiger einzuschätzen als – bislang – die Neuzeit.

A Poetae latini minores, hrsg. von AE. BAEHRENS, Bd. 5, Leipzig 1883, S. 313–348. – R. WEBSTER, Princeton 1900 (mit Komm.). – **Ü** In: F. X. MAYR, Catull, Tibull, Properz, 2 Bde., Leipzig 1786 (als Cornelius Gallus). – **L** F. HEEGE, Der Elegiker Maximian, Programm Blaubeuren 1893. – W. SCHETTER, Studien zur Überlieferung und Kritik des Elegikers Maximian, Wiesbaden 1970.

Meleagros → *Anthologia Graeca.*

Menander, Menandros
342 – um 290 v. Chr.

In Kephisia in Attika geboren, genoß Menander in Athen den Unterricht des → Theophrast. 321 brachte er seine erste Komödie zur Aufführung; mit seinen mehr als 100 Stücken errang er zwar nur acht Siege im Wettbewerb, wurde aber für die Folgezeit der führende Vertreter der sogenannten Neuen Komödie, die sich bereits in den Spätwerken des → Aristophanes angebahnt hatte. Diese verzichtete im Gegensatz zur Alten Komödie auf den Chor, richtete sich auch nicht mehr gegen aktuelle politische Mißstände, sondern stellte den Menschen mit seinen Schwächen und Schwierigkeiten in den Mittelpunkt.

Nachdem Menanders Werke lange Zeit verschollen waren, sind in letzter Zeit mehrfach Papyri publiziert worden, die ein einziges Stück ganz (*Dyskolos*; *Der Griesgram*) und einige weitere Stücke teilweise erneut ans Licht brachten. Das als Ganzes erhaltene Drama, ein Frühwerk aus dem Jahre 317, hat Menander auch den Sieg im Wettbewerb eingebracht. Es zeigt, nicht unähnlich den *Charakteren* des → Theophrast, einen Menschenhasser, der aufgrund bitterer Erfahrungen mit Tochter und Magd ein einsames Leben führt und alle Besucher fortscheucht. Erst ein Sturz in den Brunnen und die Hilfe seines Stiefsohnes bringen ihn zu der Erkenntnis, daß die menschliche Gemeinschaft grundsätzlich nötig und auch akzeptabel ist. *Epitrepontes* (*Das Schiedsgericht*), in großen Teilen erhalten, schildert eine etwas phantastische Ehegeschichte. Von der Komödie *Phasma* (*Das Gespenst*) gibt Donat in seinem Kommentar zum *Eunuchus* des → Terenz eine Inhaltsangabe, die die wenigen Fragmente ergänzt. Weitere Werke, wie *Aspis* (*Der Schild*), *Perikeiromene* (*Die Geschorene*), *Samia* (*Die Samierin*), *Sikyonios* (*Der Sikyonier*) tragen alle den gleichen Charakter: Es sind »bürgerliche« Komödien, die Liebe und Ehe, Probleme von Eltern und Kindern zum Inhalt haben, die private Sphäre nicht verlassen, sondern mit freundlicher Lebensweisheit ausfüllen: »Wie angenehm ist doch der Mensch, ist er nur Mensch!« (Fragment 484). Nicht wenig zum Verständnis Menanders tragen auch die römischen Lustspielautoren bei: → Plautus und → Terenz haben in manchen ihrer Werke Themen oder Szenen Menanders wiedergegeben; Plautus besonders in den *Bacchides*, dem *Stichus*, der *Aulularia* und der *Cistellaria*, Terenz in den *Adelphoe*, der *Andria*, dem *Eunuchus* und dem *Heauton Timorumenos*. Über sie ist Menander zum Vorbild des europäischen Lustspiels geworden.

Hinzu kommen noch über 900 Zitate antiker Autoren, die im Umfang vom Einzelwort bis zum sechzehnzeiligen Zitat variieren, teils aus grammatischen Gründen angeführt, teils als Sentenz. Ferner existiert eine Sammlung von über 800 Einzeilern; diese »Sinnsprüche« (*Gnomai, Sententiae*) sind jedoch nur teilweise echtes Gut.

A H. Lloyd-Jones, Oxford 1960. – A. Körte / A. Thierfelder, Leipzig ²1959. – *Sententiae:* S. Jäkel, Leipzig 1986. – *Dyskolos:* E. W. Handley, London 1965. – *Syconius:* R. Kassel, Berlin 1965. – **Ü** M. Treu, Menander – Herondas, Berlin/Weimar 1980. – F. H. Sandbach, Oxford ³1990. – **L** U. v. Wilamowitz-Moellendorff, Menander, *Das Schiedsgericht*, Berlin 1925. – A. W. Gomme / F. H. Sandbach, Menander. A Commentary, London 1973. – A. Schaefer, Menanders *Dyskolos*. Untersuchungen zur dramatischen Technik, Meisenheim 1965.

Minucius Felix, Marcus Minucius Felix
um 200

Liegt schon das Leben des Minucius Felix für uns fast völlig im dunkeln – er scheint ein angesehener Anwalt in Rom gewesen zu sein –, so ist das Überlieferungsschicksal seines Werkes noch weniger bekannt. 1543 erschien in Rom die Erstausgabe der Schrift *Gegen die Heiden* des → Arnobius, ediert aufgrund einer einzigen Handschrift, in der das Werk in 8 Bücher eingeteilt und beim Übergang vom vorletzten zum letzten Buch der Schreibervermerk zu lesen ist: »Ende von des Arnobius Buch Sieben, Beginn von Buch Acht (liber octavus)«. Erst 1560 korrigierte der französische Gelehrte Baudouin (Balduinus) in seiner Heidelberger Ausgabe den Irrtum: Nicht des Arnobius »liber octavus« lag vor, sondern der Dialog *Octavius*, der, wie man aus Erwähnungen bei → Laktanz, Eusebius und Eucherius wußte, von Minucius Felix stammte.

Seitdem hat das knappe, nur etwa 40 Seiten umfassende Werk viel philologisches Interesse gefunden. Unser Jahrhundert allein hat über 30 Editionen hervorgebracht; Preisungen des *Octavius* als »Perle der apologetischen Literatur« (E. Renan), als *aureum opusculum*, »Goldenes kleines Buch« (van Hoven), »Juwel der frühchristlichen Literatur« (M. Pellegrino) drückten das Entzücken der Gelehrten aus, die hier ein glänzend gelungenes Streitgespräch zwischen einem Heiden und einem Christen lesen konnten, das sie zunächst über alle Anwürfe der Heidenwelt gegen das junge Christentum unterrichtete (bis hin zu thyesteischen Mahlzeiten und ödipodeischen Verbindungen), danach aber eine so kluge wie warmherzige Verteidigung der christlichen Lehre darbot, die sich nicht der Heiligen Schrift, sondern gerade der Argumente und Argumentierweisen der heidnischen Philosophenschulen bediente. Neben dem vertrauten Gedankengut gab auch die fein ausziselierte Sprache Anlaß zur Begeisterung. Reich an Reminiszenzen römischer Autoren (→ Cicero, → Seneca), geht sie doch ihren eigenen Weg und bezaubert ebenso durch liebenswürdigen Wohlklang wie durch klare Disposition. Die Szenerie am Strand von Ostia ist lebendig gezeichnet; spielende Kinder und wechselnde Strandbeobachtungen kontrastieren reizvoll mit der ernsten Thematik. Ein innerlich beteiligter, begeisterter Ton wirbt wirkungsvoll für die neue Lehre, so daß am Ende des Streitgesprächs kein Schiedsspruch nötig wird: Der Heide bekehrt sich zum Christentum und fragt nach weiterer Belehrung; man geht heim in herzlicher Freundschaft und Heiterkeit.

Auch wenn die theologische, dogmatische Dichte dieses Dialogs sich eher als dürftig darstellt, auch wenn wichtige Teile der neuen Lehre ebenso unerwähnt bleiben wie Leben und Wirken Christi selbst, so ist das kleine Werk doch ein anrührendes Zeugnis für die frühen Versuche der christlichen Missionierung in gebildeten Zirkeln der Römerwelt – und auch besonders für die dabei zu überwindenden Vorurteile! Die Ehre, das erste Dokument der lateinischen Apologetik zu sein, die dem *Octavius* lange Zeit zuteil wurde, ist ihm durch neuere Untersuchungen verlorengegangen zugunsten des *Apologeticum* des → Tertullian. Freilich ist eine einhellige Meinung zu dieser komplizierten chronologischen Frage in der gelehrten Welt nicht zu erreichen gewesen; doch wird das Werk jetzt im allgemeinen nach Tertullian im frühen 3. Jh. angesetzt. Ob dieser Philologenstreit je ein Ende finden wird, bleibt abzuwarten. Doch hat das Buch sein Ziel, die christliche Wahrheit als *facilis* und *favorabilis* (39), als »leicht faßlich« und sogar »anziehend«, darzustellen, voll erfüllt; es zählt noch heute zur liebenswürdigsten Lektüre lateinischer Literatur aus frühchristlicher Zeit.

A B. KYTZLER, Leipzig ²1992. – **Ü** B. KYTZLER, München 1965, Stuttgart ³1993. – **L** B. AXELSON, Das Prioritätsproblem Tertullian – Minucius Felix, Lund 1941. – C. BECKER, Der *Octavius* des Minucius Felix, München 1967. – G. W. CLARKE, The *Octavius* of Minucius Felix, New York 1974. – B. KYTZLER, Minucius Felix, in: Theologische Realenzyklopädie, Bd. 23, Berlin 1993.

Moiro

um 300 v. Chr.

In Byzanz gebürtig, ist Moiro Mutter eines tragischen Dichters namens Homeros und Verfasserin epischer Dichtung. Erhalten sind nur zehn einfache Hexameter aus ihrem Werk *Mnemosyne* und zwei Epigramme in der → *Anthologia Graeca*. Weitere Dichtungen, ein Hymnos auf Poseidon, ein Gedicht *Arai* (»Flüche«) sind verloren. Sie steht zeitlich wie auch stilistisch der → Anyte nahe.

A A. S. F. GOW / D. L. PAGE, The Greek Anthology, Bd. 2, London 1965, S. 413 ff. (mit engl. Übers.). – H. BECKBY, Anthologia Graeca, 4 Bde., München ²1965 (mit Übers.). – **Ü** Siehe BECKBY. – **L** G. LUCK, in: Museum Helveticum 11, 1954, S. 181 ff.

Monosticha Catonis → *Disticha Catonis.*

Monumentum Ancyranum → Augustus.

Moretum → Vergil.

Musonius Rufus, Gaius Musonius Rufus
1. Jh. n. Chr.

Ein römischer Ritter ist keine häufige Erscheinung unter den griechischen Autoren. Musonius Rufus, aus Volsinii in Etrurien stammend, ist diese Ausnahme, wie wir von → Tacitus erfahren (*Historien* 3,81). Freilich hat er nach dem Vorbild des Sokrates ausschließlich mündlich gelehrt, und wir kennen seine Vorträge nur aus Schülernachschriften, insbesondere denen eines nicht weiter bekannten Lucius, die bei Stobaios erhalten sind. Aber auch → Epiktet und → Plutarch bieten weitere Zeugnisse. Die Schar der Schüler umfaßte, wie es scheint, eine Reihe bedeutender Köpfe, z. B. → Epiktet, → Plinius den Jüngeren und → Dion; eine Liste findet sich bei → Fronto (*Briefe an Verus* 1,1).

Die Vorträge sind allesamt von einer praktisch-pädagogischen Tendenz geprägt; sie widmen sich Grundfragen der Alltagsethik, z. B. *Was die Hauptsache bei der Ehe ist* oder *Daß auch Frauen Philosophie treiben sollen* oder *Ob Töchter dieselbe Erziehung wie Söhne erhalten sollen* oder *Was man bei Ernährung, Hausrat, Kleidung und Haarschnitt beachten muß*. Obschon stoisch begründet, erschienen die Regeln des Musonius inhaltlich auch dem Christentum angemessen.

A O. Hense, Leipzig 1905. – Ü W. Capelle, Epiktet, Teles und Musonius. Wege zu glückseligem Leben, Zürich/Stuttgart 1948. – L M. Pohlenz, Die Stoa, Göttingen [5]1978, S. 300–303.

N

Naevius, Gnaeus Naevius
um 270 v. Chr. Kampanien – nach 200 v. Chr. Utica

Zwischen → Livius Andronicus und → Ennius tritt mit Naevius die römische Poesie in ihre eigenen Bahnen. Der in Kampanien gebürtige Teilnehmer des 1. Punischen Krieges hatte diese schwere Bewährungsprobe des römischen Volkes und das durch ihre Bewältigung gestärkte Nationalgefühl verinnerlicht und brachte es nun in die Literatur ein.

Seit 235, also nur fünf Jahre nach Livius Andronicus, trat er mit Bühnendichtungen hervor. Seinen Vorgänger übertraf er nicht nur im Sprachlich-Technischen, sondern vor allem dadurch, daß er römische Stoffe auf die Bühne brachte. Unter seinen Tragödien, die sich zumeist der griechischen Mythologie widmen, finden sich auch Stücke, die sich mit Romulus oder ein andermal mit einem römischen Sieg des Jahres 222 v. Chr. beschäftigen: Urgeschichte und Zeitgeschichte Roms als erster auf der Bühne poetisch erhöht zu haben, ist eines der großen Verdienste des Naevius. Mit ihm beginnt die Gattung der sogenannten *fabula praetexta*, der inhaltlich auf Römisches zielenden Tragödie in griechischer Form und lateinischer Sprache, von der uns nur die bei → Seneca dem Jüngeren erhaltene *Octavia* überliefert ist.

Reicher an Zahl waren offenbar die Komödien des Naevius, von denen wir etwa drei Dutzend Titel kennen, jedoch Handlungsabläufe kaum rekonstruieren können. Immerhin ist deutlich (Terenz, *Andria* 18), daß mit Naevius die sogenannte Kontamination beginnt, die Freiheit des lateinischen Bearbeiters, passende Teile aus anderen griechischen Stücken an geeigneter Stelle in die Nachgestaltung der Hauptquelle einzufügen. Auch die Metrik ist durch ihn bereichert worden.

Am wichtigsten allerdings ist sein Epos über den selbst erlebten 1. Punischen Krieg, das *Bellum Punicum*. Naevius hat es in hohem Alter abgefaßt, noch in Saturniern, jenem altertümlichen italischen Vermaß, das erst von Ennius durch den Hexameter ersetzt worden ist. Hatte die *Odusia* des Livius Andronicus griechischen Mythos nach Rom gebracht, so führte Naevius nun Roms Geschichte in die Epik ein. Doch begnügte er sich nicht mit einer Versifizierung der Zeitgeschichte. In der Perspektive auf die Anfänge der Tradition hat er auch die Aeneas-Sage einbezogen und die Entwicklung dargestellt, die zur Gründung der Stadt geführt hat. So sind hier schon mythisch-heroische Frühzeit und Gegenwartsgeschichte ineinander verwoben. Damit ist Naevius der Vorläufer → Vergils in der Epik, wie er in der Komödie → Plautus den Weg bereitet hat.

Naevius wird in der Überlieferung als selbstbewußter, freizügig redender Poet geschildert, der nicht zögert, führende Familien wie die Meteller öffentlich zu kritisieren, wenn er Anlaß dazu sieht. Es heißt, solcher Freimut habe ihn ins Gefängnis gebracht und schließlich sogar in die Verbannung getrieben. Es ist schwer festzulegen, wieviel davon Realität und wieviel Legende ist. Gewiß keine Legende ist der freie, selbstbewußte Geist des Naevius – er spricht auch noch aus den Resten der Poesie des ersten Römers, der sich selbst ganz als Dichter verstand und als solcher dem Ruhm seines Volkes diente.

A K. Büchner, Fragmenta Poetarum Latinorum, Leipzig 1982, S. 20–40. – *Belli Punici carmen:* W. Strzelecki, Leipzig 1964. – **Ü** E. H. Warmington, Remains of Old Latin, Bd. 2, London 1937 u. ö. – **L** W. Richter, Das Epos des Naevius, in: Nachrichten der Akad. der Wiss. Göttingen 3, 1960, S. 41 ff.

Namatianus → Rutilius Namatianus.

Naucellius, Iunius (Iulius?) Naucellius
um 305/310 n. Chr. – um 400/405 n. Chr.

Naucellius war bereits durch die Briefe des → Symmachus bekannt (3,10–16), auch als Autor von Epigrammen und Übersetzungen aus dem Griechischen erwähnt (Nr. 11 und 13). Nun wurde 1950 in der Bibliothek des Vatikans die Sammlung der sogenannten → *Epigrammata Bobiensia* entdeckt, in der sich acht Epigramme des Naucellius fanden (2–9). Diese belegen das hohe Alter des Autors und seine Zugehörigkeit zum Senat. Seine Haltung als Heide wird durch das Gebet an Saturn bezeugt. Hauptsächlich spricht Naucellius vom Leben auf seinem Landhaus bei Spoleto. Seine Schulung an → Horaz mischt sich mit Anklängen an → Ausonius. Der Fund ist eine begrüßenswerte Bereicherung unserer Kenntnis vom literarischen Leben der Zeit um 400 n. Chr.

A *Epigrammata Bobiensia*, hrsg. von F. Munari, Rom 1955. – W. Speyer, Leipzig 1963. – L W. Speyer, Naucellius und sein Kreis, München 1959.

Nazarius → *Panegyrici.*

Nepos, Cornelius Nepos
um 100 v. Chr. – um 25 v. Chr.

Herablassende Geringschätzung findet sich vielfach in philologischen Formulierungen für Nepos. Daß → Catull ihm seine Gedichte widmete, daß → Cicero mit ihm korrespondierte, daß → Varro aus Reate sein Freund war, beeindruckte ebensowenig wie die Stellung des Nepos als vielgelesener Schulautor. Worauf beruht solcher Gegensatz in der Einschätzung?

Nun ist aus dem Leben des Nepos in der Tat nichts Denkwürdiges zu melden. Wir wissen, daß er nicht Senator war, und stellen, je nach Einstellung, mit Bedauern oder Zustimmung fest, daß von seinem literarischen Œuvre das meiste verlorengegangen ist. Das betrifft die 3 Bücher der *Chronica*, vor 54 verfaßt, wie auch die 5 Bücher der nach 43 geschriebenen *Exempla*, deren mancherlei Merkwürdigkeiten späteren Autoren wie → Valerius Maximus, → Plinius der Ältere und → Gellius als Fundgrube dienten. Auch die Biographien über → Cato und Cicero sind nicht erhalten. Einzig aus dem Hauptwerk des Nepos, *De viris illustribus* (*Berühmte Männer*) hat die Überlieferung Teile bewahrt. Dieses war, ähnlich wie Varros *Imagines*, als Gegenüberstellung von griechischen und römischen Persönlichkeiten angelegt, geordnet nach Kategorien wie Könige, Feldherrn, Redner, Dichter, Historiker. Vorhanden sind noch 23 Kurzbiographien außerrömischer Feldherren, unter ihnen nicht nur Miltiades, Themistokles, Alkibiades, sondern auch Hamilkar und Hannibal. Hinzu kommt aus dem Biographien-Band über Historiker die Vita des Cato – wohl eine gekürzte Fassung der verlorenen Monographie – und die des → Atticus. Dabei findet sich auch noch das besondere Dokument der Briefe der → Cornelia, der Mutter der Gracchen; sie sind wohl ein Rest aus dem Band über die Redner.

Man muß zugeben, daß im allgemeinen die Lebensbeschreibungen des Nepos stilistisch anspruchslos und historisch geringwertig sind. Er schreibt unterhaltende Literatur über die Lebensläufe interessanter Leute, keine Charakterporträts oder Schicksalsdeutungen. Sein Publikum dürfte damals damit durchaus zufrieden gewesen sein. Und daß Nepos zu Höherem fähig war, beweist die Atticus-Biographie, in der des Freundes Wesen und Wirken mit großer Klarheit und Eindringlichkeit gestaltet und gedeutet sind. So resultiert der eingangs erwähnte Widerspruch in der Bewertung wohl aus falschen Voraussetzungen. Bescheidener als seine Kritiker, hat Nepos den gewählten Rahmen gut gefüllt; eine Gesamtbeurteilung wird durch die Lückenhaftigkeit der Überlieferung verwehrt – sie würde gewiß keine Verurteilung seiner literarischen Leistung sein können.

A E. Malcovati, Turin ³1960. – P. K. Marshall, Leipzig ³1991. – **Ü** H. Färber, München 1952. – **L** K. Nipperdey / K. Witte, Berlin ¹¹1913, ¹²1962 (mit Komm.).

Neues Testament → *Testamentum novum.*

Nossis
um 300 v. Chr.

Rund ein Dutzend Epigramme haben sich von der aus Lokri in Unteritalien stammenden Dichterin erhalten; ihre Lyrik ist verloren. Die vorhandenen Vierzeiler feiern Weihungen an Aphrodite und sprechen auch von Kindern. Der Selbstvergleich mit → Sappho (→ *Anthologia Graeca* 7,118) ist gewiß zu hoch gegriffen, doch geben die einfache Sprache und der glatte metrische Ablauf Anlaß genug zur Anerkennung.

A H. Beckby, Anthologia Graeca, 4 Bde., München ²1965 (mit Übers.). – **Ü** Siehe Beckby. – **L** G. Luck, Die Dichterinnen der griechischen Anthologie, in: Museum Helveticum 11, 1954, S. 170 bis 187. – U. v. Wilamowitz-Moellendorff, Hellenistische Dichtung in der Zeit des Kallimachos, 2 Bde., Berlin 1924, Bd. 1, S. 135 ff.

Novellae → *Corpus iuris civilis.*

O

Octavia → Seneca der Jüngere.

Orphika

Dem mythischen Sänger Orpheus wurden seit dem 6./5. Jh. v. Chr. Epen und Hymnen zugeschrieben, von denen sich freilich nur spärliche Reste erhalten haben. Erste Erwähnungen finden sich – als höchst kritische Stellungnahmen – bei → Euripides (Hippolytos 952 ff.) und → Platon (*Staat* 2,364e). Aus römischer Zeit, vielfach in neuplatonischer Sicht gefaßt, liegen weitere Texte orphischen Charakters vor, die meisten wohl aus dem 2. Jh. n. Chr.

Aus den frühen Fragmenten vermögen wir eine *Theogonie* (eine mythische Lehre von der Entstehung und Abstammung der Götter) und eine *Kosmologie* (eine Lehre von der Entstehung und Entwicklung des Weltalls) zu fassen, wobei sich allerdings oft Widersprüche zwischen einzelnen Zeugnissen zeigen. Als Ganzes liegen uns drei angebliche Orpheus-Texte vor:

1. *Argonautika*, ein 1376 Hexameter umfassendes Epos, das die Argonautenfahrt aus der Sicht des Orpheus berichtet und zumeist dem Werk des → Apollonios von Rhodos folgt;
2. *Lithika*, ein Lehrbuch von 774 Hexametern über Steine, das erst in byzantinischer Zeit den Orphika zugezählt wurde und ihnen an sich nicht zugehört;
3. Hymnen, 87 Gedichte, den → homerischen Hymnen vergleichbar, zwischen 6 und 30 Versen lang. Sie umfassen fast 1200 Verse und rufen 87 Gottheiten an, wobei zu den großen Göttern auch ihnen zugeordnete Kräfte und Phänomene treten (z. B. Blitz und Donner zu Zeus). Alles wird

eingeleitet durch ein 44 Verse umfassendes Modellgebet, das 80 Gottheiten anspricht. Die Texte der Hymnen sind im 2. Jh. n. Chr. oder später geschaffen und von stoischen Elementen durchsetzt.

A Orphicorum fragmenta, hrsg. von O. Kern, Berlin 1922, reprogr. Nachdr. 1963. – G. Quandt, Berlin 1955, [2]1962. – Ü J. O. Plassmann, Orpheus. Altgriechische Mysterien, Köln 1982. – L R. Boehme, Der Sänger der Vorzeit, Bern/München 1980. – F. Graf, Eleusis und die orphische Dichtung Athens in vorhellenistischer Zeit, Berlin / New York 1974.

Ovid, Publius Ovidius Naso
20. März 43 v. Chr. Sulmona – um 17 n. Chr.

Von den drei großen römischen Autoren, die das Exil auf sich nehmen mußten, ist Ovid durch die Verbannung am härtesten und nachhaltigsten getroffen worden, tiefer und dauernder als → Cicero und → Seneca der Jüngere. So ist die fehlende Sicherheit bei der Bestimmung seines Todesdatums auch darauf zurückzuführen, daß er am äußersten Rande des Imperiums, fern den Zentren der Zivilisation, sein Ende fand, ohne daß genauere Nachrichten darüber vorliegen. Anders sein Geburtsdatum: dieses nennt er selbst in seinem autobiographischen Rückblick (*Tristien* 4,10).

Wir wissen von Ovid, daß er in Rom rhetorische Studien getrieben und eine Bildungsreise nach Griechenland und Kleinasien unternommen hat. Anschließend begann Ovid die Ämterlaufbahn, brach sie aber bald ab und führte – mit Hilfe des väterlichen Vermögens – sein Leben in Rom als Dichter. Von etwa 20 v. Chr. bis 8 n. Chr. gelangen ihm größte Erfolge; dann traf ihn der kaiserliche Bannstrahl: Ovid mußte nach Tomi (Konstanza) am Schwarzen Meer, von wo er auch nach des → Augustus Tod nicht zurückkehren durfte. Das Rätsel um die Ursachen des herrscherlichen Zornes ist ungelöst und auch beim gegenwärtigen Quellenstande unlösbar. Ovid selbst beteuert immer wieder, unschuldig zu sein, kein Vergehen (*crimen*), sondern nur einen Irrtum (*error*) begangen zu haben. Vielleicht war er in irgendeiner Weise Zeuge oder Teilhaber an einem Sittenskandal in der kaiserlichen Familie gewesen. Die offiziell als Verbannungsgrund genannten, der Frivolität beschuldigten erotischen Schriften Ovids waren schon längere Zeit zuvor veröffentlicht und konnten eigentlich nicht die wahre Ursache gewesen sein.

Chronologisch gliedert sich Ovids Werk in drei Gruppen: erotische Jugendgedichte; Werke der Meisterschaft; Klagebriefe aus dem Exil. Der Dichter begann seine Laufbahn ab etwa 20 v. Chr. mit den *Amores* (*Liebeselegien*) in 5 Büchern, von denen wir die zweite Fassung in 3 Büchern aus dem Jahre 1 v. Chr. besitzen. Im selben Jahr wurden auch die beiden ersten Bücher der *Ars amatoria* (*Liebeskunst*) veröffentlicht, denen 1 n. Chr. Buch 3 folgte, zusammen mit den *Remedia amoris* (*Heilmittel gegen die Liebe*). Zuvor waren noch eine jetzt verlorene Tragödie *Medea* entstanden und die *Heroides*, 15 Heroinen-Briefe, die später auf 21 erweitert wurden, ferner ein Fragment über die Pflege des weiblichen Gesichts.

Man sieht, das erotische Werk des Ovid ist formen- und facettenreich. Selbst die Tragödie ist einbezogen, doch hatte sie einen Mythos zum Inhalt, in dessen Mitte die entfesselte Leidenschaft einer ›Barbarin‹ steht. Und die anderen Bücher sind in der Vielfalt ihrer Formen wie Elegie, Lehrbuch, Brief doch direkt auf das eine Thema hin zentriert: Eros ist der Gott, dem dieser Poet huldigt – freilich auf eigene, besondere Weise.

Sie wird vielleicht am leichtesten deutlich an den *Briefen der Leidenschaft*, wie man die poetischen Episteln genannt hat, die Ovid mythischen Frauen zuschreibt. Bezeichnend ist, daß es sich zunächst nur um Frauen handelt und erst in den Ergänzungen drei Briefpaare hinzukommen, so daß regelrechte Korrespondenzen entstehen. Ansonsten schreiben Penelope an Odysseus, Dido an Aeneas usw. Das Pathos der einsamen Glut ergießt sich in diesen präzisen Psychogrammen in mythischen Modellsituationen: Sehnsucht und Eifersucht, Trauer und Zorn wechseln, Erinnerungen und Hoffnungen, Klagen und Anklagen. Was James Joyce in Mollys Monolog am Ende des *Ulysses* ausgestaltet hat, ist hier vorweggenommen. Der Zyklus zeigt, wie Ovid das äußerlich immer gleiche Motiv der liebenden Briefschreiberin zu einer Galerie von Pathogrammen gestaltet hat, die einander kontrastierend ergänzen und die Mannigfaltigkeit menschlicher Regungen und Erregungen ausloten.

Auch die *Amores* brillieren durch präzise Präsentation eines Gefühls, einer Empfindung in einem knapp begrenzten Szenarium. Dabei werden auch heikle Themen nicht ausgespart, wie etwa das Potenz-Problem (3,7). Ovid ist unersättlich in der Liebe – sie zu genießen wie sie zu besingen, denn sie ist die Macht, die des Menschen Herz höher schlagen, sein Wesen deutlicher erscheinen läßt.

Wie jedes Erlebnis neue Erfahrung bringt, so jedes Gedicht neue poetische Züge. Am Ende solcher Wege steht die Zusammenschau: In der *Ars amatoria*, der *Liebeskunst*, werden zunächst in den ersten beiden Büchern die Männer, dann im dritten die Frauen unterrichtet, was die vereinzelten Erlebnisse insgesamt lehren: wie man sich in diesem schwierigen Bereich zurechtfindet, mit welcher Haltung, mit welchen Handlungen man ihn meistert. Man erfährt, wie man den Partner, die Partnerin findet, wie man sie/ihn fesselt, wie man das Vergnügen genießt und das Mißvergnügen vermeidet. Das Liebeslehrbuch gibt nicht nur Rat, wie man das alles anstellt; auch welche Stellungen beim Liebesakt vorzuziehen sind, wird gelehrt. Und um sich der Liebe nicht unterwerfen zu müssen, werden auch die *Heilmittel gegen die Liebe*, die *Remedia amoris*, in einer gesonderten Schrift eingehend erörtert. Ovid zeigt, wie man die Gefühle weckt – in der Brust des anderen – und wie man sie dämpft – in der eigenen Brust. Erotisches Spiel als souverän beherrschte Sensation, die Liebe als Lust, nicht als Last; daß

Ovid in der mondänen Gesellschaft der Weltstadt Rom Erfolg hatte, verwundert nicht.

Die *Fasti*, ein dem Augustus gewidmeter Festkalender, sind das weniger bekannte, gewiß nicht weniger wertvolle der beiden Meisterwerke Ovids. Es gibt in 6 Büchern in elegischen Distichen eine Beschreibung der in die Monate Januar bis Juni fallenden römischen Feste, ihrer Entstehung und mythologischen Bedeutung; auch Astronomisches und Sternsagen sind eingefügt. Hier ist der nationale Dichter am Werk, der den Ansatz des 4. Buches des → Properz systematisiert und sammelt, was er bei → Varro und anderen an Information finden kann. Es ist verständlich, daß das Werk in der Verbannung nicht fortgeführt werden konnte. Jedoch hat Ovid dort nach dem Tode des Augustus eine Umarbeitung begonnen in der Absicht, das Werk nun dem → Germanicus zu widmen. Freilich ist er über das 1. Buch nicht hinausgekommen. Im Schatten des anderen, berühmteren Meisterwerkes stehend, haben die *Fasti* trotz ihrer Spannweite zwischen Erhabenem und Burleskem, Tragischem und Komischem nicht die ihnen gebührende Beachtung gefunden.

Ovids Hauptwerk, die im 1. Jahrzehnt n. Chr. geschaffenen *Metamorphoses* (*Verwandlungen*), ist ebenfalls ein Sammelwerk: Etwa 250 Verwandlungssagen sind in 15 Büchern von je 700 bis 900 Hexametern zu großer einheitlicher Gestalt vereinigt, die durch eine Kosmogonie im ersten, eine imaginäre Rede des Philosophen Pythagoras im letzten Buch (15,75 ff.) einen philosophischen Rahmen erhält, dessen Lehre lautet: Alles wandelt sich nur, nichts vergeht (15,165). Verbindender Grundgedanke all der vielfachen und vielfältigen Verwandlungen ist die große Wandlung der Welt vom Chaos des Anbeginns zum Kosmos der augusteischen Ordnung. So führt denn auch der Faden der Erzählung von der mythischen Epoche zum Trojanischen Krieg, zur Aeneas-Sage und endlich zur Verherrlichung des Augustus. Ovid überbrückt also Vorgeschichte, Frühzeit und Gegenwart. Der grandiose Gegenstand ist in sich großräumig gegliedert: Über die Buchgrenzen hinweg verbinden Sagenstoffe einzelne Bücher, Schachtelerzählungen geben der Perspektive Tiefenschärfe, auktoriales Erzählen wechselt mit szenischem Rollensprechen. Der formale Rekurs auf Homer und Hesiod → Vergil und → Lukrez gibt dem Werk Weite und Würde. Stilistisch wird eine kaum vorstellbare Spanne des Tonfalls vom Heroischen bis zum Idyllischen, vom Didaktischen bis zum Hymnischen durchmessen. Man kann die Wirkung des Werkes auf den Leser, die Nachwirkung auf die Tradition nicht hoch genug einschätzen: die Mythenkenntnis fast aller Epochen Europas beruht zumeist auf den *Metamorphosen* Ovids.

In einer letzten Schaffensphase hat sich Ovid nur noch zu Trauerliedern aufgerafft. In den *Tristia* nennt er die römischen Adressaten seiner poetisch-persönlichen Briefe nicht namentlich, um, wie er sagt, sie nicht zu kompromittieren; in den *Epistulae ex Ponto* (*Briefen vom Pontos*) sind die Namen erwähnt, da der Dichter diese dadurch der Unsterblichkeit zuführen kann. Besonderes Interesse erregt die Autobiographie (*Tristien* 4,10), die als traditionelle Sphragis, als dichterisches Siegel, die Sammlung schließen sollte; doch ist später noch ein 5. Buch hinzugekommen. Die *Epistulae* umfassen 4 Bücher, wobei die ersten 3 ein künstlerisches Ganzes bilden. Daß Ovid den Aufenthalt an einem heute beim Massentourismus beliebten Badeort als so bedrückend empfand, ist für den durch Roms Eleganz geprägten Poeten in jener Zeit nicht verwunderlich. Der moderne Leser fühlt sich durch die immer gleiche Klagehaltung leicht ermüdet; wer aber die hohe Kunst der Variation, die bei Ovid auch hier nicht erloschen ist, genauer beachtet, wird wohl auch diese Dichtungen zu schätzen wissen.

Ein Schmähgedicht *Ibis* ist auch in den ersten Jahren des Exils entstanden; allerdings ist seine Echtheit nicht unbestritten. In 322 elegischen Distichen attackiert der Verfasser einen unbekannten Feind in ironisch-aggressiver Art.

Ovids ungeheurer Erfolg im Mittelalter wie in der Moderne beruht nicht nur auf den bereits benannten Vorzügen seiner Stoffe und ihrer poetischen Präsentation. Er ist vor allem in seiner Sprachkunst begründet. Die lateinische Sprache hat durch ihn eine Leichtigkeit erlangt, wie sie sonst wohl keinem anderen zu meistern gelang. Der berühmte Vers (*Tristien* 4,10,25 f.)

Sponte sua carmen numeros veniebat ad aptos,
et quod temptabam scribere versus erat

Freiwillig fügten die Wörter sich leicht zum passenden Verse,
und was ich schreiben gewollt, wurde mir immer zum Vers

ist zwar mißdeutet worden als Selbstzeugnis eines Dichters, dem sich alles allenthalben zum Verse fügte; tatsächlich ist aber die Bekehrung von der Prosa zur Poesie gemeint. Doch enthält er die tiefere Wahrheit, daß sich diese Berufung zur Poesie ein Leben lang in vielen Tausenden von Versen bewahrt und bewährt hat: Sie alle sind von luzider Leichtigkeit, ja Selbstverständlichkeit der Fügung und Formung. Mitteilung und Metrum mischen sich in unvergleichlich inniger Verbindung. Gewiß ist die rhetorische Schulung in dieses poetische Œuvre eingegangen, doch sie dominiert nicht, sie dient der Deutlichkeit und Durchsichtigkeit, ohne sich aufzudrängen. Wer die Vollkommenheit lateinischer Verse erleben will, findet sie hier – in Ovids Werken. Und auch wer der lateinischen Sprache nicht mächtig ist, wird noch in der Übertragung den Hauch seines Geistes als eines großen Genies verspüren.

Gesamtbibliogr. in: Aufstieg und Niedergang der Römischen Welt, hrsg. von H. Temporini und W. Haase, 2, 32, 4, Berlin 1981, S. 2161–2273 (H. Hofmann zu den *Metamorphosen*) und 2385 bis 2435 (M. L. Coletti zu den Liebesdichtungen). – **A** W. S. Anderson, *Metamorphoses*, Leipzig [5]1991. – E. J. Kenney, *Amores, Medicamina faciei femineae, Ars amatoria, Remedia amoris*, Oxford

1961. – F. W. Lenz, *Remedia amoris, Medicamina faciei*, Turin 1965. – F. W. Lenz, *Ars amatoria*, Turin 1965. – H. Dörrie, *Heroides*, Berlin 1971. – **Ü** *Fasti:* F. Bömer, München 1958 (lat./dt.). – *Metamorphoses:* E. Rösch, München 1980 (lat./dt.). – H. Breitenbach, Zürich ^{2}1964. – M. v. Albrecht, Stuttgart 1994 (lat./dt.) – *Ars amatoria:* F. Burger, München ^{12}1976 (lat./dt.) – M. v. Albrecht, Stuttgart 1992 (lat./dt.) – F. W. Lenz, Berlin 1969 (lat./dt.). – *Amores:* W. Marg / R. Harder, München ^{3}1980. – F. W. Lenz, Berlin 1960–65. – *Epistulae ex Ponto:* W. Willige / G. Luck, Zürich 1963 (lat./dt.). – **L** E. Martini, Einleitung zu Ovid, Darmstadt ^{2}1970. – H. Fränkel, Ovid, Darmstadt 1970. – W. Ludwig, Struktur und Einheit der *Metamorphosen* Ovids, Berlin ^{2}1965. – F. Munari, Ovid im Mittelalter, Zürich 1960. – H. Dörrie, Der Heroische Brief, Berlin 1968. – W. Stroh, Ovid im Urteil der Nachwelt, Darmstadt 1969. – Ovid, hrsg. M. v. Albrecht und E. Zinn, Darmstadt 1969.

P

Pacatus → *Panegyrici.*

Pandekten → *Corpus iuris civilis.*

Panegyrici

1433 fand der Humanist Johannes Aurispa in Mainz ein Manuskript mit zwölf Lobreden, im Latein mit dem griechischen Lehnwort *Panegyrici* benannt. Die Bezeichnung »Panegyriker« in der Bedeutung von »Lobredner« ist im Deutschen also eine Mißbildung. An der Spitze der Sammlung steht die Lobrede des jüngeren → Plinius, die er im Jahre 100 n. Chr. als Konsul auf den Kaiser gehalten hat. Es folgen 11 weitere, allerdings wesentlich kürzere Reden aus den Jahren 289–313 (Nr. 5–12) und 321–389 (Nr. 2–4). Sie alle huldigen vorbehaltlos dem Herrscher. Diese adulatorische Haltung erscheint dem heutigen Leser schwer erträglich, doch darf zweierlei nicht verkannt werden: einmal, daß hier – gewiß gröblich geschöntes – geschichtliches Quellenmaterial von Gewicht für kritische Benutzung bereit liegt; zum anderen, daß damit Dokumente einer blühenden Rhetorik vorliegen, die sich verschiedentlich zu inspirierter Darstellung erheben und immer in gepflegter, an klassischen Mustern orientierter Diktion gehalten sind.

Die Verfasser der Lobreden sind z. T. anonym, z. T. auch mehr oder minder bekannt. Während Latinus Pacatus Drepanus, Claudius Mamertinus und Nazarius weniger hervortreten, ist Eumenius, geb. um 255, mit 4 Reden vertreten, unter denen sich besonders die 297 gehaltene Ansprache als interessant erweist, in der er *pro restaurandis scholis*, für die Wiederherstellung von Schulen in seiner Heimatstadt Autun eintritt. Daß außer dieser Sammlung noch zahlreiche andere Reden, aber auch Dichtungen (z. B. bei → Ausonius, → Statius, im → *Panegyricus Messallae*) panegyrischen Charakter tragen, kann hier nur kurz erwähnt werden.

Seit ihrer Wiederentdeckung bis ins 18. Jh. hinein waren die *Panegyrici Latini* als Modelle für ähnliche Reden an Europas Höfen höchst geschätzt. Daß ein Gutteil der Originale einst in Trier und somit auf deutschem Boden gehalten worden ist, sei nicht vergessen.

A R. A. B. Mynors, Oxford 1964. – V. Paladini / P. Fedeli, Rom 1976. – **Ü** E. Galletier, 3 Bde., Paris 1949–55 (lat./frz.).

Panegyricus in Messallam → Tibull.

Parmenides
um 515 – um 445 v. Chr.

In Elea (Velia) in Unteritalien entwickelte sich eine Philosophenschule, deren führender Vertreter Parmenides ist. Von seinem Lehrgedicht, das (wie das → Heraklits) den Titel *peri physeos* (*Über die Natur*) trägt, sind mehr als 150 Hexameter in verstreuten Fragmenten (u. a. bei → Sextus Empiricus) erhalten geblieben; obwohl sie nur etwa ein Drittel bis ein Sechstel des Gesamtgedichts darstellen, gewinnen wir doch einen hinlänglichen Eindruck von seiner Gedankenführung und Aussageweise. Der erhaltene Beginn beschreibt die Auffahrt des Poeten und Philosophen Parmenides im Wagen zu der Göttin des Rechts, die ihm zwei Erklärungen verspricht, zunächst die der Wahrheit, danach die des Wähnens und Meinens der Menschen. Der Denker dürfe sich nicht auf seine Sinne verlassen und der Gewohnheit folgen: »Laß allein die Vernunft die Entscheidung fällen!«

Dementsprechend trägt sie ihm im ersten Teil ihre Enthüllungen über das Sein vor, die auf dem Grundsatz basieren, daß es ein Nicht-Sein nicht geben kann. Dieses Sein, das wir denken, ist ungeworden, unteilbar, ewig: »Alles ist voll von Seiendem.«

Nach der »wohlgerundeten Wahrheit« folgen im zweiten Teil eine Kosmogonie und Kosmologie, in denen die Entstehung und Entwicklung der Welt beschrieben werden. Diese beruhen auf *phaos* und *nyx*, auf »Licht« und »Nacht«, die auch als der Gegensatz von »leicht« und »schwer« oder »mild« und »dicht« gesehen werden. Der Schluß fehlt.

Daß Philosophem und Poem ineinander unauflöslich verwoben sind, ist ein Kennzeichen frühgriechischen Denkens, dem wir auch bei → Empedokles und → Hesiod begegnen. Es ist hier bei Parmenides von entscheidendem Gewicht: Die Gestalt der verkündenden Göttin hebt die vorgetragenen Gedanken aus menschlich begrenztem Scheinwissen hinauf in die Sphäre des geistigen Erfassens des wahren Seins. Die Lehre des Parmenides wurde weithin diskutiert und von seinem Schüler → Zenon verteidigt.

A H. Diels / W. Kranz, Die Fragmente der Vorsokratiker, Bd. 1, Berlin [5]1951, S. 217–246 (mit Übers.). – A. H. Coxon, Assen 1986. – **Ü** H. Diels, Parmenides. Lehrgedicht, Berlin 1897 (mit griech. Text). – E. Heitsch, Parmenides, München [2]1991. – U. Hölscher, Frankfurt a. M. 1986. – **L** K. Reinhardt, Parmenides und die Geschichte der griechischen Philosophie, Frankfurt a. M. [4]1985. – W. Jaeger, Die Theologie der frühen griechischen Denker, Stuttgart 1953. – J. Mansfeld, Die Offenbarung des Parmenides und die menschliche Welt, Assen 1964.

Parthenios

1. Jh. v. Chr.

Im 3. Mithridatischen Krieg kam Parthenios 73 v. Chr. als Kriegsgefangener nach Italien. Als Freigelassener verbrachte er seine Jahre zunächst in Rom, dann in Neapel. Dort soll er nach einer Notiz des → Macrobius (*Saturnalien* 5,57) der Lehrer → Vergils gewesen sein. Seine Elegien sind verloren;

in der Antike wurden sie hoch geschätzt und brachten ihrem Autor sogar einen Platz neben → Kallimachos ein (*Anthologia Graeca* 11,130). Erhalten sind seine dem Dichter → Gallus als Stoffsammlung gewidmeten *Erotika Pathemata* (»Liebesleiden«), 36 in Prosa erzählte Liebesgeschichten mit einem ›unhappy end‹, entlegenen Quellen entlehnt, die jedoch, soweit wir wissen, keine Neubearbeitung erfahren haben.

A E. Diehl, Anthologia Lyrica Graeca, Bd. 2, [2]1942, fasc. 6, S. 94 bis 101. – E. Martini, Mythographi Graeci, Bd. 2/1, Suppl., Leipzig 1902. – Ü W. Plankl, Erotika pathemata, Wien 1947 (mit griech. Text). – L. Mader, Griechische Sagen, Zürich/Stuttgart 1963, S. 163–193.

Pausanias

um 115 – (?) n. Chr.

Ein antikes »Sachbuch« eigener Art, nicht selten als klassischer »Baedeker« nicht ganz richtig eingestuft: In 10 Büchern gab Pausanias, dessen Dasein sonst im dunkeln bleibt, etwa 170/180 n. Chr. eine *Beschreibung Griechenlands*. Sie umfaßt Attika (Band 1), Argolis (2), Lakonien (3), Messenien (4), Elis (5/6), Achaia (7), Arkadien (8) sowie, nun nördlich, Böotien (9) und Phokis (10). Dabei richtet er sein Augenmerk nicht auf die Landschaften, sondern auf die Städte und kleineren Ortschaften, auf Baulichkeiten und vor allem auf Kunstdenkmäler. Unter diesen geht es ihm vor allem um die archaischen und klassischen Stücke; ihnen widmet er eingehende Beschreibungen. Ein berühmtes Beispiel ist der thronende Zeus des Phidias in Olympia (5,11,1–10). Hinzu kommen geschichtliche und religionsgeschichtliche Hinweise, Anekdotisches, Biographisches und Mythologisches. So ist mehr als ein Reiseführer entstanden: Pausanias gibt ein Bild Griechenlands zu seiner Zeit. Dabei ist seine Auswahl notwendig subjektiv (1,39,3), doch bezieht er so viele Aspekte ein und bietet so reiches Material, daß sein Werk heute nahezu allen Disziplinen der Altertumswissenschaft als eine unerschöpfliche Quelle nicht zu ersetzender Informationen dient.

A F. SPIRO, 3 Bde., Leipzig 1903. – F. H. HITZIG / H. BLÜMMER, 3 Bde., 1896–1910 (mit Komm.). – J. THAILLARDAT u. a., 2 Bde., Paris 1969 (mit frz. Übers.). – M. H. ROCHA-PEREIRA, Leipzig [2]1989. – Ü E. MEYER / F. ECKSTEIN, 3 Bde., Zürich/München [3]1986–89. – W. H. JONES / H. A. ORMEROD, 5 Bde., London 1959 bis 1961 (griech. Text mit engl. Übers.). – L E. STRID, Über Sprache und Stil des Periegeten Pausanias, Stockholm 1976. – F. W. IMHOOF-BLUMER, Ancient Coins Illustrating Lost Masterpieces of Greek Art. A Numismatic Commentary on Pausanias, Chicago 1964. – J. HEJNIC, Pausanias the Perieget and the Archaic History of Arcadia, Prag 1961. – J. BUSCHE, Untersuchungen zur Oinoe-Schlacht des Pausanias, Münster 1971. – C. HABICHT, Pausanias, München 1985. – J. DALFEN, Dinge, die Pausanias nicht sagt, in: Worte – Bilder – Töne. Festschr. B. Kytzler, hrsg. von R. FABER und B. SEIDENSTICKER, Würzburg 1996, S. 159–178.

Peregrinatio ad loca sancta → *Silviae peregrinatio.*

Periander, Periandros → Septem sapientes.

Persius, Aulus Persius Flaccus
4. Dezember 34 n. Chr. Volterra, Etrurien – 24. November 62 Rom

Ähnlich wie seinem Zeitgenossen und Dichterkollegen, dem Epiker → Lukan, waren auch dem Satiriker Persius nur wenige Lebensjahre vergönnt; schon 28jährig erlag er einem Magenleiden. Obgleich eine antike Vita uns sein Leben berichtet, ist doch nicht mehr zu erfahren als seine Herkunft aus dem Ritterstand, die Stationen seiner Erziehung in Volterra und Rom sowie Namen aus seinem Lebenskreise, zu dem auch der von ihm nicht geschätzte → Seneca der Jüngere zählte.

Sein Werk – es umfaßt 6 Satiren mit 650 Hexametern und einen Vorspruch mit 14 Hinkjamben – folgt der von → Horaz vervollkommneten Form, greift Einflüsse der stoischen Rhetorik auf und ist durch seine heftig bewegte Sprache ein Paradefall einer bis zum Obskuren hin komprimierten Diktion. Dadurch wie auch durch häufigen unübersichtlichen Sprecherwechsel wird der Leser zu höchster Aufmerksamkeit herausgefordert; um zu dieser Anstrengung anzuhalten, hat ein moderner Herausgeber, O. Seel, das Latein des Persius ohne jedes Interpunktionszeichen ediert, also so, wie die antiken Autoren ihre Texte in der Tat niedergeschrieben haben.

Quis leget haec? (»Wer soll denn so etwas lesen?«): Die berühmte Frage fällt schon im zweiten Vers der 1. Satire, nachdem Persius im ersten Vers → Lucilius zitiert hat, so daß gleichzeitig Anschluß an die Tradition und Distanzierung von ihr deutlich werden. Seine Themen sind eher konventionell: war 1 gegen den Leerlauf des lautstarken Literaturbetriebes gerichtet, so greift 2 Scheinheiligkeit an, 3 Faulheit und Laster, 4 Ehrgeiz; in 5 findet sein Lehrer (und postumer Editor) Cornutus sein Lob, mit ihm die Philosophie; in 6 ist Geld das Thema.

Manche Philologen haben den Ton des Persius als affektiert, seine Thematik als konventionell, seine Haltung als unangemessen anspruchsvoll und herrisch kritisiert. Dennoch ist die oft glänzend geglückte Zeichnung kleiner Szenen, die lodernde Leidenschaft der Diktion, die kühne Knappheit seiner Verse eine Leistung, die Persius gerade in neuerer Zeit Anerkennung verschafft hat. Mancher modernen poetischen Verkürzung und Verrätselung muß seine Intensität als wesensverwandt erscheinen. Seine eigene Zeit war zunächst, von Freunden abgesehen, eher verblüfft als begeistert, doch schon den folgenden Generationen galt der jung Verstorbene als Klassiker der Satire (→ Martial 4,29,7; → Quintilian, *Institutio* 10,1,94). Das Mittelalter schätzte ihn hoch als Verfechter einer rigoristischen Moral; der Romantik dagegen vermochte er nicht zu gefallen.

A O. Jahn, Leipzig 1843, reprogr. Nachdr. Hildesheim 1967 (mit Scholien). – W. V. Clausen, Oxford 1992 (mit Juvenal). – **Ü** O. Seel, München ²1974 (lat./dt.). – **L** C. S. Dessen, Iunctura callidus acri, Urbana 1968.

Pervigilium Veneris

Die Perle der →*Anthologia Latina* (Nr. 200) ist die *Nachtfeier der Venus*: In 93 trochäischen Tetrametern, durch einen zehnmal auftretenden, verführerisch formulierten Kehrvers gegliedert, wird ein Prozessionslied zum Frühlingsfest in Hybla auf Sizilien angestimmt, das den Frühling preist, die Liebe als kosmische Macht verherrlicht, den Festvorgang feiert und erst am Schluß den anonymen Dichter dunkle Gedanken über sich selbst äußern läßt. Zwar bleibt die Datierung umstritten (möglicherweise 2. oder 4. Jh. n. Chr.), doch wird sich niemand der bezaubernden Frische dieser Kostbarkeit der lateinischen Lyrik entziehen können. Der Kehrvers stehe hier für das Ganze:

Cras amet qui numquam amavit qui amavit cras amet.

Wer niemals liebte, liebe morgen – morgen liebe, wer da liebt!

A R. Schilling, Paris 1944 (mit frz. Übers.). – L. Catlow, Brüssel 1980 (mit engl. Übers. und Komm.). – **Ü** Antike Lyrik, hrsg. von C. Fischer, München 1964, S. 840–847. – **L** K. Smolak, in: Handbuch der lateinischen Literatur der Antike, hrsg. von R. Herzog und P. L. Schmidt, Bd. 5, hrsg. von R. Herzog, München 1989, § 551.

Petron, Gaius Petronius Arbiter
gest. 66 n. Chr.

Obschon letzte Sicherheit fehlt, geht man allgemein von der Annahme aus, daß die in den *Annalen* des →Tacitus (16,17) packend porträtierte Person namens Petronius identisch ist mit dem von den Handschriften als Autor des *Satyricon* genannten Petronius, wie auch im Kommentar des Macrobius zu → Ciceros *Somnium Scipionis* ein Petron als Romanautor genannt ist (1,2,8). Allerdings wird Petron von Tacitus nicht als Schriftsteller charakterisiert, sondern als Bonvivant: Am Hofe Neros gilt er als maßgebliche Autorität in allen Fragen guten Geschmacks (*arbiter elegantiae*) und als Meister in der Kunst kultivierten Genießens. Andererseits zeigt er sich auch als tüchtig in den Ämtern eines Prokonsuls von Bithynien und eines Konsuls. Freilich kehrt er danach wieder zu seinen früheren Ausschweifungen zurück – oder vielleicht auch nur, wie Tacitus bemerkt, zu ihrer Vorspiegelung (*imitatio*). Bei der pisonischen Verschwörung verliert er die Gunst Neros und muß sich 66 selbst den Tod geben wie → Lukan und → Seneca.

Das *Satyricon*, seiner freizügigen Erotik ebenso wie seiner häufig volkssprachlichen Tonlage wegen für die Schule wie für das Kloster als Lektüre unbrauchbar, wurde uns aus diesem Grund nur unvollständig überliefert. Erhalten sind Fragmente und Exzerpte in einem Umfange von rund 150 Druckseiten; andererseits reden Handschriftennotizen und spätantike Erwähnungen (Fulgentius, *Mythologiae* 3,8) von mindestens 15 bis 16 Büchern, was auf einen Gesamtumfang von 800 bis 1000 Seiten führen würde.

Der Text, eine Mischung aus Prosa und eingelegten Verspartien, somit zur menippeischen Satire gehörend (→ Seneca der Jüngere, *Apocolocyntosis*), erörtert gerade in den dichterischen Einschüben unterschiedliche Fragen: Am Anfang des Erhaltenen wird in Prosa der Verfall der Beredsamkeit erörtert (wie später von → Quintilian und → Tacitus im *Dialogus*) und das Thema in Versen abgeschlossen (Kap. 5); 65 Verse beschreiben ein Bild von der Eroberung Trojas (Kap. 89); 245 Hexameter geben ein Modellgedicht über den Ausbruch des Bürgerkrieges (Kap. 119–124), konzipiert offenbar gegen → Lukans Werk. Kern der Geschichte ist eine Art Schelmenroman: Dargestellt wird das Herumstromern des jungen Taugenichts Encolpius (›Der am Busen ruht‹), zusammen mit dem schönen Knaben Giton und einem Burschen namens Ascyltus, der weniger durch die Genialität seines Geistes als durch die Größe seines Gliedes auffällt (92,8–12) – wie überhaupt Petron die gewagtesten Dinge in den gewähltesten Worten vorzutragen weiß. Statt Ascylt tritt später ein anderer, nicht minder zweifelhafter Gefährte, Eumolpus (›Der edle Sänger‹), hinzu. Die Figuren treiben sich in Unteritalien umher, verüben verschiedentlich Gaunereien, es gibt Liebes- und Diebesgeschichten, Bäder- und Bordellbesuche, Prügelszenen, Schiffbruch, Erbschleicherei, Spukgeschichten, Rätsel u. a. Übergeordnete Leitidee scheint der – hier parodistisch eingeführte – Zorn einer Gottheit zu sein: Wie Homers Odysseus unter dem Zorn des Poseidon, wie Vergils Aeneas unter dem Groll der Juno, so leidet Encolp unter der Strafe des geilen Gartengottes Priap (139), der ihn mit Anfällen von Impotenz heimsucht (→ Priapea, → Maximian).

Berühmte Einzelstücke sind die Novelle von der Witwe von Ephesos (111 f.), eine weit durch die Weltliteratur gewanderte Erzählung, und vor allem die *Cena Trimalchionis* (*Das Gastmahl des Trimalchio*) (26,7–78; etwa ein Drittel des Erhaltenen). Am Tisch des protzigen Provinz-Parvenus Trimalchio trifft sich eine so bunte wie bedenkliche Gesellschaft, deren sinnloser Tafelluxus und sinnleere Tischgespräche amüsant karikiert werden. Petrons Prunkstück übertrifft die vergleichbaren Satiren des → Horaz (2,8), → Juvenals (11) und Lucilius an Umfang, Detailfreudigkeit und Witz; es ist eine der ergiebigsten Quellen für unsere Kenntnis des umgangssprachlichen Lateins jener Epoche wie auch der Sittengeschichte der Kaiserzeit. Es bestätigt Petrons Programm (im Pentameter 132,15,4): *Quodque facit populus, candida lingua refert*, »Harmlos bericht' ich ja nur, was schließlich jedermann treibt«.

Petrons Beliebtheit in der Neuzeit brachte es mit sich, daß der Franzose F. Nodot 1692 in Rotterdam, 1693 in Paris eine ›vollständige Fassung‹ herausbrachte, die angeblich in Belgrad entdeckt worden war. Diese Fälschung wurde von R. Bentley und Leibniz rasch entlarvt. Der Letztgenannte berichtet auch von einem Hannoverschen Hoffest im Februar 1702, das die *Cena Trimalchionis* nachahmte. Derartige Aktionen gab es auch am preußischen und am französischen Hof. Nietzsche feierte Petron als den »Meister des Presto in Erfindungen, Einfällen, Worten« (*Jenseits von Gut und Böse* 28) und den »anmutigsten und übermütigsten Spötter, unsterblich gesund, unsterblich heiter und wohlgeraten« (*Der Antichrist* 46). Der Roman *Quo vadis* von H. Sienkiewicz (1896) und Fellinis Film *Satyricon* (1969) haben Petron neue Popularität gewonnen.

A F. Bücheler, Berlin 1862, [6]1922 (erweitert von G. Heraeus), reprogr. Nachdr. 1958. – K. Müller / W. Ehlers, Zürich [4]1995. – **Ü** C. Fischer, München 1962, (mit den Ergänzungen von Nodot), Nachdr. in: Im Reiche des Eros, hrsg. von B. Kytzler, München 1983. – H. Schnur, Stuttgart 1968. – **L** E. Griesebach, Die Wanderung der Novelle von der treulosen Witwe durch die Weltliteratur, Berlin 1886. – A. Marbach, Wortbildung, Wortwahl und Wortbedeutung als Mittel der Charakterisierung bei Petron, Gießen 1931. – A. Stefenelli, Die Volkssprache im Werk des Petron, Wien/Stuttgart 1962. – H. van Thiel, Petron. Überlieferung und Rekonstruktion, in: Mnemosyne, Suppl. 20, 1971. – The Novel in the Ancient World, hrsg. von G. Schmeling, Leiden 1996, S. 457 bis 490, 808 (Karte).

Phaedrus, Gaius Iulius Phaedrus
um 15. v. Chr. Nordgriechenland – um 55 n. Chr.

Als Sklave in Griechenland geboren, später in Rom Freigelassener des → Augustus und vermutlich am Hofe dieses Kaisers und seiner Nachfolger pädagogisch tätig, hat Phaedrus, der Nichtrömer, eine neue Literaturgattung in Rom begründet. Gewiß haben schon vor ihm verschiedentlich lateinische Autoren, beispielsweise → Ennius und → Horaz,

Fabeln erzählt, aber erst durch Phaedrus ist eine Kollektion von Stücken solch kurz gefaßter, kluger Kleinkunst geschaffen, das Genus damit etabliert worden.

Brevitas, Kürze, ist in der Tat ein stilistisches Stichwort für die 5 Bücher der *Fabulae Aesopiae*, der *Äsopischen Fabeln* des Phaedrus. Er bekennt sich zu ihr (Prolog Buch 2,12 u. ö.), sie hat ihm gelegentlich sogar den Vorwurf der Dunkelheit eingebracht, wohl in den wenigsten Fällen zu Recht. Denn wie immer es um die Formulierungen bestellt sei: gerade um das *fabula docet*, um die Moral von der Geschichte, zeigt Phaedrus sich beständig besonders bemüht. Immer wieder wird sie durch Vor- und Nachsprüche eindringlich ausgebreitet – mitunter mehr, als dem modernen Leser lieb ist. Doch wird im allgemeinen ein leichter Umgangston gewahrt, und das Versmaß, statt des tragischen Trimeters der Senar der Komödie, leistet das Seine, diese Lockerheit zu vermitteln.

›Äsopisch‹ nennt Phaedrus seine Fabeln, weil er dem Vorbild des Griechen → Äsop folgt, seine Stoffe übernimmt und lateinisch versifiziert, ihn auch mitunter in persona auftreten läßt. Doch ist im Voranschreiten der Produktion eine stetig stärker werdende Eigenprofilierung beobachtet worden. Allerdings hatte Phaedrus Probleme genug: Seine Bücher fanden nicht nur, wie angedeutet, stilistische Kritik, sie erregten auch Anstoß bei Personen und womöglich hohen Persönlichkeiten, die sich, zu Recht oder zu Unrecht, durch die kritischen Spitzen der Fabeln getroffen fühlten. Phaedrus mußte ein Verfahren gegen sich in Kauf nehmen, mußte eine Strafe durchstehen, vielleicht Verbannung – obschon wir die Umstände nicht näher kennen, ist das Ergebnis doch deutlich: Phaedrus hatte die Wahrheit des alten Wortes erfahren müssen: »Das Maul gehalten, du Prolet, sonst geht's dir schlecht!« (3 Epilog 34).

In der Tat haben des Phaedrus Fabeln, vermischt mit Anekdoten, Sprichwörtern, Schwänken, Mythen, oft genug einen sozialkritischen Hintergrund. Wenn er vom Wolf und dem Lamm spricht (1,1), so wird klar, daß beide bei gleichen Bedürfnissen – sie wollen im selben Fluß trinken – ungleiche Chancen haben: Das Lamm kann noch so überzeugende Reden führen, der Wolf frißt es doch. Was dieses erste Stück wie ein geheimes Motto programmatisch erkennen läßt, was es an unterdrücktem Protest, an klug verkleidetem Groll verrät, das tritt in verschiedenartig vielfältiger Vermummung wieder und wieder auf. Protestliteratur sind die Fabeln des Phaedrus aber auch da, wo sie nicht die Machtverhältnisse verurteilen, sondern die Verkehrtheiten einzelner, ihre dummen und bösen Gewohnheiten, Beschränktheiten und Vorurteile entlarven.

Kein Wunder also, wenn die Anerkennung auf sich warten ließ. Hatte Phaedrus schon mit seinen Zeitgenossen Schwierigkeiten, so verschwieg ihn die Folgezeit. Wo → Seneca der Jüngere (*An Polybius* 8, 27) oder → Quintilian von der Fabel reden, fällt der Name des Phaedrus nicht. → Martial (3,20,5) spricht zwar von einem Phaedrus, aber nur beiläufig – falls es überhaupt der Fabeldichter sein soll. Erst → Avianus hat etwa zehn Generationen später Phaedrus benutzt, und statt seiner Werke ist später eine Prosafassung, der sogenannte *Romulus*, weiter tradiert worden. Die reiche Fabelliteratur des Mittelalters hat seine Tradition aufgenommen und allenthalben gepflegt, ohne doch ihm persönlich Tribut zu zollen. Auch Lessing hat in den *Abhandlungen über die Fabel* Phaedrus in den Schatten der Griechen gestellt und kritisch, ja negativ gesehen. Erst in den letzten Generationen ist sein Name erneut bekannt, seine Position und Tendenz besser verstanden und gerechter gewürdigt worden.

A J. P. Postgate, Oxford ²1929. – L. Herrmann, Leiden 1950 (mit frz. Übers.). – B. E. Perry, Babrius and Phaedrus, London 1965 (mit engl. Übers.). – A. Guaglianone, Turin 1969. – Ü F. F. Rükkert / O. Schönberger, Stuttgart 1975. – E. Saenger, Leipzig 1929. – L. Mader, Antike Fabeln, Zürich 1951 (Ausw.). – V. Riedel, Leipzig 1989 (mit Text). – L O. Weinreich, Fabel, Aretalogie, Novelle, Heidelberg 1931.

Philippos von Thessalonike → *Anthologia Graeca.*

Philon

um 25 v. Chr. – um 45 n. Chr.

Philon verbrachte sein Leben in seiner Vaterstadt Alexandria, wo er zu den Führern der jüdischen Gemeinde gehörte. Das einzige zusätzlich bekannte Detail ist seine Reise nach Rom 39/40 an der Spitze einer Delegation, die von Kaiser Caligula Vergünstigungen für die heimische Gemeinde erbat; die Vorgänge sind von Philon selbst in seiner Flugschrift *Die Gesandtschaft zu Kaiser Gaius* eingehend beschrieben. Dieses Werk wie auch das früher verfaßte *Gegen Flaccus* haben die frühchristliche Apologetik – einen Teilbereich der Theologie, in dem man sich mit der wissenschaftlich-rationalen Absicherung des Glaubens befaßt – in der Zeit der Verfolgung nachhaltig beeinflußt. Das Hauptwerk Philons besteht in griechisch geschriebenen Kommentaren zum Alten Testament, aus denen sich der allegorisch erklärende zur Genesis heraushebt. Griechischer und jüdischer Geist gehen in diesen und in den anderen religionswissenschaftlichen Schriften eine eigentümliche Verbindung ein; sie hat die jüdische Geisteswelt wie auch die des frühen Christentums beträchtlich mitgeprägt.

A F. H. Colson / G. H. Whitaker, 10 Bde., London 1962–71 (mit engl. Übers.). – R. Arnaldez / J. Pouilloux / C. Mondésert, 35 Bde., Paris 1961 ff. – Ü L. Cohn / I. Heinemann, Philo von Alexandria, 7 Bde., Berlin ²1962–64. – L G. Mayer, Index Philoneus, Berlin / New York 1974. – E. R. Goodenough, The Politics of Philo Judaeus, New Haven 1938, reprogr. Nachdr. Hildesheim 1967. – Th. H. Billings, The Platonism of Philo Judaeus, New York / London 1979. – I. Christiansen, Die Technik der allegorischen Auslegungswissenschaft bei Philo von Alexandria, Tübingen 1969.

Philostratos
um 170 – um 245 n. Chr.

Mit dem Namen Philostratos verbindet sich eines der dunkelsten Probleme innerhalb der klassischen Philologie. Nicht weniger als drei, nach Meinung anderer Gelehrter sogar vier verwandte Träger dieses Namens sind uns undeutlich bekannt, Mitglieder ein und derselben Familie aus Lemnos, Rhetoren oder Sophisten, Verfasser einer Reihe teils interessanter, teils merkwürdiger Werke. Da die Zuteilung der einzelnen Schriften an die verschiedenen Träger des Namens »Philostratos« nicht einhellig gesichert erscheint, spricht man am besten nicht von einzelnen Autoren, sondern vom *Corpus Philostrateum*.

Der am wichtigsten erscheinende Philostratos ist etwa um 170 geboren, hat in Athen studiert, sich dort und im übrigen Griechenland als Redner und Redelehrer betätigt, kam etwa um 202 nach Rom und trat in Beziehung zum Kaiserhof. Als Mitglied des Zirkels der Julia Domna hat er wahrscheinlich auch die Feldzüge des Kaisers Septimius Severus, später die des Caracalla miterlebt und so einen beträchtlichen Teil des Römischen Imperiums selbst kennengelernt. Später ist er wohl wieder nach Athen zurückgekehrt. Die Stadt ehrte ihn in vielfacher Weise; die Inschrift eines ihm zu Ehren errichteten Standbildes belegt dies noch heute. Sein Tod fällt unter die Regierung des Philippus Arabs, also in die Jahre 244 bis 249. Die beiden anderen Träger des Namens Philostratos sind wohl sein Vater und sein Neffe.

Das *Corpus Philostrateum* enthält als Hauptwerk acht Bücher Lebensbeschreibungen des eigentümlichen Wundermannes Apollonios von Tyana. Daneben finden sich zwei Bücher *Lebensbilder von Sophisten*, zwei Sammlungen von *Bildbeschreibungen*, die den mit dem Wort »Ikone« verwandten Titel *eikones* tragen, Dialoge mit dem Titel *Nero* (ein Gespräch über die Hybris des Kaisers, das mit der

Nachricht vom Tode des Tyrannen endet) und *Heroikos*, eine Unterredung über geisterhafte Erscheinungen und wunderbare Einwirkungen von Heroen der Vorzeit. Über Sitten und Unsitten im damaligen athletischen Leben berichtet die Schrift *Über die Gymnastik*. Andere kleinere literarische Produkte und die uns bekannten Titel der inzwischen verlorenen Schriften dürfen hier beiseite bleiben, ebenso die heiklen Fragen der Zuschreibung dieser verschiedenen Werke an die einzelnen Träger des Namens Philostratos. Doch herrscht immerhin weitgehend Übereinstimmung in der Annahme, Flavius Philostratos, dessen Leben hier kurz skizziert wurde, sei der Verfasser der Lebensbeschreibungen des Apollonios wie der Sophisten und des Werks über die Gymnastik.

Schließlich dürfte er auch der Verfasser von 71 erotischen Briefen sein, in denen bestimmte Motive des erotischen Verkehrs in kunstvoller Ausgestaltung abgehandelt werden. So behandeln die ersten 12 Briefe das Thema der Übersendung von Rosen; andere handeln vom Haar, wieder andere von den Augen, vom beginnenden Bartwuchs und so fort. Im Vordergrund steht die Meisterschaft der Darbietung eines Themas der amourösen Sphäre unter vielfältigen Aspekten. Das führt oft zum Paradox (z.B. Nr. 55), gelegentlich an die Grenzen dessen, was unser gegenwärtiger Geschmack zu akzeptieren bereit ist (Nr. 36, Ende). Dazu gehört auch, daß bei der Ausführung solcher Themen die mythologischen und historischen Beispiele eine erstaunlich große Rolle spielen. Immer wieder werden Vorbilder der Sage oder der Geschichte beschworen, um dem geliebten Wesen die Überlegung des schreibenden Liebhabers nachdrücklich zu empfehlen. Dabei erhebt sich die rhetorische Deklamation oft zum Range eines kleinen Kunstwerks.

A K. L. Kayser, 2 Bde., Leipzig 1870–71, reprogr. Nachdr. Stuttgart 1964. – W. C. Wright, London 1922 (mit engl. Übers.). – A. Fairbanks, London 1931 (mit engl. Übers.). – F. Jacobs / F. G. Welcker, Leipzig 1925. – H. Schenkl / K. Schenkl / E. Reisch,

Leipzig 1902. – Ü O. Schönberger, Die Bilder, München 1968. – Erotische Briefe der griechischen Antike, hrsg. von B. Kytzler, München 1967, S. 185–226. – V. Mumprecht, Philostrat. Das Leben des Apollonius von Tyana, München/Zürich 1983. – L R. Hirzel, Der Dialog, Bd. 2, Leipzig 1895, reprogr. Nachdr. 1963, S. 337 ff. – R. Reitzenstein, Hellenistische Wundererzählungen, Darmstadt ²1963, S. 40 ff. – E. Schwartz, Fünf Vorträge über den griechischen Roman, Berlin ²1943, S. 134 ff. – F. Leo, Die griechisch-römische Biographie, Leipzig 1901, reprogr. Nachdr. 1965, S. 254 ff. – F. W. G. Campbell, Apollonius of Tyana. A Study of his Life and Times, Chicago ²1968. – E. R. Dodds, The Greeks and the Irrational, Berkeley / Los Angeles 1966.

Physiologos
um 200 n. Chr.

Die Datierung eines eigentümlichen Textes schwankt vom 2. bis zum 4. Jh. n. Chr.; doch ist die Festlegung insofern relativ, als nur eine Redaktion von Vorstufen angesprochen ist, die ihrerseits später weitere Überarbeitungen und Übertragungen gefunden hat. So ist der Bestand des Textes nur in allgemeinen Zügen fixierbar. Es liegen 55 Kurzschilderungen einzelner Tiere vor, von der Ameise bis zum Walfisch, vom Wiedehopf bis zum Adler, vom Panther bis zum Wiesel; doch auch Bäume (der Maulbeerfeigenbaum, Nr. 48) und Steine (der Diamant, Nr. 32, der Feuerstein und der Magnetstein, Nr. 37/38) werden einbezogen. Als Erbauungsbuch stützt das Werk seine Darstellungen immer wieder durch Bibelzitate ab und läßt die Skizze oft in ein *fabula docet* (»Die Fabel lehrt«) münden, in dem der Leser gemahnt wird, sich an dem allegorisch erklärten Charakter des Tieres, Baumes oder Steines ein Beispiel zu nehmen. Diese Art der Auslegung erscheint dem modernen Leser vielleicht weit hergeholt, gezwungen oder erkünstelt; im Mittelalter bis zur frühen Neuzeit hat das kaum 50 Seiten umfassende Büchlein breite Nachwirkung gefunden, zu der neben Übertragungen auch zahlreiche Illustrationen und Bildzeugnisse verschiedener Art gehören.

A D. Kaimakis, Der *Physiologus* nach der ersten Redaktion, Meisenheim 1974. – F. Sbordone, Mailand 1936. – Ü O. Seel, Der Physiologus, Zürich/München ³1976 (mit Komm.). – L F. Lauchert, Geschichte des *Physiologus*, Genf 1974. – E. Peters, Der griechische *Physiologus* und seine orientalischen Übersetzungen, Hildesheim 1976. – N. Henkel, Studien zum *Physiologus* im Mittelalter, Tübingen 1976.

Pindar, Pindaros
um 518 – um 444 v. Chr.

Pindar ist ein Sohn Böotiens. Er kam in Kynoskephalai bei Theben zur Welt. Seine Ausbildung habe er, so heißt es, in Athen genossen und 496 bei einem Dichterwettbewerb mit einem Dithyrambos seinen ersten Sieg davongetragen. 446, das Jahr der Entstehung der 8. *Pythischen Ode*, ist das letzte gesicherte Datum seines Lebens; die 10. und 11. *Nemeische Ode* mögen noch zum Jahr 444 gehören. Die 6. *Pythische Ode* aus dem Jahr 490 ist die früheste uns vorliegende. Dazwischen ist ein dichterisches Lebenswerk entstanden, das die Nachwelt, von der er teils bewundert, teils auch mißverstanden wurde, immens beeinflußt hat. Pindars Œuvre umfaßte in der Antike 17 Bücher – 4 von ihnen sind erhalten. Diese enthalten insgesamt 45 *Siegeslieder*: 14 auf Sieger bei den Spielen zu Olympia, 12 auf solche in Delphi (die »Pythischen«); 11 gehören zu den Spielen in Nemea, nur 8 zu denen am Isthmos von Korinth. Es sind die vier ›panhellenischen‹ Wettkämpfe, bei denen nicht nur die Athleten von Hellas ihre Kräfte maßen, sondern auch die der *Magna Graecia*, also aus Unteritalien und Sizilien. Chorische Festlieder zu Ehren der Sieger wurden von den Heimatstädten bestellt, teils auch von den Fürsten, deren Gespanne gesiegt hatten; sizilische Tyrannen, wie Gelon, Hieron, Theron, waren unter den Auftraggebern. Die meisten der Lieder sind der nobelsten der Sportarten, dem Sieg im Wagenrennen, gewidmet (14); insgesamt sind 17 verschiedene Disziplinen vom Wettlauf und Waffenlauf bis zum Fünfkampf und Faustkampf vertreten; auch das Flötenspiel findet sich einmal gefeiert (12. »Pythische«). Berichtet wird von 18 Siegerstädten; am häufigsten erscheint Aigina (elfmal). Der Bogen reicht von Syrakus und Akragas (Agrigent) über Lokroi, Korinth, Theben und Athen bis nach Rhodos und Kyrene – die großgriechische Gemeinde findet sich in Pindars Liedern zum panhellenischen Bund vereint.

Die Oden sind alles andere als leicht zugänglich. Hohe Dichtung, auch wenn sie Auftragspoesie ist, ist mehr als Feier- und Festvergnügen. Zwei über den Anlaß hinausweisende Bereiche geben den Liedern Pindars besonderes Gewicht: Mythen, die dem Gesang die Dimension des Außerordentlichen, Übermenschlichen hinzufügen, und Sentenzen, die Grundgedanken über das menschliche Leben und Erleben beinhalten. Sie sichern der Dichtung Pindars ihre zeitenübergreifende Wirkung.

Auch im Metrischen hat Pindars Dichtung ihren eigenen Bereich. Komplizierter als die des → Bakchylides, wurde ihre weitgreifende Struktur schon in der Antike kaum noch erfaßt. Bereits bei → Horaz heißen Pindars Verse *lege solutis*, »regellos« (*Oden* 4,2,12), und viele Jahrhunderte später hat Klopstock in der Ode *An meine Freunde* von 1747 von Dithyramben (Weihe-, Lobliedern) gesprochen, die ». . . ununterwürfig, Pindars Gesängen gleich, . . . frei aus der schaffenden Seel enttaumeln«. So stark dieses (Miß-)Verständnis auf die europäische Dichtung, speziell auf die deutsche, eingewirkt hat, so strikt ist Pindars Poesie metrisch gebunden. Länger als die (nur vierzeiligen) Strophen des → Alkaios und der → Sappho sind die pindarischen Strophen meist auch noch triadisch verbunden: Auf die erste Strophe folgt die ihr metrisch gleiche Antistrophe, auf diese dann eine Art Abgesang, eine Epode. Verständlich, daß diese großräumige Gestaltung nicht leicht erkennbar war und lange verborgen blieb.

Bis zum Beginn unseres Jahrhunderts wußte man nur um die handschriftlich überlieferten Siegeslieder Pindars. Papyri schließlich gaben dann einen Eindruck seiner Poesie auch aus anderen Bereichen. So sind die *Paiane*, Preislieder auf Apollon, am ehesten deutlich geworden; hinzugekommen sind noch Stücke der *Partheneia* (Mädchenlieder) und der *Enkomia* (Loblieder). Die Antike kannte 11 Bücher mit Göttergesängen, 2 mit Preis- und Klageliedern auf Menschen.

Pindars Nachwirkung zu skizzieren ist kaum möglich. Sie durchläuft viele Stadien, steht aber meist im Schatten des Horaz, der ihn in der bereits benannten Pindar-Ode als brausenden Bergbach beschreibt, der ungehindert dahinstürzt. Der junge Goethe wurde (von Heinse) selbst als »Pindar« gesehen; der alte Goethe kennzeichnete Pindar in seiner Manzoni-Rezension von 1827 als Vertreter der »höchsten Lyrik«, von der er sagt, sie »ist entschieden historisch; man versuche die mythologisch-geschichtlichen Elemente von Pindars Oden abzusondern, und man wird finden, daß man ihnen durchaus das innere Leben abschneidet«. Hölderlin seinerseits ist von Pindar zutiefst geprägt. Er folgt in seinen Übertragungen der Sprache des Griechen in ihrer sperrigen Stellung bis hin zu den Grenzen des in Deutschen Möglichen und zeigt in seinen eigenen Hymnen Pindars sprachlichen und gedanklichen Einfluß. Seine Übertragung eines Hymnenbeginns belegt, wie nahe sich deutsche Nachgestaltung und griechisches Original stehen:

Pythische Ode I

Goldne Leier Apollons
Und der dunkelgelockten
Beistimmendes, der Musen Eigentum;
Welche höret der Tanz, der Heiterkeit Anfang,
Es gehorchen aber die Sänger den Zeichen,

Des reigenführenden, wenn des Eingangs
Zögerungen machest erschüttert,
Und den scharfen Blitz auslöschest
Des unaufhörlichen Feuers. Es schläft aber
Über dem Zepter Jupiters der Adler, den schnellen
Flügel auf beiden Seiten niedersenkend,

Der Herr der Vögel; eine schwarzschauende aber
Ihm, eine Wolke,
Über das gebogene Haupt, der Wimpern
Süß Gefängnis, gießest aus. Er aber schlafend
Den feuchten Rücken erhebt. Von
Deinen Schlägen gebändigt. Denn auch
Der gewaltige Ares, den rauhen beiseite lassend,
Der Speere Gipfel, erheitert das Herz
An Besänftigung. Die Zaubersänge aber auch
Der Dämonen besänftigen die Sinne, nach des
Latoiden
Weisheit und der tiefgeschoßten Musen.

A B. Snell / H. Maehler, Bd. 1, Leipzig [8]1987, Bd. 2, ebd. 1989. – C. M. Bowra, Oxford [2]1951. – A. Turyn, Oxford 1952. – M. Puech, 4 Bde., Paris [2]1949–58. – **Ü** F. Dornseiff, Leipzig 1921. – O. Werner, München [3]1967 (griech./dt.). – E. Dönt, Stuttgart 1986 (griech./dt.). – D. Bremer, Darmstadt 1991. – **L** U. v. Wilamowitz-Moellendorff, Pindar, Berlin 1922. – W. Schadewaldt, Der Aufbau des pindarischen *Epinikion*, Halle 1928. – L. Illig, Zur Form der pindarischen Erzählung, Diss. Kiel 1925, Leipzig 1931. – H. Gundert, Pindar und sein Dichterberuf, Frankfurt a. M. 1935. – H. Bischoff, Gnomen Pindars, Würzburg 1938. – W. Theiler, Die zwei Zeitstufen in Pindars Stil und Vers, Halle 1941. – E. Thummer, Die Religiosität Pindars, Innsbruck 1957. – B. Forssmann, Untersuchungen zur Sprache Pindars, Wiesbaden 1966. – H. Schmitz, Pindar und die Krise der archaischen Welt, Winterthur 1977. – Pindaros und Bakchylides, hrsg. von W. M. Calder und J. Stern, Darmstadt 1970.

Pittakos → Septem sapientes.

Platon
427–347 v. Chr.

Als etwa Zwanzigjähriger erlebte der aus begüterter alter athenischer Familie stammende Platon die für sein Leben entscheidende Begegnung: Er begann, sich mit Person und Philosophie des Sokrates zu beschäftigen. Der gewaltsame Tod des Meisters 399 bedeutete eine tiefe Erschütterung. Es heißt, danach sei Platon nach Megara gegangen, habe später auch Ägypten und Kyrene besucht. Drei Reisen nach Syrakus sind gesichert für die Jahre 388/387, dann 367/365 und schließlich 361/360. Dazwischen lag der für Europas geistige Entwicklung folgenschwere Akt: Im Hain des Heros Akademos gründete Platon 385 oder bald darauf seine Schule, die »Akademie«; sie wurde erst im 10. Jh. ihres Bestehens durch Kaiser Justinian 529 n. Chr. geschlossen. Hier entwickelte und vermittelte Platon seine Philosophie dem Publikum als Pädagoge und Publizist; von hier unternahm er die beiden letzten Reisen nach Sizilien zu dem Versuch, am Hof von Syrakus seine politischen Ideen zu verwirklichen – beide Male erfolglos. Sein bedeutendster Nachfolger arbeitete Jahrzehnte in der Akademie, verließ sie aber nach dem Tod des Lehrers und gründete eine eigene Schule: → Aristoteles.

Das veröffentlichte Werk Platons ist vollständig erhalten und umfaßt 25 Dialoge, die als Rede des Sokrates vor dem Gericht konzipierte *Apologie* und 13 Briefe, wovon einige als unecht gelten. Erhalten sind ferner Platons Testament durch → Diogenes Laertios (3,41 ff.) und in der → *Anthologia Graeca* eine Anzahl von Epigrammen, von denen von führenden Forschern zumindest 17 als echt angesehen werden. Subtile Untersuchungen des Sprachgebrauchs wie auch des Gedankengangs haben die moderne Forschung dazu geführt, drei Perioden der platonischen Prosa anzusetzen. Zur ersten Phase gehören neben der *Apologie* Dialoge, wie *Laches* über die Tapferkeit, *Kriton* zur Frage des Gehorsams,

Euthyphron über die Frömmigkeit, *Gorgias* gegen die sophistische Rhetorik, *Protagoras* über die Lehrbarkeit der Tugend. In all diesen Dialogen ist die Person des Sokrates die zentrale Gestalt; sie greift ein Problem auf und erweist die üblichen Antworten als unzureichend – das Ende ist die Aporie, die Unmöglichkeit, eine philosophische Frage zu lösen.

Zur mittleren Gruppe gehören u. a. die beiden berühmten Behandlungen des Begriffs Eros, das *Symposion* (Gastmahl) und *Phaidros*, ferner der Entwurf einer Idealgesellschaft *Politeia* (*Der Staat*) sowie *Phaidon*, ein Dialog, der die Unsterblichkeit der Seele erörtert. In dieser Phase wird das philosophische Gespräch in eine Rahmenunterhaltung eingefügt; Sprachkunstwerke von reinstem poetischem Klang entstehen. Auch philosophisch ist es die fruchtbarste Phase: Die Ideenlehre wird entwickelt wie auch die platonische Gesellschaftsphilosophie.

In der Altersphase schließlich entstehen die großen grundlegenden Werke wie die (unvollendeten) *Nomoi* (*Gesetze*), die den Idealstaat der Wirklichkeit annähern, der *Timaios* mit seinem Weltschöpfungsmythos und der *Kritias* mit dem Atlantismythos. Über das Sein handelt der *Parmenides*; hier erscheint zum ersten Mal Sokrates nicht als Zentralfigur. Der *Theaitetos* geht auf den Begriff des Wissens ein; hier wird (143) ausdrücklich die Form des erzählten Dialogs abgelegt. Die Lustlehre wird im *Philebos* kritisiert, im *Politikos* über den philosophisch gebildeten Staatsmann gesprochen, im *Sophistes* durch einen namenlos bleibenden Eleaten (Vertreter der um 500 v. Chr. in Elea, Unteritalien, gegründeten Philosophenschule) der Problemkreis der Metaphysik erörtert.

Unter den *Briefen* ist der an Dion gerichtete, Autobiographisches berichtende *Siebente Brief* der wichtigste. Er stellt eingangs Platons eigenen Weg zur Philosophie dar und enthält später (341c und d) die großartige Beschreibung der Erkenntnis: Sie »entsteht aus häufigem gemeinsamem

Bemühen um die Sache selbst und gemeinsamem Leben plötzlich wie ein Licht, das aus einem springenden Funken entzündet wird, in der Seele und ernährt sich dann aus sich selbst« (übers. von W. Neumann und W. Kerschensteiner).

In der Ideenlehre gipfelt Platons Philosophie. Sie setzt ein »Urbild« an, von dem wir in der Realität »Abbilder« erkennen, insofern die Dinge am Urbild teilhaben. Den Aufstieg beschreibt Platon als den Weg zur Idee des Schönen im Gastmahl so, »daß man bei diesem einzelnen Schönen beginnend jenes einen Schönen wegen immer höher hinaufsteigt, gleichsam stufenweise, von einem zu zweien, von zweien zu allen schönen Gestalten, und von den schönen Gestalten zu den schönen Sitten und Handlungsweisen, und von den schönen Sitten zu den schönen Kenntnissen, bis man von den Kenntnissen ... zuletzt jenes selbst, was schön ist, erkennt. Und an dieser Stelle des Lebens ..., wenn irgendwo, ist es dem Menschen erst lebenswert«. Auch das berühmte Höhlengleichnis am Anfang des 7. Buches der *Politeia* zeigt den Menschen, der zunächst nur Schatten erblickt, und den Philosophen, der das wahre Licht schauen kann.

In der Staatslehre ist Platon oft als Utopiker klassifiziert bzw. kritisiert worden. In der Tat sieht er selbst sein Staatsgebilde als eines an, das »in unseren Gedanken liegt, denn auf der Erde glaube ich nicht, daß es irgendwo zu finden sei – aber im Himmel ist doch vielleicht ein Muster aufgestellt für den, der sehen und nach dem, was er sieht, sich auch selbst einrichten will. Es gilt aber gleich, ob ein solcher irgendwo ist oder sein wird« (*Politeia* IX,592a und b). Andererseits ist es deutlich, daß nach dem rigorosen Konstrukt der *Politeia* in den *Nomoi* ein Weg fort von der Abstraktion hin zur Realität beschritten wird. Platon sucht also zunächst die reine gedankliche Vorstellung zu fixieren, um sie danach an die Wirklichkeit adaptieren zu können. Muß ein weiteres Eingehen auf die Lehre Platons auch der speziellen Philosophiegeschichte überlassen bleiben, so darf doch ein literaturkritischer Hinweis auf den Glanz der griechischen Rede nicht fehlen, die in seinem Werk ihren Höhepunkt findet. Als der Bedeutendste unter den → Sokratikern hat Platon nicht nur die Persönlichkeit seines Meisters Sokrates porträtiert, als Philosoph nicht nur die tiefsten Gedanken der Alten Welt formuliert, er hat auch als Autor im *Symposion* das poetischste Prosastück der Antike gestaltet, hat als Schriftsteller die Variationskraft der griechischen Sprache, ihren Charme zu unvergleichlicher Intensität geführt. Man wird in der Weltliteratur schwerlich Prosa finden, die Platons Sprachkunst überträfe. Und die Macht der Mythen, mit denen er manche seiner Werke krönt, bleibt bis zur Gegenwart unbestritten.

Platons Platz in der heutigen Zeit mag unterschiedlich gesehen werden. Die Debatte um seine »ungeschriebene Lehre« wird den Spezialisten aus Philologie und Philosophie vorbehalten bleiben. Sein Beitrag zum Idealismus Europas bleibt dominierend; die Philosophiegeschichte der 24 Jahrhunderte seit seinem Tode ist in jeder Phase von ihm mitgeprägt worden. Den vielleicht glücklichsten Ansatz, sein Wesen und Wirken zu charakterisieren, verdanken wir Goethe, der in seiner *Geschichte der Farbenlehre* in einem Vergleich mit → Aristoteles über Platon sagt:

»Platon verhält sich zu der Welt, wie ein seliger Geist, dem es beliebt, einige Zeit auf ihr zu herbergen. Es ist ihm nicht sowohl darum zu thun, sie kennen zu lernen, weil er sie schon voraussetzt, als ihr dasjenige, was er mitbringt und was ihr noth thut, freundlich mitzutheilen. Er dringt in die Tiefen, mehr um sie mit seinem Wesen auszufüllen, als um sie zu erforschen. Er bewegt sich nach der Höhe, mit Sehnsucht, seines Ursprungs wieder teilhaft zu werden. Alles, was er äußert, bezieht sich auf ein ewig Ganzes, Gutes, Wahres, Schönes, dessen Forderung er in jedem Busen aufzuregen strebt. Was er sich im Einzelnen von irdischem Wissen zueignet, schmilzt, ja man kann sagen, verdampft in seiner Methode, in seinem Vortrag.«

A J. BURNET, 5 Bde., Oxford ²1905–13. – G. SOURY u. a., 15 Bde., Paris 1964. – Ü R. RUFENER / O. GIGON, Sämtliche Werke in 8 Bänden, Stuttgart/Zürich 1960–74. – E. HOWALD, Die echten Briefe, Stuttgart/Zürich 1951 (griech./dt.). – F. SCHLEIERMACHER, Berlin 1804–10, reprogr. Nachdr. Hamburg 1957, hrsg. von W. F. OTTO u. a. – L P. FRIEDLÄNDER, Platon, 3 Bde., Berlin ³1964 bis 1975. – K. GAISER, Name und Sache in Platons *Kratylos*, Heidelberg 1974. – K. GAISER, Platons ungeschriebene Lehre, Stuttgart 1963. – R. MAURER, Platons Staat und die Demokratie, Berlin 1970. – Das Problem der ungeschriebenen Lehre Platons, hrsg. von J. WIPPERN, Darmstadt 1972. – A. GRAESER, Platons Ideenlehre, Sprache, Logik und Metaphysik, Bern/Stuttgart 1975. – H. GUNDERT, Dialog und Dialektik. Zur Struktur des platonischen Dialogs, Amsterdam 1971. – H. J. KRÄMER, Platonismus und die hellenistische Philosophie, Berlin / New York 1971. – U. v. WILAMOWITZ-MOELLENDORFF, Der griechische und der platonische Staatsgedanke, Berlin 1919. – U. v. WILAMOWITZ-MOELLENDORFF, Platon. Sein Leben und seine Werke, 2 Bde., Berlin 1920, ⁵1959. – E. HOFFMANN, Platon. Eine Einführung in sein Philosophieren, Zürich 1950, reprogr. Nachdr. Reinbek 1961. – O. GIGON, Platon, Bern 1950. – R. NATORP, Platos Ideenlehre, Leipzig 1903, ²1921, reprogr. Nachdr. Darmstadt 1961. – T. GOULD, Platonic Love, London 1963. – G. GRAF, Die sokratische Aporie im Denken Platons, Winterthur 1963. – E. HOWALD, Die Briefe Platons, Zürich 1923. – P. KIENZL, Die Theorie der Liebe und der Freundschaft bei Platon, Diss. Wien 1941. – H. P. KRÄMER, Arete bei Platon und Aristoteles, Heidelberg 1959. – O. TOEPLITZ, Das Verhältnis von Mathematik und Ideenlehre bei Platon, in: Quellen und Studien zur Geschichte der Mathematik, Berlin 1929, Bd. 1,1, S. 3 ff. – A. WEDBERG, Plato's Philosophy of Mathematics, Stockholm 1955. – E. HOFFMANN, Platonismus und christliche Philosophie, Zürich 1960. – T. SLEZÁK, Platon und die Schriftlichkeit der Philosophie, Berlin 1985. – E. SCHÜTRUMPF, The Definition of Justice in Plato's *Republic*, in: Worte – Bilder – Töne. Festschr. B. Kytzler, hrsg. von R. FABER und B. SEIDENSTICKER, Würzburg 1996, S. 51–58.

Plautus, Titus Maccius Plautus
um 240 v. Chr. Sarsina, Umbrien – 184 v. Chr. (?)

Die Anfänge der lateinischen Literatur sind nur fragmentarisch erhalten. Bruchstücke allein zeugen vom → *Zwölf-*

tafelgesetz, von den Werken des → Ennius, des → Livius Andronicus und des → Naevius. Mit Plautus beginnt ein neuer Abschnitt: Ein Œuvre von 21500 Versen liegt vor, es umfaßt 20 vollständige Stücke und die Reste eines weiteren. Das ist gewiß noch nicht einmal das Gesamtwerk des Plautus: 34 weitere Titel werden genannt, bereits im Altertum wurde über die Echtheit einzelner Stücke gestritten. Ein schon im äußeren Umfang imponierendes Werk also – und gerade hier ist die biographische Information spärlich und unsicher.

Bereits der Name ist nicht voll gesichert; nur die umbrische Herkunft steht fest. Dagegen sind Berichte, Plautus habe als Bühnenarbeiter oder Schauspieler ein kleines Kapital erworben, es in Geschäften verloren und in einer Mühle harte Arbeit verrichtet, eher legendarisch und wohl zumeist aus Details der Dramen herausgesponnen. An festen Daten kennen wir nur die Aufführungstermine zweier Stücke, des *Stichus* im Jahr 200 und des *Pseudolus* im Jahr 191. Ob 184 wirklich das Todesjahr ist oder nur das der letzten bekannten Aufführung, ist ungeklärt.

Das Werk des Plautus bedeutet auch in seiner Anlage einen weiteren bedeutenden Markstein in der Geschichte der lateinischen Literatur. Zum ersten Mal konzentriert sich zu Rom ein schöpferisches Ingenium auf eine einzige, genau begrenzte Gattung. Hatten die Poeten zuvor sich in verschiedenen Formen ausgedrückt, so produziert Plautus ausschließlich Komödien. Genauer noch: ausschließlich Komödien im griechischen Gewand, dem *pallium*, nach dem diese Gattung Palliata genannt wird. Ihr Gegenstück, die römisch orientierte Togata, ist nicht seine Sache; doch dringt Römisches durchaus ein in die lateinischen Bearbeitungen griechischer Komödien, die Plautus seinem Publikum präsentiert. Allerdings bot die griechische Ferne, in der seine Szenen spielten, sichere Distanz genug, um Sklaven klüger als ihre Herren erscheinen zu lassen und sie in gerissenen Intrigen als erfolgreiche Drahtzieher darstellen zu können.

Diese Pfiffigkeit der Sklavenrollen ist ein zentrales Element plautinischer Charakterisierungskunst: Seine Späße sind ausgelassen, nicht selten derb, seine Sprache sprudelt über vor Witz- und Schimpfwörtern, Nach- und Neubildungen – aber nicht den Gebildeten, sondern dem Volkston abgelauscht. Roms Sprache zeigt hier ihre lebendigsten, farbigsten Seiten, weitab von spekulativen Tiefen und oratorischen Höhen, aber dicht am pochenden Puls der *plebs Romana*.

Aus dem Schatz der griechischen neueren Komödie wählte Plautus Vorlagen, die nicht so sehr psychologisch oder moralisierend wirken, sondern die durch klare Charakterisierung und lebendige Handlung ansprachen. Ihnen gab er römische Sprache und in Einzelheiten auch römisches Kolorit; besonders aber fügte er musikalische Einlagen hinzu, *Cantica*, so daß eine Art Singspiel zustande kam. Bis zu einem gewissen, im einzelnen umstrittenen Maße nahm er auch Details anderer Vorlagen in sein Hauptmodell auf, eine Kombinationstechnik, die wissenschaftlich als Kontamination bezeichnet wird und deren Stellenwert in der Forschung durchaus umstritten ist. → Terenz hat sie seinerseits fortgesetzt und nachdrücklich verteidigt.

In seinen Stücken gestaltete Plautus Charakter- und Milieu-Zeichnungen, er schilderte Intrigen, die von pfiffigen Sklaven dirigiert wurden; er kostete die Komik von Verwechslungen aus oder kombinierte kunstvoll Irrtümer und Intrigen miteinander. Das mitreißend Komische seiner Komplotte, das Skurrile seiner Charaktere hat Europas Lustspielautoren wieder und wieder angeregt: Der *Miles gloriosus* (*Der Bramarbas*) des Plautus ist in Shakespeares *Falstaff* wiederauferstanden, der *Geizige* Molières geht auf die plautinische Komödie vom Goldtopf, *Aulularia*, zurück, der *Amphitruo* hat mit seiner Mythentravestie Molière, Kleist, Peter Hacks u. a. angeregt, Shakespeares *Komödie der Irrungen* hat ihre Wurzeln in den *Menaechmi*, den *Zwillingen*, des Plautus. Der Katalog kann hier nicht komplettiert, nur skizziert werden.

Macht man sich bewußt, daß aus der ganzen griechisch-römischen Antike insgesamt nur 80 Dramen erhalten sind, so ist die Position des Plautus prominent genug: Er ist der Autor eines vollen Viertels dieses Corpus, das uns die Bühne des frühen Europa hinterlassen hat. Und obschon man ihm einst 130 Stücke zuschrieb, haben auch frühzeitig Gelehrte wie → Accius und → Varro aus Reate die Echtheitsdiskussion geführt und gefördert. Da wundert es denn nicht, wenn ein um 400 n. Chr. entstandenes Stück, das einem Rutilius, wohl dem → Rutilius Namatianus, gewidmet ist, mit dem Titel *Querolus sive Aulularia* (*Der Griesgram oder Die Geschichte vom Topf*) jahrhundertelang als plautinisches Produkt präsentiert und erst dank humanistischer Kritik wieder ausgesondert wurde.

Zwei Stationen der Überlieferung des Plautus verdienen besondere Erwähnung. 1429 brachte Nikolaus von Kues, der Philosoph und Kirchenfürst, ein Manuskript aus dem 11. Jh. nach Rom, das 12 der 13 damals verschollenen Komödien des Plautus enthielt. Diese Entdeckung hatte zahlreiche Aufführungen auf Latein oder in Übersetzungen zur Folge, zunächst vor allem in Rom und Ferrara. Es führte auch zur Dichtung einer Reihe von Stücken, die dem Muster des Plautus folgten. 1825 war die nächste Etappe, wieder ein Kardinal ihr Protagonist. Angelo Mai, dem wir ja auch → Ciceros Staatsschrift *De re publica* und → Frontos Briefe verdanken, entdeckte in der Mailänder Bibliothek, die nach dem Heiligen Ambrosius von Mailand »Ambrosiana« heißt, unter einem Manuskript aus dem 8. Jh., mit alttestamentarischen Texten beschrieben, nachdem zuvor Texte aus dem 4. Jh. aus dem Pergament gelöscht worden waren, die alten Schriftzeichen. So schwierig die Entzifferung dieses Palimpsestes auch ist, er bietet doch die 21 Werke des Plautus in einer guten Textfassung. So ist die Überlieferungsgeschichte des Plautus ein buntes Stück Kulturgeschichte.

In der Gestalt wie in der Wirkung der Werke des Plautus zeigt sich der Januskopf der römischen Literatur in aller

Klarheit. Das griechische Erbe wird empfangen und aufgenommen, es wird – neubelebt – an spätere Generationen weitergegeben. Das erste erhaltene Werk eines römischen Poeten erweist das mit aller Deutlichkeit.

A F. Leo, Berlin 1895–96, reprogr. Nachdr. 1958. – M. W. Lindsay, 2 Bde., Oxford 1904, Nachdr. – A. Ernout, 7 Bde., Paris 1932–40 (mit frz. Übers.). – Ü W. Winder, Stuttgart 1866–1912, neu bearb. von W. Ludwig München 1966. – *Querolus*: W. Emrich, Berlin 1965. – L F. Leo, Plautinische Forschungen, Berlin 1893, ²1912. – E. Fraenkel, Plautinisches im Plautus, Berlin 1922. – G. Maurach, Untersuchungen zum Aufbau plautinischer Lieder 1964. – J. Blänsdorf, Archaische Gedankengänge in den Komödien des Plautus, Wiesbaden 1967. – E. Segal, Roman Laughter, Cambridge (Mass.) 1968. – N. Zagagi, Tradition and Originality in Plautus, Göttingen 1980.

Plinius der Ältere (Maior), Gaius Plinius Secundus
23/24 n. Chr. Novum Comum am Lacus Larius/Como am Comer See – 25. August 79 n. Chr. Stabiae bei Neapel

In zweien seiner Briefe (6,16; 6,20), gerichtet an den Historiker →Tacitus, schildert →Plinius der Jüngere, Neffe und Adoptivsohn des Älteren Plinius, den Ausbruch des Vesuvs Ende 79 und den dabei erfolgten Tod seines Verwandten. Sein spektakuläres Ende im Dienste der Wissenschaft – Plinius war vor dem Vulkanausbruch nicht geflüchtet, sondern diesem zwecks Beobachtung entgegengereist – beschloß ein Leben dicht gefüllt von verschiedenartigen Aktivitäten, gewidmet der literarischen Produktion ebenso wie dem öffentlichen Dienst: Plinius war Kavalleriekommandant am Rhein, Adjutant im Jüdischen Krieg 69/70, Prokurator in Spanien, Flottenchef in Misenum. Plinius der Jüngere gibt eine Beschreibung (3,5) seines – ständig mit Lesen, Studieren, Diktieren angefüllten – Tageslaufes und auch eine Liste seiner Werke, von denen ein halbes Dutzend nur dem Titel nach bekannt ist: *Bella Germaniae*, 20 Bücher über die Kriege der Römer gegen die Germanen; 31 Bücher einer *Römischen Geschichte*; 8 Bücher *Dubius sermo* (*Sprachprobleme*), verfaßt unter Nero als thematisch ungefährliches Werk, von dem sich mehr als 100 Fragmente erhalten haben; *Studiosi* (*Der Student*), 3 umfangreiche Bücher in 6 Rollen, ein Lehrbuch für den Redner; *De iaculatione equestri* (*Das Speerwerfen im Reiterdienst*), aus der Militärzeit in Germanien stammend, und 2 Bücher über das Leben des Pomponius Secundus. Von diesem thematisch erstaunlich weit gefächerten Œuvre ist allein erhalten die *Naturalis Historia* (*Naturkunde*), 37 Bücher, »nicht weniger abwechslungsreich als die Natur selbst« (Plinius der Jüngere 3,5). Buch 1 enthält Inhaltsübersicht und Quellenverzeichnis, 2 Kosmologie, 3–6 Geographie, 7 eine reich an Merkwürdigkeiten gestaltete Anthropologie, 8–11 Zoologie, 12–19 Botanik, 20–32 Medizin und Pharmakologie (20–27 pflanzliche, danach tierische Heilmittel); 33–37 Metallurgie, Mineralogie sowie die Geschichte der diese Stoffe verwendenden Künste.

Das Werk ist ganz praktisch auf den Menschen und seine Arbeitswelt, die Nutzung der Natur, bezogen: z. B. Papyrus (13,68–89), Bäckerhandwerk (18,107 f.), römisches Münzwesen (33,42–47). Es profitiert von der eigenen Anschauung des Autors, der die Gänsejagd bei den Germanen (10,54) ebenso wie etwa die Sekte der Essener in Judäa (5,70 ff.) selbst hatte beobachten können. Es klingt aus mit einem begeisterten Preis Italiens (ähnlich dem in → Vergils *Georgica*) und schließt mit dem stolzen Satz: »Heil Dir, Natur, Du aller Dinge Mutter! Sei mir gewogen, denn von allen Römern als einziger habe ich allein Dich in allen Deinen Bereichen gefeiert!«

Über 200 Handschriften, zahlreiche Zitate und Exzerpte bezeugen das enorme Interesse, das man in Spätantike und Mittelalter an diesem einzigartigen Quellenwerk nahm. Erst die neuzeitliche Naturwissenschaft hat dieses europäische Grundbuch der Naturbetrachtung zu entthronen vermocht; doch kommt es in der historischen Betrachtungsweise der Gegenwart als Fundament für die Geschichte der Naturforschung in unserem Kulturkreis erneut zu Ehren.

A *Naturalis historiae* libri XXXVII, hrsg. von C. Mayhoff, 6 Bde., Leipzig 1892–1909, Nachdr. Stuttgart 1967–70. – H. Rackham / W. H. S. Jones / E. Eichholz, Loeb Classical Library, London 1938 bis 1962 (lat./engl.). – J. Beaujeu / J. Desanges / J. André u. a., Paris 1950–85. (lat./frz.). – Ü *Naturgeschichte:* Ch. F. L. Strack / M. E. D. L. Strack, 3 Bde., Bremen 1853–55, reprogr. Nachdr. Darmstadt 1968. – *Naturkunde:* R. König / G. Winkler, München 1973 ff. – L R. König / G. Winkler, Plinius der Ältere. Leben und Werk eines antiken Naturforschers, Festschrift zum 1900. Todestage Plinius des Älteren beim Vesuvausbruch im Jahre 79, München 1979. – F. Dannemann, Plinius und seine *Naturgeschichte* in ihrer Bedeutung für die Gegenwart, Jena 1921. – K. G. Sallmann, Die Geographie des Älteren Plinius in ihrem Verhältnis zu Varro, Berlin / New York 1971.

Plinius der Jüngere (Minor)
Gaius Plinius Caecilius Secundus
61/62 n. Chr. Novum Comum/Como – um 112 n. Chr., verm. Bithynien

Nicht nur durch seine Schriften, sondern auch durch Inschriften ist der Lebenslauf des Plinius detailliert dokumentiert. Er wurde nach dem frühen Tode des Vaters von seinem Onkel mütterlicherseits, → Plinius dem Älteren, erzogen und testamentarisch adoptiert. 79 erlebte er als Achtzehnjähriger den Vesuvausbruch, dem sein Ziehvater zum Opfer fiel. Zu seinen Lehrern zählte → Quintilian, zu seinen Freunden und Korrespondenten → Sueton und → Tacitus, zu seinen Bekannten → Martial und → Silius Italicus. Seine Ämterlaufbahn umfaßte zahlreiche hohe Positionen, so das Konsulat 100/101, das Augurat 104, die Aufsicht über Gewässer und Abwässer in Rom 104–107, schließlich die Statthalterschaft in Bithynien 110–112.

Neben der Tätigkeit als Sachwalter und Verwaltungsbeamter stand eine lebendige literarische Produktion. Verloren sind (bis auf wenige Kostproben in Brief 7, 4 und 9) die Gelegenheitsgedichte des Plinius wie auch seine Reden. Von diesen besitzen wir jedoch ein Beispiel in der Preisrede auf Trajan, gehalten am 1. September 100 zum Amtsantritt als Konsul, für die Veröffentlichung auf das 3- bis 4fache (d. h. 95 Druckseiten) erweitert. Der Text ist als Geschichtsquelle für die sonst schlecht bezeugten ersten Regierungsjahre des Kaisers ebenso wertvoll wie als literargeschichtliches Dokument: Die → *Panegyrici* des 4./5. Jh. folgten dem Vorbild des Plinius; an der Spitze dieses Corpus ist die Rede überliefert als bedeutendes Zeugnis für das Herrscherbild der ausgehenden Antike.

Der Ruhm des Plinius gründet jedoch auf seinen Briefen: 9 Bücher in 3 Dreiergruppen, insgesamt 248 Schreiben an 105 Adressaten (unter ihnen mit 11 Schreiben am häufigsten Tacitus). Hinzu kommt als Buch 10 die amtliche Korrespondenz des Statthalters in Bithynien mit der kaiserlichen Kanzlei in der Hauptstadt, 123 Briefe, Glückwunschadressen, Anfragen, Berichte samt den Reskripten aus Rom. Wir besitzen hier einzigartiges Belegmaterial für die Praktiken und Probleme der Provinzialverwaltung des Imperiums; am berühmtesten sind die Christenbriefe (96/97) über die Behandlung der Mitglieder der neu auftretenden jungen Kirche. Die Systematik der → Symmachus-Sammlung imitiert das Vorbild des Plinius: sie ahmt das Verhältnis 9:1 nach und läßt ebenfalls auf die 9 Bücher der Privatbriefe ein 10. Einzelbuch amtlicher Schreiben folgen.

Während das 10. Buch authentische Dokumente bietet, werfen die voranstehenden Privatbriefe die Frage auf, wie weit hier Lebenswirklichkeit und literarischer Leistungswille sich beeinflussen. Im Gegensatz zum normalen Brief mit seinem vielfältig vermischten Inhalt sind die Episteln des Plinius stets strikt auf ein einziges Thema bezogen; sie präludieren so formal dem Essay, dem Feuilleton. Offen bleibt jedoch, ob hier aus freier Phantasie verfertigte Stücke durch Zufügung eines Empfängernamens der Realität nähergerückt wurden, ob eventuell umgekehrt authentische Texte durch Überarbeitung publikationsreif gemacht wurden oder ob vielleicht wirklich geschriebene Briefe von vornherein bereits mit dem Blick auf spätere Publikation konzipiert und stilisiert wurden. Plinius selbst erklärt zu Anfang seiner Sammlung, er lege ohne chronologische Ordnung diejenigen seiner Briefe vor, die er »etwas sorgfältiger abgefaßt« habe (*quas paulo accuratius scripsissem*); so ist wohl eine Selektion aus der realen Korrespondenz anzunehmen, möglicherweise gemischt mit zusätzlichen, eigens eingefügten Stücken.

Thematisch ist der Rahmen reich und reizvoll: Beschreibungen von Landschaften und Villen (2,17; 5,6) und Preis von Personen (1,10; 2,3; 3,7) wechseln mit Historischem (3,16), Literarischem (z. B. 7,4 und 9) und Persönlichem (Der Tod Plinius' des Älteren 6,16 und 20); hinzu treten Träume, Spukgeschichten, Erziehungsfragen, Reisebilder u. v. a. m. Die geistvollen Miniaturen geben ein gefälliges Bild des gesellschaftlichen Lebens, des Literaturbetriebes, sie porträtieren Persönlichkeiten und schildern die Schauplätze des Lebens der Oberschicht. Sie sind liebenswürdig unterhaltende Kleinkunst, die doch durch ihre formvollendete Darbietung den Namen ihres Schöpfers haben weiterleben lassen.

A *Epistulae, Panegyricus*: M. Schuster / R. Hanslik, Leipzig 91992. – *Epistulae:* R. A. Mynors, Oxford 1964. – H. Kasten, München 1968, 41979 (lat./dt.). – Ü A. Lambert, Zürich, 1969. – A. N. Sherwin-White, Oxford 1966 (Komm.). – H. Kasten, Zürich 61990. – *Panegyricus:* W. Kühn, Darmstadt 1985. – L G. Merwald, Die Buchkomposition des Jüngeren Plinius, Diss. Erlangen 1964. – H. P. Bütler, Die geistige Welt des jüngeren Plinius, Heidelberg 1970. – F. Gamberini, Stylistic Theory and Practice in the Younger Pliny, Hildesheim 1983.

Plotin, Plotinos
um 204–270 n. Chr.

Aus Lykopolis in Ägypten zog Plotin 232 nach Alexandria, nahm danach an einem Feldzug in Persien teil und richtete 244 in Rom seine eigene Schule ein, mit der er zum Begründer des Neuplatonismus wurde. Er plante, unterstützt von der Gunst des Kaisers Gallienus und seiner Gattin, die Gründung einer *polis* in Kampanien, die von Philosophen nach den Prinzipien Platons geleitet werden sollte (*Vita Plotini* 12); das Projekt dieser Platonopolis blieb jedoch unverwirklicht. Plotin starb nach langwieriger Krankheit in Minturnae in Kampanien.

Seine 54 Schriften sind von seinem Schüler Porphyrios, recht willkürlich in Neunergruppen gegliedert, herausgegeben worden; sie tragen daher den Namen *Enneaden* (»Neuner«). Sie handeln vom Problem der Einheit in der Vielheit. Drei Hypostasen (»Wesenheiten«) werden erkannt: das Eine, der Geist, die Seele; erst unter ihnen hat die Materie ihren Platz. Zum Erkennen bzw. Erleben des Einen führt der Weg der mystischen Vision.

Herauszuheben ist die Schrift über *Das Schöne*. Dieses wird auf drei Ebenen erfahren als das sinnlich Schöne, das geistig Schöne und das in der Schau des Einen sich verwirklichende Schöne. Es ist demnach nicht nur ein ästhetisches Phänomen, sondern ist mit dem Stufenbau des Seins verknüpftes Erlebnis, ist »Sichtbarmachung des Unteilbaren in der Vielheit«. Die Schrift Plotins hat in den Diskussionen der Renaissance und auch des deutschen Idealismus nachgewirkt.

A R. Harder / R. Beutler / W. Theiler, Plotins Schriften, Hamburg 1956–60 (mit dt. Übers. und Anm.). – R. Harder, Frankfurt a. M. 1958 (Ausw. mit Einl.). – E. Bréhier, Paris 1956–64 (mit frz. Übers.). – R. Henry / H. R. Schwyzer, 3 Bde., Oxford 1964–82. – A. H. Armstrong, London 1966–67 (mit engl. Übers.). – V. Cilento, Florenz 1971 (mit ital. Übers.). – W. Beierwaltes, Plotin.

Über Ewigkeit und Zeit, Frankfurt a. M. 1967. – Ü R. HARDER, Plotins Schriften, 5 Bde., Leipzig 1930–37. – L J. H. SLEEMAN / G. POLLET, Lexicon Plotinianum, Leiden 1980. – A. H. ARMSTRONG, Plotinian and Christian Studies, London 1979. – A. H. ARMSTRONG, The Architecture of the Intelligible Universe in the Philosophy of Plotinus, Amsterdam 1967. – H. J. BLUMENTHAL, Plotinus' Psychology, Den Haag 1979. – W. BROECKER, Platonismus ohne Sokrates. Ein Vortrag über Plotin, Frankfurt a. M. 1966. – C. CHARLES-SAGET, L'Architecture du Divin. Mathematique et Philosophie chez Plotin et Proclus, Paris 1982. – P. CROME, Symbol und Unzugänglichkeit der Sprache. Jamblichos. Plotin. Porphyrios. Proklos, München 1970. – CH. ELSAS, Neuplatonische und gnostische Weltablehnung in der Schule Plotins, Berlin / New York 1975. – E. FRÜCHTEL, Weltentwurf und Logos. Zur Metaphysik Plotins, Frankfurt a. M. 1970. – G. PH. KOSTARAS, Der Begriff des Lebens bei Plotin, Heidelberg 1969. – P. P. Zum Einfluß des Platonischen *Timaios* auf das Denken Plotins, Winterthur 1964. – J. M. RIST, Eros und Psyche. Studies in Plato, Plotinus and Origen, Toronto 1964. – H. SCHÖNDORF, Plotins Umformung der Platonischen Lehre vom Schönen, Bonn 1974. – V. SCHUBERT, Plotin. Einführung in sein Philosophieren, Freiburg/München 1973. – K. ALT, Philosophie gegen Gnosis, Mainz 1990.

Plutarch, Plutarchos
um 46 – um 120 n. Chr.

Bald nach 45 in dem nordöstlich von Delphi in Böotien gelegenen kleinen Landstädtchen Chaironeia geboren, blieb Plutarch dem winzigen, wenn auch geschichtlich wichtigen Ort sein Leben lang verbunden. Im Scherz sagte er, er könne nicht fortziehen, damit es nicht noch kleiner werde. Das Studium führte ihn nach Athen, weitere Reisen nach Ägypten und wohl auch nach Kleinasien. Mehrmals weilte Plutarch in Rom, aber nie sehr lange. Latein erlernte er erst spät und nicht besonders gründlich. Seine griechischen Schriften zogen bald einen Schülerkreis an. Mit Delphi verbanden ihn enge Beziehungen. Er bekleidete dort ein lebenslängliches Priesteramt und wurde mit einem Standbild geehrt.

Mit 4500 Druckseiten ist das schriftstellerische Werk Plutarchs das umfangreichste, das uns aus der heidnischen Antike in griechischer Sprache erhalten ist. Und doch ist es weniger als die Hälfte des von Plutarch geschaffenen Œuvres. Ein antiker Katalog nennt 227 Titel, von denen 144 verlorene Werke bezeichnen, während nur 83 erhalten sind. 18 nicht erwähnte, uns vorliegende Schriften treten hinzu. Andererseits enthält das Corpus auch unechtes bzw. zweifelhaftes Material. Es gliedert sich insgesamt in zwei große Bereiche: die sogenannten *Moralia* und die *Parallelbiographien*.

Die *Moralia* sind ein Sammelname für eine Gruppe von 78 sehr unterschiedlichen Werken. Schon formal ist der Bogen weit gespannt: Es begegnen Dialog, Lehrvortrag, rhetorische Deklamation, Traktat, Diatribe (Streitschrift). Die behandelten Gebiete umfassen Ethik und Physik, Religionsphilosophie und Literaturkritik, Pädagogik und Politik, Anekdotisches und Antiquarisches. Einzelnes hervorzuheben ist schwierig. Wichtige Informationen, insbesondere zur Religionsgeschichte, liefern altertumskundliche Schriften wie die *Griechischen* und die *Römischen Fragen*; über die Musik der Antike unterrichtet *Über die Musik* als eine der grundlegenden Quellen des Altertums; *Über Kindererziehung* übte in der Renaissance besonderen Einfluß aus; zu Ägypten ist *Isis und Osiris* eine bedeutsame Quelle. Daneben stehen Schriften, die philosophische Fragen unter verschiedenen Aspekten erörtern, wie die *Über das Mondgesicht, Über das E in Delphi, Über die Orakel der Pythia, Über das Aufhören der Orakel*, und solche, die ethische Probleme abhandeln, wie *Die Neugier, Die Schwatzhaftigkeit, Von der Zügelung des Zorns, Von der Ruhe des Gemüts, Eheratschläge*. Als Platoniker trat Plutarch natürlich für seine Lehre ein (*Platonische Fragen*; *Die Schaffung der Seele im »Timaios«)* und gegen Stoa und Epikureer auf (*Gegen Kolotes*).

Hatten zunächst die *Moralia* großen Einfluß besessen, so ließ sich die Neuzeit von den *Parallelbiographien* fesseln.

Ihr Autor hat sich ihnen erst im Alter von etwa 50 Jahren zugewendet. Wir besitzen 23 Parallelviten, in denen je ein Grieche mit einem Römer zusammengestellt ist, und vier Einzelbiographien. Bei 19 der Paare sind in einer abschließenden sogenannten *Synkrisis* die beiden Gestalten miteinander verglichen. Ein Politikum zeichnet sich ab.

In Plutarchs Zeit ist der alte Gegensatz zwischen den theoriestarken Hellenen und den praxismächtigen Römern noch sehr empfunden worden. Die besten Köpfe beider Seiten bemühten sich um eine gegenseitige Annäherung. Plutarch zeigt, wie in beiden Bereichen bedeutende Gestalten in einer Art Entsprechung zueinander gesehen werden können. Parallelisierungen wie Alexander – Caesar oder Demosthenes – Cicero haben unmittelbare Evidenz. Bezeichnend: Der Autor widmet sein griechisch geschriebenes Werk einem vornehmen Römer.

Festzuhalten ist, daß Plutarch nicht Geschichte schreiben, sondern Lebensbilder zeichnen wollte. Er sagt das selbst am Anfang der Alexander-Biographie: »Ich schreibe nicht Geschichte, sondern zeichne Lebensbilder. Hervorragende Tüchtigkeit oder Verworfenheit offenbaren sich nicht in den aufsehenerregenden Taten, oft wirft ein geringfügiger Vorgang, ein Wort oder Scherz ein bezeichnenderes Licht auf einen Charakter als Schlachten mit Tausenden von Toten, als die größten Heeresaufgebote und Belagerungen. So möge man mir gestatten, mich mehr auf die Merkmale des Seelischen einzulassen und nach ihnen das Lebensbild eines jeden zu entwerfen, die großen Dinge und Kämpfe aber anderen zu überlassen.«

Neben dieser Autorenreflexion steht noch ein zweites: »Der Thebaner Ismenias führte seinen Schülern gute und schlechte Flötenbläser vor und sagte: ›So muß man flöten!‹ und ›So nicht!‹ Ebenso denke auch ich mir, daß wir noch eifrigere Betrachter und Nachahmer der guten Lebensläufe sein werden, wenn wir nicht in Unkenntnis der schlechten und tadelnswerten bleiben.« Was Plutarch von seinen Lesern erwartet, ist hier deutlich definiert. Sie sollen sich durch vortreffliche Vorbilder anregen und faszinieren, durch dunklere Gestalten abschrecken lassen. Mit dieser ethisch-normativen Tendenz ist die Brücke geschlagen zum anderen Teil im Werke Plutarchs, den *Moralia*, wo auch ethische Fragen oft genug behandelt sind.

Wie so viele vor ihm genoß Goethe die Lektüre des Plutarch in vollen Zügen: »Die kleinen Schriften des Plutarch waren gerade recht am Ort: sie unterhielten uns mehrere Wochen fast ganz allein, und ich habe mich so darein verliebt, daß Sie diese Übersetzung wohl schwerlich wiedersehen werden« (an F. A. Wolf am 28. September 1811).

Einen besonderen Effekt fand Nietzsche: »Lest zur Reinigung von diesem deutschen Schwulste Plutarchs Leben des Brutus und des Dion« (an F. Overbeck im November 1880).

Sein Antipode sah das anders: Der führende Gräzist der Jahrhundertwende, Ulrich von Wilamowitz-Moellendorff, hat Plutarch abgekanzelt (*Aristoteles und Athen* 2,290): »Stilistisch hervorragend, historisch urteilslos, chronologisch unbekümmert.« So kritisch sieht man den Biographen und Essayisten heute nicht mehr. Nach einem beispiellosen Erfolg in nahezu allen Jahrhunderten, nach der seit der Renaissance einsetzenden Wirkung der Viten, nachdem Shakespeares Römerdramen Plutarchs biographische Kunst der Bühne erschlossen hatten, folgt man eher dem Diktum Nietzsches (*Vom Nutzen und Nachteil der Historie*, Kap. 6): »Sättigt eure Seelen an Plutarch und wagt es, an euch selbst zu glauben, indem ihr an seine Helden glaubt.«

A A. C. Lindskog / K. Ziegler, *Vitae*, 4 Bde., Leipzig [4]1969. – R. Flacelière u. a., Paris 1957 ff. (mit frz. Übers.). – H. Wegehaupt u. a., *Moralia*, Leipzig 1925 ff. – G. N. Bernadakis, 7 Bde., Leipzig 1889–1908. – F. H. Sandbach, Fragmente, Leipzig 1967. – F. C. Babbit u. a., Fragments, London 1922 ff. (mit engl. Übers.). – B. Perrin, *Vitae*, London 1914–26 (mit engl. Übers.). – R. Flacelière, *Vitae*, Paris 1957 (mit frz. Übers.). – Ü K. Ziegler, Große

Griechen und Römer, 6 Bde., Zürich/Stuttgart ²1979–80. – K. ZIEGLER, Über Gott und Vorsehung, Dämonen und Weissagung, Zürich/Stuttgart 1952. – B. SNELL, *Von der Ruhe des Gemüts* und andere philosophische Schriften, Zürich/Stuttgart 1948. – F. ZAHN, *Über Kinderzucht*, München 1947. – W. SIEVEKING, Plutarch über Liebe und Ehe, München 1940. – L R. HIRZEL, Plutarch, Leipzig 1912. – W. GRAF, Plutarch und die griechische Biographie, Uxkull/Gyllenband 1927. – R. HIRZEL, Der Dialog, Bd. 2, Leipzig 1895. – B. SCARDIGLI, Die Römerbiographien Plutarchs. Ein Forschungsbericht, München 1979. – K.-D. ZACHER, Plutarchs Kritik an der Lehre Epikurs, Königstein 1982.

Pollio → *Historia Augusta.*

Poimandres → *Hermetica.*

Polybios

um 200 – 118 v. Chr.

Polybios, in Megalopolis in Arkadien geboren, hatte Lykortas zum Vater, der Staatsmann und Stratege (Heerführer) war. Diese Herkunft wirkte bestimmend für das Leben des Sohnes: Als Griechenland nach der Schlacht von Pydna 168 durch Rom unterworfen wurde, kam der junge Mann aus bester Familie zwangsweise in die Hauptstadt der Oikumene. Doch was anderen Deportierten zum Schaden gereichen konnte, wurde für ihn zum Glücksumstand: Er gewann die Freundschaft Scipios des Jüngeren und 150 auch die Freiheit. Schon 151 hatte er Scipio nach Afrika begleitet; er war auch bei der Eroberung und Zerstörung Karthagos 146 an seiner Seite, ebenso 133 im Krieg gegen Numantia. So war er also selbst auf den wichtigsten Schauplätzen der geschichtlichen Vorgänge seiner Zeit zugegen. Das kam seinen historischen Werken verständlicherweise sehr zugute. Einige kleinere von ihnen sind verloren: *Der Numantini-*

sche Krieg, Über Taktik, Das Leben des Philopoimen und *Über die Bewohnbarkeit der Äquatorialzone.* Erhalten hat sich von den 40 Büchern seines Hauptwerks *Historien* nur ein Teil: die Bücher 1–5 vollständig, aus dem Rest Fragmente unterschiedlichen Umfangs.

Dieses Werk eröffnet den Reigen jener Bemühungen, in denen griechisch schreibende Autoren ihren Lesern die Größe und den geschichtlichen Rang Roms darstellen, eine Linie, die über → Dionysios zu → Plutarch führt. Für Polybios bedeutet freilich die Geschichte Roms zugleich Weltgeschichte (was für uns heute »Geschichte der Mittelmeerwelt« bedeutet). Sein Ziel ist nicht die Darbietung einzelner Fakten, sondern »die Vorgänge in allen Teilen der uns bekannten Welt zusammen und als Einheit darzustellen«. Zwar spricht er sich strikt gegen die in seiner Zeit wuchernde Neigung zu poetisierender, tragisch färbender, pathetischer Geschichtsmalerei aus, gegen Sensualismus und rasselnde Rhetorik; doch besitzen die Vorgänge zwischen 220 und 146 v. Chr., das Erstarken Roms zur Vormacht im Mittelmeer, in sich selbst dramatische Wucht genug, um den Leser auch oder vielleicht gerade in der strengen Darstellung des Polybios zu beeindrucken. Als bekanntestes Beispiel mag die Erzählung am Ende des 38. Buches dienen, in der von Scipio berichtet wird, wie er auf der Höhe des Erfolges, auf den Trümmern des endgültig besiegten und zerstörten Karthagos, in sich gekehrt und mit Tränen in den Augen, einen Vers → Homers zitiert habe (*Ilias* 6,448) »Einst wird kommen der Tag, da das heilige Ilion hinsinkt«, und in dem Schicksal Trojas das Geschick Roms bedacht habe. Die Tyche ist es, Fortuna, das ungewisse Schicksal, das menschliches Mühen zu durchkreuzen vermag. So verliert Polybios über seiner Bewunderung für Roms Macht und Bedeutung doch den Gedanken an die Endlichkeit nicht aus dem Blick. Sein Geschichtswerk ist zugleich Geschichtsphilosophie, geschrieben als Lehre für den Staatsmann wie für den interessierten Laien. Polybios ist nach

→Herodot und →Thukydides die dritte bedeutende Erscheinung in der griechischen Geschichtsschreibung; er sollte nicht nur Spezialisten vorbehalten bleiben.

A Th. Büttner-Wobst, 5 Bde., Stuttgart ²1985–87. – W. R. Paton, London 1922–27 (mit engl. Übers.). – Ü H. Drexler, *Geschichte*. Gesamtausgabe in 2 Bänden, Zürich/Stuttgart 1978–79. – L P. Körner, Polybius als Kritiker früherer Historiker, Diss. Jena 1957. – F. Eisen, Polybius-Interpretationen, Heidelberg 1966. – G. A. Lehmann, Untersuchungen zur historischen Glaubwürdigkeit des Polybius, Münster 1967. – K. E. Petzold, Studien zur Methode des Polybius und ihrer historischen Auswertung, München 1969. – Entretiens sur l'antiquité classique, Fondation Hardt, Bd. 20, Vandœuvres/Genf 1974. – K. Meister, Historische Kritik bei Polybius, Wiesbaden 1975. – Polybios, hrsg. von K. Stieve und N. Holzberg, Darmstadt 1982.

Pompeius Trogus →Trogus.

Preisgedicht auf Messalla →Tibull.

Priapea

1. Jh. n. Chr.

Auf der asiatischen Seite des Hellespont liegt die Stadt Lampsakos. Hier und in ihrem Umland wurde Priapos verehrt, eine Fruchtbarkeitsgottheit, die schützend über Felder, Fluren und Gärten, aber auch über die Schiffahrt, besonders beim Auslaufen im Frühjahr, Wache hielt. Ihr Kult verbreitete sich auch in Griechenland, Italien, schließlich im Imperium Romanum. Ursprünglich ein grober Holzfetisch, wurde die Gestalt später kunstvoller gefaßt; Kennzeichen blieb das übergroße erigierte männliche Glied als Symbol der Zeugungskraft. Hauptsächlich als Gartengott galt Priap als verehrtes Numen, später auch ob seiner skurrilen Gestalt als belächelte Spottfigur.

Aus Gebeten an den Gott wie aus Graffiti mögen sich die Gedichte herleiten, die seine ragende Gestalt zum Thema haben. Gehen die griechischen Epigramme der *Anthologia Graeca* auch auf den Schützer der Seefahrt ein, so ist in den lateinischen Texten der Ton sexueller Frivolität vorherrschend. → Ovid erzählt in den *Fasten* zweimal seinen Mythos (1,391–440; 6,319–346); → Tibull führt ihn als Liebesberater ein (1,4), → Horaz (*Satiren* 1,8) läßt ihn angewidert zwei scheußliche Hexenweiber bei ihrem wüsten Treiben beobachten und sie schließlich mit einem knallenden Furz verjagen – eine Satire, die Bertolt Brecht beschäftigt hat (*Leben des Galilei*, 8. Bild). Selbst → Vergil wurden als Jugendwerk drei Priapeen zugeschrieben (in der → *Appendix Vergiliana* erhalten, in der Echtheit bezweifelt). Daß sich → Martial das bizarre Bild nicht entgehen ließ (11 Epigramme), daß → Petron Priap als große grollende Gottheit stilisiert und → Prudentius gegen den paganen Popanz wettert (*Gegen Symmachus* 1,102–115), daß auch eine Reihe von Inschriften von Priap künden, das alles zeugt von der Beliebtheit des Bildes, von der Präsenz des Priap.

Ihr verdanken wir auch eine Sammlung von 80 anonym überlieferten Gedichten aus der Kaiserzeit, gestaltet teils in Distichen (34), teils in Elfsilblern (38), teils in Hinkjamben (8). Es sind zumeist kurze Gebilde von nur wenigen Zeilen; Nr. 68 mit 38 Versen, Nr. 51 mit 28 heben sich bereits als lang heraus. Bis vor nicht allzu langer Zeit war die Wissenschaft der Meinung, es handele sich um eine Kollektion von Stükken verschiedener Provenienz, sowohl um wirkliche Inschriften wie auch um eigene dichterische Nachgestaltungen, jedenfalls um Produkte vieler verschiedener Verfasser, in nachaugusteischer Zeit gesammelt und als amüsante Zusammenstellung von einem Unbekannten ans Publikum gebracht. Inzwischen hat genaueres Zusehen gezeigt, daß die Gedichte offenbar einem einzigen Verfasser zugehören, daß sie nicht an den Anfang, sondern eher an das Ende des 1. Jh.s n. Chr. gehören oder aber noch späteren Datums sind; vor allem aber, daß sie als Sammlung konzipiert, als durchstrukturierter künstlerischer Organismus angelegt sind.

Es mußte dem Dichter daran gelegen gewesen sein, möglichst stark auf Abwechslung, auf stimmungsmäßige Variation oder Unterschiedlichkeit der Pointe hinzuarbeiten; denn durch die Person des Gottes, durch das immer gleiche Szenarium – den Garten, das Bild des Numens – war ja bei der nicht gerade geringen Anzahl von 80 Einzelgedichten die Gefahr der Monotonie durchaus gegeben. Doch der unbekannte Poet wußte sie meisterhaft zu bannen: sein Bestreben tritt augenfällig hervor, thematisch zusammengehörige Gedichte einerseits durch getrennte Stellung voneinander zu sondern und sie andererseits durch einen Wechsel in der Ponderierung und Pointierung zu variieren.

Zwei Antithesen geben der Kollektion doppelten Reiz: Der Gegensatz zwischen bewußt feiner und betont gemeiner Sprache sowie der Kontrast zwischen der als göttlich geschilderten Gestalt Priaps und dem heillosen Spiel, das der Dichter mit ihr treibt: Die hölzerne Larve wird wohl als mächtige Gottheit eingeführt, aber doch stets als Ausgeburt von Aberwitz und Aberglaube ad absurdum geführt. Zweierlei Freiheit strebt der Autor zu finden, zu formulieren, zu vermitteln: Die Abwendung des Gebildeten von abergläubischen Absurditäten – und das Abweichen des freien Geistes von den Normen und Beschränkungen herkömmlicher Tabus. Gewiß bleibt, daß seine Gedichte vor dem Hintergrund dieser Spannung zwischen dem Vorgegebenen, Traditionellen, und der gesuchten Abweichung davon ihren Reiz gewinnen. Die *Priapea* repräsentieren den Versuch, in der kleinen Form der Aufschrift, der Beschreibung, des Anrufs oder der Wechselrede, am Beispiel der ins Unwahrscheinliche potenzierten, ›numinosen‹ Potenz des Priap, die Geschlechtlichkeit des Lebens darzustellen, ohne in Umschweife oder Umschreibungen auszuweichen, und damit überholten Aberglauben wie auch unglaubwürdig gewordene Tabus gleichermaßen zu treffen.

Lessing und Goethe haben die kleinen Gedichte mit ihrer Aufmerksamkeit gewürdigt und sie philologisch verbessert; Goethe hat sie in seinen eigenen Gedichten mehr als einmal anklingen lassen und ihnen so doppelte Reverenz erwiesen.

A F. Bücheler / W. Heraeus, Petroni saturae et liber Priapeorum, Berlin [6]1922, Nachdr. 1958. – **Ü** C. Fischer / B. Kytzler, *Carmina Priapea* – Dichtungen und Nachdichtungen an den Gartengott, Zürich/München 1978 (enthält auch die griech. und lat. Priapdichtungen außerhalb des Corpus, die humanistischen Nachdichtungen sowie die Texte Lessings und Goethes). – **L** H. Herter, De Priapo, Gießen 1932. – V. Buchheit, Studien zum Corpus Priapeorum, München 1962. – C. Goldberg, *Carmina Priapea*, Heidelberg 1992.

Prodikos

2. Hälfte 5. Jh. v. Chr.

Prodikos, ein Zeitgenosse des Sokrates, der von der Insel Keos stammte, hat eine führende Rolle unter den Sophisten gespielt. Er soll u. a. Schüler des → Protagoras und Lehrer von → Euripides und → Isokrates gewesen sein. Für seinen vielbesuchten Unterricht nahm er beträchtliche Honorare. Aus seinem schriftlichen Werk sind nur wenige Fragmente bewahrt. Es umfaßte die Schriften *Über die Natur*, die Kosmologisches wie Anthropologisches beinhalten, und *Die Horen*, die ethischen Fragen gewidmet sind. Hier fand sich auch die berühmt gewordene Erzählung *Herakles am Scheideweg* (die wir bei → Xenophon, *Memorabilia* 2,1 lesen), in der der Held statt der bequemen Straße des Genusses den steilen Pfad der Tugend wählt.

In seinen Arbeiten waren zwei Bereiche von besonderem Belang. Er bemühte sich zum einen um die Synonymik, suchte in subtilen Definitionen Wörter ähnlicher Bedeutung voneinander abzugrenzen (worin → Platon eine Vorstufe zur sokratischen Definierungskunst sah). Zum anderen lehrte Prodikos, daß die Menschen der Frühzeit den

Grundgütern der Lebenshaltung, wie Wasser und Feuer, Flüssen und Quellen, Korn und Wein, göttliche Verehrung gezollt hätten – ein Gedanke, der später in weitergeführter Form von → Euhemeros vorgetragen wurde.

A H. DIELS, Vorsokratiker, Bd. 2, Berlin [7]1954, S. 308–319. – M. UNTERSTEINER, I Sofisti, Bd. 2, Mailand 1967. – Ü Siehe Diels.

Properz, Sextus Propertius
um 50 v. Chr. Assisi – um 15 v. Chr.

Properz war einer der profiliertesten Poeten Roms. Das betrifft freilich nur sein Werk, nicht seinen Lebensgang. Diesen kennen wir mehr in Umrissen als in Details. Seine Familie hatte, ebenso wie → Vergil und → Tibull, durch die Landenteignungen 41/40 zugunsten der Veteranen Besitzverluste zu erleiden; als Kind noch wurde ihm die Grausamkeit des Krieges bei den Kämpfen um das benachbarte Perugia deutlich, in denen ein Verwandter ums Leben kam (*Monobiblos* 1,21 und 22). Früh kam Properz nach Rom, widmete sich aber nicht der üblichen öffentlichen Laufbahn, sondern führte mit befreundeten Dichtern sein privates Leben als Poet.

Seine als *Monobiblos* (*Einzelbuch*) etwa 28 veröffentlichte erste Elegiensammlung fand großen Beifall und führte ihn auch in den Kreis des Maecenas ein, dem ja die beiden Großen, → Horaz und Vergil, zuzählten. Das zweite und dritte Buch Properzens erschienen, wie wir an datierbaren Anspielungen und Angaben sehen können, nach 26 bzw. 23, das vierte nach 16, möglicherweise postum. → Plinius der Jüngere erwähnt seinen Zeitgenossen Passennus Paulus, der sich seiner Abstammung von Properz rühmte (*Briefe* 6,15 und 9,22); doch sind keine Nachrichten über eine Ehe oder Kinder des Properz aufzufinden. Der Name seiner so heiß besungenen Geliebten, Cynthia, weist auf den Berg der Geburt Apollons, Kynthos, und den Beinamen des Gottes,

Cynthius. Sie soll in Wirklichkeit Hostia geheißen haben, berichtet → Apuleius in der *Apologie* (10), und muß eine außerordentlich anziehende und begehrenswerte, selbstbewußte und eigenwillige Frau gewesen sein, des Dichters *domina*, »Herrin«, wie er sie nannte.

Man sieht, der Mittelpunkt dieses Lebens ist allein die Poesie gewesen. Man kann noch weitergehen: Der Kern der Poesie des Properz ist die Liebe. Ihr diente er, als Mensch und als Dichter, sie inspirierte ihn: nicht Calliope noch Apoll, nein (2,1,4):

ingenium nobis ipsa puella facit

»Sie, das Mädchen, nur ist's, die erweckt meinen Geist.«

Das bedeutet, wie auch seine Lebenswahl bezeugt, Abkehr von traditionellen Vorstellungen und Werten. In diesem Dasein sind die anderen Götter entthront, die bürgerlichen Tugenden vergessen. An ihre Stelle ist der existentielle Bezug zum geliebten Wesen getreten – Himmel und Hölle liegen einzig in der »Herrin« Hand. Die Dichtungen des Properz spiegeln die gefährliche Glut dieses Verfallenseins wider. Man wird heute nicht mehr, wie früher gern getan, die genaue Geschichte einer Liebesbeziehung mit Klimax und Katastrophe kalendarisch konstruieren wollen, indem man seine Elegien als poetisches Tagebuch mißversteht. Aber man wird auch nicht übersehen können, daß solche Poesie zutiefst persönliche, private Positionen preisgibt, auch ohne sie im Detail dingfest machen zu dürfen.

Diesem nahezu aggressiven Ton der Leidenschaft gesellt sich – in einem heute merkwürdig anmutenden Kontrast – griechisch-mythologische Gelehrsamkeit. Immer wieder wird von Properz ein ferner fabulöser Hintergrund beschworen, werden Theseus und Ariadne aufgerufen, um eigene erlebte Erfahrung zu überhöhen. Das Schlagwort vom alexandrinischen *poeta doctus* deckt dies nicht voll ab: Es gibt gewiß die Genese genauer an, weist auf das in Alexandria herrschende, vornehmlich von → Kallimachos initiierte und vertretene Ideal des kenntnisreichen, sein erlesenes Wissen ausbreitenden Dichters, dem man auch im hellenisierten Rom folgte; aber es bleibt jener Rest zu beschreiben offen, der sich in derartigen Bezugnahmen birgt und manifestiert, jene Annäherung an gültige Modelle von übermenschlichem Maß, die in der sonst entgötterten Welt den Wert des einzelnen Wesens erhöht und verfestigt. Die Macht der Mythen gibt auch dem Moment des Alltags Gestalt und Größe. Die Mythen bei Properz sind mehr als gelehrtes Beiwerk: Sie sind existentielle Chiffren, in denen sich der Einsame einer großen Gemeinschaft versichert, der Einzelne sich eines überzeitlichen Bezuges vergewissert.

Ein Drittes: im 4. und letzten Buch treten zur subjektiv-erotischen Elegie nationale Themen hinzu. In der Mitte steht die Entscheidungsschlacht von Aktium (4,6) und die Weihung des Apollontempels auf dem Palatin; davor und danach erscheinen *exempla* altrömischer Art, wie der Brief der Arethusa an den Gatten im Feld (3) und die »Königin der Elegien« (»Regina Elegiarum«), das Gedicht auf den Tod der Stieftochter des → Augustus, Cornelia (11); ferner aber auch altrömische Mythen wie der Gott Vortumnus (2), der Verrat der Tarpeia (4), der Herkulesaltar (9) und Jupiter Feretrius (10). Der jugendliche Aussteiger Properz, der sein Leben abseits der gesellschaftlichen und politischen Realitäten gelebt hatte, war älter und reifer geworden. Sein Motto »Amor ist der Gott des Friedens – wir Liebenden ehren den Frieden« (3,5), das als Protest gegen die Kämpfe der Machthungrigen sein frühes Leben bestimmt hatte, sah sich nun mit dem real existierenden Frieden des Augustus konfrontiert – die Wirklichkeit begann ihn einzuholen. Der Dichter, der als junger Mann nur der Venus gehuldigt hatte, konnte nun, ohne sein Wesen preiszugeben, auch dem neu sich konsolidierenden Staat in seinen Grundzügen zustimmen und ihm auf seine – poetische – Weise näherkommen.

Was blieb, war der unverwechselbar geprägte Stil des Properz: gespannte Diktion, die vielerlei Aspekte in einen kurzen Vers drängt, die dem Leser viel Material bietet, offen formulierte Gedanken und tiefer verborgene Assoziationen; der rasche gedankliche Sprung, der die logische Verknüpfung dem Leser überläßt – wenn sie denn überhaupt erwartet wird und nicht in der grundierenden Stimmung anstatt in der zwingenden Logik zu suchen ist; der heftige Griff nach einem Gedanken, einer Vorstellung, die doch nicht lange im Mittelpunkt bleibt; der Reichtum der Bilder, deren Vorüberfließen in ihrer Dynamik dem flüchtigen Leser Rätsel aufgibt, dem nachdenklichen Reichtümer offenbart, die zu ergründen lohnt. Ein bewegtes, ein leidenschaftliches Lied – es hat in seiner lohenden Glut immer wieder neue Funken entzündet.

Stellvertretend für diese Wirkung seien drei große Namen genannt: In der Antike hochberühmt, in der Welt des Mittelalters vergessen, hat Properz Petrarca tief beeindruckt, der ihn für die Neuzeit wiederentdeckte. Tiefer noch war die Wirkung auf Goethe, dessen *Römische Elegien* und *Venezianische Epigramme* ganz aus dem Geiste des Properz heraus geschaffen sind. Das hat Goethe auch offen mehrfach bekannt. Und erst 1917 hat Ezra Pound sein *Homage to Sextus Propertius* geschaffen und so den Römer auch in unserem Jahrhundert heimisch gemacht.

A R. Hanslick, Leipzig 1979. – P. Fedeli, Stuttgart 1984. – **Ü** R. Helm, Berlin 1965 (lat./dt.). – K. L. v. Knebel, Leipzig 1798. – J. H. Voss, Braunschweig 1830. – E. Geibel, Stuttgart ^{2}1906 (Ausw.). – G. Luck, Zürich/Stuttgart 1964 (lat./dt.). – **L** E. Reitzenstein, Wirklichkeitsbild und Gefühlsentwicklung bei Properz, Berlin/Wiesbaden 1936 (Philologus Suppl. 29). – H. Tränkle, Die Sprachkunst des Properz und die Tradition der lateinischen Dichtersprache, Wiesbaden 1960. – E. Lefèvre, Propertius ludibundus. Elemente des Humors in seinen Elegien, Heidelberg 1966. – Properz, hrsg. von W. Eisenhut, Darmstadt 1975. – K. Neumeister, Die Überwindung der elegischen Liebe bei Properz, Frankfurt a. M. 1983.

Protagoras
um 485 – um 415 v. Chr.

Protagoras aus Abdera gilt als erster, vielleicht auch als bedeutendster der Sophisten. Er führte ihre Lebensform vor und damit auch ein. Er erteilte Unterricht gegen gutes Honorar, um *arete* zu lehren, »Tugend« oder besser »Tüchtigkeit« bzw. »Effizienz«; er unternahm Vortragsreisen, und er lehrte als Gast bei begüterten bildungsfreundlichen Familien. Viele Jahre verbrachte er in Athen; daß er dort wegen seiner skeptischen Götterlehre verbrannt worden sei, ist späte Legende. Im Gegenteil war er mit Perikles befreundet und übte beachtlichen Einfluß aus auf Denker wie → Demokrit, → Antisthenes, → Euripides und auch → Platon, der einen Dialog nach ihm benannte. Für die Neugründung von Thurioi in Unteritalien im Jahre 444 wurde er mit der Ausarbeitung der Verfassung beauftragt.

Aus seinen nur fragmentarisch vorliegenden Werken sind zwei Sätze besonders berühmt. Der eine findet sich im ersten griechischen Werk *Über die Götter*, das er mit der Aussage eröffnete: »Über die Götter vermag ich nichts zu erkennen, weder daß sie sind noch daß sie nicht sind, noch welcher Gestalt sie sind: Denn vieles hindert das Erkennen, die Nichtwahrnehmlichkeit und die Kürze des menschlichen Lebens.« Noch bekannter ist der sogenannte Homomensura-Satz, den Protagoras an den Anfang seiner Schrift *Die Wahrheit* stellte: »Der Mensch ist das Maß aller Dinge, für die seienden, daß (wie) sie sind, für die nichtseienden, daß (wie) sie nicht sind.«

Weitere Werktitel sind *Über das Seiende* und *Antilogien* (Reden und Gegenreden über die Haltbarkeit eines Lehrsatzes); ferner verfaßte Protagoras Abhandlungen zur Ethik, Rechtswissenschaft, Rhetorik und Grammatik sowie über den richtigen Wortgebrauch.

A H. DIELS / W. KRANZ, Die Fragmente der Vorsokratiker, Bd. 2, Berlin [7]1954, S. 253–271 (mit Übers.). – M. UNTERSTEINER, I Sofisti,

Mailand ²1967. – A. Capizzi, Protagora, Florenz 1955. – Ü W. Capelle, Die Vorsokratiker, Stuttgart ⁴1953, S. 323–340. – Siehe Diels/Kranz.

Prudentius, Aurelius Prudentius Clemens
348 n. Chr. Tarragona – nach 405 n. Chr.

In der *praefatio*, der Vorrede zur vollständigen Ausgabe seiner Werke etwa im Jahre 404/405, gibt Prudentius selbst die uns einzig zur Verfügung stehenden Hinweise auf sein Leben: Er war zu diesem Zeitpunkt 57 Jahre alt, hat Rhetorik studiert, war zweimal Statthalter einer spanischen Provinz, bekleidete ein hohes Hofamt, hat sich aber dann ganz dem Geistigen zugewandt und Gedichte zu Gottes Ehre geschaffen. Diese schließen sich – bei einem Umfang von mehr als 10 000 Versen – zu zwei großen Bereichen zusammen. Der lyrische Teil verwendet nicht weniger als 18 verschiedene Versmaße; er besteht aus den *Tagesliedern* (*Cathemerinon*), Hymnen zu Stunden des Tages und bestimmten Festzeiten, sowie den *Märtyrerkronen* (*Peristephanon*), Hymnen auf Heilige, u. a. auch auf → Cyprian; einige sind durch des → Damasus Epigramme angeregt, die Prudentius bei einem Rombesuch kennengelernt hatte.

Dem stehen die didaktischen Dichtungen in daktylischen Hexametern gegenüber, von denen uns am wichtigsten die *Psychomachia* ist, der *Kampf um die Seele*, das erste epische Gedicht, in dem die personifizierten heidnischen Laster und christlichen Tugenden zum Kampf um die menschliche Seele antreten. Zunächst liefern sich ›Glaube‹ und ›Götzendienst‹ das grundlegende Duell; es folgen ›Keuschheit‹ und ›Unzucht‹, ›Geduld‹ und ›Zorn‹ usw., bis endlich ›Zwietracht‹ und ›Häresie‹ von der ›Eintracht‹ überwunden werden und der ›Glaube‹ gelobt, für Jesus Christus einen Tempel zu errichten.

Neben der mystischen Allegorie steht hier der konkrete Realitätsbezug: Schon → Ambrosius hatte in seinen Briefen 17/18 gegen den Versuch des → Symmachus, in der römischen Kurie den Altar der Göttin Victoria wieder errichten zu lassen, heftig Stellung bezogen. Nun führte Prudentius diese Auseinandersetzung Jahre später weiter, indem er in versifizierter Form im 1. Buch *Contra Symmachum* das Heidentum allgemein attackiert, im 2. den Antrag des Symmachus angreift.

In der *Apotheosis* behandelt Prudentius die Trinitätslehre, im *Sündenquell* (*Hamartigenia*) den Ursprung der Sünde. 49 Vierzeiler bilden das *Dittochaeon* (*Doppelte Speise*; aus dem Alten und Neuen Testament). Sie beschreiben Szenen aus der Bibel von Adam und Eva bis zur Johannes-Apokalypse, möglicherweise für einen Fresken- oder Mosaikzyklus, kaum für eine Buchausgabe gedacht, und sind kunstgeschichtlich von großer Bedeutung.

Prudentius, der größte christliche Dichter lateinischer Zunge, war im Mittelalter ein hochangesehener Autor. Sein Werk ist in nicht weniger als 300 Handschriften überliefert, sein Einfluß in der bildenden Kunst ebenso stark wie in der Literatur; insbesondere hat die *Psychomachia* die allegorische Dichtung stark beeinflußt. Als Schöpfer der christlichen Ballade und Ode hat Prudentius ebenfalls neue Formen erschlossen. Der ihm von Richard Bentley (1662–1742) verliehene Ehrenname »Christianorum Maro et Flaccus« feiert ihn nicht zu Unrecht zugleich als → Horaz und → Vergil der christlichen Dichtung; in der Tat hat Prudentius die größten Meister der heidnischen Antike gekannt, hat diese Muster jedoch durch sein Werk (ähnlich wie → Ambrosius durch seine Ethik die des → Cicero) zu ersetzen unternommen und damit ein Jahrtausend lang Erfolg gehabt.

A M. Lavarenne, 4 Bde., Paris 1943–51 (mit frz. Übers.); Bd. 1, ³1972; Bd. 2–4, ²1961–63. – Ü *Psychomachie*: U. Engelmann, Freiburg 1959 (lat./dt.). – *Hymnen*: J. P. Silbert, in: Summa Poetica, hrsg. von C. Fischer, München 1967 (Ausw.). – L C. Gnilka, Studien zur *Psychomachie* des Prudentius, Wiesbaden 1963. – K. Thraede, Studien zu Sprache und Stil des Prudentius, Göttingen 1965. – R. Herzog, Die allegorische Dichtkunst des Prudentius, München 1966.

Ptolemaios, Klaudios Ptolemaios
um 90 – um 168 n. Chr.

Ptolemaios, in Ptolemais Hermiu in Oberägypten gebürtig, hat in Alexandria gelebt und durch seine naturwissenschaftlichen Forschungen den Platz des wichtigsten Astronomen der Antike eingenommen; auch als Mathematiker, Musiktheoretiker und Geograph hat er Großes geleistet. Die ihm vorliegenden astronomischen Vorarbeiten integrierte er zu seiner *Megale* oder *Megiste Syntaxis*, im Arabischen als *Almagest* bezeichnet. Dabei wird das geozentrische Weltbild vermittelt, das bis zu Kopernikus (1543) Geltung behielt. Neben einer (nur lateinisch erhaltenen) überaus wichtigen *Optik* steht die *Harmonik* als das umfassendste antike Werk zum Gesamtgebiet der Musik. Fundamental (bis zu Mercators Atlas 1595) blieben die acht Bücher der *Geographischen Anleitung*: 8000 Ortsnamen werden nach Länge und Breite bestimmt; dabei führt der Nullmeridian durch die Kanarischen Inseln. Das Gesamtgebiet umfaßt nach heutiger Bezeichnung das Gebiet zwischen Äquator und 60° Nord, zwischen 20° West und 110° Ost. Daß dabei, speziell an den Rändern, Fantastisches sich in die Fakten mischt, ist verständlich. Das Verdienst des Ptolemaios, für anderthalb Jahrtausende die bekannte Erde beschrieben und erfaßt zu haben, bleibt ungeschmälert.

A A. Boer, Leipzig 1961. – **Ü** *Geographie:* O. Cuntz, Berlin 1923. – J. Angelus / I. Ronca, Rom 1971 (*Geographie* 6,9–21). – K. Manitius / O. Neugebauer, Ptolemaeus. Handbuch der Astronomie, 2 Bde., Leipzig 1923. – J. Düring, Ptolemaios und Porphyrios über die Musik, New York 1980. – **L** I. Ronca, Ostiran und Zentralasien, Mainz 1968. – E. Glowatzki, Die Sehnentafeln des Klaudios Ptolemaios, München/Wien 1976. – P. Kunitzsch, Der Almagest, Wiesbaden 1974. – R. R. Newton, The Crime of Claudius Ptolemy, Baltimore 1977. – J. Svennung, Skandinavien bei Plinius und Ptolemaios, Uppsala 1974.

Pythagoras
um 572 – um 493 v. Chr.

In Samos gebürtig, soll Pythagoras Ägypten und Babylonien bereist haben. Im Frühling des Jahres 532 wanderte er mit seiner Familie nach dem Westen aus. In Unteritalien gründete er in Kroton eine Gemeinschaft, die sich in wissenschaftlicher und religiöser Zielsetzung verband und die ihre Lebensführung nach strengen Regeln einrichtete (Abstinenz von Fleischgenuß u. a.). Die Sekte breitete sich weiter aus, auch nach Griechenland; sie hatte bis gegen 300 v. Chr. Bestand. Die Schule der Pythagoreer entwickelte die Ansätze des Meisters weiter, und es ist nicht leicht, die Leistungen des Stifters von denen der Jünger zu trennen. Der berühmte sogenannte Lehrsatz des Pythagoras $a^2 + b^2 = c^2$ war freilich bereits früher in der Mathematik Indiens und Babyloniens bekannt gewesen. Die in der Schule gepflegte Zahlensymbolik führte auch zum Konzept der Sphärenharmonie im Anschluß an mathematisch-musiktheoretische Arbeiten. Auch die Seelenwanderung wurde gelehrt.

Wie die Person des Pythagoras in der Tradition durch mancherlei Legenden geschmückt wurde, so wurden ihm auch die *Chrysa epe* (»Goldene Worte«) zugesprochen, 71 Verse mit ethischen Regeln, die von einem Neupythagoreer, der vermutlich aus früheren Schriften schöpfte, erst zwischen 100 und 300 n. Chr. zusammengestellt worden sein dürften.

A H. Diels / W. Kranz, Die Fragmente der Vorsokratiker, Bd. 1, Berlin [5]1951, S. 96–113. – Pitagorici, Testimonianze e frammenti, hrsg. von M. T. Timpanaro-Cardini, Florenz 1958–64. – Ü Siehe Diels/Kranz. – W. Binder, *Goldene Worte*, in: Antike Lyrik, hrsg. von C. Fischer, München 1964, S. 398. – H. Schmitz, in: B. L. van der Waerden, Die Pythagoreer, Zürich/München 1979, S. 149 ff. – L W. Bauer, Der ältere Pythagoreismus, Bern 1897, reprogr. Nachdr. Hildesheim 1976. – W. Burkert, Weisheit und Wissenschaft. Studien zu Pythagoras, Philolaos und Platon, Nürnberg 1962. – E. Frank, Plato und die sogenannten Pythagoreer, Tübingen [2]1962. – B. L. van der Waerden, Die Pythagoreer, Zürich/München 1979.

Q

Querolus → Plautus.

Quintilian, Marcus Fabius Quintilianus
um 35 n. Chr. Calagurris, Spanien – 96 n. Chr.

Quintilian lebte seit 68 in Rom als Rechtsanwalt und Rhetoriklehrer. Er wurde der erste Inhaber einer staatlich besoldeten Professur, als Vespasian öffentliche Rhetorikschulen einrichtete, und später Prinzenerzieher am Hofe Domitians. Auch → Plinius der Jüngere und → Juvenal, vielleicht auch → Tacitus waren seine Schüler.

Nicht erhalten sind seine Reden, desgleichen eine Frühschrift *De causis corruptae eloquentiae* (*Die Ursachen des Verfalls der Redekunst*), die sich thematisch mit → Petron wie mit Tacitus trifft. Unter Quintilians Namen besitzen wir ferner 19 Deklamationen, Schulreden nach jener Art, wie → Seneca der Ältere sie zeigt, sodann die letzten 145 (von insgesamt 388) Skizzen, die *Declamationes minores*, möglicherweise von Schülerhand aus einer Kladde stammend. Sein Hauptwerk, die *Institutio oratoria* (*Einführung in die Redekunst*), schuf Quintilian im Alter und konnte so die Erfahrungen seiner lebenslangen Wirksamkeit einbringen. Es ist die ausführlichste Darstellung der Theorie der Beredsamkeit, die wir aus der Antike besitzen. Der Aufbau, im Proömium (§ 21 ff.) skizziert, läßt auf die Grundlagen (Grammatik, Musik, Geometrie) in Buch 1 die Anfangsgründe der Rhetorik und ihr Wesen in Buch 2 folgen; es schließen sich, entsprechend der Lehre von den fünf Aufgaben des Redners, 4 Bücher über die Auffindung des gedanklichen Materials an, zu denen auch die Lehre von der Disposition gestellt wird (3–7); 4 weitere (8–11) folgen über die sprachliche Gestaltung, zu der auch die Lehre vom Gedächtnis und vom Vortrag tritt. Das letzte, 12. Buch, behandelt Begriff und Gestalt des Redners selbst.

Von den verschiedenen, die Systematik des Handbuchschemas sprengenden Einlagen ist uns die in das 10. Buch eingefügte Übersicht über Werke und Wesen der griechischen und römischen Literatur am wichtigsten, ja von unvergleichlichem Wert. Freilich ist festzuhalten, daß die da gegebenen viel zitierten Beurteilungen formuliert sind unter der Blickrichtung auf die Vorbildlichkeit der einzelnen Autoren für den Redner. Nicht eine abstrakte ästhetische Einordnung wird gegeben, sondern der Nützlichkeitseffekt eingeschätzt, den die Lektüre des betreffenden Werkes auf den Stil des Studierenden haben dürfte. Dennoch sind die hier ausgesprochenen Wertungen und Weisungen nicht wichtig genug zu nehmen: Ein Pädagoge, der in seiner Person lange Praxis, profunde Kenntnis und warme Anteilnahme verbindet, ein Liebhaber der Literatur, ihrer Details, Nuancen, Intimitäten, ein kritisch befähigter und persönlich engagierter Geist zeichnet hier die leitenden Linien der Literatur von Hellas und Rom; kein anderer Text der Antike kann als vergleichbar gelten.

Hauptgedanke der Stilkritik Quintilians ist klassizistische Klärung, personalisiert im Anschluß an → Cicero (*Institutio* 10,1,112): »Ihn wollen wir betrachten, ihn uns als Beispiel vornehmen; seiner Fortschritte sei sich bewußt, wem Cicero besonders zusagt.« Abzugrenzen gilt es sich nach zwei Seiten, gegen die rauhe und trockene Art der Alten, wie die Gracchen und → Cato sie aufweisen, aber auch gegen die Zierereien, die zuckersüße Art zu reden, durch die die modernistische Manier → Senecas des Jüngeren sich kennzeichnet (2,5,21 f.).

Quintilian hatte in der Spätantike vielleicht nicht allzu viele, jedoch höchst gelehrte Leser, wie z. B. → Cassiodor und → Hieronymus. Im Mittelalter hochgeschätzt, aber weniger bekannt, wurde er erneut populär, als Poggio in St.

Gallen 1415/16 ein vollständiges Exemplar der *Institutio oratoria* entdeckte. Es wurde die Grundlage der schulischen Unterweisung im Fache Rhetorik im 16.–18. Jh. und verlieh → Martials eulogischem Epigramm (2,90) späte Bestätigung:

> *Quintiliane, vagae moderator summe iuventae,*
> *gloria Romanae, Quintiliane, togae.*

> Quintilian, du höchster Lenker der schweifenden Jugend,
> Ruhm du, Quintilian, der römischen Toga.

A M. Winterbottom, 2 Bde., Oxford 1970. – *Institutio oratoria:* L. Radermacher / V. Buchheit, Leipzig [6]1971. – *Declamationes minores:* M. Winterbottom, Berlin 1984. – D. R. Shackleton Bailey, Stuttgart 1989. – Ü H. Rahn, Darmstadt 1972–75. – L O. Seel, Quintilian oder die Kunst des Redens und des Schweigens, Stuttgart 1977. – E. Zundel, Lehrstil und rhetorischer Stil, Frankfurt a. M. 1981.

R

Regel des Heiligen Benedikt → Benedikt.

Regula Monasteriorum → Benedikt.

Res Gestae Divi Augusti → Augustus.

Rufus → Curtius.

Rutilius Namatianus, Rutilius Claudius Namatianus
um 400 n. Chr.

Wenige Jahre nach der Eroberung Roms 410 n. Chr. reiste von dort im Herbst des Jahres 415 (oder eines der beiden folgenden) der hohe Beamte und vormalige Stadtpräfekt Rutilius Namatianus auf dem sichereren Seeweg nach Gallien, um seine heimischen Güter nach den Goteneinfällen zu inspizieren. Von seinem poetischen Reisebericht in Distichen, *De reditu suo* (*Meine Heimkehr*), sind in einem 1493 entdeckten, seit 1706 wieder verschollenen Manuskript 712 Verse erhalten; Anfang und Ende sind verloren, der Titel darum auch nur hypothetisch. Ergänzend treten noch 39 im Jahre 1973 neu gefundene, leider verstümmelte Verse aus dem verlorenen Endteil hinzu.

Das Gedicht nimmt seinen Anfang mit der Beschreibung des Abschieds von Rom und reiht sich damit in eine durch → Ovid (*Tristien* 1,3) begründete weiträumige Tradition europäischer Dichtung ein. Dieser Teil gipfelt in einem Hymnus auf die »Dea Roma«, die Göttin Rom als Herrscherin der Welt und Wahrerin der humanen Gesittung – ein Hymnus, der zu den inspiriertesten Dichtungen dieser ebenfalls eine Vielzahl von Texten umfassenden Tradition zählt. Die anschließende Fahrtschilderung entlang der Küste Etruriens bis Lana und in die Gegend von Genua lockert den Report der Reiseroute reizvoll auf durch unterschiedliche Beobachtungen; er beschreibt Besuche bei Freunden (1,465 ff.; 541 ff.) oder besichtigte Sehenswürdigkeiten (1,249 ff.; 475 ff.). Er gibt auch Einblick in seine Auffassungen, wo er sich in Attacken ergeht gegen Juden (1,383 ff.), Mönche (1,439 ff.; 517 ff.) oder gegen den Vandalen Stilicho (2,41 ff.), der des Sakrilegs der Verbrennung der *Sibyllinischen Bücher* schuldig ist. Rutilius Namatianus zeigt sich hier wie auch sonst als konservativer Kopf, den Ideen des → Symmachus nahestehend. Daß er klassischen Mustern folgte, zeigt die Reinheit seines Lateins und die Korrektheit seiner Metrik – keiner seiner Zeitgenossen übertraf ihn hierin.

Das Reisegedicht des Rutilius Namatianus hat nicht wenige Vorbilder, vom 3. Buch des → Lucilius über → Caesars verlorenen *Iter* und → Horazens *Iter Brundisinum* bis zu → Ovids Reisebrief (*Tristien* 1,10) und dem Geleitgedicht des → Statius (*Silvae* 3,2). Es hat diesen Traditionsstrom in sich aufgenommen und ihn sich anverwandelt: Traditionelle Topoi werden belebt durch situationsgebundene Sicht und gegenwartsbezogene Gestalten. So ist dieses Fragment eine der lebendigsten, vielleicht sogar die gewinnendste Stimme der versinkenden Heidenwelt zu einer Zeit, da → Augustinus die geistigen Fundamente für die kommenden Jahrhunderte legte. Ob Rutilius Namatianus der → *Querolus* gewidmet ist, muß offenbleiben, ist jedoch nicht unwahrscheinlich.

A E. Doblhofer, 2 Bde., Heidelberg 1972–77 (mit Übers., Komm. und Wörterverz.). – A. Bartolucci u. a., Il nuovo Rutilio Namaziano, in: Maia 27, 1975, S. 3–26. – Ü Itasius Lemniacus (d. i. Alfred v. Reumont), Des Rutilius Namatianus Heimkehr, Berlin 1872. – J. W. Duff / A. M. Duff, Minor Latin Poets, London ^{2}1954 (lat./engl.). – L W. Rettich, Welt- und Lebensanschauung des Rutilius Namatianus, Diss. Zürich 1918. – O. Schissel von Fleschenberg, Rutilius Namatianus gegen Stilicho, Wien/Leipzig 1920. – B. Kytzler, Abschied von Rom, in: Faszination des Mythos, hrsg. von R. Schlesier, Berlin 1984.

S

Sallust, Gaius Sallustius Crispus
86 v. Chr. Amiternum, Sabinerland – 34 v. Chr.

Wie später bei →Silius Italicus und ähnlich bei →Tacitus, so ist auch bei Sallust der Lebensgang deutlich in zwei Abschnitte gegliedert, deren erster dem aktiven Leben, deren zweiter dem kontemplativen Dasein gewidmet war. Der aufstrebende Provinzler muß Mitte der fünfziger Jahre als Quästor in den Senat gekommen sein. 52 war er als Volkstribun und Gegner →Ciceros aktiv. 50 wurde er aus dem Senat ausgeschlossen; der offizielle Grund ist seine Unmoral, der wirkliche seine politische Position. Er ging danach zu →Caesar nach Gallien, kämpfte im Bürgerkrieg auf seiner Seite, so daß der Senatssitz ihm wieder sicher war (48). 46 verwaltete er als Statthalter die neue Provinz Africa für Caesar. Als Gouverneur gewann er gewaltigen Reichtum, den er später – Caesar läßt die Anklage wegen Ausbeutung nicht zum Zuge kommen – in Nordrom in den nach ihm benannten *horti Sallustiani*, den Gärten des Sallust, anlegen und genießen konnte. Nach Caesars Tod blieb Sallust Privatmann und beschäftigte sich fortan mit der Historiographie; sein zweiter Lebensabschnitt begann.

Noch aus der ersten Periode stammen einige kleinere Schriften, deren Echtheit nach wie vor umstritten ist. Den geringsten Anspruch auf Authentizität hat die etwa in die Jahre 53/52 fallende Invektive gegen Cicero, die *Invectiva in Ciceronem*, eine Schmährede, die im Senat den Konsular zurechtweist. Gewichtiger sind die beiden *Epistulae ad Caesarem*, die politischen Briefe an Caesar, Nr. 2 von 51/50 mit Empfehlungen zur Neuordnung des Staates, Nr. 1 von 48 oder 46 mit Ratschlägen zur Mäßigung im Sieg. Ob und wie das entscheidende Wort über die Echtheit der *Scripta Minora* Sallusts gesprochen werden kann, bleibt abzuwarten.

Drei Werke sind die Frucht der zweiten Phase: zwei kurze Monographien, die ganz erhalten sind, die *Coniuratio Catilinae* (*Die Verschwörung des Catilina*) und der *Jugurtha*, schließlich noch eine zusammenhängende Geschichtsdarstellung, *Historiae*, über die Jahre 78–67, die fast völlig verloren ist; erhalten haben sich wenige Fragmente sowie vier Reden und zwei Briefe.

Die Wahl der monographischen Form ist auffällig. Mit ihr begründet Sallust eine neue Literaturgattung in Rom. Er sieht sich auch gezwungen, die Wahl der beiden Spezialthemen zu begründen. Sie hängt direkt zusammen mit seiner pessimistischen Geschichtsauffassung und mit dieser wiederum sein stilistisches Streben. Inhalt und Form bedingen einander, stärker als üblich.

Sallust sieht in der Geschichte Roms einen scharfen Bruch. Er ist datierbar: auf das Jahr 146 v. Chr., in dem durch die Zerstörung Karthagos äußere Bedrohungen beendet waren. Nun begann der bestürzende innere Zerfall. Die *virtus*, die altrömische Tüchtigkeit, wich der Lasterhaftigkeit; Machthunger, Habsucht, Luxus traten an ihre Stelle. Statt Patriotismus herrschte Egoismus: das mußte den Zerfall der Republik, den Verfall und Untergang Roms zur Folge haben.

Man muß diese düsteren Gedankengänge, die gewiß der ganzen Geschichtsschreibung Sallusts zugrunde liegen, nicht erst mühsam aus seinen Schilderungen herausfiltern. Er selbst gibt in den Einleitungen zu den Monographien über seine Sicht Auskunft, in reflektierenden Einschüben vertieft er das Bild (*Catilina* 6–13; 53,2 ff.; *Jugurtha* 41–42). Berufen kann Sallust sich auf seine Bemühungen um Informationen und Einsichten: *mihi multa legenti, multa audienti* – »ich habe viel gelesen, viel gehört«.

Vor solchem Hintergrund erklärt sich die Wahl der Themen: Catilinas Putschversuch schien der Schilderung wert *sceleris atque periculi novitate*, »durch die neue Qualität seines Vergehens und der daraus resultierenden Gefährdung« (*Catilina* 4,4). Jugurthas Niederkämpfung war der Anlaß, bei dem man zum ersten Mal der Anmaßung des Adels entgegentrat (*Jugurtha* 5,1): *tunc primum superbiae nobilitatis obviam itum est.* Eine Anmaßung, in der nach Sallusts Meinung die Wurzeln des Übels lagen.

Daß er schließlich doch von der Monographie zur zusammenhängenden Geschichtsdarstellung voranschritt, muß keinen Bruch bedeuten. Sallust behandelt die Jahre 78 bis 67; er setzt beim Tode Sullas ein und endet mit der Beauftragung des Pompeius als Oberkommandierender im Osten, behandelt demnach die zwölf Jahre, während derer aus der Hinterlassenschaft der Restauration Sullas jene Situation erwuchs, die zur Keimzelle des Kollapses wurde. Gewiß mögen äußere Gründe bei dieser zeitlichen Grenzsetzung mitgesprochen haben: Sallust setzt da ein, wo vor ihm Sisenna seine Darstellung hatte enden lassen; ob er durch seinen Tod daran gehindert wurde, weiterzuschreiben, wissen wir nicht. Doch gehört der bearbeitete Zeitabschnitt durchaus zu dem, was Sallust sich als Lebensthema gesetzt hatte: Zerrüttung und Zerfall der Zivilisation und Staatlichkeit Roms.

Der Verdammung der Gegenwart entspricht die Verherrlichung der Vergangenheit. Nicht nur die Tugenden der Alten werden gefeiert, auch im Stil drückt sich diese Einstellung Sallusts aus. Seine Sprache geht dem Gewöhnlichen aus dem Wege, vermeidet geläufige Floskeln und Formeln, setzt sich bewußt ab von bekannten Wendungen, üblichen Aussageweisen. In Alliterationen und anderem sucht sie archaisches Kolorit: neben Thukydides ist →Cato sein Vorbild, dessen Sachlichkeit bei ihm zu karger Kürze komprimiert wird; *brevitas* ist das Ideal, Darstellung in wenigen Worten: *paucis absolvam* (*Catilina* 4,3), was auch die Gefahr der *obscuritas*, der Dunkelheit, einschließt. »Dies alles zwingt den Leser zu ungewöhnlicher Gedankentätigkeit; einige Partien [z. B. in der Rede des Lepidus] gehören zu den schwierigsten Stücken in lateinischer Sprache« (E. Norden).

Die antithesengesättigte, vibrierend wechselnde Wortkunst Sallusts lehnt Ciceros Ausgewogenheit ab; statt ihrer ist gerade die Inkonzinnität, die Abweichung in der Formulierung selbst bei gedanklich Entsprechendem, Mittel zur Erzwingung von Aufmerksamkeit beim Leser.

Und an Rezeption hat es Sallust nicht gefehlt – im Guten wie im Bösen. Seine eigene Epoche reagierte gereizt, griff ihn politisch und moralisch an, kritisierte ihn literarisch als Plünderer Catos und manierierten Stilisten. Doch schon in der Kaiserzeit war er zum Klassiker geworden, der seinen Platz neben Thukydides innehatte und die folgende Geschichtsschreibung einschneidend prägte, insbesondere Tacitus, der Sallusts Mittel und Möglichkeiten der Sprachformung und Gedankenfügung auf die Spitze trieb.

Daß Sallust trotz seiner komplexen Denkweise und komplizierten Sprache Schulautor geworden und geblieben ist, weist auf die Substanz seiner Aussagen hin: Seine Problematik, der tödliche Kampf zwischen Moral und Macht, ist ein unverändert aktuelles Thema geblieben.

A A. Kurfess, Leipzig ^{3}1957, Neuausg. 1992. – W. Eisenhut / J. Lindauer, Darmstadt 1985. – L. D. Reynolds, Oxford 1991. – *Historiae:* B. Maurenbrecher, 2 Bde., Leipzig 1891, 1893, Neuausg. 1967. – **Ü** O. Schöne / W. Eisenhut, München ^{6}1980. – **L** A. D. Leeman, A Systematical Bibliography of Sallust (1870 bis 1964), Leiden 1965. – W. Schur, Sallust als Historiker, Stuttgart 1934. – W. Steidle, Sallusts historische Monographien, Wiesbaden 1958. – A. W. Bennet, Index verborum, Hildesheim 1970. – K. Büchner, Sallust, Heidelberg ^{2}1982. – R. Syme, Sallust, Berkeley 1964, dt. Darmstadt 1975. – Sallust, hrsg. von V. Pöschl, Darmstadt ^{2}1981.

Sapientes → Septem sapientes.

Sappho
um 600 v. Chr.

Einzelheiten aus dem Leben der Sappho sind eher legendarisch als historisch. Sie hat wohl schon als Kind politisches Exil auf Sizilien teilen müssen, hat später auf ihrer Heimatinsel Lesbos in einem religiös fundierten Kreis (*Thiasos*) junger Mädchen aus vornehmen Familien gelebt und diese auf ihre spätere Rolle in der Ehe vorbereitet. Weitere Details aus ihrem Dasein sind fraglich, das angebliche Ende durch den Sprung vom Leukadischen Felsen aus Liebeskummer ist gewiß Fabel.

Immerhin ist eines daran richtig: der unbedingte Bezug auf die Liebe. Nicht umsonst ist das einzige vollständig erhaltene Gedicht Sapphos ein Hymnos an Aphrodite (1 Diehl), ist ihr vielleicht bekanntestes Fragment, das von → Catull (51) latinisiert wurde, eine Beschreibung der physischen Zeichen erotischer Erregung (2 Diehl). Es blieb ihr nicht erspart, die heranwachsenden Freundinnen aus ihrem Kreis zur Ehe in die Ferne senden zu müssen; sie hat zahlreiche Epithalamien (Hochzeitslieder) geschaffen, hat in ihren Versen mehrfach betont, wie Eros sie »erneut«, »abermals«, »wiederum« bedrängt. Dieser Gedanke findet sich auch in ihrer poetischen Beschreibung des Liebesgottes: »süßbitteres unzähmbares Untier« (137 Diehl).

9 Bücher besaß die Antike von ihr. Sie enthielten neben den Hymnen und Hochzeitsliedern auch vielerlei Privates und Persönliches, sprachen von der Schönheit der Natur und dem Zwiespalt im eigenen Innern, fanden aus Leid zu Rat und Trost und Stille. Immer wieder ergreifen diese Verse durch die »hellsichtige Bewußtheit« (M. Treu), in der das lyrische Ich in einfachsten Worten sein Bild der Welt und des Wesens Mensch zu gestalten weiß. Es wundert nicht, daß sie im Kanon der neun exemplarischen Lyriker ihren Platz hatte (→ Alkaios) und daß → Platon sie in einem Epigramm (→ *Anthologia Graeca* 7,44) als zehnte

Muse feierte. Ihre Gestalt ist in vielerlei Abwandlungen in den europäischen Literaturen präsent, von → Ovids Heroiden-Brief (Nr. 15) über Boccaccio und Kleist bis zu Grillparzer und Rilke.

Das zuvor schon erwähnte Fragment ist durch J. Latacz neu gedeutet worden; es stehe hier als Hinweis auf die Schätze, die in Sapphos Poesie zu finden sind.

Es scheint mir derjenige gleich den Göttern
zu sein, der Mann, der gegenüber Dir
stets seinen Sitz hat und von nahem süss Dich
reden hört

und lachen voller Liebreiz ... Das hat mir
– wahrhaftig! –
das Herz in der Brust jäh aufgeschreckt!
Denn wie ich auf Dich blicke, kurz nur, ist zum
Sprechen kein Raum mehr in mir –

nein: ganz gebrochen ist die Zunge, fein
ist augenblicks unter die Haut ein Feuer mir gelaufen
und mit den Augen seh' ich nichts, es dröhnen
die Ohren,

herab rinnt kalter Schweiss an mir, ein Zittern
hält ganz gepackt mich, fahler noch als Dürrgras
bin ich – vom Totsein wenig nur entfernt
komm' ich mir selbst vor ...

Doch alles kann ertragen werden, da ja –
. . . .
. . . .

A E. Lobel / D. Page, Poetarum Lesbiorum Fragmenta, Oxford 1955, S. 2–110. – E. Diehl, Anthologia Lyrica Graeca, Bd. 1, Leipzig [3]1954–64. – E.-M. Hamm, Sapphos Werke, Amsterdam 1971. – D. Page, Sappho and Alcaeus, Oxford [5]1975. – E.-M. Voigt,

Sappho and Alcaeus. Fragmenta, Amsterdam 1971. – Ü M. TREU, Sappho. Lieder, München [8]1991 (griech./dt.). – E. STAIGER, Sappho, Zürich 1957. – C. M. BOWRA, Sappho. Dichtung, Berlin 1938. – J. SCHICKEL, Sappho. Strophen und Verse, Frankfurt a. M. 1978. – L H. RÜDIGER, Sappho. Ihr Ruf und Ruhm bei der Nachwelt, in: Das Erbe der Alten XXI, Leipzig 1933. – H. RÜDIGER, Geschichte der deutschen Sappho-Übersetzungen, Berlin 1914 (Germanistische Studien 151). – U. v. WILAMOWITZ-MOELLENDORFF, Sappho und Simonides, Berlin 1913. – A. WEIGALL, Sappho auf Lesbos, München 1965. – J. BRADDOCH, Sappho's Island, London 1970. – E.-M. HAMM, Grammatik zu Sappho und Alkaios, Berlin 1957. – B. SNELL, Sapphos Gedicht *Phainetai moi kenos* (2 D), in: Hermes 66, 1931, S. 71–90. – O. TSAGARAKIS, Die Subjektivität in der griechischen Lyrik, München 1966. – M. L. WEST, Burning Sappho, in: Maia 22, 1970, S. 307–330. – E. MORA, Sappho, Paris 1966. – H. v. HEINTZE, Das Bildnis der Sappho, Mainz/Berlin 1968. – H. SAAKE, Zur Kunst Sapphos. Motiv-analytische und kompositions-technische Interpretationen, München/Paderborn/Wien 1971. – D. MEYERHOFF, Traditioneller Stoff und individuelle Gestaltung, Hildesheim 1984. – J. LATACZ, in: Museum Helveticum 42, 1985, S. 67–94.

Scriptores Historiae Augustae → *Historia Augusta.*

Seneca der Ältere, Lucius Annaeus Seneca (Rhetor)
um 55 v. Chr. Cordova/Cordoba – um 40 n. Chr.

Der Vater des Philosophen und Tragödiendichters → Seneca der Jüngere (mit dem er bis zum Beginn der Neuzeit identifiziert wurde) und des im → *Neuen Testament* erwähnten Statthalters Gallio (Apostelgeschichte 18,12–17), Großvater des Dichters → Lukan, hörte in Rom die bedeutendsten Redner und Rhetoren seiner Zeit; er wirkte als Beamter bzw. Sachwalter und begann erst im Alter sein schriftstellerisches Werk, von dem seine Geschichtsdarstellung seit dem Beginn der Bürgerkriege zur Zeit der Gracchen bis auf 2 Fragmente verloren ist.

Erhalten sind 10 Bücher *Controversiae* (*Streitfälle*) (3–5 und 8 nur in Auszügen aus dem 4. und 5. Jh.) im Umfang von rund 500 Druckseiten. 74 – meist eigentümliche, bisweilen bizarre – Prozeßprobleme werden erörtert, z. B. 1,5: »Eine Vergewaltigte darf den Tod des Täters oder die Ehe mit ihm fordern. Jemand vergewaltigt in einer Nacht zwei Frauen; die eine fordert den Tod, die andere die Ehe.« Ergänzend treten hinzu 7 *Suasoriae* (*Beratungsfälle*), rund 70 Seiten, rhetorisch verbrämte Denkspiele wie »Alexander überlegt, ob er das Weltmeer befahren solle« (Nr. 1) oder »Agamemnon überlegt, ob er Iphigenie opfern solle« (Nr. 3).

Der Wert dieser seltsamen Sammlung – die Seneca seinen Söhnen zudachte (s. dazu *Controversiae* 1, praefatio 1) – liegt in der hier vermittelten Information über die Rhetorik der frühen Kaiserzeit. Über 100 der damals dominierenden Deklamatoren werden durch Seneca – und dank seines außergewöhnlich guten, oft gerühmten Gedächtnisses – mehr oder minder schattenhaft deutlich. Ihre rhetorischen Reizmittel werden in zahlreichen Zitaten vorgeführt, ihre juristische Einschätzung, das Pro und Kontra der verschiedenen Fälle wird sinngemäß referiert. Seneca selbst distanziert sich in seinen Vorreden und Einschüben von der modernistischen Manier seiner Zeit und stellt sich als Ciceronianer dar, obschon sein Stil eine Übergangsform zwischen dem periodisierten alten und dem pointierten neuen Stil darstellt.

A A. Kiessling, Leipzig 1922. – L. Håkanson, Leipzig 1989. – M. Winterbottom, 2 Bde., Cambridge (Mass.) 1974. – H. Bornecque, 2 Bde., Paris 1902, ²1932 (mit frz. Übers.). – **L** S. F. Bonner, Roman Declamation in the Late Republic and Early Empire, Liverpool 1949, Neuausg. 1969. – L. A. Sussman, The Elder Seneca, Leiden 1978. – J. Fairweather, Seneca the Elder, Cambridge 1981.

Seneca der Jüngere, Lucius Annaeus Seneca (Philosophus) zwischen 4 v. Chr. und 1 n. Chr. Cordova/Cordoba – April 65 n. Chr. bei Rom

Der mittlere der drei Söhne →Senecas des Älteren hat sich als Philosoph und Poet, als Pädagoge und Politiker profiliert. Sein Lebensweg führte ihn in heftigem Hin und Her steil nach oben und nach unten. Aus seiner Stellung als Senator und seiner Laufbahn als Sachwalter und Politiker riß ihn – wohl aufgrund einer Intrige – die Verbannung 41 bis 49 nach Korsika; zurückberufen, wurde er Erzieher des jungen Nero und leitete für den noch Unmündigen zusammen mit dem Gardepräfekten Burrus von 54 an das Imperium; sein heranwachsender Zögling entglitt jedoch seinem Einfluß. Seneca verlor 62 (Tod des Burrus) jede Macht und nach drei Jahren der Zurückgezogenheit gab er sich, angeschuldigt der Teilhabe an der pisonischen Verschwörung (→Lukan, →Petron), auf Befehl des Kaisers im April 65 selbst den Tod; von →Tacitus wird die Sterbeszene mit Sympathie dargestellt (*Annalen* 15,64): Der Philosoph geht unerschüttert in den aufgezwungenen Tod.

Das Werk Senecas umfaßt dichterische wie philosophische Schriften.

Unmittelbare Frucht der politischen Ereignisse ist die *Apocolocyntosis* (*Verkürbissung*) (wohl eine Parodie auf die »Apotheosis«, die Vergöttlichung, also eine ›Veräppelung‹) des Kaisers Claudius. Obwohl Seneca auf diesen die (verlorene) offiziell preisende Leichenrede hielt (54), verfaßte er gleichzeitig diese giftige Satire von etwa 15 Seiten, eine Mischung aus Prosa und eingelegten Verspartien (sogenannte Menippeische Satire), in der er die Himmel- und Höllenfahrt des toten Imperators mit äußerster Bissigkeit pamphletisch porträtiert. Als letzte Worte legt er ihm in den Mund: *Vae me, puto, concacavi me* – »Weh mir, ich glaube, ich habe mich beschissen!« Dazu kommentiert Seneca: »Ob das wirklich stimmt, weiß ich nicht – aber eines stimmt gewiß: Er hat alles beschissen!«

Die Schrift *De clementia* (*Von der Milde*) ist ein nach dem Regierungsantritt Neros (54) von Seneca dem ehemaligen Schüler gewidmeter Traktat, um in diesem die Herrschertugend der Nachsichtigkeit zu wecken und zu stärken. Von den 3 Büchern sind nur Buch 1 und der Beginn von Buch 2 erhalten. Daß dieser den »Fürstenspiegeln« nahestehende Traktat zumindest in den hoffnungsvollen Anfangsjahren der Regierung Neros wohl nicht völlig ohne Wirkung geblieben ist, sollte nicht vergessen werden.

De beneficiis (*Von den Wohltaten*) ist eine Sammlung von 7 Büchern, die, verfaßt nach 54, reich an Beispielen und lebendigen Beobachtungen, aber auch an Spitzfindigkeiten und extremen Fragestellungen sind.

Die *Dialogi* (*Dialoge*) umfassen 12 Bücher, von denen nur Nr. 9, *De tranquillitate animi* (*Von der Ruhe des Gemüts*) wirklich Dialogform besitzt. Die anderen (1.: *De providentia, Von der Vorsehung*; 2.: *De constantia sapientis, Von der Standhaftigkeit des Weisen*; 3.–5.: *De ira, Vom Zorn*; 7.: *De vita beata, Vom glücklichen Leben*; 8.: *De otio, Von der Muße*; 10.: *De brevitate vitae, Von der Kürze des Lebens*, und 3 Trostschriften: *Consolatio ad Marciam,* 6; *Ad Polybium,* 11; *Ad Helviam Matrem,* 12) des wohl von einem späteren Redakteur zusammengestellten Corpus haben nur durch gelegentliche fiktive Dispute mit einem gedachten Gegner an der Dialogform Anteil.

Die *Naturales quaestiones* (*Naturwissenschaftliche Fragen*), bestehend aus 7 Büchern (1.: Nebensonnen; 2.: Gewitter; 3.: Gewässer; 4., Teil 1: Nil, Teil 2: Niederschläge; 5.: Winde; 6.: Erdbeben; 7.: Kometen), in denen häufig der Bezug von den physikalischen Phänomenen zu ethischen Fragen hergestellt wird, sind dem jungen Freunde Lucilius gewidmet; sie sind in den Jahren der Zurückgezogenheit 62 bis 65 abgefaßt worden.

Die *Epistulae morales* (*Moralische Mahnbriefe*) sind 124 Schreiben aus den Jahren 62–65, gerichtet an den jungen Freund Lucilius, in 20 Büchern, unvollständig erhalten

(→ Gellius zitiert 12,2,3 das 22. Buch). Es begegnen uns in ihnen philosophisch fundierte Essays zu Fragen der Ethik, vergleichbar der prinzipiell literarisch konzipierten feuilletonistischen Kleinform → Plinius des Jüngeren, die ihren Standpunkt nicht nur neutral darstellen, sondern auch missionarisch vermitteln wollen; von Anfang an als Publikation konzipiert, jedoch durch die Zuwendung zu einem einzelnen Individuum nicht ohne Intimität; durch die Intensität der Sprache und die Vielfalt der Themen das populärste Werk Senecas (behandelt z. B. die Kunst des Lesens in 2, die Furcht in 13, die Sklavenfrage in 47, die Trauer in 63, die Krankheit in 78, die Dankbarkeit in 81 oder – den Dialogen 3–5 und 8 vergleichbar – den Zorn in 18, die Muße in 19).

Senecas 9 Tragödien, Stücke mit Themen aus der griechischen Mythologie, sind *Hercules furens* (*Der rasende Herakles*), *Hercules Oetaeus* (*Herakles auf dem Oita*), *Troades* (*Die Troerinnen*); *Phoinissae* (*Die Phönizierinnen*), *Medea*, *Phaedra*, *Oedipus*, *Agamemnon* und *Thyestes*. Umstritten ist, ob die Stücke während der Zeit des Korsischen Exils oder später entstanden sind, ob sie als Lesedramen oder als Bühnenwerke intendiert waren, desgleichen ihre relative Chronologie und auch ihre philosophischen wie politischen Implikationen. Die Charaktere sind durch ihre Affekte bestimmt (Zorn, Raserei, Liebe) und verkörpern extreme menschliche Positionen; das Grausige nimmt einen bedeutenden Platz ein. Äußerlich sind die Konventionen des griechischen Dramas gewahrt (Chor als unbeteiligter Zeuge, 3 Schauspieler, 5 Akte), gelegentlich auch gebrochen (Schauplatzwechsel, Tötung auf der Szene).

Das Stück *Octavia*, ebenfalls im Corpus des Seneca überliefert, gilt allgemein als unecht. Diese einzige erhaltene Praetexta (Drama mit römischem Stoff) behandelt das Schicksal der unglücklichen Gattin Neros.

Seneca wurden des weiteren 77 Epigramme, die aber wohl fast vollständig als unecht zu gelten haben, zugeschrieben.

Eine Korrespondenz Senecas mit dem Heiligen Paulus, 14 Briefe, eine Fälschung aus früher Zeit, wurde schon von → Hieronymus (*De viris illustribus* 2) und → Augustinus (*Epistulae* 153,14) erwähnt.

Stilistisch ist Senecas Werk ebenso eindrucksvoll wie fragwürdig. Sein Staccato-Stil zeigt eine Sprachform, die eine Extremstufe der Intensität anstrebt, gekennzeichnet durch Gliederung in Kurzabschnitte, und die exzentrische Erregtheit einer nahezu atomisierten Rede, die aufgeladen ist durch rhetorische Reizmittel, prunkend mit Pointen und Paradoxen, mit Antithesen und Anaphern. Pathos, ja Manierismus herrschen vor. Kaiser Caligula hat das als *harena sine calce*, »Sand ohne Kalk« (Sueton, *Caligula* 53,2) kritisiert; auch → Quintilian hat sich deutlich distanziert (*Institutio* 10,1,125–131). Dennoch ist die bewegende Wirkung der intensiv drängenden, oft geradezu missionarisch sich mitteilenden Redeweise nicht zu leugnen.

Philosophisch ist Seneca Eklektiker, der – vorwiegend stoisches – tradiertes Gedankengut glänzend kondensiert und eindringlich vorträgt. Im Zentrum steht die Ethik, in deren Zentrum die Überlegenheit des Weisen über Schicksalsschläge, Schmerz und Tod steht. Seneca hat seine Philosophie mit seinem stolzen Sterben bestätigt und besiegelt.

Sowohl die Dichtung wie die philosophische Prosa Senecas haben außerordentlich stark auf die europäische Literatur eingewirkt. Seine philosophischen Schriften gehörten im 16.–18. Jh. zu den meistgelesenen Werken; Montaigne bewunderte sie und schuf unter ihrem Einfluß die neue Form des Essays. Die Dramen galten lange so sehr als Muster, daß sie die griechischen Tragödien in den Schatten stellten.

A E. Hermes u. a., 3 Bde., Leipzig 1905–17. – Budé-Ausgabe: R. Waltz / F. Préchac u. a., Paris 1922–64. – *Apocolocyntosis:* R. Roncali, Leipzig 1990. – Philosophische Schriften: M. Rosenbach, 5 Bde., Darmstadt 1967–89 (mit dt. Übers.). – *Epistulae:* L. D. Reynolds, 2 Bde., Oxford 1965. – *Tragödien:* Th. Thomann, 2 Bde., Zürich 1961–69. – O. Zwierlein, Oxford 1986 u. ö. – *Dialogi:* L. D.

Reynolds, Oxford 1977. – Ü W. Schöne, München 1957. – W. Weinreich, Zürich 1949. – L K. Abel, Bauformen in Senecas Dialogen, Heidelberg 1967. – H. Cancik, Untersuchungen zu Senecas *Epistulae morales*, Hildesheim 1967. – I. Hadot, Seneca und die griechisch-römische Tradition der Seelenleitung, Berlin 1969. – G. Maurach, Der Bau von Senecas *Epistulae morales*, Heidelberg 1970. – J. N. Sevenster, Paul and Seneca, Leiden 1961. – W. Trillitzsch, Senecas Beweisführung, Berlin 1962. – W. T., Seneca im literarischen Urteil der Antike, 2 Bde., Amsterdam 1971. – O. Zwierlein, Die Rezitationsdramen Senecas – mit einem kritisch-exegetischen Anhang, Meisenheim 1966. – P. Grimal, Seneca, Darmstadt 1978. – B. Seidensticker, Die Gesprächsverdichtung in den Tragödien Senecas, Heidelberg 1969. – Seneca als Philosoph, hrsg. von G. Maurach, Darmstadt 1975. – Senecas Tragödien, hrsg. von E. Lefèvre, Darmstadt 1972. – Der Einfluß Senecas auf das europäische Drama, hrsg. von E. Lefèvre, Darmstadt 1978.

Septem sapientes
um 600 v. Chr.

Die berühmten »Sieben Weisen« der klassischen Antike treten uns keineswegs als geschlossene Gruppe gegenüber – es gibt Aufzählungen von 10, ja von 17 großen Gestalten der griechischen Frühzeit, aus denen man in unterschiedlicher Weise jene »Sieben« auswählte. Das geht weit zurück bis zum mythischen Sänger Orpheus, schließt Namen wie den Philosophen → Pythagoras und den Tyrannen Peisistratos ein. Immerhin ist die gebräuchlichste Gruppierung die folgende:

Thales aus Milet,
Bias aus Priene,
Pittakos aus Mitylene,
Kleobulos aus Lindos,
Solon aus Athen,
Chilon aus Lakedaimonien,
Periander aus Korinth.

Die ersten 4 der Genannten sind demnach Kleinasien zuzuzählen, die anderen 3 Griechenland. Sie alle haben zu einer nicht genauer bestimmbaren Zeit um 600 v. Chr. gelebt, teils als Herrscher wie Periander und Solon, teils als Philosophen wie Thales. Von diesem heißt es, er habe aus Ägypten die Geometrie nach Griechenland gebracht; bekannt sind außerdem seine Aussprüche »Alles ist voll von Göttern« und »Wasser ist der Anfang aller Dinge«. Der ihm zugeordnete Spruch im Kreise der Weisen ist die Losung des Apollontempels: »Erkenne dich selbst.«

Solon, der einzige, von dem Fragmente vorliegen, wird verbunden mit der Maxime »Nichts zu sehr!«, Kleobulos mit dem Satz »Maß ist das beste« und Periander mit »Alles ist Übung«. Für Pittakos wird angeführt »Erkenne den passenden Augenblick!«, für Bias »Die Meisten sind schlecht«, für Chilon schließlich »Bürgschaft – schon ist Unheil da«.

Von früher Zeit bis zum Ende der Antike und weiter noch ins Mittelalter hinein waren die »Sieben Weisen«, ihre Worte und ihr Wirken, ihre Gespräche, Gastmähler, Briefe, Gegenstand literarischer Ausschmückung und bildlicher Darstellung. Sie erscheinen nicht nur bei → Platon und → Aristoteles, → Diogenes Laertios und Stobaios, bei → Herodot und später im *Spiel von den Sieben Weisen* des → Ausonius, sondern auch auf Wandinschriften in Ostia, in mittellateinischen Erzählungen und sogar als Propheten Christi. Der Wunsch, Weisheit zu erlangen, hat in ihnen seine erste Personalisierung erfahren.

A B. Snell, Die Sieben Weisen, München 1952 (mit Übers.). – H. Diels / W. Kranz, Die Fragmente der Vorsokratiker, Bd. 1, S. 67–81 (Thales) und S. 10 ff. (Bias von Priene). – **Ü** Siehe Diels/Kranz und Snell. – **L** E. Ruschenbusch, Solonos nomoi, Wiesbaden 1966. – K. Freeman, The Work and Life of Solon with a Translation of his Poem, New York 1976. – H. Fill, Sittliche Wertbegriffe bei den frühen griechischen Elegikern und Jambographen, Wien 1976. – R. Strand, The Axones and Kyrbeis of Drakon and Solon, Berkeley 1979. – H. Diels, Thales – ein Semite?, in:

Archiv für Geschichte der Philosophie 2, 1888, S. 165–170. – I. THOMAS, Selections Illustrating the History of Greek Mathematics, Bd. 1, From Thales to Euclid, Cambridge 1980.

Septuaginta
um 250 v. Chr.

Die einflußreichste Übertragung des Alten Testamentes ins Griechische trägt ihren Namen (LXX, »Siebzig«) von ihrer Entstehungslegende. Die jüdische Tradition berichtet, daß der ägyptische König Ptolemaios Philadelphos (285 bis 246 v. Chr.) für seine berühmte Bibliothek in Alexandria eine griechische Fassung der Heiligen Schrift der Juden wünschte und mit ihrer Abfassung 72 Übersetzer beauftragte. Sieht man vom legendarischen Element ab, so zeigt der Text, daß offenbar mehrere Übersetzer an ihm mitgewirkt haben und seine Ausarbeitung eine beträchtliche Zeit in Anspruch nahm.

Nicht unwichtig ist, daß die griechische Fassung vom hebräischen Original abweicht. Die Reihenfolge der Bücher ist unterschiedlich, zusätzliche Schriften sind aufgenommen worden, die als sogenannte »Apokryphen« (nicht in den Kanon aufgenommene, jedoch den anerkannten biblischen Schriften formal und inhaltlich sehr ähnliche Werke) bezeichnet werden: Das Buch der Weisheit Salomons, Der Prediger Salomons, die Bücher Judith, Tobias, Baruch. Auch an Einzelstellen zeigen sich zahlreiche Abweichungen. Im Neuen Testament wird das Alte Testament meist in der Form der *Septuaginta* zitiert; doch finden sich auch Stellen, wo gegen diese dem hebräischen Wortlaut gefolgt wird, während die Kirchenväter sich fast vollständig der LXX anschlossen. Sie wurde auch als Grundlage für die frühen lateinischen Versionen benutzt, bis → Hieronymus auf das hebräische Original zurückgriff. Von den Manuskripten zählt der *Sinaiticus* aus dem Kloster der Heiligen Katharina im Sinai zu den wichtigsten; er nahm seinen abenteuerlichen

Weg aus der Einöde über St. Petersburg nach London, wo er sich derzeit befindet.

A A. Rahlfs / J. Ziegler u. a., Göttingen 1931 ff. – P. Wendland, Leipzig 1900. – Ü E. Kantzsch, Die Heilige Schrift des *Alten Testaments*, Tübingen [4]1922–23. – L C. H. Dodds, The Bible and the Greeks, 1934. – M. Lambertz, Sprachliches aus *Septuaginta* und *Neuem Testament*, in: Wissenschaftliche Zeitschrift der Universität Leipzig, 1952–53, S. 79–87. – R. Bohn, Untersuchungen über das Motiv des »gelobten Landes« in Vergils *Aeneis* und im *Alten Testament*, Witterschlick bei Bonn 1965. – K.-H. Bernhardt, Die Umwelt des *Alten Testaments*, Gütersloh 1967. – E. L. Ehrlich, Der Traum im *Alten Testament*, Berlin 1953. – D. Harlfinger, Specimina Sinaitica, Berlin 1983.

Sextus Empiricus
um 140 – um 200

Am Ende der von Pyrrhon aus Elis (um 365 – um 275) begründeten skeptischen Tradition der Antike hat der griechische Arzt Sextus aus der empirischen medizinischen Schule (daher ›Empiricus‹) das Gedankengebäude des Skeptizismus umfassend dargestellt. Seine *Pyrrhonischen Hypotyposen* in 3 Büchern und die Schrift *Contra Mathematicos* (»Gegen die Mathematiker«) in 11 Büchern liefern uns Methoden und Materialien in reicher Fülle; sie präsentieren sich als eine »negative Enzyklopädie des Wissens« (H. Dörrie), indem sie die ›zyklischen‹ Disziplinen (Grammatik, Rhetorik, Geometrie, Arithmetik, Astronomie, Musiktheorie) kritisch durchleuchten und die Unhaltbarkeit ihrer Wissensbehauptungen aufzuweisen suchen. Im Mittelalter weitgehend unbekannt, erweckten die lateinischen Übersetzungen von Stephanus (1562) und Hervet (1569) neues Interesse (Montaigne, Descartes), aber auch Widerstand (Pascals »zweifelhafte Zweifelhaftigkeit« und »fragwürdiges Dunkel«!). Die Bücher des Sextus sind auch als Überlieferungsträger von Zitaten aus sonst verlorenen Schriften wichtig.

A Opera, 3 Bde., hrsg. von H. Mutschmann, J. Mau, K. Janáček, Leipzig 1911–57. – **Ü** M. Hossenfelder, Grundriß der pyrrhonischen Skepsis, Frankfurt a. M. 1984. – **L** J. Barnes, The Toils of Scepticism, Cambridge 1990.

Die Sieben Weisen → Septem sapientes.

Silius Italicus, Tiberius Catius Asconius Silius Italicus
26 n. Chr. – 101 n. Chr.

Das Leben des Silius Italicus gliedert sich in zwei gänzlich gegensätzliche Abschnitte. Der erste stand im Zeichen der vita activa: Silius Italicus war als Anwalt lange Jahre erfolgreich tätig, die Beamtenlaufbahn führte ihn bis zum Konsulat, das er im Todesjahr Neros bekleidete, und auch als Statthalter in Kleinasien um 77 bewährte er sich bestens. Dann aber begann die vita contemplativa: Als Connaisseur genoß er seine mit Büchern und Bildnissen bereicherten Besitzungen, als Autor begann er im sechsten Lebensjahrzehnt mit der Ausarbeitung eines Epos, das zur längsten lateinischen Dichtung überhaupt werden sollte. Die *Punica* (*Der Punische Krieg*) umfassen 17 Bücher mit insgesamt etwa 12 000 Versen; sie haben ihn offenbar bis zu seinem Lebensende beschäftigt.

Das geistige Profil des Silius Italicus zeigt jenen Typ, den man heute Nostalgiker nennt: Er verehrte → Cicero und erwarb eine ihm vormals gehörende Villa; er verehrte geradezu kultisch → Vergil, feierte seinen Geburtstag, erwarb und pflegte sein Grabmonument; und er wählte nicht einen mythologisch fernen Stoff wie seine Zeitgenossen → Valerius Flaccus und → Statius, sondern ein Geschehen aus der Geschichte, das die Größe Roms, wie es vor drei Jahrhunderten war, zum Inhalt hatte und die alten Tugenden aus der Zeit vor zehn Generationen feierte. Vielleicht begann er seine Darstellung des 2. Punischen Krieges im 300. Jahr nach dem Beginn der geschilderten Feindseligkeiten (219 v. Chr.), vielleicht auch aus Anlaß des 100. Todestages des verehrten Vorbildes Vergil (gest. 19 v. Chr.).

Das Epos stellt die größte Bewährungsprobe des republikanischen Rom vor Augen, wobei es den beiden größten Autoren des augusteischen Zeitalters folgt: → Livius liefert in seiner 3. Dekade den Stoff, Vergil in seiner *Aeneis* die epische Form. Die *Punica* präsentieren sich als epigonales Epos in seiner reinsten Ausprägung; der dem Silius Italicus durchaus freundlich gesonnene → Plinius der Jüngere urteilte, sie zeigten mehr Sorgfalt als Talent (*Briefe* 3,7). Das Riesenopus verteilt den gewaltigen Stoff ungleichmäßig: die harten Erfahrungen der römischen Niederlagen, vor allem am Trasimenischen See und bei Cannae, füllen die ersten 10 Bücher und reichen bis 216 v. Chr.; die restlichen 7 Bücher müssen für die fünffache Zeit, von Herbst 216–201, genügen.

In diesen Rahmen ist auf traditionelle Weise Vergils Werkbegriff eingebracht: Gottheiten lenken die beiden Parteien gegeneinander, die römische Redlichkeit (*pietas*, *fides*) kontrastiert mit der punischen Perfidie (*furor*, *ira*), die herkömmlichen epischen Elemente wie Schildbeschreibung, Völkerkataloge, Leichenspiele erscheinen ebenso wieder wie Episoden und Figuren Vergils, etwa der nach Aeneas modellierte Scipio (4,447 ff.) oder die der Camilla nachgezeichnete Asbyte (2,56 ff.).

Das Paradox bleibt, daß die umfangreichste lateinische Dichtung von einem Amateur stammt. Sie ist denn auch nicht sonderlich beachtet worden und wurde erst durch Poggio um 1415 wiederentdeckt. Danach ist sie in Italien bei Tasso und Raffael, in Deutschland später bei Uhland und mehrfach auch in England zu einer Nachwirkung gekommen, die mehr dem Sujet als seiner Stilisierung zu verdanken sein dürfte.

A J. DELZ, Stuttgart 1987. – Ü F. BOTHE, Punischer Krieg oder Hannibal, Stuttgart 1855–57. – Epos vom Punischen Krieg, anonym, Braunschweig 1866. – J. D. DUFF, London [4]1961 (lat./engl.). – L E. WISTRAND, Die Chronologie der *Punica* des Silius Italicus – Beiträge zur Interpretation der flavischen Literatur, Göteborg 1956. – M. v. ALBRECHT, Silius Italicus, Freiheit und Gebundenheit römischer Epik, Amsterdam 1964. – W. KISSEL, Das Geschichtsbild des Silius Italicus, Frankfurt a. M. 1979.

Silviæ peregrinatio, *Peregrinatio Egeriae (Aetheriae)*
um 400 n. Chr.

1884 wurde in Arezzo ein Manuskript entdeckt, das man als einen Text der Heiligen Silvia, der Schwester des römischen Präfekten Rufinus, ansah und auch edierte: *St. Silviae peregrinatio ad loca sancta* (*Pilgerfahrt der Heiligen Silvia zu den Heiligen Stätten*). 1903 wiederum wurde in der Wissenschaft darauf hingewiesen, daß die Verfasserin eher in der im 7. Jh. vom Mönch Valerius erwähnten Egeria zu sehen sei, die auch Aetheria, Etheria oder Eucheria geschrieben wird; dieser Identifikation neigt man heute im allgemeinen zu.

Freilich ist durch die Namensgebung nicht eben viel gewonnen; über die Lebensumstände der Verfasserin kann man nur erraten, daß sie als Nonne oder wohl eher Äbtissin für ihre Mitschwestern in Spanien oder Südfrankreich einen Reisebericht (Itinerarium) verfaßt hat, der sich uns als die älteste Beschreibung einer Pilgerreise ins Heilige Land darbietet. Die Fahrt, kurz vor 400 unternommen, führte über Ägypten und zu zahlreichen biblisch bedeutsamen Stätten wie dem Sinai, dem Berge Nebo, Hiobs Heimat Batanea, insbesondere aber nach Jerusalem; schließlich zurück über Tarsus und Konstantinopel. Ist der erste Teil dem Bericht über die besichtigten Kirchen, Klöster, Heiligengräber usw. gewidmet (1–23), so der zweite (24–49) den liturgischen Feiern in Jerusalem; er schildert den Verlauf der dort abgehaltenen Zeremonien, ihre kalendarischen Daten und rituellen Formen.

So ist der einzigartige Bericht in dreierlei Hinsicht bemerkenswert: er beschreibt die Pilgerreise einer gewiß begüterten, vor allem aber beherzten Frau der Spätantike quer durchs Mittelmeer; er ist eine liturgiegeschichtliche Quelle ersten Ranges; und er zeigt in seiner unliterarischen Sprache den Entwicklungszustand des damals umgangssprachlich benutzten Lateins in aller Deutlichkeit auf. Es dürfte selten, vielleicht sogar sonst nie vorkommen, daß Frauenforscher, Liturgiehistoriker und Sprachgeschichtler sich derart auf ein und dasselbe Dokument verwiesen finden und daß alle drei Disziplinen gleichermaßen fündig werden.

A O. PRINZ, *Itinerarium Egeriae*, [5]1960. – MARAVAL, Sources Chrétiennes, 296, Paris 1982. – Ü K. VRETSKA, Klosterneuburg/Wien 1958 (mit Text). – L E. LÖFSTEDT, Philologischer Kommentar zur *Peregrinatio Aetheriae*, [2]1936.

Simonides
um 556 – um 468 v. Chr.

Das lange Leben des Simonides aus Keos führte ihn nach Athen, Thessalien und Syrakus. Er errang 56 Siege mit seinen – verlorenen – Dithyramben (kultischen Weihe- und Lobliedern), galt als Erfinder der Mnemotechnik (Gedächtniskunst) und hat seinen Platz im Kanon der neun klassischen Lyriker gefunden (→ Alkaios). Zur Zeit der Perserkriege weilte er in Athen, war Freund des Themistokles und verfaßte Trauerlieder, die die Toten beklagten und ihre Taten rühmten; aus dem Lied für die Kämpfer von den Thermopylen ist ein Teil erhalten.

Insgesamt sind nur noch 60 Fragmente seiner Chorlyrik bewahrt, die sich aus Siegesliedern, Hymnen, Gebeten, Preisgesängen und Traueroden zusammensetzen. Hinzu kommen mehr als zwei Dutzend Epigramme und Elegien, deren Echtheit nicht in allen Fällen gesichert ist. Sein Schaffen hat seinen Neffen → Bakchylides und seinen Schüler → Pindar beeinflußt. Der ihm zugeschriebene Satz, Dichtung sei sehende Malerei, ist oft zitiert worden; → Horaz hat ihn in seine *Ars poetica* (361) integriert: *ut pictura poesis.*

A O. WERNER, Simonides, Bakchylides, München 1969 (mit Übers.). – Ü Siehe WERNER. – L R. A. FELSENTHAL, The Language of Greek Choral Lyric. Alcman, Stesichorus, Ibycus and Simonides, Ann Arbor 1984. – W. KEGEL, Simonides, Göttingen

1961. – W. Kierdorf, Erlebnis und Darstellung der Perserkriege. Studien zu Simonides, Pindar, Aischylos und den attischen Redner, Göttingen 1966. – J. W. Mackail, Lectures on Greek Poetry, New York 1966. – W. J. Oates, The Influence of Simonides of Ceos upon Horace, Princeton 1932. – U. v. Wilamowitz-Moellendorff, Sappho und Simonides, Berlin 1913. – U. v. Wilamowitz-Moellendorff, Simonides der Epigrammatiker, Berlin 1897.

Sokratiker

Sammelbezeichnung für die Schüler des Sokrates, der selbst seine Lehren nicht schriftlich niederlegte, so daß nach seinem Tode seine Freunde ihre Erinnerungen aufzeichneten und so das Andenken an das Fragen, Denken und Wirken des großen Philosophen bewahrten wie → Aischines von Sphettos, → Platon, → Xenophon.

Ü W. Nestle, Die Sokratiker, Jena 1922, reprogr. Nachdr. Aalen 1968.

Solon → Septem sapientes.

Sophokles

um 496–406 v. Chr.

Seinem Heimatort Kolonos nordwestlich von Athen hat Sophokles ein literarisches Denkmal gesetzt: Der Chor feiert im *Ödipus auf Kolonos* (668 ff.) in begeisterten Versen die Schönheiten und Vorzüge des Platzes. Hier kam Sophokles als Kind eines begüterten Fabrikanten zur Welt. Als junger Mann, so wird berichtet, wurde er dazu ausersehen, 480 den Festreigen nach dem Sieg bei Salamis anzuführen. Auch später nahm er wiederholt wichtige öffentliche Aufgaben wahr: Er war 443 Schatzmeister des Seebundes, 441/439 (neben Perikles) Heerführer, 420 Priester des Asklepios, 411 Mitglied der oligarchischen Regierung. Athen hat er zeit seines Lebens außer in öffentlicher Mission nicht verlassen; sein anziehendes Wesen machte ihn zu einem allseits beliebten Bürger.

468 errang er zum ersten Mal im tragischen Wettbewerb einen Sieg, wobei sein Konkurrent kein Geringerer als → Aischylos war. Insgesamt hat Sophokles 24 erste Preise gewonnen; er war einige Male zweiter, niemals dritter. Seine dramatische Produktion umfaßte 123 Stücke, von denen nur sieben und Teile eines Satyrspiels erhalten sind. Hinzu kommen zahlreiche Fragmente aus verlorenen Dramen wie auch solche aus Paianen (feierlichen Chorliedern) und Elegien.

Aias, die sicherlich früheste der vorliegenden Tragödien, zeigt den aus seinem Wahn erwachten Helden, der statt seiner persönlichen Feinde nur Vieh vertilgt hat und sich wegen seiner Entehrung selbst tötet (1–865), sowie die Reaktionen der Umwelt auf dieses Geschehen. *Die Trachinierinnen*, wohl um 450 aufgeführt, schildern den Tod des Herakles durch das vergiftete Nessoshemd und den darauffolgenden Selbstmord seiner Gattin Deianeira, die ihm das Hemd aus Eifersucht gesandt hatte, ohne von seiner schrecklichen Wirkung zu wissen.

Antigone, etwa 442 geschaffen, ist wohl die der Neuzeit am nächsten stehende Tragödie des Sophokles. Sie stellt den Konflikt der thebanischen Prinzessin dar, die sich zwischen dem Gebot der Frömmigkeit, den gefallenen Bruder Polyneikes zu bestatten, und dem Verbot der Regierung, den Angreifer der eigenen Heimat zu begraben, entscheiden muß. Die Nähe des Themas zum Problem des »zivilen Ungehorsams« hat dem Stück gerade in den letzten Jahrzehnten viel Aufmerksamkeit eingetragen.

König Ödipus, vor 425 gedichtet, brachte keinen Sieg im Wettbewerb. Das Stück, das den (unwissenden) Vatermörder und Muttergatten auf dem thebanischen Thron zeigt, wie er sich selbst als Übeltäter entlarvt und die Folgen auf sich nimmt, ist heute wegen der Terminologie Freuds in etwas einseitiger Sicht populär geworden.

Elektra wird in Verbindung mit dem gleichnamigen Stück des → Euripides in die Nähe von 413 datiert; die Priorität ist umstritten. Das einzige Thema, zu dem uns noch die Versionen aller drei Tragiker vorliegen, wird hier vom Auftreten des Orest bis zum Vollzug der Rache an den Mördern des Vaters, Aigisth und Klytaimnestra, dargestellt.

Philoktet hat 409 den 1. Preis errungen. Die Griechen, die auf der Fahrt nach Troja sind, haben den Helden einsam auf Lemnos zurückgelassen, aber sie benötigen zum Sieg seinen Bogen, den der listige Odysseus mit Hilfe des Neoptolemos – dem derlei Listen zuwider sind – erlangen will. So stehen das Leid des Einsamen, die List des Verschlagenen und der Zweifel des zwischen ihnen Schwankenden in dramatisch wirksamem Kontrast. Die Philoktet-Dramen der drei großen Tragiker hat → Dion Chrysostomos miteinander verglichen (*Rede* 52,15); er stellt das Stück des Sophokles mit seinem feierlich hohen Stil und seiner unübertrefflichen tragischen Wirkung als Mitte zwischen die Extreme der einfach-archaischen Kraft des → Aischylos und der scharfsinnigen Genauigkeit des → Euripides. Der Stoff hat auch moderne Bearbeitungen erfahren, von denen Herder, Gide und Heiner Müller erwähnt seien.

Ödipus auf Kolonos wurde postum 401 vom (gleichnamigen) Enkel des Dichters aufgeführt. Die letzte der Tragödien, die das große Dreigestirn Athens geschaffen hat, trägt den Charakter »erhabener Heiligkeit« (Johann Wolfgang Goethe, *Campagne in Frankreich*). Der am Ende seines Lebens stehende Athener Sophokles zeigt den am Ende seines Lebens stehenden Thebaner Ödipus, der auf seiner Irrfahrt den Geburtsort des Poeten, den Hügel Kolonos, erreicht und von hier ins Jenseits entrückt wird. Zuvor versuchen verschiedene Verwandte vergeblich, ihn in ihre Machtkämpfe und Rivalitäten zu verstricken: Ödipus, am Ziel seiner Fahrt, entzieht sich allem Zwist und tritt in die andere Welt hinüber.

Die Spürhunde sind neben dem *Kyklops* des → Euripides das andere Beispiel eines antiken Satyrspiels. Erst 1912 konnte ein Papyrus ediert werden, der etwa die Hälfte des Textes in leidlich gutem Erhaltungszustand darbietet. Er ist wohl vor 450 geschrieben und zeigt, wie Apoll die ihm gestohlenen Rinder sucht, wobei Silen und seine Söhne, die Satyrn, ihm helfen. Sie entdecken als Dieb Hermes, der gerade die Lyra erfunden hat, die nun Apoll erhält. Der Rest fehlt.

In seiner Theaterpraxis hat Sophokles eine Reihe von Neuerungen entwickelt. Er erweiterte die Zahl der Schauspieler von 2 auf 3, die der Choristen von 12 auf 15. Weiterhin hat er die Skenographie (Bühnenmalerei) eingeführt; diese drei Angaben liefert → Aristoteles (*Poetik* 4). Darüber hinaus zeigt sich, daß Sophokles auch von der trilogischen Kompositionsform Abstand nahm und das Einzelstück als gerundetes Ganzes gestaltete. Sophokles gilt vielfach als der »Klassiker« schlechthin. Er selbst hat (nach dem Bericht des → Plutarch, *Moralia* 79 B) seine eigene Entwicklung selbstkritisch in drei Phasen gesehen: anfangs, in der Nachfolge des → Aischylos, ein ausgreifender, ja bombastischer Stil; danach, im Zuge seiner Selbstfindung, eine herbe, doch zur Künstelei neigende Ausdrucksweise; schließlich ein Gestaltungsvermögen, das dem Charakter seiner Gestalten, wie er selbst sie sah und sie auch gesehen wissen wollte, jeweils am besten entsprach. Seine Helden personalisieren die Antithese zwischen dem einzelnen mit seinen Ansprüchen und der ihn tragenden Gesellschaftsordnung; es geht ihm nicht um Recht, Schuld und Sühne im vordergründigen Sinn, sondern um den jeden Bürger bindenden Bezug zur Gemeinschaft, dargestellt in mythischen Gestalten, deren Problematik und Schicksal den Zuschauern damals durchaus bekannt waren, deren Deutung ihnen hier im Spiel vermittelt wurde.

Doch der Mensch sah sich nicht nur der Gemeinschaft gegenüber, sondern fand sich auch konfrontiert mit dem

Göttlichen. Sophokles lehrt, dieses zu sehen und zu bejahen. Der Schlußsatz der Trachinierinnen weist auf das Geschaute hin: »gewaltige Tode, vielfältiges, unerhörtes Leid«; er schließt mit dem Vers: »Doch in all dem nichts, was nicht Zeus ist.« Das Schicksal des Menschen steht im Mittelpunkt des Schlußchores von *König Ödipus.* Hier Hölderlins Nachdichtung:

> Ihr im Lande Thebe Bürger, sehet diesen Oedipus,
> Der berühmte Rätsel löste, der vor allem war ein Mann.
> Der nicht auf der Bürger Eifer, nicht gesehen auf das Glück,
> Wie ins Wetter eines großen Schicksals er gekommen ist,
> Darum schauet hin auf jenen, der zuletzt erscheint, den Tag,
> Wer da sterblich ist, und preiset glücklich keinen, eh denn er
> An des Lebens Ziel gedrungen, Elend nicht erfahren hat.

Das Wesentliche über den Höhepunkt der griechischen Tragödie hat Hölderlin in seinem Epigramm *Sophokles* gesagt:

> Viele versuchten umsonst das Freudigste freudig zu sagen,
> Hier spricht endlich es mir, hier in der Trauer sich aus.

A F. W. SCHNEIDEWIN u. a., 8 Bde., Leipzig [7]1909–14. – A. C. PEARSON, 3 Bde., Cambridge 1917, reprogr. Nachdr. Amsterdam 1963. – R. JEBB, 7 Bde., Amsterdam 1962 (mit engl. Übers.). – A. C. PEARSON, Oxford 1971. – A. DAIN / P. MAZON, 3 Bde., Paris 1955–60. – R. D. DAWE, 2 Bde., Leipzig [2]1984–85. – H. LLOYD-JONES / N. WILSON, Oxford 1990. – *Fragmente:* S. RADT, Trag. Graec. Frag. IV, Göttingen 1977. – Ü Tragödien, hrsg. und übers. von W. WILLIGE, überarb. von K. BAYER, Zürich/Stuttgart [2]1985. – W. SCHADEWALDT / E. BUSCHOR, Tragödien, Zürich/Stuttgart 1969. – R. SCHOTTLÄNDER, Leipzig [7]1975. – Ü *Aias:* R. RAUTHE, Stuttgart 1990 (griech./dt.). – *Antigone:* N. ZINK, Stuttgart 1982 (griech./dt.) *Elektra:* W. SCHADEWALDT, Stuttgart 1969. – *König Ödipus:* E. BUSCHOR, Stuttgart 1962. – K. STEINMANN, Stuttgart 1989. – *Philoktet:* W. KUCHENMÜLLER, Stuttgart 1981. – *Die Trachinierinnen:* W. KRAUS, Stuttgart 1989. – **L** V. EHRENBERG, Sophokles und Perikles, München 1956. – F. EGERMANN, Vom attischen Menschenbild, München 1952. – T. v. WILAMOWITZ, Die dramatische Technik des Sophokles, Berlin 1917. – K. REINHARDT, Sophokles, Frankfurt ³1947. – Sophokles, hrsg. von H. DILLER, Darmstadt ²1986. – H. ROHDICH, Antigone, Heidelberg 1980. – B. KYTZLER, Antigone im Jahrhundert der Wölfe, in: Gymnasium 100, 1993, S. 97–108. – C. ZIMMERMANN, Der Antigone-Mythos, Tübingen 1994.

Spartianus → *Historia Augusta.*

Statius, Publius Papinius Statius
vor 50 n. Chr. Neapel – nach 96 n. Chr.

Wie weit sich die Neuzeit von antiken und mittelalterlichen Traditionen distanziert hat, wird am Fall des Dichters Statius exemplarisch deutlich. Sein Name ist heute ganz und gar unbekannt, während Jahrhunderte hindurch sein Werk und seine Person Interesse, Nachahmung, ja Verehrung gefunden haben.

Außer einer Notiz → Juvenals (7,82–87), die auf Begeisterung beim Publikum, aber beschränkte materielle Mittel beim Dichter hindeutet, schweigen die zeitgenössischen Quellen. Auch → Martial schweigt, obschon er mehrfach zu denselben Anlässen wie Statius Gedichte beisteuerte. So erfahren wir Einzelheiten nur aus den eigenen Versen des Statius. Sein Vater war ein angesehener Dichter in Neapel und sein Lehrer in der Poesie (*Silvae* 5,3). Bei den musischen Wettkämpfen in Neapel und Alba errang Statius Siege, erlitt jedoch 90 im Kapitolinischen Wettstreit zu Rom eine Niederlage, an der er schwer trug (3,5,28–33; 5,3,225–233). Mit seiner Gattin Claudia, der Tochter eines Sängers, verband ihn eine glückliche, freilich kinderlos gebliebene Ehe (3,5). Statius zählte viele vornehme Familien zu seinen Gönnern, und auch Kaiser Domitian gewährte ihm gelegentlich Gunsterweise (4,2; 3,1,61–64). Um das Jahr 95 ist der alternde Dichter aus Rom in seine stillere Heimat bei Neapel zurückgekehrt; er muß nicht lange danach verstorben sein.

Silvae (*Wälder*) nannte Statius die 32 Gelegenheitsgedichte, die er, wie er in den Prosa-Präfationen der einzelnen Bücher betont, in Eile improvisiert hat und nun gesammelt vorlegt. Anfang der neunziger Jahre erschienen zunächst 3 Bücher, ein viertes folgte etwa 95, das fünfte scheint aus dem Nachlaß zu stammen. Gerade dieses enthält die persönlichsten, privatesten Poeme: ein Trauerlied auf den Vater (3), ein anderes auf ein geliebtes Kind (5), schließlich das berühmteste Stück der Sammlung, *Somnus* (4), das Gebet an den allzu lange ferne weilenden Schlafgott; die 19 Hexameter zählen zu den inspiriertesten Versen der lateinischen Lyrik aus der Kaiserzeit.

Die Sammlung ist allerdings zum größten Teil anderen Themen zugewandt: die Dichtungen, nicht allzu umfangreich, 26 von ihnen in Hexametern, die übrigen in lyrischen Strophen oder Elfsilblern, besingen besondere Begebenheiten bei Freunden, Hochzeiten, Trauerfälle, beschreiben Bäder und Villen, auch Kunstgegenstände, sie feiern den Geburtstag des toten Lukan (2,7), aber auch öffentliche Feste wie die ausgelassenen Kalenden des Dezember (1,6); vor allem huldigen sie dem Kaiser (1,1; 4,1–3). Die Stärke des Statius liegt, wie Goethe es genau gesehen und dem Philologen Hand im März 1813 glänzend geschildert hat, in der visuellen Kraft seiner Sprache; hinzuzufügen ist das souveräne Spiel mit Mythologemen, die den Ablauf beleben und erheben, sowie die subtile Sicht der im Geistigen griechisch grundierten, aber im Realen römisch regierten Umwelt, eine Sicht, wie sie nirgends sonst so zu fassen ist.

Achilleis, das epische Lied von Achill, blieb unvollendet. Nur 1127 Verse liegen vor von einem Werk, das den ganzen

Lebensweg des Helden beschreiben sollte, nun aber nur seine Jugend, sein Versteck in Mädchenkleidung auf Skyros und seine Entdeckung und Abreise nach Troja schildert. Das sich so als – ungewolltes – Kleinepos darstellende Fragment weiß auf gewinnende Weise Idyllisches und Martialisches zu kontrastieren, es rückt neben dem Gelegenheitsdichter und Improvisator Statius auch den Epiker in bestes Licht. Nach der griechischen *Kyrupädie* → Xenophons ist die *Achilleis* die lateinische Vorform des Entwicklungsromans.

Thebais, das Epos von Theben und dem Untergang der einander bekämpfenden Ödipus-Söhne Eteokles und Polyneikes, ist mit seinen 12 Büchern von insgesamt rund 10 000 Versen schwerer zugänglich. Statius hat den düsteren Stoff der »Sieben gegen Theben«, Thema nicht weniger Tragödien, nicht mit dem Tod der beiden Brüder (Buch 11) enden lassen, sondern auch noch das Schicksal Antigones und Kreons hinzugefügt, hat einen humanen, helleren Ausgang als Endziel seiner Darstellung geschaffen: Die Tyrannen sind tot, den Gefallenen wird Bestattung zuteil, Ordnung kehrt wieder ein in Theben, der Fluch des Labdakidenhauses ist vorüber. Das Epos steht im Zeichen der *pietas*, der Pietät gegenüber göttlicher Ordnung und menschlichem Miteinander; es zeigt diese jedoch vornehmlich im Zerrspiegel der Freveltaten gegen sie. Statius steht, als Künstler wie als Mensch, in einem seltsam kontrastierenden Verhältnis zum Zeitgeschmack: Sein nach klassischem Ebenmaß strebendes Naturell liefert einen harmonisch ausgewogenen Grundriß, auf dem ihn die zum Extrem strebende Tendenz seiner Epoche ein breit ausladendes, verwinkeltes Gebäude errichten läßt. Vorbild bleibt grundsätzlich → Vergils *Aeneis*. Ihr Aufbau ist in der *Thebais* nachvollzogen: 1–6 Vorbereitungen und Anmarsch, 7–12 Kampf und Entscheidung. Ihre Diktion ist allenthalben aufgenommen, ganze Episoden sind nachgestaltet, so das Wagestück des Nisus und Euryalus (*Aeneis* 9, nach Homers »Dolonie« in der

Ilias 10) in dem nächtlichen Unternehmen von Hopleus und Dymas (*Thebais* 10). Gewiß gibt Statius seiner Bescheidenheit vor dem Meister der »Göttlichen Aeneis« (*Thebais* 12,816), der *Divina Aeneis*, von welchem Wort sich Dantes Titel der *Divina Commedia*, der *Göttlichen Komödie*, herleiten dürfte, klar Ausdruck. Doch fordert er andererseits geradezu zum Vergleich heraus (10,445/448), den er hier nicht zu scheuen braucht, ebensowenig wie den mit →Ovids *Metamorphosen*, deren Schilderung der Grotte des Schlafgottes (11,592 ff.) er zu übertreffen vermochte (10,34 ff.), wie den mit →Valerius Flaccus, dessen Erzählung vom Männermord auf Lemnos (2,82 ff.) Statius großartig überbieten konnte (5,29 ff.).

Die Neigung zu Einzelszenen, zur visuellen Perzeption gibt dem Erzählstil des Statius ihr Gepräge. Diese und andere Vorzüge haben ihm in der Spätantike zu enormer Wirkung verholfen und ihm im Mittelalter einen Platz unter den *poetae aurei* verschafft, den verehrten Vorbildern, die in der Schule gelesen, in der Dichtung nachgeahmt wurden. So ist im *Waltharilied* die Schlacht am Wasichenstein nach dem 2. Buch der *Thebais* gestaltet. Doch die größte Huldigung hat Dante Statius zuteil werden lassen (*Göttliche Komödie*, Purgatorio 21 ff.): Statius löst Vergil als Dantes Führer durch das Jenseits ab – ein vielschichtig symbolisches Motiv und zugleich in Dantes Werk die größte Ehrung, die einem Poeten nach Vergil zuteil wird. Der Neuzeit ist dieser Dichter aus dem Blick geschwunden – ob er wiederentdeckt werden wird, bleibt abzuwarten.

A *Thebais:* A. Klotz / T. C. Klinnert, Leipzig 1973. – D. E. Hill, Leiden 1983. – *Achilleis:* A. Marastoni, Leipzig 1974. – *Silvae*: A. Marastoni, Leipzig ²1970. – E. Courtney, Oxford 1990. – Ü J. H. Mozley, London ²1955 (engl. Übers.). – *Thebais:* K. W. Bindewaldt, Berlin ²1907 (Buch 1–8). – A. Imhof, Lied von Theben, Ilmenau/Leipzig 1885–89. – *Achilleis:* J. Méheust, Paris 1971 (lat./frz.) – *Silvae:* R. Sebicht, Ulm 1904. – L W. Schetter, Untersuchungen zur epischen Kunst des Statius, Hildesheim 1965. –

W. J. DOMINIK, The Mythic Voice of Statius, Leiden 1994. – W. J. D., Statius' *Thebaid* in the Twentieth Century, in: Worte – Bilder – Töne. Festschr. B. Kytzler, hrsg. von R. FABER und B. SEIDENSTICKER, Würzburg 1996, S. 129–141.

Stesichoros

um 630 – um 555

Vermutlich in Metaurus, einer lokrischen Kolonie in Süditalien, geboren, war Stesichoros später Bürger im sizilischen Himera. Als Dichter verkörperte er den Übergang von Epos über die Lyrik hin zur Tragödie: Seine Erzählweise wahrte (→ Quintilian 10,162) den Gestalten des Mythos ihre Würde in Reden und Handeln, er vermochte die »Schwere der Epik mit seiner Leier zu tragen« (*epici carminis onera lyra sustinens*). Sein Werk füllte 26 Schreibrollen, von denen sich freilich nur wenige Zitate erhalten haben. Von Interesse sind die Fragmente einer Helena-Dichtung, der auch ein »Widerruf« (Palinodie) beigegeben wurde, als, wie die Legende erzählt, der Dichter wegen seiner Beleidigung der Königin erblindete und nur so sein Augenlicht wiedererlangte. Stesichoros erscheint als erster Dichter der Westgriechen: Im Westen gebürtig (→ Ibykos), bevorzugt er Mythen aus seiner näheren Umgebung. Auch ist er der früheste Zeuge der Daphnis-Dichtung, die dann in der Bukolik → Theokrits und → Vergils weiterlebt.

A D. L. PAGE, Poetae Melici Graeci, Oxford 1962. – D. L. P., Supplementum Lyricis Graecis, Oxford 1978. – J. BREMER u. a., Some recently found Greek Poems, Leiden 1987. – **Ü** Die Griechische Literatur in Text und Darstellung, hrsg. von J. LATACZ, Bd. 1: Archaische Periode, Stuttgart 1991. – **L** R. KANNICHT, Euripides' *Helena*, Bd. 1, S. 26–41. – D. L. PAGE, Stesichoros, The Geryoneis, in: Journal of Hellenic Studies 93, 1973, S. 138–154.

Strabon
um 64/63 v. Chr. – um 20 n. Chr.

Der griechische Geograph Strabon, in Amaseia (Pontos) geboren, unternahm weite Reisen durch den Mittelmeerraum mit längeren Stationen in Ägypten und Rom. Frucht seiner Studien sind die 17 Bücher der *Geographie*, »Erdbeschreibung«. Sie beginnen mit einer Geschichte dieser Wissenschaft (Buch 1–2), folgen danach in der Beschreibung von Westen aus dem Nordrand des Beckens und behandeln schließlich den Osten, Ägypten und Nordafrika. So ergibt sich die Folge Europa (3–10), Asien (11–16), Ägypten und Libyen (17).

Zwei Aspekte des Werkes verdienen Hervorhebung. Es ist zum einen als Ergänzung zu den verlorenen 47 Büchern des (an → Polybios anschließenden) Geschichtswerkes *Historische Kommentare* abgefaßt. Zum anderen wird anfangs ausdrücklich betont, daß es als »Sache der Philosophie« zu sehen ist. Es soll also nicht in erster Linie Sachbuch sein, sondern will Weltweisheit vermitteln, speziell die stoische im Anschluß an Poseidonios. Dadurch ist mancher sachliche Mangel entstanden. Trotzdem ist das Buch, vor allem als Geschichte der Geographie, daneben aber auch als Informationsträger, in seinem Wert für das moderne Wissen von der Alten Welt nicht zu unterschätzen.

A F. Lasserre, 12 Bde., Paris 1966 ff. (mit frz. Übers.) – W. Aly, 2 Bde., Bonn 1968–72 (mit dt. Übers.). – A. Meineke, 3 Bde., Graz 1969. – **Ü** Siehe Aly. – **L** C. S. Floratos, Strabon über Literatur und Poseidonius, Athen 1972. – R. Baladié, Le Péloponnèse de Strabon, Paris 1980. – A. Diller, The Textual Tradition of Strabo's *Geography*, Amsterdam 1975. – A. Dirkzwager, Strabo über Gallia Narbonensis, Leiden 1975. – W. Aly, Untersuchungen über Text, Aufbau und Quellen der *Geographica*, Bonn 1957.

Sueton, Gaius Suetonius Tranquillus
um 70 n. Chr., vermutlich Hippo Regius, Algerien – um 150 n. Chr.

Der Lebensweg Suetons führte ihn direkt ins Zentrum der kaiserlichen Macht. Von → Plinius dem Jüngeren gefördert, erhielt er zunächst eine Stelle als Militärtribun angeboten, die er jedoch nicht antrat. Er mag seinen Gönner etwa 111 nach Bithynien begleitet haben, denn von dort aus erwirkte dieser für ihn von Kaiser Trajan das sogenannte Dreikinderrecht, eine steuerliche Vergünstigung. Bald begann bei Hofe Suetons Karriere, die eine 1951 bei Bône in Algerien gefundene Inschrift belegt: Er bekleidete nach den Sekretariaten *a studiis* und *a bibliothecis* die einflußreiche Position *ab epistulis*: Sueton war also verantwortlicher Leiter der kaiserlichen Kanzlei und ihrer Korrespondenz – ein Amt, das → Horaz einst bei → Augustus nicht hatte annehmen wollen. 121/122 von Hadrian aus dem Dienst entlassen, hat Sueton offenbar den Rest seines Lebens der Literatur gewidmet. Plinius der Jüngere hatte ihn nicht ohne Grund als Bücherwurm (*scholasticus*) bezeichnet (*Briefe* 1,8) und belustigt seine bescheidenen Bedürfnisse beschrieben.

Sueton genießt eine gewisse Popularität als Verfasser der 12 Caesaren-Biographien *De vita Caesarum.* Roms Herrscher von Caesar bis zu Domitian werden materialreich und detailfreudig dargestellt. Man erfährt viele – fast zu viele – Einzelheiten, die Sueton als Vorsteher der Palast-Archive und Sammler aller Arten von Anekdoten zusammengetragen hat. Man darf freilich nicht zu intensiv nach dem geistigen Band fragen, das dieses Bündel an Informationen zu höherer Einheit fügen könnte. Sueton folgt getreulich einem festen Schema, das er Mal um Mal konsequent ausfüllt, so daß der Leser sich leicht zurechtfindet – in die Abgründe eines Charakters hineinzuleuchten ist seine Sache nicht. Der regelmäßige Ablauf ist: Herkunft und Geburt, Erziehung und Leben bis zur Thronbesteigung; nun folgen, unchronologisch dargeboten, systematische Kategorien wie Kriegstaten, Bauten, Lebensführung u. a.; schließlich wird am Ende der chronologische Faden wieder aufgenommen, Tod und Testament beschrieben, gegebenenfalls persönliche Einzelheiten nachgetragen. → Ausonius hat das Schema in einem einzigen Vers vereinfacht formuliert (*De XII Caesaribus* 1,5):

nomina, res gestas vitamque obitumque peregit

Namen, Taten, Leben und Tod hat einst Sueton uns beschrieben.

Solche Systematisierungssucht geht bis in skurrile Details: Die Geliebten Caesars (50 f.) werden geographisch geordnet nach solchen a) aus Rom, b) aus den Provinzen, c) von ausländischen Königshöfen – eine Registerarie eigener Art!

So paart sich auf paradoxe Weise im Werke Suetons die Größe der porträtierten Persönlichkeiten mit der engen Perspektive der Darstellung. Man hat ihm die »Sichtweise eines Kammerdieners« vorgeworfen; richtig daran ist, daß Sueton zwar eine Fülle von Informationen, aber ein Minimum an Einsichten zu bieten hat. Der Leser wird unterhalten, seine Neugier befriedigt, eine gewisse Ordnung ist gewahrt – das ist, wie man sieht, nicht eben hohe Literatur, aber lockendes Lesefutter bester Qualität.

In der Schematisierung ähnlich angelegt ist auch Suetons Werk *De viris illustribus* (*Berühmte Männer*), das die Arbeit → Varros aus Reate fortgeführt, die das Werk von → Hieronymus vorbereitet hat. Die Schrift ist etwa ein Jahrzehnt vor den Kaiserviten um 110 entstanden und behandelt die 5 Gruppen der Dichter, Redner, Historiker, Philosophen und Grammatiker samt Rhetoren. Aus der letztgenannten Rubrik ist ein Index mit 36 Namen und ein Text von 34 Seiten erhalten, dessen Ende fehlt. Daneben liegen noch vereinzelt überlieferte, bei den jeweiligen Autoren ihren Werken vorangestellte Dichterviten vor, wobei die zu

→ Tibull und → Persius in ihrer Echtheit fraglich sind, die zu → Terenz, Horaz, → Lukan und → Vergil im allgemeinen als authentisch akzeptiert werden.

Das leicht voyeuristische Interesse an der Biographie hervorragender Persönlichkeiten, das Sueton befriedigte, war und blieb stark. Die → Historia Augusta setzte sein Werk vergröbert fort; in der Geschichtsschreibung trat die Einzelgestalt mehr und mehr in den Mittelpunkt, wie z. B. → Ammianus Marcellinus zeigt. Suetons Stil in seiner unprätentiösen Einfachheit sicherte ihm leicht Leser durch alle Jahrhunderte. Sein Einfluß als Modell für andere Biographien tritt am deutlichsten in Einhards Leben des deutschen Kaisers Karls des Großen (*Vita Karoli Magni*) hervor; er blieb bestimmend bis zur Renaissance, als Suetons Zeitgenosse und Rivale Plutarch neu bekannt, seine tiefergreifenden Biographien in Übersetzungen zugänglich gemacht wurden. Sueton wurde so als Muster verdrängt; als Autor blieb er beliebt und bietet auch heute noch unterhaltsame, facettenreiche Lektüre.

A *De vita Caesarum:* M. Ihm, Leipzig 1908, Nachdr. Stuttgart 1961. – *De grammaticis et rhetoribus:* G. Brugnoli, Leipzig ³1972. – Fragmenta: A. Reifferscheidt, Leipzig 1860. – Ü *Kaiserbiographien:* A. Lambert, Zürich 1955. – *Caesarenleben:* M. Heinemann, Stuttgart ⁵1957. – A. Stahr / W. Krenkel, Berlin ²1985. – L W. Steidle, Sueton und die antike Biographie, München 1951, ²1963. – R. Hanslik, Die *Augustusvita* Suetons, in: Wiener Studien 67, 1954, S. 99–144. – U. Lambrecht, Herrscherbild und Principatsidee in Suetons Kaiserbiographien, Diss. Bonn 1984. – H. Gugel, Studien zur biographischen Technik Suetons, Wien 1977.

Sulpicia

Mehrfach begegnet uns der Name der Sulpicia in der lateinischen Literatur, und so hat die Philologie ihre Probleme damit, Gestalten und Gedichte genauer zu sondern. Zunächst ist im Corpus des → Tibull ein Liederkranz (Buch

3,13–18 entspricht Buch 4,7–12) überliefert, in dem die junge Sulpicia, die Nichte von Tibulls Gönner Messala, ihre Liebe zu Cerinthus besingt. Hier begegnet uns die einzige bekannte römische Lyrikerin, und ihre kurzen Gedichte, spröde in Sprache und Metrik, sind so spontan, sprechen so lebendig und eindringlich, daß sie sich unvergeßlich einprägen. Von besonderer Intensität die erste Kurz-Elegie (3,13 entspricht 4,7) *Tandem venit amor* (*Endlich ist sie gekommen, die Liebe*), ein Carmen, das in seiner Glut → Catull nahekommt.

Dem kleinen Zyklus ist vorangestellt ein anderer, vielleicht von Tibull geschaffen, der die Liebe der beiden jungen Leute besingt. → Martial wiederum erwähnt eine Sulpicia, die ihre eheliche Liebe mit Calenus ohne Scheu geschildert habe (10,35 und 38), doch besitzen wir von ihr nur zwei wenig besagende Trimeter. Schließlich enthalten die → *Epigrammata Bobiensia* (37) eine Satire gegen Domitian, die von Sulpicia stammen soll, jedoch eine Fälschung des 5. Jh.s sein dürfte. So bleibt die erstgenannte Sulpicia für uns die einzige bekannte römische Dichterin.

A Außer in vollständigen Tibull-Ausgaben auch in: H. HOMEYER, Dichterinnen des Altertums und des frühen Mittelalters, Paderborn 1979. – **Ü** Siehe HOMEYER. – **L** A. BREGUÉT, Le roman de Sulpicia, Genf 1946.

Symmachus, Quintus Aurelius Symmachus Eusebius um 345 n. Chr. – nach 402 n. Chr.

Seinen Zeitgenossen galt Symmachus als exzellenter Redner und als »neuer Cicero«; die uns erhaltenen acht z. T. unvollständigen Reden rücken ihn für moderne Leser eher an die Seite der Panegyriker und somit an den Rand der literarischen Szene. Wichtiger sind uns die rund 900 Briefe aus den Jahren 365–402, die sein Sohn postum erscheinen ließ, angeordnet analog dem System der Sammlung des jüngeren

→ Plinius: 9 Bücher Briefe privaten Inhalts, gefolgt vom 10. Buch offizieller Schreiben und Eingaben (*relationes*). Sind unter den Privatbriefen nicht wenige interessante Schreiben und bemerkenswerte Adressaten, wie z. B. → Ausonius, so findet sich in der 3. *relatio* ein weltgeschichtlich bedeutsames Stück: Symmachus, Haupt eines Kreises, der gegen das Christentum für den alten Glauben eintrat, wandte sich 384 als *praetor urbanus*, als Stadtpräfekt Roms, an den Kaiser Valentinian II., um die Wiederherstellung des Altars und Kultbildes der Göttin Victoria im Sitzungssaal des Senats, der römischen Curie, zu erreichen. Kein Geringerer als → Ambrosius sah den Anlaß für wichtig genug an, um energisch dagegen aufzutreten (*Epistel* 17/18), und noch fast zwei Jahrzehnte später nahm auch → Prudentius poetisch das Thema erneut auf. Blieb Symmachus der Erfolg seiner Bemühungen um Restaurierung des heidnischen Kultes versagt, so erreichte er doch 391 die Konsulwürde. Weiter noch wirkten die Bestrebungen seines Kreises, die auf geistige Erneuerung altrömischer Werte zielten: Neue, sorgfältig betreute Editionen zentraler Autoren der Rom-Idee, wie → Livius und → Vergil, wurden erarbeitet und bildeten für die Folgezeit die Grundlage in der Tradition der auf uns gekommenen Hauptwerke der lateinischen Literatur.

A O. Seeck, in: Monumenta Germaniae Historica – Auctores antiquissimi 6,1, Berlin 1883. – **Ü** R. Klein, Der Streit um den Victoriaaltar, Darmstadt 1972 (lat./dt., mit Komm.). – *Reden:* A. Pabst, Darmstadt 1989. – **L** J. Wytzes, Der letzte Kampf des Heidentums in Rom, Leiden 1976. – R. Klein, Symmachus. Eine tragische Gestalt des ausgehenden Heidentums, Darmstadt 1971, ²1986.

Symphosius, Caelius Firmianus Symphosius
4./5. Jh. n. Chr.

Einhundert Rätsel, jedes in drei Hexametern formuliert und in der Überschrift gelöst, hat Symphosius, wie er in der Vorrede versichert (besser: vorgibt), während des Saturnalienfestes extemporiert und zu vergnügter Unterhaltung an eben diesem Feste vorgetragen. In der → *Anthologia Latina* überliefert, hat einiges aus der Sammlung auch in der → *Historia Apolloni regis Tyri* seinen Platz gefunden; vor allem aber ist das Buch des Symphosius Vorbild und Anregung für zahlreiche mittelalterliche Rätsel-Kollektionen geworden (Aldhelm, Alcuin u. a.). So hat es, mehr als manche Meisterwerke, beachtliche Nachwirkung zu entfalten vermocht.

A F. BÜCHELER, in: Anthologia Latina 1,2, hrsg. von D. R. SHACKLETON BAILEY, Leipzig ²1894, S. 221 ff. – F. GLORIE, Corpus Christianorum, Series Latina 133 A, 1968, S. 611–722. – Siehe *Anthologia Latina*. – Ü R. T. OHL, The Enigmas of Symphosius, 1928.

T

Tacitus, Publius (oder Gaius) Cornelius Tacitus
um 55 n. Chr. – um 117/120 n. Chr.

Ähnlich wie sein Vorgänger und Vorbild → Sallust hat auch der Historiker Tacitus sein Leben wie sein Werk nach zwei Hauptphasen gestaltet. Im Leben folgte auf die Spanne öffentlicher Wirksamkeit die Periode literarischer Arbeit; im Werk folgten auf die vorbereitenden 3 Monographien die beiden großen historischen Darstellungen.

Die Ämterlaufbahn führte den gefeierten Redner und Freund des jüngeren → Plinius bis zum Konsulat (97) und zur Verwaltung der Provinz Asia unter Trajan. Sein Leben endete wohl während der ersten Regierungsjahre Hadrians. Seit 77 war er mit der Tochter des damals amtierenden Konsuls Iulius Agricola verheiratet. Ihm galt das erste Werk des Tacitus, die Biographie *De vita Iulii Agricolae*, veröffentlicht 98, erst 5 Jahre nach dem Tode des Gefeierten, 2 Jahre nach dem Ende der Despotie Domitians, von der die Einleitung böse und bitter berichtet. Zwei biographische Rahmenteile (4–9 und 43–46) umschließen eine historische Monographie über die Erfolge des Agricola als Feldherr in Britannien, wo er die römische Herrschaft ausgedehnt und stabilisiert hat. So verbinden sich bereits hier mit dem Nachruf auf einen bewunderten Verwandten historiographische Darstellung im Mittelteil und Zeitkritik in der Einleitung. Es ist da vom Verlust des Lebens die Rede: Verlust durch den Tod der einen, Verlust von fünfzehn langen Jahren durch die Unterdrükkung für die anderen, die, wie es heißt, »wir nicht nur jene anderen, sondern uns selbst überlebt haben« (3,2). Die Bitterkeit des Blicks, den Tacitus auf den Gang der Geschichte richtet, wird schon hier bestürzend deutlich.

Wohl um 100 folgte der *Dialogus de oratoribus*, der *Dialog über die Redner*, in dem ein zu dieser Zeit viel diskutiertes Thema, der Verfall der Beredsamkeit im Gegensatz zu ihrer Blüte in früheren Zeiten, in der Art eines ciceronianischen Dialogs erörtert wird. Aber auch hier hat der Historiker Tacitus den Blick auf die geschichtlichen Gegebenheiten gerichtet, nicht auf literarische Limitationen allein. Er sieht den politischen Hintergrund als Nährboden und Ursache für die Größe der republikanischen, sich frei entfaltenden Redner wie für den Niedergang der Eloquenz unter den Monarchen. Daß dieses Werk dennoch in Details der Darstellung und der Sprache vom übrigen Œuvre des Tacitus abweicht, hat Zweifel an seiner Echtheit geweckt, die jedoch kaum mehr geteilt werden.

De origine et situ Germanorum (*Über Ursprung und Wohnsitz der Germanen*) ist der volle Titel der meist kurz als *Germania* zitierten Monographie, die im Jahre 98 entstanden sein dürfte. Sie könnte eine Vorstudie zu dem folgenden großen Geschichtswerk darstellen, wo ein ethnographischer Exkurs, wie bei → Caesar, geplant, dann aber gesondert ausgeführt worden sein mag. Das kurze Werk ist zweigeteilt; es beschreibt zunächst Land, Aussehen und Ursprung der Germanen sowie ihr öffentliches (5–15) und privates (16–27) Leben, dann in geographischer Gliederung die Gewohnheiten der einzelnen Stämme. Kennzeichen des Ganzen ist die Gegenüberstellung der Germanen in ihrer unverdorbenen, urtümlich einfachen Art und der Römer in ihrer durch Dekadenz gefährdeten Existenz. Das utopische Bild des »edlen Wilden« färbt die vorgetragenen Figuren und Phänomene, obschon Tacitus Tatsachen, nicht Träume vorträgt; doch dienen diese Tatsachen seiner Tendenz, die eher die römische Haltung kritisieren als die germanische präsentieren will.

Die *Historiae*, das erste große Werk des Tacitus, ist Zeitgeschichte, abgefaßt etwa 104–110, die Zeit vom 1. Januar 69 bis – vermutlich – 96 behandelnd. Das Ende ist ungewiß, da uns nur die ersten viereinhalb Bücher vorliegen, die kaum mehr als ein Jahr behandeln; freilich umfassen sie die Folge von 5 Herrschern und beschreiben den Beginn der flavischen Dynastie. Als Alterswerk schlossen sich die *Annales* (*Jahrbücher*), an, abgefaßt nach 112, jedoch statt einer Fortsetzung der Historien die Vorgeschichte *ab excessu Divi Augusti*, »vom Heimgang des vergöttlichten Augustus an« vortragend. Auch hier liegt uns nur ein Torso vor: Von Buch 1 bis zum Anfang von Buch 5, das 6. Buch ohne seinen Anfang, schließlich die Bücher 11–16 ohne Beginn und Ende. So ist im Erhaltenen die Regierungszeit des Tiberius, des Claudius und des Nero nur teilweise dargestellt, die des Caligula gar nicht.

Beide Werke sind abgefaßt mit dem Anspruch auf Unparteilichkeit: *neque amore et sine odio*, wie es in den *Historien* heißt (1,1,3) (»ohne Zuneigung und ohne Abneigung«) oder in der berühmten Formulierung vom Anfang der *Annalen*: *sine ira et studio*, »ohne Gehässigkeit und ohne Parteilichkeit«. Damit ist keineswegs Neutralität angekündigt. Tacitus trägt vehement den Standpunkt seines Standes vor; er ringt mit dem Problem der *libertas*, der Freiheit der Führungsschicht eines Riesenreiches, das nicht nach den Regeln der Republik regierbar war und sich in der Monarchie gefährlichen Entartungen ausgeliefert sah. Vor solcher Thematik schreibt Tacitus Kaisergeschichte; er redet vor allem von Rom, weniger von den Provinzen; eine Reichsgeschichte zu redigieren liegt ihm fern. Was ihn bewegt und womit er seine Leser bewegt, sind die Haltungen der Menschen, mit denen sie der Zuchtrute der Zeit zu begegnen vermögen. Tacitus präsentiert packende Psychogramme in bewegenden, bisweilen bestürzenden Bildern: Die Todesstunden dreier prominenter Opfer der mißlungenen pisonischen Verschwörung gegen Nero, die sich auf kaiserlichen Befehl selbst töten müssen, schließen mythisch überhöhend die Tragödien ab. Der Philosoph → Seneca (*Annalen* 15,62–64) stirbt als stoischer Weiser, der Poet → Lukan geht dahin in der Erinnerung an eigene Todesverse (70), der Spötter → Petron (16,18–19) endet sein Leben als Festgeber, der mit dem Tode sein Spiel treibt. Drei Szenen, denen viele weitere an die Seite zu stellen wären, die alle in ihrer bildhaften Eindringlichkeit und deutenden Kraft den Künstler Tacitus als Meister der Menschendeutung bezeugen. Was bei Schriftstellern geringeren Formats, wie → Sueton, leicht zur Kolportage, zum Sensationsreport gerät, wird bei Tacitus zur Tragödie, die Düsternis des Daseins ist nur durch wenige, wichtige Träger der *virtus*, der großen männlichen Haltung, erhellt und erträglich gemacht.

Tacitus teilt seinen Pessimismus mit → Sallust und hat mit ihm auch manche Mittel der Sprachkunst gemeinsam: Anwendung von Archaismen, Alliterationen, Antithesen, aber auch Ablehnung der allgemein üblichen Ausdrucksweise. Stärker als bei Sallust ist bei Tacitus der Gebrauch poetischer, vornehmlich tragisch wirkender Wendungen, stärker auch der Zug zur Inkonzinnität, zum Wechsel des Ausdrucks bei gleichem Gedankengang. Der Autor Tacitus steigert die sprachlichen Möglichkeiten des Lateinischen bis zu seinen Extremen. Stoff und Sprache korrespondieren: Extremfälle der Geschichte in Extremformen der Sprache – Form und Inhalt gehen ineinander auf.

So hat Tacitus auch wenig Nachfolger finden können. Mit den Worten von A. D. Leeman: »Sein Reichtum und seine Tiefe wurden nur von wenigen verstanden. Die Antike hat ihn kaum beachtet, während des Mittelalters hing die Überlieferung am seidenen Faden einer einzigen Handschrift. Erst die Humanisten und vor allem Montaigne vermochten seine Größe zu ermessen.«

A *Annales:* H. Furneaux, Bd. 1, Oxford ²1896; Bd. 2, ²1916, Nachdr. 1951. – K. Koestermann, 4 Bde., Heidelberg 1963–68. – *Historiae:* C. D. Fisher, Oxford 1911. – H. Goelzer, Paris 1959. – H. Heubner, Stuttgart 1978. – K. Wellesley, Leipzig 1989. – *Agricola, Germania, Dialogus:* E. Koestermann, Leipzig 1962. – M. Winterbottom / R. M. Ogilvie, Oxford 1975. – *Agricola:*

J. DELZ, Stuttgart 1983. – **Ü** *Annalen:* Buch I–V, W. SONTHEIMER, Stuttgart 1964; Buch VI–XVI, W. S., Stuttgart 1967. – *Historien:* H. VRETSKA, Stuttgart 1989 (lat./dt.). – *Agricola:* R. TILL, Berlin 51988. – R. FEGER, Stuttgart 1973. – *Germania:* K. BÜCHNER, Stuttgart 31985 (*Agricola, Germania, Dialogus*). – G. PERL, Darmstadt 1990 (lat./dt.). – M. FUHRMANN, Stuttgart 1992 (lat./dt.). – M. FUHRMANN, Stuttgart 1992 (dt. Übers.). – **L** Tacitus, hrsg. von V. PÖSCHL, Darmstadt 1969. – V. PÖSCHL / A. KLINZ, Zeitkritik bei Tacitus, Heidelberg 1972. – D. FLACH, Tacitus und die Tradition der antiken Geschichtsschreibung, Göttingen 1973. – J. VOGT, Die Geschichtsschreibung des Tacitus, ihr Platz im römischen Geschichtsdenken und ihr Verständnis in der modernen Forschung, in: J. V. ORBIS, Ausgewählte Schriften zur Geschichte des Altertums, Freiburg/Basel/Wien 1960, S. 132 ff. – J. v. STACKELBERG, Tacitus in der Romania, Tübingen 1960. – R. SYME, Tacitus, 2 Bde., Oxford 1958. – R. HÄUSSLER, Tacitus und das historische Bewußtsein, Heidelberg 1965. – F. KLINGNER, Römische Geisteswelt, hrsg. von K. BÜCHNER, Stuttgart 51979, S. 483–503 und S. 504–527. – G. WILLE, Der Aufbau der Werke des Tacitus, Amsterdam 1983.

Tatenbericht des Augustus → Augustus.

Terenz, Publius Terentius Afer
um 190 v. Chr. Karthago – nach 160 v. Chr. Griechenland

Eine Biographie → Suetons und andere Quellen bieten einige – nicht unumstrittene – Informationen über das kurze Leben des Komödiendichters Terenz. Er ist als Sklave in Karthago geboren, hat in Rom in einem aristokratischen Hause eine gute Erziehung genossen und ist bald freigelassen worden. Seine 6 erhaltenen Stücke, offenbar seine gesamte literarische Produktion, entstanden innerhalb von sechs Jahren: 166 hatte er mit seiner *Andria* (*Das Mädchen von Andros*) Erfolg, mußte aber 165 den Durchfall seiner *Hecyra* (*Die Schwiegermutter*) hinnehmen, der sich 160 wiederholte. 163 folgten der *Heautontimorumenos* (*Der Selbstquäler*), 161 die beiden Stücke *Eunuchus* und *Phor-*

mio, schließlich 160 *Adelphoe* (*Die Brüder*). Auf einer anschließenden Griechenlandreise ist der junge Poet verschollen.

Unabweisbar ist eine Charakterisierung der Kunst des Terenz mit einer Gegenüberstellung seiner Stücke und derer des → Plautus verbunden. Naturell und Lebensschicksal der beiden Dichter weichen weit voneinander ab. Als Knecht und Schauspieler schreibt und spielt Plautus für den Markt und die Menge, seine Bühne korrespondiert mit seinem Lebensgang. Terenz ist in einem vornehmen Hause aufgewachsen und schreibt für gebildete Zirkel, nicht so sehr für die breite Öffentlichkeit, was sich auch in der Sprache widerspiegelt: An die Stelle der prallen plautinischen Paraphrasen tritt eine konzentrierte Diktion, ein urbaner Umgangston; der vital vibrierenden Wortkunst des Plautus steht eine rein gehaltene, gepflegte Latinität gegenüber, die denn auch Terenz das Interesse und die Zuneigung aller Puristen in der Antike und danach gesichert hat. Weniger Wortwitz, aber scherzhaftes Plaudern, keine Schimpfkanonaden, aber besonnene Auseinandersetzung – man versteht, daß Terenz auf dem lärmenden Theater weniger erfolgreich war als im konzentrierten Kreis des aristokratischen Lesezirkels.

Bei den Titeln des Terenz fällt auf, daß es sich ausschließlich um griechische handelt. Er unterstreicht so seine – und seiner vornehmen Freunde im Scipionen-Kreis – Hinwendung zum Philhellenismus, die sich auch in der Gestaltung der Figuren und Handlungsabläufe abzeichnet. Terenz benützt als Vorlage fast ausschließlich Menander; er bevorzugt dementsprechend abgewogene Charaktere und ruhige Szenen, meidet alles Grelle und Groteske. Auch wenn man heute nicht mehr aus jeder Änderung, die sich Terenz gegenüber dem griechischen Original erlaubt, die terenzische Tendenz zur *humanitas* meint herauslesen zu müssen, so bleibt doch im allgemeinen seine Intention zur Betonung einer geläuterten Menschlichkeit unangefochten. Auch das musikalische Element, bei Plautus so prominent, tritt bei Terenz zurück. Dafür wird das Ethische betont, auch künstlerisch auf Vertiefung hingearbeitet, und durch Verdoppelung der Situationen ihre Thematik intensiviert, nicht minder durch Verknüpfung und Verschlingung solcher Spiegelungen eines Themas. Ist es bei Plautus die Kraft, die beeindruckt, so ist es bei Terenz die Kunst. Bricht sich bei Plautus befreiendes Lachen Bahn, so führt Terenz seine Zuschauer zu nachdenklichem Lächeln – und lächelndem Nachdenken.

In seinen Prologen geht Terenz seinen eigenen Weg. Er nutzt sie nicht so sehr, um dem Auditorium die Voraussetzungen des Stückes zu erläutern, was zu größerer Aufmerksamkeit zwingt, sondern vielmehr zur Verteidigung seiner Kunstauffassung. Gerade das Thema der Kontamination, d. h. der Kombination zusätzlicher Züge bzw. Szenen aus anderen Quellen mit der Hauptvorlage, wird von ihm angeschlagen. Er sieht in solcher Praxis eine Bereicherung und weist den Vorwurf der ›Befleckung‹, wie das Wort ihn eigentlich formuliert, nachdrücklich zurück.

Terenz blieb ein Liebling der Philologen. In der Kaiserzeit bis in die Spätantike hinein entstanden Kommentierungen seiner Stücke. Das Mittelalter las ihn mit so großem Interesse, daß sich die erste deutsche Dichterin, Hroswith (Rosvitha) von Gandersheim, im 10. Jh. aufgerufen fühlte, die in ihren Augen noch immer anstößigen Komödien des Terenz durch ebenso viele christliche Dramen in Reimprosa zum Lobpreis vorbildlicher Jungfrauen zu ersetzen. Petrarca hat Terenz hochgeschätzt, ihn in seinen Briefen vielfach erwähnt und ihm eine Biographie gewidmet. Ariost wie Molière haben Terenz nachgeahmt, Schiller und Goethe ihn hochgeschätzt. Auf modernen Bühnen erscheint er seltener als andere antike Autoren von Komödien; das Theater der Gegenwart könnte – freilich mit einer Imaginationskraft und Transpositionsfähigkeit, wie Thornton Wilder sie in seiner Nachgestaltung des Schicksals der *Andria* einzusetzen vermochte – manchen Schatz bei Terenz finden und heben.

A R. Kauer / W. M. Lindsay / O. Skutsch, Oxford [2]1959. – J. Marouzeau, 3 Bde., Paris 1942–49. – S. Prete, Heidelberg 1954. – Ü V. v. Marnitz, Stuttgart 1960. – G. Cupaiuolo, Bibliografia Terenziana (1470–1983), Neapel 1984. – L E. Reitzenstein, Terenz als Dichter, Amsterdam 1940. – E. Lefèvre, Die Expositionstechnik in den Komödien des Tacitus, Darmstadt 1968. – K. Büchner, Das Theater des Terenz, Heidelberg 1974.

Tertullian, Quintus Septimus Florens Tertullianus
um 160 n. Chr. Karthago – nach 220 n. Chr. Karthago

Seinem großen Landsmann → Augustinus vergleichbar, hat auch Tertullian seinem Lebensweg zweimal eine bedeutsame Wende gegeben. Der erfolgreiche Jurist trat etwa 195 zum christlichen Glauben über, für den er nun in Wort und Schrift mit voller Intensität eintrat. Etwa 207 schloß er sich der Sekte der Montanisten an und machte nun auch gegen die römische Kirche Front. Beide Bekehrungen bedeuteten vor allem einen weiteren Schritt zu tieferem moralischen Rigorismus. Tertullians Temperament, seine in lodernder Leidenschaft brennende Kämpfernatur, die Unnachsichtigkeit seiner Ansichten ließen zahlreiche Streitschriften entstehen (erhalten sind uns 31 Werke); er zögerte auch nicht, dem die Christen verfolgenden Provinzstatthalter unter Hinweis auf eine eingetretene Sonnenfinsternis Gottes Strafgericht anzudrohen (*Ad Scapulam*). Hervorzuheben sind seine apologetischen Werke *Ad Nationes* (*Gegen die Heiden*) und *Apologeticum*; letzteres ist wegen seiner diffizilen Überlieferung und aufgrund des Prioritätsproblems gegenüber → Minucius Felix besonders viel diskutiert worden. In ihm finden sich berühmt gewordene Formulierungen wie die, daß das Blut der Märtyrer der Same des Christentums sei, und das Wort vom »Zeugnis der von Natur aus christlichen Seele«, dem *testimonium animae naturaliter christianae* (Kap. 17), das Tertullian in der kleinen Schrift *De testimonio animae* weiter ausgeführt hat. Auch mit dem Judentum hat sich Tertullian in seiner Schrift *Adversus Judaeos* auseinandergesetzt, ebenso mit verschiedenen Sekten und Glaubensrichtungen, und hat einzelne als irrig angesehene Auffassungen bekämpft (*Adversus Marcionem*, *De anima*, *Adversus Praxean*, *De spectaculis* u.a.).

Auch wenn Tertullian seine Juristenmentalität nie abgelegt hat und mitunter haarsträubende Sophismen ins Feld führt, auch wenn er sich der römischen Kirche entzogen hat, so ist er doch in der Geschichte des frühen Christentums von zentralem Einfluß. Er gilt uns recht eigentlich als der Schöpfer des Kirchenlateins, dessen Spuren vor ihm wir wohl erahnen, aber kaum konkret erfassen können. »Er hat der lateinischen Christenheit die Sprache schaffen helfen; vor ihm hat sie nur gestammelt, von ihm hat sie reden gelernt.« (A. v. Harnack, 1895). Seine Glaubensglut lebt weiter in dem tiefen Wort *Credo quia absurdum*.

A A. Reifferscheid / G. Wissowa u. a., in: Corpus Scriptorum Ecclesiasticorum Latinorum 20; 47; 69; 70; 76, Wien 1890–1957. – *De anima:* J. H. Waszink, Amsterdam/Paris 1933 (mit Übers.), ²1947 (ohne Übers., mit Komm.). – *Apologeticum:* C. Becker, München ²1961. – *De spectaculis:* M. Turcan, Paris 1986. – Ü K. A. H. Kellner, 2 Bde., ²1912–15. – L C. Becker, Tertullians *Apologeticum*. Werden und Leistung, München 1954. – R. Klein, Tertullian und das römische Buch, Heidelberg 1968. – J. Klein, Tertullian, Düsseldorf ²1975.

Testamentum antiquum → *Septuaginta*.

Testamentum novum → *Neues Testament*; → Hieronymus.

Testamentum novum

1. Jh. n. Chr.

Der deutsche Ausdruck *Bibel* leitet sich vom griechischen *biblia* (»Bücher«) her und bezeichnet die Heiligen Schriften des Alten und des Neuen Testaments. Die originale hebräische Fassung des Alten Testaments wurde im Hellenismus ins Griechische übertragen (→ *Septuaginta*); nur einige Apokryphen – nicht in den Kanon aufgenommene, jedoch den anerkannten biblischen Schriften formal und inhaltlich ähnliche Werke – sind in Griechisch abgefaßt; das Neue Testament wurde in der damals vorherrschenden griechischen Allgemeinsprache, der Koine, abgefaßt. Es umfaßt die vier Evangelien (»Gute Botschaft«) des Matthäus, Markus, Lukas und Johannes, fortgesetzt in der Apostelgeschichte, gefolgt von 21 Briefen (13 von Paulus, 2 von Petrus, 3 von Johannes, je einer von Jakobus und Judas sowie der Brief an die Hebräer); den Schluß bildet die *Apokalypse* (»Offenbarung«) des Johannes. Obwohl dieser Kanon bereits um 130 in seinem Kern (Evangelien und Paulusbriefe) feststand, wurde er erst 382 in Rom formal festgelegt; ihm folgte alsbald die lateinische Vulgata des → Hieronymus. Der Name *Decretum Gelasianum* (»Gelasianisches Dekret«) für die kanonischen Schriften geht auf die 495 durch Papst Gelasius I. erfolgte erneute Bestätigung dieser Sammlung zurück. Auch einige nicht offiziell eingeschlossene Schriften sind erhalten (Hirte des Hermas, Barnabasbrief, Evangelium und Apokalypse des Petrus u. a.).

A E. Nestle, *Novum Testamentum Graece*, Stuttgart 1964. – Ü E. Hennecke, Neutestamentliche Apokryphen in deutscher Übersetzung, 2 Bde., Tübingen [4]1968–71. – O. Karrer, Neues Testament, München 1967. – Die Bibel, nach der Übersetzung Martin Luthers, Stuttgart 1965. – Die Apokryphen zum *Neuen Testament*, hrsg. von W. Michaelis, Bremen 1956. – L P. Feine u. a., Einleitung in das *Neue Testament*, Heidelberg [16]1969. – R. Bultmann, Theologie des *Neuen Testaments*, Tübingen [6]1968. – H. v. Campenhausen, Die Entstehung der christlichen Bibel, Tübingen 1968. – Das *Neue Testament* als Kanon, hrsg. von E. Käsemann, Göttingen 1970. – A. Lietzmann, Einführung in die Textgeschichte der Paulusbriefe, Tübingen 1979. – G. Steyer, Formenlehre des Neutestamentlichen Griechisch, Gütersloh [3]1977. – Die alten Übersetzungen des *Neuen Testaments*, hrsg. von K. Aland, Berlin / New York 1972. – E. Wessler, Hellas im Evangelien, Berlin 1936. – K. Koch u. a., Bibellexikon, Stuttgart 1978.

Testamentum porcelli
3./4. Jh. n. Chr.

Schon → Hieronymus hatte sich am Anfang seines Jesaja-Kommentars und in der Schrift gegen Rufinus 1,27 darüber zu beklagen, daß sich die Schuljugend, statt sich Platon zu widmen, lieber mit dem *Testamentum porcelli* amüsiere. Die kleine, komisch-satirische Schrift parodiert pfiffig die juristische Formelsprache: Marcus Grunnius (»Grunzer«) Corrocotta steht kurz vor seiner Schlachtung und verfaßt seinen letzten Willen. Das Schwein hinterläßt seine Körperteile – nicht ohne zwei leicht obszöne Anzüglichkeiten – verschiedenen Erben. Die Sprache ist volkstümlich gefärbt, die Namen der Verwandten und Freunde sind scherzhafte Bildungen nach delikaten, aus → Apicius bekannten Gerichten oder nach Körperteilen. Der gesunde Witz des Ganzen macht die kurze Satire zu einem Lektüre-Spaß eigener Art: Man versteht, warum die Schuljugend sich amüsierte und der Heilige sie mißbilligte.

A F. Bücheler / W. Heraeus, Petroni *Saturae*, Berlin [6]1922, S. 268 f. – **Ü** A. d'Ors, in: Estudios Clásicos, Supl. Ser. de textos 3, 1953, S. 73–83 (span.). – **L** A. d'Ors, Revue Internationale des droits de l'Antiquité, Nr. 10, Brüssel 1955, S. 219 ff. – L. Herrmann, in: Studi Paoli, 1956, S. 385–391.

Testamentum vetus → *Altes Testament.*

Thales → Septem sapientes.

Theognis
Mitte 6. Jh. v. Chr.

Fast 1400 Verse finden sich als Vermächtnis des Theognis überliefert – freilich fragt die Forschung vergeblich, was echtes Gut, was spätere Zutat ist. Im Kern jedenfalls hat der

Adlige aus Megara 2 Bücher mit Kurzgedichten hinterlassen, die als Elegien bezeichnet werden. Es sind Sprüche an den jüngeren Freund Kyrnos, Gelage-Poesie, die den Genuß von Liebe und Wein empfiehlt, aber auch »Maximen und Reflexionen«, die über Freundschaft, Geld und Glück meditieren. Offenbar wurden dem ursprünglichen Text im Laufe der Zeit zusätzliche Variationen über diese Themen eingefügt. Angesprochen sind die Adelskreise, die in jener Zeit des Umbruchs, in einer Welt des Übergangs von der alten Feudalherrschaft zu neuem Geldadel und bürgerlicher Demokratie die Problematik der eigenen antiquierten Stellung teils gedanklich-dichterisch verarbeiten, teils verdrängen. So sind die Verse des *Corpus Theognideum*, obwohl sie gewiß von verschiedenen Verfassern stammen, doch einheitlich in ihrer rigid konservativen Haltung – wenn auch schon hier und da einer Art Anpassung an die sich wandelnde Welt das Wort geredet wird.

A D. Young, Leipzig [2]1971. – M. L. West, Iambi et elegi Graeci, Bd. 1, Oxford 1971, S. 172–242. – Ü E. Geibel, Klassisches Liederbuch, Berlin 1875. – E. Geibel, Klassisches Liederbuch, Leipzig 1959, S. 17–26. – E. Heimeran / M. Hofmann, Antike Weisheit, München [7]1959. – H. Rüdiger, Griechische Gedichte, München [4]1972, S. 54–57. – L P. Friedländer, Studien zur antiken Literatur und Kunst, Berlin 1969, S. 275–300. – V. Steffen, Die Kyrnos-Gedichte des Theognis, Warschau 1968. – J. Kroll, Theognis-Interpretationen, in: Philologus Suppl. 29,1, 1936, S. 1–319. – Theognis of Megara, hrsg. von Th. Figueira und G. Nagy, Baltimore 1985.

Theokrit, Theokritos
1. Hälfte 3. Jh. v. Chr.

In Syrakus geboren, hat Theokrit zeitweise auf der Insel Kos und in Alexandria gelebt. Spuren in seinen Gedichten, z. B. botanische Details, verweisen denn auch nicht nach Sizilien, sondern auf den Osten des Mittelmeeres, obwohl der Schauplatz der Poeme in Sizilien (6 und 11) bzw. in Unteritalien (4 und 5) angesiedelt ist. Er warb um die Gunst Hierons II., des Fürsten von Syrakus (16) und huldigte dankbar dem freigebigen Ptolemaios II., dem König von Ägypten (17).

Wie so oft in der antiken Überlieferung, sind auch die 30 *Eidyllia* (*Idyllen*) unter Theokrits Namen nicht alle als echt anzusehen. In jedem Fall hat er mit ihnen die bukolische Dichtung begründet: das Hirtenidyll hat von ihm seinen Weg über die *Bucolica* → Vergils zur Schäferpoesie in Renaissance und Barock genommen. Seine Gedichte sind Kurzszenen, *Mimoi*, mitunter auch im Stadtleben angesiedelt (15, »Die Frauen beim Adonisfest«; 2, »Der Zauberring«; 14, »Aischines und Thyonichos«). Auch 27 Epigramme werden Theokrit zugeschrieben, ferner ein Figurengedicht in Gestalt einer Syrinx (Panflöte), das in der → Anthologia Graeca (15,21) enthalten ist. Im literarischen Leben ist Theokrit durchaus Kind seiner Zeit. Er pflegt die kleine poetische Form und erfüllt damit das Programm des → Kallimachos. Doch bleibt er frei von der sonst so gern geübten gelehrten Dunkelheit der alexandrinischen Richtung: obwohl gewiß selbst ein *poeta doctus*, sucht er diesen Umstand nicht ständig unter Beweis zu stellen. So ist sein Werk eine lebendige, liebenswürdige Lektüre geblieben, die als Quelle der europäischen Bukolik ihren eigenen Rang besitzt.

A A. S. F. Gow, Cambridge [2]1952 (mit engl. Übers.) – F. P. Fritz, München 1970 (mit dt. Übers.). – U. v. Wilamowitz-Moellendorff, Oxford [2]1910. – **Ü** E. Staiger, Die echten Gedichte, Zürich/Stuttgart 1970. – E. Möricke / F. Notter, Stuttgart [2]1883. – D. Ebener, Leipzig 1973. – H. Beckby, Die griechischen Bukoliker, Meisenheim 1975. – **L** U. v. Wilamowitz-Moellendorff, Die Textgeschichte der griechischen Bukoliker, Berlin 1906. – K. Lembach, Die Pflanzen bei Theokrit, Heidelberg 1970. – U. Ott, Die Kunst des Gegensatzes in Theokrits Hirtengedichten, Hildesheim 1969. – Europäische Bukolik und Georgik, hrsg. von K. Garberg, Darmstadt 1976. – Theokrit und die griechische Bukolik, hrsg. von B. Effe, Darmstadt 1985. – E. H. Schmidt, Bukolische Leidenschaft, Frankfurt a. M. 1987.

Theophrast, Theophrastos
371 – 287 v. Chr.

Theophrast bedeutet so viel wie »der göttlich Redende«. Es heißt, → Aristoteles habe mit diesem Namen seinen Schüler Tyrtamos ausgezeichnet, der aus Eresos auf Lesbos zur Akademie → Platons nach Athen kam und sich ihm dort anschloß. Er begleitete von da an den Weg des Aristoteles und führte von 322 an dessen Schule durch alle Gefährdungen und politischen Anfeindungen erfolgreich hindurch. Nicht weniger als zweitausend Schüler sollen bei ihm studiert haben, unter ihnen Männer wie der Dichter → Menander und der Redner → Deinarch; und nicht weniger als 200 Schriften soll er verfaßt haben. Die Titel zeigen, daß er sich in umfassender Weise nahezu allen Disziplinen der Geistes- wie der Naturwissenschaften gewidmet hat. Doch haben sich nur 2 Schriften zur Botanik, die *Metaphysik* und die sogenannten *Charaktere* erhalten, dazu auch Fragmente, Auszüge und Referate bei anderen Autoren. Sind die meisten tradierten Texte Theophrasts eher sprödes Unterrichtsmaterial als Literaturwerk, so überraschen die 30 *Charaktere* durch ihre leichte Lesbarkeit. Sie karikieren typische Schwächen des Herrn Jedermann, wie er in der Entstehungszeit (nach 319 v. Chr.) in Athen begegnen konnte. Es wird jeweils ein einzelnes Versagen vorgeführt, sei es durch Aufzählung des zugehörigen Fehlverhaltens, sei es durch Darstellung einer Situation, in der der Porträtierte sich so recht im Lichte seiner Eigenheit zeigt; vorangestellt ist jeweils eine knappe Definition der jeweiligen Unart, also der Eitelkeit, Verleumdung, Überheblichkeit, des Aberglaubens, Übereifers, Geizes usw. Zur Einsicht in die Beschränktheit menschlichen Verhaltens fügt die Komik der Szenen auch das spöttische Vergnügen hinzu, den karikierten Zeitgenossen bei all seinem Unfug zu beobachten. Elias Canetti hat den literarischen Meisterwurf Theophrasts für unsere Zeit schöpferisch erneuert (»Die Königskünderin«, aus: *Der Ohrenzeuge. Fünfzig Charaktere*).

A F. WIMMER, Theophrasti opera quae supersunt omnia, Leipzig 1866. – *Charaktere*: O. IMMISCH, Leipzig 1923. – Logische Fragmente: A. GRAESER, Berlin / New York 1973. – *Metaphysik:* W. D. Ross / F. H. FOBES, Oxford 1929, reprogr. Nachdr. Hildesheim 1967. – Ü *Charaktere:* W. PLANKL, München 1947 (mit griech. Text). – H. RÜDIGER, München 1974. – D. EBENER, Leipzig 1972. – L R. STRÖMBERG, Theophrastea, Göteborg 1937. – R. STRÖMBERG, Griechische Pflanzennamen, Göteborg 1940. – G. SENN, Die *Pflanzenkunde* des Theophrastos von Ephesos, Basel 1956. – P. STEINMETZ, Die Physik des Theophrast von Eresos, in: Palingenesia 1, Berlin / Zürich / Bad Homburg 1964. – W. PÖTSCHER, Strukturprobleme der aristotelischen und theophrastischen Gottesvorstellung, Leiden 1970.

Thukydides

um 460 – um 400 v. Chr.

Weder Geburts- noch Todesjahr des Thukydides sind sicher fixierbar, doch können sie mit hinreichender Wahrscheinlichkeit erschlossen werden. Er entstammte der athenischen Aristokratie. Als Stratege (Heerführer) im Jahr 425/424 erlitt er Mißerfolge und ging in die Verbannung. Die Reisen, die er in der folgenden Zeit unternehmen konnte, förderten seine Forschungen. Schon bei Kriegsbeginn 430 hatte er den Vorsatz gefaßt, diesen Krieg zu beschreiben »in der Annahme, er werde groß sein und bedeutender als die früheren« (1,1,1); bei Kriegsende ist er wohl 404 nach Athen zurückgekehrt. Außer der Nachricht, daß er in der großen Pest in Athen 430/428 auch selbst erkrankt war, wissen wir wenig über ihn, über die Umstände seines Todes nur Legendarisches (Schiffbruch oder Ermordung).

Das erhaltene historiographische Werk, das bedeutendste der gesamten Antike, schildert den Krieg zwischen Athen und Sparta bis zum Jahre 411 in 8 Büchern. Da somit die noch folgenden Ereignisse fehlen und das letzte Buch keine Reden aufweist wie die anderen, ist der Autor offenbar durch den Tod aus seiner Arbeit herausgerissen worden. An seine Darstellung knüpfen an → Xenophons *Hellenica*, vermutlich auch die → *Hellenica Oxyrhynchia* und weitere verlorene Werke.

Er hat sein Werk als *ktema eis aei*, als »Besitz für immer«, konzipiert, nicht als Gabe an den Tag. So beginnt seine Darstellung nicht mit dem Kriegsausbruch, sondern mit dem Blick auf die Vorgeschichte, der sogenannten »Archäologie« (1,2-10); diese komprimiert in wenigen Kapiteln die gesamte griechische Geschichte vom Trojanischen Krieg bis zu den Perserkriegen. Anschließend wird die nähere Vorgeschichte dargestellt und dabei genau zwischen den nur auslösenden Momenten und den tieferliegenden wahren Ursachen unterschieden. Hier findet sich auch die sogenannte Pentekontaëtie (1,89–117), die Darstellung der »Fünfzig Jahre« 480–431, in denen Athens Macht in Blüte stand; dadurch wird der Anschluß an das Geschichtswerk → Herodots vollzogen.

Im weiteren Ablauf der Ereignisse, die teils mehr chronistisch aufgeführt, teils mit größerem schriftstellerischem Aufwand ausgearbeitet sind, finden sich häufig Reden der Beteiligten eingefügt, die nicht authentisch sind, sondern aus der Sicht des Autors ihre Ziele und ihr Wesen charakterisieren. Besondere Berühmtheit besitzen der Epitaphios, die Leichenrede des Perikles (2,35–46), und der sogenannte Melier-Dialog (5,85–113). Den Prinzipien des Rechts, die von den Gesandten der kleinen, militärisch schwachen Insel Melos vertreten werden, stehen die der Macht gegenüber, repräsentiert von den Gesandten Athens, die die Insel unterdrücken werden. Der Epitaphios verbindet mit dem Lobpreis der Gefallenen des ersten Kriegsjahres einen Vergleich der demokratischen (hier idealisierten) Verfassung Athens mit dem totalitären Staat Spartas; der Melier-Dialog verdeutlicht das Prinzip, das Thukydides als das in der Geschichte wirkende ansieht: Streben nach Macht ohne Moral. Ihm dient auch die Umwertung der geläufigen Wörter, wie sie 3,82,4 entlarvend dargestellt ist.

Einfachere Passagen mehr reihenden Charakters wechseln mit weit ausgreifenden gedankenbefrachteten Satzgebilden, die den so gestalteten Partien besondere Wirkung verleihen. → Dionysios hat vier Charakteristika der Methode des thukydideischen Stils aufgelistet (*Thukydides* 24): das Poetisch-Archaische der Wortwahl, die Vielfältigkeit der rhetorischen Figuren, die Rauheit der Satzfügung und die Raschheit der Aussage, also die Kürze. Diese antike Analyse hält auch moderner Methodik durchaus stand.

Ist → Herodot (nach → Cicero) der »Vater der Geschichtsschreibung«, so ist Thukydides ihr Vollender. Er hat die Normen gesetzt, an denen sich ernsthafte Historiographie nach ihm zu messen hatte. Seine sezierende Sicht der Geschehnisse führte ihn dazu, nicht Ereignisse allein um ihrer selbst willen zu behandeln. So ist sein Werk, ausgezeichnet durch Präzision in der Dokumentation, Dichte in der Diktion, Tiefgründigkeit in der Durchdringung der Fakten und Phänomene, ein Modell geschichtlichen – und das heißt: politischen – Denkens. Das Motivationsgeflecht, das er vor seinen Lesern ausbreitet, umfaßt ebenso Kalkül und Kombinatorik wie auf der anderen Seite Leidenschaften, Spontaneität, Triebe.

So ist in der Tat sein Werk ein »zeitenüberdauernder Besitz« geworden. Zwar wurde sein Stil erst von → Dionysios analysiert, zwar ging die ihm zeitlich folgende hellenistische Historiographie andere Wege, verlor sich in Rhetorik und romanhaften Erzähleffekten. Doch → Polybios orientierte sich an ihm, in der lateinischen Literatur folgten → Sallust, → Tacitus und → Ammianus Marcellinus seinen Spuren und wuchsen an seinem Vorbild zu klassischen Autoren. Die lateinische Übersetzung des Lorenzo Valla (1452) machte ihn der Renaissance neu bekannt; sie mag auch Machiavellis *Principe* im 2. Jahrzehnt des 16. Jahrhunderts beeinflußt haben.

A O. Luschnat, 2 Bde., Leipzig ^{2}1960 (Neugestaltung von C. Hude, Leipzig 1913–28). – H. S. Jones / J. E. Powell, 2 Bde., Oxford ²1942. – Ü O. Regenbogen, Thukydides' politische Reden, Leipzig 1949 (mit Einl.). – G. P. Landmann, *Die Totenrede des Perikles*, Bern 1945. – G. P. L., *Geschichte des Peloponnesischen Krieges*, Zürich/Stuttgart ²1976. – H. Vretska, *Der Peloponnesische Krieg*, Stuttgart 1966 (Ausw.). – A. Horneffer / H. Strasburger, Bremen 1957. – C. ten Holder, *Das Meliergespräch*, Düsseldorf 1956. – L H.-J. Diesner, Wirtschaft und Gesellschaft bei Thukydides, Halle 1956. – O. Luschnat, Die Feldherrnreden in der *Geschichte* des Thukydides, in: Philologus Suppl. 34,2, 1942. – H. Patzer, Das Problem der Geschichtsschreibung des Thukydides, Berlin 1937. – W. Schadewaldt, Die Geschichtsschreibung des Thukydides, Berlin 1929. – Thukydides, hrsg. von H. Herter, Darmstadt 1968. – H. Erbse, Thukydides-Interpretationen, Berlin 1989.

Tibull, Albius Tibullus
um 50 v. Chr. – 19/17 v. Chr.

Wie bei vielen anderen römischen Autoren ist auch bei Tibull die zugängliche biographische Information relativ gering. Doch ist für ihn immerhin eine auf →Sueton zurückgehende Kurzvita erhalten. Sie besagt, Tibull entstamme dem Ritterstand, sei mit seinem schönen Gesicht und seiner eleganten Gestalt aufgefallen, habe sich in Rom dem Redner Messalla angeschlossen und ihn auch in den aquitanischen Krieg begleitet. Weiter heißt es: »Nach dem Urteil vieler nimmt er unter den Dichtern von Elegien den ersten Platz ein.« Schließlich wird ein Epigramm zitiert, das seinen frühen Tod beklagt und diesen in das Todesjahr →Vergils 19 v. Chr. zu datieren scheint: Tibull sei als ›Geleiter Vergils‹ gestorben. Das kann jedoch auch bis auf das Jahr 17 Bezug haben, auf das Verse Tibulls (2,5) zu verweisen scheinen.

Aus Tibulls Gedichten entnehmen wir noch die Vermutungen, daß seine Familie, ähnlich wie Vergil und →Properz, unter den Landenteignungen 41/40 zu leiden hatte (1,1,19) und daß er seine Begleitung Messallas auf der Reise in den Osten in Korfu habe krankheitshalber abbrechen müssen (1,3). Außerdem ist noch die Freundschaft mit → Horaz zu registrieren, der Tibull 2 Gedichte (*Ode* 1,33; *Brief* 1,4) gewidmet hat.

Komplizierter als die im ganzen kärglichen Biographica sind die Probleme des *Corpus Tibullianum*. In 3 Büchern sind insgesamt 36 Gedichte überliefert. Buch 1 ist bald nach dem im September 27 gefeierten, in Elegie 1,7 besungenen Triumph des Messalla, also etwa 26, publiziert; Buch 2 mit nur 6 Gedichten könnte aus dem Nachlaß stammen oder noch zu Lebzeiten herausgebracht sein – Sicherheit fehlt. Buch 3 enthält in den Handschriften 20 Gedichte; es ist von italienischen Humanisten in 2 Bücher, d. h. 3 und 4, unterteilt worden, derart, daß Buch 3 bei 3,6 endet, Buch 4 mit 3,7 = 4,1 beginnt und mit 3,20 = 4,14 endet. Dieses Zahlen-Verwirr-Spiel hängt mit dem Inhalt zusammen: Das 3. Buch bietet nämlich nicht mehr ausschließlich Tibulls Dichtungen, sondern auch die seines Freundeskreises um Messalla. So sind die ersten 6 Elegien von einem Autor geschrieben, der sich »Lygdamus« nennt und seine Liebe zu Neaera besingt. Man hat bisher seine Identität vergebens zu fixieren versucht. Kaum anzunehmen ist die Hypothese, → Ovid verberge sich hinter diesem Namen – obgleich bestimmte enge Beziehungen eine solche Annahme suggerieren. Das Problem erscheint beim gegenwärtigen Quellenstand nicht lösbar.

Im 3. Buch folgen weiterhin ein *Panegyricus auf Messalla* (*Preis des Messalla*) in 211 Hexametern mit Gratulationen zum Antritt des Konsulats 31 v. Chr. Er gehört einem unbekannten jungen Poeten zu, dessen rhetorisches Rühmen nicht heranreicht an Tibulls delikate Poesie; es gefällt sich in Gelehrsamkeit und mißfällt durch Weitschweifigkeit. Nicht nur das abweichende Versmaß, auch das niedrigere Niveau sondern dieses Gedicht von seiner Umgebung ab.

Um so erfreulicher sind die folgenden Stücke: In ihrer Mitte die leidenschaftlichen Liebeslieder der → Sulpicia (15–18); davor ein Kurzzyklus, der ihr Liebesverhältnis zu

Cerinthus besingt (8–12) und meist als tibullisch angesehen wird, ebenso wie die beiden das Buch beschließenden kurzen Gedichte (19–20), die wohl in die Jahre 25/24 gehören und sich in der *Ode* des Horaz (1,33) widerzuspiegeln scheinen.

Wenden wir uns den 16 Elegien des Tibull in den ersten beiden Büchern zu, so sind alsbald Besonderheiten zu beobachten. Buch 1 ist nicht nur einer einzigen geliebten Frau gewidmet. Es besingt vielmehr neben der in Nr. 1, 2, 5 und 6 gefeierten Delia – sie soll, wie → Apuleius in der *Apologie* 10 berichtet, Plania geheißen haben – auch den schönen Knaben Marathus in Nr. 4, 8 und 9. Wie diese 3 Knabengedichte, so ordnen sich auch Nr. 1, 3 und 10 als zeitkritische Gedichte zusammen, Nr. 7 und aus Buch 2 Nr. 1 und 5 als Festgedichte. Solche thematisch bezogenen, dreigliedrigen Zyklen überlagern die Buchordnung, die grundsätzlich auf die subjektiv-erotische Elegie zielt, sie aber nicht wie Properz und Ovid (und wohl auch → Gallus) als alleiniges Zentrum setzt.

Tibulls Poesie ist thematisch offener: Er besingt das Landleben, seine Freuden und seine Ruhe, er feiert den Frieden (1,10) und genießt private Festfreuden. Seine Dichtung hält sich fern von der Realität der augusteischen Neuordnung, er blickt in die weitere Ferne des Goldenen Zeitalters, ohne den Gegenwartsbezug, wie die anderen zeitgenössischen Poeten, herzustellen. So ist er dem späteren Leser um so leichter zugänglich. Auch ist seine Dichtung einfach und klar, sie enthält sich, anders als bei Properz, gelehrter Anspielungen und Exempla, auch verzichtet der Dichter, anders als Ovid, auf geistreiche Pointen. Um so stärker ist das Gefühl angesprochen, ist die Stimmung vermittelt, der diese feinfühlige, zart gewobene Poesie entspringt.

Trotz des geringen Umfangs hat Tibulls Dichtung von Anfang an höchste Bewunderung und Zuneigung erweckt: Horaz, Ovid, → Quintilian haben ihn und seine formvollendeten Elegien hoch geschätzt; in der Neuzeit sind ihm die Dichter des Göttinger Hainbundes gefolgt, ebenso auch, neben anderen, Goethe und Mörike.

A F. Lenz / C. Galinsky, Amsterdam ³1971. – G. Luck, Stuttgart 1988. – **Ü** W. Willige, München ³1966. – R. Helm, Berlin ⁷1988. – **L** M. Schuster, Tibull-Studien, Wien 1930. – F. Cairns, Tibull, Cambridge 1979. – F. H. Mutschler, Die poetische Kunst Tibulls, Frankfurt a. M. 1984. – Ch. Neumeister, Tibull, Heidelberg 1986.

Tribonianus → *Corpus iuris civilis.*

Trogus, Pompeius Trogus
um Christi Geburt

Daß Bücher ihre Schicksale haben, erweist sich exemplarisch am Hauptwerk des Trogus. Vom Leben des Autors ist uns nichts bekannt; der irreführende Titel *Historiae Philippicae* (*Philippische Geschichte*) läßt nicht vermuten, daß Trogus darin die erste lateinische Universalgeschichte des Mittelmeerraumes vorgelegt hat. Freilich ist immerhin soviel richtig, daß von den 44 Büchern des Gesamtwerkes nicht weniger als 34 (7–40) die Geschichte des von Philipp begründeten, von Alexander zur Weltmacht ausgeweiteten, von den Diadochen aufgeteilten makedonischen Imperiums beschreiben. Doch ist diesem Kern des Werkes in den voranstehenden Büchern die Geschichte der Assyrer (1,1–3), Meder (1,4–6) und Perser (1,7 – Buch 6) vorangegangen, dargestellt unter dem später, im »Heiligen Römischen Reich«, so wichtig gewordenen Konzept der *Translatio Imperii*, der Übertragung der Vorherrschaft von einem Volk auf ein anderes (1,3 Ende). Den Schluß des Werkes bilden die Bücher über die Außenländer der bekannten Welt, die Parther im Osten (41/42) und die Spanier im Westen, zusammen mit Südfrankreich und Italien. Hier (43) wird auch kurz die Urgeschichte Roms referiert, ansonsten ergänzt die

Weltgeschichte des Trogus in weitem Rahmen die Darstellung der römischen Geschichte seines Zeitgenossen → Livius durch den Blick auf die Gesamtgeschichte der Mittelmeerwelt.

Nun ist das wichtige Werk aber gar nicht erhalten, vielmehr liegt nur ein Auszug vor, verfertigt von Marcus Iunian(i)us Iustinus, dessen Lebenszeit nicht bekannt ist; sie fällt möglicherweise ins frühe 3. Jh. n. Chr. Diese Kurzfassung – sie mag ein Sechstel bis Zehntel des Originals darstellen – gibt den Gang der Geschehnisse aus der Geschichte des Trogus im Ganzen getreu wieder. Das läßt sich dadurch prüfen, daß die *prologi*, die den Einzelbüchern des Trogus einstmals vorangestellten Inhaltsangaben, gesondert erhalten sind und so einen gesicherten Gesamtüberblick gewähren. Einmal führt Iustinus Trogus auch wörtlich an (38,4–7) mit einer indirekten Rede, wozu er einführend bemerkt, Trogus habe Livius und → Sallust getadelt wegen ihrer direkten, d. h. frei erfundenen Reden.

Ein derartiges Bücherschicksal begegnet nicht oft. Es zeigt, wie die Größe der Gedanken – gewiß gerade in der Geschichtsschreibung – den Vorzug hat vor allem sprachlichen Schmuck. Zwar ist das Originalwerk untergegangen, doch ist sein Gedankengut gerettet. Es hat, insbesondere durch die Translatio-Theorie, bedeutenden Einfluß gehabt.

A O. Seel, Leipzig 1935, Stuttgart ²1972. – **Ü** O. Seel, Zürich 1972. – **L** O. Seel, Die Praefatio des Pompeius Trogus, Erlangen 1955. – O. S., Eine römische Weltgeschichte, Nürnberg 1972.

V

Valerius Flaccus, Gaius Valerius Flaccus Setinus Balbus
2. Hälfte 1. Jh. n. Chr.

Als Inhaber eines hohen Sakralamtes muß Valerius Flaccus senatorischen Ranges gewesen sein (1,5); da → Quintilian (*Institutio* 10,1,90) kurz seinen unlängst erfolgten Tod beklagt, muß er Anfang der neunziger Jahre des 1. Jh. n. Chr. gestorben sein. Damit sind bereits die uns bekannten Fakten aufgezählt über den Dichter der *Argonautica* in 8 Büchern, die unter Vespasians und seiner Söhne Herrschaft geschrieben wurden. Buch 8 ist unvollständig geblieben, wobei kaum zu entscheiden ist, ob der Schluß verlorengegangen ist oder Valerius Flaccus es vor seinem Tod nicht hat beenden können.

Valerius Flaccus wählte einen Stoff, der schon häufig dichterisch gestaltet worden war. Das im 3. Jh. geschaffene griechische Epos des → Apollonios von Rhodos hatte im 1. Jh. → Varro (Atacinus) ins Lateinische übertragen. Neben dem Epos aber stand das Drama: Nach der *Medea* des → Euripides hatten das verlorene gleichnamige Stück des → Ovid und das erhaltene → Senecas des Jüngeren die weibliche Hauptfigur der Sage in den Mittelpunkt gestellt, ihre unheilvolle Leidenschaft zum Zentralthema gemacht. Das Epos des Valerius Flaccus greift wieder stärker auf die kulturgeschichtliche Bedeutung der Argonautenfahrt zurück, er betont die Erschließung neuer Räume durch die Seefahrt, die Öffnung des Mittelmeerraumes zum Schwarzen Meer und seinem Hinterland, während er Medea nicht dämonisiert, sondern als unschuldiges Mädchen erscheinen läßt, das von den Göttern in die Katastrophe getrieben wird.

Die *Aeneis* → Vergils war für die kaiserzeitliche Epik vorbildliches, ja verbindliches Modell. Valerius Flaccus folgte ihm in vielfacher Hinsicht, etwa indem er seinen Jason nach der Gestalt des Aeneas stilisierte, oder indem er, gegen Apollonios, die Fuge zur Zweiteilung des Ganzen nicht in die Mitte, sondern mit Vergil (7,36) in das Innere des 1. Buches der 2. Hälfte verlegte (5,217).

Aber Valerius Flaccus wußte auch eigenes Profil zu wahren. Seine Sprache zeichnet sich bei aller Nähe zur Diktion Vergils durch ihre Farbigkeit, ihre Dramatik, ihre Intensität vorteilhaft aus, zwar ohne daß Rhetorisches die Oberhand gewänne, doch so, daß gelegentlich Dunkelheit nicht vermieden ist. Seine zahlreichen Gleichnisse und Reden geben dem Geschehen psychologische Tiefe, seine historische Perspektive verleiht dem griechischen Mythos nicht selten römische Züge. Anders als Apollonios ist er auf Darlegung der Kausalität bedacht; anders als → Lukan benützt er dafür den herkömmlichen Götterapparat der epischen Tradition, bemüht sich aber nicht nur um äußere, sondern auch um innere Motivierung.

Gewiß fand Valerius Flaccus in der Spätantike und im Mittelalter Beachtung und Anerkennung. Doch stand sein Stoff vornehmlich in Senecas Dramatisierung vor aller Augen. So fanden die *Argonautica*, vor allem in der Neuzeit, weniger Aufmerksamkeit. Erst in den letzten Jahren hat die Wissenschaft ihnen wieder positives Interesse zuteil werden lassen.

A E. Courtney, Leipzig 1970. – W.-W. Ehlers, Stuttgart 1980. – **Ü** E. C. F. Wunderlich, Erfurt 1805. – J. H. Mozley, London ²1936 (lat./engl.). – H. Rupprecht, Mitterfels 1987. – **L** F. Mehmel, Valerius Flaccus, Diss. Hamburg 1934. – W. Bahrenfuss, Das Abenteuer der Argonauten auf Lemnos bei Apollonios Rhodios, Valerius Flaccus und Papinius Statius, Diss. Kiel 1951. – J. Adamietz, Zur Komposition der Argonautika, München 1976.

Valerius Maximus

Anfang 1. Jh. n. Chr.

Der aus einfachen Verhältnissen stammende Valerius Maximus begleitete 27 n. Chr. seinen Gönner, den Senator Sextus Pompeius, nach Kleinasien. Nach dem Sturze Seians 31 (vgl. *Facta et dicta memorabilia* 9,11, externa 4) und noch unter dem schmeichlerisch angesprochenen Tiberius, also vor 37, verfaßte er 9 Bücher *Facta et dicta memorabilia* (*Denkwürdige Taten und Aussprüche*). Die Beispielsammlung, nützlich für Rhetoren und Deklamatoren, gab Exempla von außerordentlichen, gut zitierbaren Sprüchen, Handlungen und Haltungen (es findet sich in Buch 1 Religiöses, in Buch 2 Antiquarisches, in den Büchern 3–9 Tugenden und Laster wie Dankbarkeit und Pietät, bzw. Undankbarkeit und Grausamkeit). Dabei wurden unterschieden jeweils *exempla domestica*, Beispiele aus der römischen Heimat, und *exempla externa*, fremdländische, meist griechische Anekdoten. In den 95 Rubriken finden sich 636 einheimische, aber nur 320 externe Eintragungen, weil, wie Valerius Maximus mehrfach betont, der Vorrang dem eigenen Bereich gebührt (vgl. *externa* 1 in 3,8; 6,3; 6,9; 8,15). Seine Quellen sind → Cicero, → Livius, → Varro sowie uns verlorene Vorläufer dieser Art Anthologie; sein Stil ist hoch rhetorisiert, Steigerungen und Übersteigerungen sind häufig, Dunkelheit und Schwulst desgleichen. Auch finden sich die Fakten bei Valerius Maximus mehrfach entstellt oder falsch. Dennoch ist das Werk eine nicht zu unterschätzende Quelle, insbesondere auch für die Beurteilungen, die eine historische Figur oder Tat fand, worin sie beispielhaft wirkte. In der Spätantike (4./5. Jh.) wurden Auszüge angefertigt (Iulianus Paris und Ianuarius Nepotianus). Rabelais, Montaigne und Montesquieu haben das Werk des Valerius Maximus genutzt.

A C. Kempf, Leipzig 1854, ^{2}1888, Nachdr. Stuttgart 1982. – H. Constant, Paris 1935 (mit frz. Übers.). – **Ü** U. Blank-Sangmeister, Stuttgart 1991 (lat./dt.).

Varro (Atacinus), Publius Terentius Varro
82 v. Chr. Atax, Gallien – vor 37 v. Chr.

Von der reichen poetischen Produktion Varros sind zwar nur 25 Fragmente erhalten, doch sind uns zahlreiche seiner Werke bekannt, deren Bedeutung unbestritten ist. Varro vermittelte zwischen den großen Alten und der Höhe der Klassik; er begann die ausgefeilte Technik der hellenistischen Kleinkunst mit der großen Geste archaischer Überlieferung zu verbinden. Damit hat er selbst → Vergil zu beeinflussen vermocht, während andererseits → Horaz (*Satiren* 1,10,46) Varros Versuche von Satiren-Dichtung strikt ablehnt.

Die vorliegenden Fragmente zeigen Varro als den lateinischen Bearbeiter der griechischen Argonauten-Dichtung des Apollonios von Rhodos und die *Argonautae* als eine Dichtung, die das Original durch Pathos, Würde und Gewicht zu übertreffen trachtet. Neben der *Choreographia*, einem geographischen Lehrgedicht, steht die *Ephemeris*, die Übertragung einer Dichtung des Aratos, der Vergil (*Georgica* 1,375 ff.) Beachtung schenkte. Auch Liebesgedichte auf seine Leucadia und ein Epos auf → Caesars Kampf gegen Ariovist, *Bellum Sequanicum*, hat Varro verfaßt.

In der Antike hochgeschätzt, wie das Zeugnis von Ovid und zahlreiche andere Stellen belegen, geriet Varros Werk in Vergessenheit. Ja, sogar seine Individualität ging verloren: Erst in der Renaissance lernte man ihn wieder von → Varro (Reatinus) zu unterscheiden.

A K. Büchner, Fragmenta Poetarum Latinorum, Leipzig 1982, S. 121–129. – L E. Hofmann, Die literarische Persönlichkeit des Publius Terentius Varro Atacinus, in: Wiener Studien 46, 1928, S. 159–176. – W. Speyer, in: Varronische Studien, hrsg. von H. Dahlmann, Bd. 2, Mainz 1959, S. 765 ff.

Varro (Reatinus), Marcus Terentius Varro
116 v. Chr. Rom – 27 v. Chr.

Dem größten Gelehrten Roms, der einer sabinischen Familie aus Reate entstammte, war ein langes Leben vergönnt. Als Staatsbürger nahm er an allen aktuellen politischen Ereignissen aktiven Anteil, als Anhänger des Pompeius, dem er mehrfach als Legat diente, lernte er das Imperium von Spanien bis Kleinasien kennen. Auch im Bürgerkrieg auf der Seite des Pompeius, wurde er vom Sieger → Caesar begnadigt und beauftragt, eine öffentliche Bibliothek in Rom aufzubauen. Wie → Cicero vom zweiten Triumvirat auf Anstiften des Antonius proskribiert, konnte Varro sich jedoch retten und noch den Anbruch der Erneuerung durch → Augustus erleben.

Seine gewaltige literarische Leistung umfaßte, so weit wir sehen, 74 verschiedene Werke mit insgesamt etwa 620 Büchern. Freilich ist uns nur ein einziges Werk in 3 Büchern als Ganzes erhalten, die Schrift *De re rustica* (*Von der Landwirtschaft*); hinzu kommen 6 der insgesamt 25 Bücher *De lingua latina* (*Die lateinische Sprache*), auch diese leider in sehr lädiertem, lückenhaftem Zustand. Zwei Werke also mit 9 Büchern – gegenüber dem ursprünglichen bedeutenden Bestand eine bedauerliche Bilanz.

Freilich liegen Fragmente aus verschiedenen Werken vor. Aus ihnen heben sich heraus die fast 600 Stücke der *Saturae Menippeae*, der *Menippeischen Satiren*. Sie haben einmal 150 Nummern ausgemacht, von denen uns noch 90 Titel bekannt sind. Varro führt hier in die Literatur Roms jene durch Menippos von Gadara im 3. Jh. v. Chr. entwickelte, aus Prosa und Vers gemischte gesellschaftskritische Literaturform ein, die sich bei → Seneca dem Jüngeren und in gewisser Weise bei → Petron wiederfindet. Sie gefällt sich bei Varro in komischen Wortneubildungen und mischt Phantastisches, Lehrhaftes und Groteskes in buntem Wirbel. – Anknüpfend an → Accius hat Varro auch Literarhistorisches geschrieben: *De poetis* (*Von den Dichtern*) und *De poematis* (*Von den Dichtungen*) besprechen die altrömischen Dichter und Dichtungsgattungen; sie trugen so mit bei zu ihrer lange währenden Hochschätzung.

Wichtiger sind die 41 Bücher der im 2. Teil Caesar gewidmeten, vermutlich 47 v. Chr. edierten *Antiquitates rerum humanarum et divinarum*, eine Altertumskunde des römischen Staates, seiner profanen und sakralen Einrichtungen. Wie diese leider ebenfalls verloren ist das eigenartige »kulturgeschichtliche Bilderbuch« (E. Norden) der *Hebdomades sive de imaginibus* (*Siebenergruppen* oder *Die Bilder*), insgesamt 700 Kurzbiographien berühmter Griechen und Römer mitsamt ihren Porträts in 15 Büchern.

Materiell nicht erhalten, doch von stärkster geistiger Einwirkung ist Varros Enzyklopädie *Disciplinae* (*Lehrfächer*), in denen er als 83jähriger die griechischen Traditionen aufnahm und jenes System begründete, das hernach als die »Sieben Freien Künste«, die *Septem artes liberales*, die Bildung und ihre Systematik beherrschen sollte, wobei → Boethius und → Cassiodor als wichtige weitere Vermittler wirkten.

Wie sich aus der Buchzahl 9 ergibt, hatte Varro zum Trivium von Grammatik, Rhetorik und Dialektik sowie dem Quadrivium der zahlenbezogenen Disziplinen Arithmetik, Musik, Geometrie und Astronomie noch zwei weitere Gebiete hinzugezogen, nämlich die später wieder ausgeschlossenen praktischen Gebiete der Medizin und der Architektur.

Wenden wir uns dem Erhaltenen zu, so ist das 45/44 v. Chr. Cicero gewidmete Werk über die lateinische Sprache trotz aller Lücken und Verluste ein bedeutendes Dokument sprachphilosophischer und philologischer Diskussionen aus der Antike. Insbesondere findet sich hier – neben der neu geschaffenen, heute noch fortlebenden Terminologie – mancherlei Material zu dem zwischen den Gelehrtenschulen von Alexandria und Pergamon geführten Streit über das sprachbeherrschende Prinzip entweder der Anomalie (empirischer Sprachgebrauch) oder der Analogie (rationale Regelung der Rede). Varro ist, wie Caesar in seinem Werk *De analogia* auch, gemäßigter Anhänger des Analogieprinzips.

Das landwirtschaftliche Lehrbuch *De re rustica* ist in Dialogform angelegt und 37 v. Chr. abgefaßt. Buch 1, der Gattin gewidmet, behandelt den Ackerbau, 2 das Weidevieh, 3 die Haustierzucht; das letzte Buch ist im Gegensatz zu den quellengestützten ersten beiden von Varro selbst inhaltlich neu abgefaßt. Die Dialogform wirkt mit kurzen Lehrvorträgen und freundschaftlich scherzenden Zwischenreden der Trockenheit des Handbuchtons entgegen; hinzu treten häufig humoristische Wendungen, vor allem die immer wieder gern aufgegriffenen Namenswitze.

Wer war Varro? → Symmachus hat ihn den »Vater der römischen Bildung«, *Romanae eruditionis pater* (*Briefe* 1,2,2) genannt, für → Seneca den Jüngeren (*Trostschrift an Helvia* 8,1) wie für → Augustinus (*Gottesstaat* 6,2) war er »der gelehrteste aller Römer«, *doctissimus Romanorum*, für → Quintilian »der gebildetste« (*eruditissimus* 10,195). Diese Ehrentitel gebühren ihm gewiß. Daneben ist er es auch, der neben Cicero den größten Beitrag zur Einbürgerung des griechischen Geistesgutes in Rom geleistet und eine Verschmelzung beider Kulturen gefördert hat. Damit ist er auch wichtiger geistiger Wegbereiter der kulturellen Blüte der augusteischen Epoche. Pragmatiker und Polyhistor in einem, repräsentiert Varro römisches Wesen in einer seiner besten Ausprägungen. Der Dienst für die Republik Rom, für die *patria*, fügt die unterschiedlich erscheinenden Aktivitäten des Politikers und Philosophen, Poeten, Philologen und Praktikers Varro zur organischen Einheit eines langen, leistungsreichen Lebens.

A *De re rustica:* H. Keil, Leipzig 1884, 1889, hrsg. von G. Goetz, Leipzig ²1929. – *De lingua Latina*; Fragmente: G. Goetz / F. Schoell, Leipzig 1910. – *Antiquitates:* B. Cardauns, 2 Bde., Mainz 1976. – *Saturae:* F. Bücheler / W. Heraeus, ⁶1922, S. 179–250,

Nachdr. 1963. – R. ASTBURY, Leipzig 1985. – Ü *De linguae Latina:* H. G. KENT, London ²1951 (lat./engl.). – *Von der Landwirtschaft:* G. GROSSE, Halle 1788. – *Satiren:* O. WEINREICH, Römische Satiren, Zürich/Stuttgart ²1962, S. 35–50 (Ausw.) – L H. DAHLMANN, Varro und die hellenistische Sprachtheorie, Berlin 1932. – C. O. BRINK / J. COLLART / H. DAHLMANN u. a., in: Entretiens sur l'antiquité classique, Fondation Hardt, Bd. 9, Vandœuvres/Genf 1963. – E. NORDEN, Varro's Imagines, Berlin 1990.

Velleius Paterculus, Gaius Velleius Paterculus
geb. um 20 v. Chr. Campanien

Das erste uns bekannte lateinische Prosawerk aus der Zeit nach → Augustus stammt von einem Offizier, der u. a. mit Tiberius in Germanien und Pannonien kämpfte. Seine 29/30 n. Chr. verfaßte *Historia Romana* (*Römische Geschichte*) ist nur in einem einzigen, 1515 in Murbach gefundenen und inzwischen wieder verlorenen, leider recht lükkenhaften Codex überliefert. Das 1. Buch führt bis 146 v. Chr., dem Epochenjahr, in dem mit der Zerstörung Karthagos und Korinths äußere Gefahren schwanden, innere wuchsen. Die Darstellung wird ausführlicher, je mehr sie sich gegen Ende der selbst erlebten Epoche zuwendet. Sie konzentriert sich gern auf Einzelpersönlichkeiten; ihr Hauptheld ist Tiberius, dessen Bild durch diese einzige zeitgenössische Quelle gegenüber den Kritiken des → Sueton und → Tacitus wertvolle Korrekturen erhält. »Wir Deutsche dürfen es Velleius Paterculus noch besonders Dank wissen, daß wir uns von den großen Gestalten unserer ältesten Geschichte, Arminius und Marbod, nur aus ihm ein greifbares Bild machen können.« (E. Norden).

Stilistisch führt Velleius Paterculus von der abgerundeten Periode des → Livius hinüber zur antithesenreichen, sentenzengesättigten Prosa → Senecas des Jüngeren – freilich mit wechselndem Gelingen. Manches mag heute als rhetorische Übersteigerung erscheinen und befremdlich wirken; als

Ganzes erwies sich das Werk nicht nur durch seine historische Darstellung, sondern auch durch die literar- und kunsthistorischen Exkurse (1,16 f.; 2,9 und 36) als wertvoll und anregend genug, um das Interesse von Voltaire und Goethe (*Winckelmann und sein Jahrhundert*, 1805) zu gewinnen.

A W. S. Watt, Leipzig 1988. – **Ü** F. Eyssenhardt, Berlin ^{2}1913. – M. Giebel, Stuttgart 1989 (lat./dt.). – **L** C. Kuntze, Zur Darstellung des Kaisers Tiberius und seiner Zeit bei Velleius Paterculus, Frankfurt a. M. / New York 1985.

Vergil, Publius Vergilius Maro
15. Oktober 70 v. Chr. Andes/Pietole – 21. September 19 v. Chr. Brundisium/Brindisi

Das Leben des bedeutendsten Dichters Roms wurde im Mittelalter mit bunt legendarischer Ausschmückung erzählt; die moderne Forschung neigt dazu, kaum noch Details der Überlieferung gelten zu lassen. Es bleibt anzunehmen, daß Vergil zunächst epikureisch-philosophische Einflüsse in sich aufnahm, dann aber sich von ihnen und der Rhetorik lossagte, um sich ganz der Dichtung zu widmen.

Traumatisches Grunderlebnis seines Daseins scheint die Landverteilung an die Veteranen nach dem Sieg über die Caesarmörder im Jahr 41/40 gewesen zu sein. Bei den zu ihren Gunsten vorgenommenen Enteignungen wurde sein väterliches Erbgut bei Mantua vermutlich konfisziert, er selbst befand sich wohl in Lebensgefahr. Octavian, der Caesar-Erbe und spätere →Augustus, rettete ihm Besitz und damit Ruhe und Muße für ein musisch erfülltes Dasein, verschönt auch durch die Freundschaft mit Maecenas. Vergil dankte dem Herrscher den Gnadenakt an exponierten Stellen seiner Werke.

Die *Bucolica*, auch *Eklogen* genannt, 10 Hirtenlieder, hat Vergil in den Jahren 42–39 geschrieben; sie nehmen das Vorbild des →Theokrit auf, gestalten es aber in charakteristischer Weise um. Dasselbe wird bei den beiden späteren großen Werken mit anderen Vorbildern der Fall sein. In formaler Hinsicht werden die Muster klassischer Klärung unterworfen, inhaltlich vereinheitlicht, drastischer Details entledigt und zu großen Formbögen verarbeitet.

In der poetischen Sicht Vergils treten die realistischen Elemente zurück zugunsten einer Beseelung der Vorgänge und Phänomene. Arkadien, der imaginäre Schauplatz, eine in der Realität eher karge Landschaft Griechenlands, wird hier in der Dichtung musisch verklärtes Traumland des Singens und Liebens, in dem auch utopische Elemente nicht fehlen. Diese zeigen sich besonders in der 4. Ekloge, die die Geburt eines wunderbaren Knaben feiert, der eine neue Goldene Zeit bringen wird. Das Lied, das der Heilshoffnung jener Jahre – nach einem Jahrhundert der Kriege und Bürgerkriege, Revolutionen und Proskriptionen – ergreifenden Ausdruck verleiht, wurde von Kaiser Konstantin in seiner Karfreitagspredigt 325 auf Jesus Christus hin gedeutet; Vergil wurde so zu einem heidnischen Propheten erhoben und damit seine »wundersam magische Stellung« (Mommsen) im Mittelalter vorbereitet.

Wichtig ist auch die 1. Ekloge: Sie schildert die Begegnung zweier Hirten; einer zieht als Flüchtling, aus seiner Heimat vertrieben, ins Ungewisse, der andere spielt im Schatten eines Baumes ruhig sein Lied, da ihn in Rom ein göttergleicher Jüngling vor dem schlimmen Schicksal gerettet hat. Vergil dankt so seinem Wohltäter im Eingangsgedicht seines ersten bleibenden Werkes.

Die *Georgica* (*Das Lied vom Landbau*) soll in sieben Jahren ausgearbeitet worden sein und ist wohl um 30 v. Chr. fertiggestellt worden; es heißt, Vergil habe es 29 dem aus dem Krieg im Osten heimkehrenden Caesar Octavian im Wechsel mit Maecenas vorgelesen. Wie die Eingangsverse ankündigen, behandeln die 4 Bücher der Reihe nach Ackerbau und Viehzucht, Weinbau und Bienenzucht. Vorbild ist Hesiods Lehrgedicht *Werke und Tage*; sichtbaren Einfluß hat auch → Lukrez gehabt. Nach der Generationen währenden Selbstzerfleischung der Römer versucht Vergil hier, ihnen die Besinnung auf ihre besten Werte als Bauernvolk zu eröffnen. Doch ist auch hier die politische Geschichte präsent. Bezeichnend die Preisung Italiens (*Laudes Italiae* 2,136 ff.), in der der Dichter in hymnischer Form Italien über alle fernen Fabelländer stellt und die ihm eigenen Reichtümer rühmt. Zu diesen zählt er neben Früchten und Vieh, Öl und Wein, Flüssen, Seen und Erzadern als Krönung des Katalogs auch die Städte und Häfen auf, die das Land zieren, und dazu seine Menschen, die ihm Geschichte gegeben haben. In der Einleitung des 3. Buches wird auch – in der Allegorie eines Tempelbaus – ein neues geschichtliches Gedicht angekündigt, in dessen Mitte die Gestalt des Kaisers stehen soll.

In zehnjähriger Arbeit bis zu seinem Tode schuf Vergil die 12 Bücher der *Aeneis*, die zum Nationalepos der Römer und zum zentralen Vorbild aller lateinischen Epik werden sollte. Das Werk trägt im einzelnen gewisse Spuren der Unfertigkeit (z. B. das 3. Buch); Vergil soll es auch testamentarisch zur Verbrennung bestimmt, → Augustus seine Erhaltung und Edierung angeordnet haben. Die Gestalt des Kaisers wird zwar mehrfach als Vollendung der römischen Geschichte visionär beschworen, doch steht jetzt die Gründung Roms im Mittelpunkt, personifiziert in der Gestalt des gottesfürchtigen frommen Aeneas, dessen Fahrt aus dem brennenden Troja nach Italien in der ersten Hälfte (nach Homers *Odyssee*) gestaltet ist, dessen Kämpfe zur Eroberung der neuen Heimat (nach Homers *Ilias*) in den letzten 6 Büchern beschrieben werden. So sind in diesem vielschichtigen Epos mehrere Strata präsent: die – archäologisch bestens belegte – in Etrurien und um Rom beheimatete Aeneas-Sage; die nach Homers Vorbild komponierte epische Großform, aus der viele Gestalten und Geschehnisse »typologisch« aufgenommen sind; schließlich die augusteische Gegenwart, die in mehrfachen Ausblicken auf die

Entwicklung des römischen Reiches (»Heldenschau« Ende Buch 6, »Schildbeschreibung« Ende Buch 8) als krönender Abschluß langer Mühen und Leiden aufscheint.

Das Schicksal des Aeneas nimmt in mythischer Form die Hirtenszene der 1. Ekloge wieder auf: Abermals ist ein Flüchtling im Ungewissen unterwegs, trifft auch immer wieder auf weitere Spiegelungen solchen Schicksals. Die wichtigste davon ist Dido, die aus Phönizien geflüchtete Königin von Karthago, mit der ein Liebesbund Aeneas für einen Winter vereint, die er aber nach dem Willen des Geschicks als Diener größerer geschichtlicher Aufgaben – nämlich der Gründung Roms – opfern muß. Das hochpathetische Buch 4 ist eines der bekanntesten und beliebtesten des Werks und hat viele Künstler inspiriert (u. a. Henry Purcell, Hans Sachs, Charlotte von Stein); neben ihm ist besonders berühmt Buch 2, die »Iliupersis«, der Bericht vom Untergang Trojas durch die List mit dem hölzernen Pferd, gipfelnd in der berühmten Schilderung, wie Aeneas auf seinen Schultern den greisen Vater Anchises mit den Penaten, den Hausgöttern, aus den Flammen trägt und an der Hand seinen Sohn führt, so in einem Bilde den Dienst an der Vergangenheit und zugleich für die Zukunft vergegenwärtigend; schließlich insbesondere Buch 6, das (nach der Nekyia in der *Odyssee* Homers) die »Katabasis«, den Abstieg des Aeneas in die Unterwelt darstellt, wo er in das Wesen der Welt und den Gang der Geschichte durch den Schatten seines Vaters Anchises Einsicht erhält.

Die Echtheit des *Catalepton*, einer Vergil zugeschriebenen Sammlung von 15 Kurzgedichten, zu denen noch drei → *Priapea* treten, ist sehr umstritten; nahezu jedes Einzelstück ist teils verteidigt, teils verworfen worden. Möglicherweise liegen tatsächlich authentische Jugendversuche in dem einen oder anderen Stück vor; selbst wenn das nicht der Fall ist, ist das Büchlein ein Zeugnis für die dem Dichter entgegengebrachte Verehrung, die auch fremde Stücke unter seinen Namen stellte. Das gilt gleichermaßen für die sogenannte *Appendix Vergiliana*, eine erst in der Renaissance so benannte Folge von Gedichten geringeren oder mittleren Umfangs, die einst Vergil zugeschrieben wurden, ihm jetzt aber im allgemeinen abgesprochen werden: zu ihnen zählen u. a. »Aetna«, »Ciris«, »Copa«, »Culex«, »Dirae«, »Moretum«.

Bereits zu Lebzeiten mit höchster Anerkennung vom Hof, vom Publikum wie von den Dichterkollegen begrüßt, wurde Vergils Werk alsbald zum klassischen Vorbild der lateinischen Poesie und zum Schulbuch.

Die ganze kaiserzeitliche und spätantike, mittelalterliche und in der Renaissance geschaffene lateinische Dichtung steht unter seinem Einfluß in Metrik und Metaphorik, in Syntax und Stil, Aufbau und Ausgestaltung. Auch die anderen Künste (Malerei, Musik, Plastik) nahmen sich seiner Stoffe an. Das bedeutendste Denkmal, das ihm je gesetzt wurde, ist Dantes *Göttliche Komödie*, in der er als Jenseitsführer erscheint; das bedeutendste Denkmal unserer Zeit ist Hermann Brochs vielschichtiger Roman *Der Tod des Vergil* (1945).

A Gesamtbibliogr.: W. Suerbaum, in: Aufstieg und Niedergang der römischen Welt, hrsg. von H. Temporini und W. Haase, Berlin 1980–81, Bd. 31,1, S. 1–358 und 395–499; Bd. 31,2, S. 1156–1262 und 1359–1399. – W. W. Briggs, Aufstieg und Niedergang der römischen Welt, Bd. 31,2, S. 1267–1357 (zu den *Eklogen*). – R. Sabbadini / L. Castiglioni / M. Geymonat, Turin [3]1973. – R. A. B. Mynors, Oxford 1969. – J. Götte / M. Götte, Bd. 1, München [5]1987; Bd. 2, München [7]1988. – **Ü** Siehe Götte. – *Aeneis:* R. A. Schroeder, München 1969. – *Aeneis*; *Bucolica*; *Georgica:* R. A. Schroeder, München 1976. – **L** G. Knauer, Die *Aeneis* und Homer, Göttingen 1964. – F. Klingner, Virgil, Zürich/Stuttgart 1967. – V. Pöschl, Die Dichtkunst Vergils, Wiesbaden 1950, [3]1977. – B. Schneider, Katalog zur Vergil-Ausstellung, Wolfenbüttel 1982. – Th. Ziolkowski, Virgil and the Moderns, Princeton 1993.

Vetus Latina → Hieronymus.

Virgil → Vergil.

Vitruv, Marcus Vitruvius Pollio oder Lucius Vitruvius Mamurra
1. Jh. v. Chr.

Unsicher ist die volle Namensform des Vitruv. Die Gleichsetzung mit Caesars Offizier Mamurra ist versucht, aber nicht zwingend verfochten worden; die Vornamen, die in den frühen Ausgaben erscheinen, wobei zu den oben genannten noch Gaius hinzutritt, sind nicht mehr als Spekulation humanistischer Herausgeber. So bleiben uns für sein Leben nur die eigenen im Werk verstreuten Angaben: Dienst unter → Caesar als Ingenieuroffizier, desgleichen auch unter Octavian; ihm, als → Augustus, ist dann das in hohem Alter (2 praefatio 4) verfaßte Werk etwa 22 v. Chr. gewidmet – eine stimmige Zueignung, wenn man bedenkt, wie stark der Kaiser im → *Monumentum Ancyranum* seine Bautätigkeit betont.

Vitruvs 10 Bücher *De architectura* (*Von der Baukunst*) sind das einzige derartige Werk, das wir aus der Antike besitzen. Es ist darum für seinen Bereich von überragender Bedeutung, auch wenn es dem Laien mit seinem fachspezifischen Material manche Mühe macht. Von der handbuchartigen, im allgemeinen trocken anmutenden Darstellungsweise heben sich die rhetorisch stärker aufbereiteten Prologe und Epiloge der Einzelbücher ab. Doch ist Vitruv nicht wegen seiner Sprache wichtig, sondern wegen des Wissens, das er vermittelt.

Buch 1 behandelt die Eignung für den Architekturberuf, aber auch Städteplanung und -gründung, Buch 2 die Baustoffe, die Bücher 3–4 Sakralbauten, Buch 5 andere öffentliche Bauwerke. Ist hier die Reihe der Bücher zur Behandlung des öffentlichen Bauwesens beendet, bereichert um die

Beschreibung der drei Stilarten »dorisch«, »ionisch« und »korinthisch« in Buch 3–4, so schließt sich diesem Teil der private Bereich an: Buch 6 beschreibt Villen und landwirtschaftliche Nutzbauten, Buch 7 Innenausstattung und Anstrich, Buch 8 Wasserbautechnik, Buch 9 Uhrenkonstruktion und Buch 10 schließlich die unterschiedlichsten Maschinen vom Pflug bis zur Winde, den Orgelbau und die Wegemessung.

Über diese Details hinaus ist wichtig, daß Vitruv die Architektur als Teil der Universalbildung sieht und für den Architekten eine enzyklopädische Bildung postuliert; wenigstens die Grundzüge der anderen Fächer sollen ihm hinreichend vertraut sein. Vitruv dürfte sich dabei an → Varro orientiert haben; auch griechische Quellen sind vorauszusetzen, insbesondere Hermogenes im 3. Jh. v. Chr.

Vitruv war weniger in und für seine Zeit bedeutsam als für die Nachwelt. In wohl allen Jahrhunderten lassen sich Spuren der Rezeption seines Buches beobachten, sei es praktisch, wie z. B. in Dugga/Tunesien, wo man im 2. Jh. n. Chr. seine Windrose realisiert und das Kapitol nach seinen Anweisungen errichtet hat, sei es theoretisch in Zitaten, Bearbeitungen (sogar in Versen!) und Übernahmen durch Autoren der Spätantike und des Mittelalters. Seine Goldene Zeit wurde dann die Renaissance. In Rom bereits 1487 zum ersten Male gedruckt, hatten schon vorher die Manuskripte ihren Einfluß auf Leon Battista Alberti (1404–1472) ausgeübt und ihn bei der Abfassung seines richtungweisenden Werkes *De re aedificatoria* (*Von der Baukunst*) tiefgreifend inspiriert. Das 1452 entstandene, 1485 erstmals gedruckte Grundbuch der Architektur jener Epoche hat von Vitruv die Lehre von den harmonischen, der Musik und ihren Intervallen entsprechenden Proportionen übernommen und sie der Renaissance vermittelt. Vitruv hatte so Anteil an der praktischen ›Wiedergeburt‹, der Renaissance der Antike, wie wohl nur wenige sonst.

A J. SOUBIRAN u. a., Paris 1969 (mit frz. Übers.) – **Ü** C. FENSTERBUSCH, Darmstadt ^{5}1991 (mit Text und Komm.). – **L** W. SACKUR, Vitruv und die Poliorketiker, Berlin 1925. – H. KOCH, Vom Nachleben des Vitruv, Baden-Baden 1951. – F. W. SCHLIKKER, Hellenistische Vorstellungen von der Schönheit des Bauwerks nach Vitruv, Berlin 1940. – H. KNELL, Vitruvs Architekturtheorie, Darmstadt ^{2}1991.

Vopiscus → *Historia Augusta.*

X

Xenophanes
570 – um 475 v. Chr.

Mit 25 Jahren verließ Xenophanes seine Heimatstadt Kolophon (bei Ephesos), wie man annimmt, anläßlich der Eroberung der kleinasiatischen Griechenstädte durch die Perser im Jahre 545. Danach zog er 67 Jahre umher und ließ sich schließlich hochbetagt in Elea (Velia) in Unteritalien nieder, dessen Gründungsgeschichte er verfaßte. Seinen besonderen Platz unter den Philosophen vor Sokrates verdankt er seinem mythenkritischen Geist: Er lehnte die homerische anthropomorphe Götterwelt strikt ab. Mit beißendem Spott formulierte er: »Wenn Kühe, Pferde oder Löwen Hände hätten und damit malen und Werke wie die Menschen schaffen könnten, dann würden die Pferde pferdeähnliche, die Kühe kuhähnliche Götterbilder malen und nur solche Gestalten schaffen, wie sie sie selber besitzen.« Ähnlich im Gedanken auch der Satz: »Die Äthiopier stellen sich ihre Götter schwarz und stumpfnasig vor, die Thraker dagegen blauäugig und rothaarig.« Seinen eigenen Gottesbegriff faßte er so: »Ein einziger Gott, unter Göttern und Menschen der größte, weder an Ansehen den Sterblichen ähnlich noch an Gedanken.« Xenophanes war sich seiner Sonderstellung durchaus bewußt: »Besser als die rohe Kraft von Männern und Rossen ist meine Weisheit.« Nietzsche hat sein »grenzenloses Heraustreten aus allen Konventionen« hoch gerühmt.

A E. Heitsch, Xenophanes, München/Zürich 1983 (mit Übers.) – M. Untersteiner, Senofane, Florenz 1955. – A. Farina, Senofane di Colofone, Neapel 1961 (mit ital. Übers.) – Ü Siehe Heitsch. – L N. Marinone, Lessico di Senofane, Hildesheim / New York

1972. – G. Calogero, Studien über den Eleatismus, Darmstadt 1970. – K. Jaspers, Xenophanes, in: Discordia concors, Festschr. E. Bonjour, Basel/Stuttgart 1968, S. 595–604. – S. Lumpe, Die Philosophie des Xenophanes von Kolophon, München 1952.

Xenophon

um 430 – um 355 v. Chr.

Xenophon, als Athener bezeichnet und somit jedenfalls in Attika gebürtig, hat in seiner *Anabasis* nicht wenige autobiographische Details hinterlassen. Ob er dabei seine eigene Rolle gelegentlich günstiger gestaltet hat, als sie in Wirklichkeit war, ist schwer zu entscheiden. In jedem Falle hat er sich, obwohl Schüler des Sokrates, im Frühjahr 401 v. Chr. dem Zuge des Kyros gegen den persischen Großkönig Artaxerxes als Offizier im griechischen Söldnerkontingent angeschlossen. Das Unternehmen schlug jedoch fehl, Kyros fiel in der Schlacht bei Kunaxa, und im Griechenheer wurde Xenophon dazu gewählt, die Rückführung der Truppe zu leiten. Der »Zug der Zehntausend« rettete sechstausend Söldnern das Leben. Im selben Jahr 399, als Xenophon in Kleinasien das Restheer dem Lakedaimonier Thibron übergab, wurde Sokrates in Athen hingerichtet. Xenophon verblieb beim Heer im Osten. 396 wurde der lakedaimonische König Agesilaos II. dorthin entsandt, mit dem Xenophon bald eine persönliche Freundschaft verband. Er nahm 394 an seiner Seite an der siegreichen Schlacht von Koroneia (auch gegen Athen) teil. Danach lebte er auf einem Landgut bei Skillus (in Elis) »in der Nähe der Straße nach Olympia« (*Anabasis* 5,3). Nach etwa 20 Jahren soll er von dort vertrieben worden und nach Korinth gegangen sein. Während sein weiteres Leben wie auch sein Ende im dunkeln liegen, ist von seinem Sohn Grillos überliefert, daß er 362 bei Mantineia gefallen und von verschiedenen Verfassern mit Lobreden gefeiert worden sei, so von → Isokrates; auch → Aristoteles verfaßte einen Dialog *Grillos oder Über die Redekunst*.

Den verschiedenen Stationen im Leben des Xenophon entsprechen auch seine schriftstellerischen Werke, wenngleich sie wohl erst in der zweiten Hälfte seines Lebens entstanden sind. Die *Apomnemoneumata Sokratus* (*Memorabilia*; *Erinnerungen an Sokrates*) berichten von Leben und Lehren des Sokrates; sie erinnern an die Jugendjahre des Autors, der sich damit bei den Sokratikern einreiht. Im Gegensatz zu →Platon erscheint die Figur des Sokrates bei Xenophon nicht dichterisch-spekulativ erhöht, sondern dem Alltag – und damit der Realität – näher und wirklicher. Seine Erlebnisse mit dem griechischen Söldnerheer in Kleinasien schildert Xenophon in der *Anabasis*, dem Bericht vom »Aufstieg« ins Perserreich und dem gefahr- und mühevollen Rückzug ans Schwarze Meer bei Trapezus und über dieses nach Kleinasien. *Hellenika*, *Griechische Geschichte*, ist nicht die authentische Bezeichnung, sondern späterer Titel eines historischen Werkes in 7 Büchern, das die Geschichte der Griechen in dem auf die Bücher des →Thukydides folgenden Zeitabschnitt bis 362 beschreibt. Es umfaßt somit Ereignisse aus der Zeit vor wie auch nach der *Anabasis*, und die moderne Wissenschaft hat auch in den *Hellenika* einen früheren Teil (bis 2,3,9) von einem späteren geschieden, in die zeitliche Fuge aber die Entstehung der *Anabasis* gesetzt. Die *Kyru paideia* (*Institutio Cyri*; *Die Erziehung des Kyros*) stellt den frühesten Bildungsroman dar: Sie schildert am Beispiel von Kyros dem Älteren das Ideal der Prinzenerziehung, malt in der Gestalt des Herrschers den idealen König und dient so den Fürstenspiegeln späterer Zeit als frühes Vorbild. Weitere Werke wesentlich geringeren Umfangs sind der *Oikonomikos* (*Von der Hauswirtschaft*), der wohl aus der Zeit als Gutsbesitzer bei Skillus stammt, ein Entwurf einer idealen Haushaltung, ferner 2 Schriften über Pferdehaltung und Reitkunst sowie über die Aufgaben eines Reiterführers und über die Jagd; schließlich die Lobschrift auf den königlichen Freund mit dem Titel *Agesilaos* (*Lobschrift auf Agesilaos*).

Alle Werke Xenophons weisen eine Reihe von Vorzügen auf: seine attische Sprache, klare Ausdrucksweise, variantenreiche Nuancierungskunst fern aller Künstelei. Darüber hinaus ist in der *Anabasis* die Gattung der Memoiren begründet, in der Selbsterlebtes mit namentlicher Nennung (hier noch in der 3. Person) anschaulich und detailreich erzählt wird.

Dementsprechend groß war auch Xenophons Nachwirkung. → Arrian verfaßte selbst eine *Anabasis* (Alexander d. Große) und ein Werk *Über die Jagd*, → Cicero übersetzte den *Oikonomikos* ins Lateinische und zitierte Xenophon an zahlreichen Stellen in enthusiastischen Wendungen. → Dionysios von Halikarnass kritisierte zwar, gelegentlich sei die den Personen angemessene Höhenlage stilistisch nicht getroffen, rühmte aber im allgemeinen Wortwahl, Gliederung, auch die gut gewählten Anfänge und Schlüsse sowie die ethische Tendenz. Später hat auch → Lukian Xenophon als »gerechten Geschichtsschreiber« gerühmt und → Dion Chrysostomos ihn als Vorbild für die Jugend empfohlen. In der Tat ist Xenophon bis zur Gegenwart Schulautor geblieben.

A E. C. Marchant, 5 Bde., Oxford 1900–20, reprogr. Nachdr. 1961 ff. – C. Hude u. a., Historia Graeca, Leipzig 1931. – G. Pierleoni, Opuscula, Rom 1937. – J. Thalheim, 2 Bde., Leipzig 1910 bis 1912. – C. Hude, *Hellenica*, Leipzig 1930, reprogr. Nachdr. Stuttgart 1969. – J. Hatzfeld, Paris 1965–66. – Ü *Anabasis:* H. Vretska, Stuttgart 1958. – W. Müri, Der Zug der Zehntausend, neu hrsg. von B. Zimmermann, München [3]1990 (griech./dt.). – *Hellenika:* G. Strasburger, München [2]1988. – *Memorabilien:* G. Jaerisch, Zürich [3]1980. – R. Preiswerk, Stuttgart 1980. – *Über die Mittel:* E. Schütrumpf, Darmstadt 1982. – *Über die Reitkunst*: K. Widdra, Berlin 1965. – *Das Gastmahl:* G. P. Landmann, Hamburg 1957. – E. Stärk, Stuttgart 1986 (griech./dt.). – L L. Breitenbach, Xenophons *Hellenika*, Berlin 1873–76. – K. Münscher, Xenophon in der griechisch-römischen Literatur, Berlin 1920 (Philologus Suppl. 13,2). – D. Krömer, Xenophons *Agesilaos*, Diss. Berlin 1971. – K. Joel, Der echte und der Xenophontische Sokrates, Berlin 1893–1901. – H. R. Breitenbach, Xenophon von Athen, Stuttgart

1966. – R. Nickel, Xenophon, Darmstadt 1979. – B. Due, *Cyropaedia*, in: The Novel in the Ancient World, hrsg. von G. Schmeling, Leiden 1996, S. 581–600.

Xenophon von Ephesos
um 200 n. Chr.

Da uns das Leben des Xenophon von Ephesos gänzlich unbekannt ist, wurde seine Lebenszeit von der Forschung recht unterschiedlich – vom 2. bis zum 5. Jh. n. Chr. – angesetzt. Auch der Beiname des Autors kann sich von dem in Ephesos beginnenden und endenden Werk herleiten. Aus Einzelheiten im Text ergibt sich, daß der Roman offenbar zwischen der Regierung Trajans (98–117) und dem Jahre 263 entstanden ist. Die *Ephesischen Geschichten von Anthia und Habrokomes* liegen uns in einer gekürzten Fassung von 5 Büchern vor, während eine spätere Erwähnung darauf hindeutet, daß sie ursprünglich 10 Bücher umfaßten. Auf eine solche Verkürzung weisen auch abrupte Wendungen der Handlung und gelegentliche Vorausverweisungen bzw. Voraussetzungen hin, die keine Entsprechungen und Stützen finden.

Die Handlung schildert den Leidensweg und die unverbrüchliche Liebe eines sehr jungen, sehr schönen Paares aus Ephesos: Die beiden lernen sich bei einem religiösen Fest kennen und verlieben sich sogleich. Nach der Hochzeit fallen sie auf einer Reise in Räuberhände, sie werden bald getrennt und müssen sich, da ihre außergewöhnlich schöne Erscheinung Aufsehen erregt, immer wieder gegen unerwünschtes Liebeswerben mächtiger Menschen wehren. Schiffbruch und Scheintod, Folterung und Fronarbeit vermögen jedoch ihre unverbrüchliche Bindung an den über alles geliebten Lebenspartner nicht zu brechen. In einem Isis-Tempel auf Rhodos finden sie einander endlich wieder und können heimkehren. Das in einfacher Sprachform geschilderte Geschehen wird in religionshistorischer Analyse als

Abbild des gefahrvollen Lebensweges gesehen, den jeder abzuschreiten hat. Es versichert den Leser einer göttlichen Führung und stellt ihm nach der Bewährung die erlösende Rettung vor Augen.

A A. D. Papanikolaou, Leipzig 1975. – Ü B. Kytzler, Xenophon Ephesius. Die Waffen des Eros oder Anthia und Habrokomas, Berlin 1968. – B. K., Die Waffen des Eros, Leipzig ²1986. – B. K., Die Waffen des Eros, in: Im Reiche des Eros, 2 Bde., hrsg. von B. K., München 1983, Bd. 1, S. 100–163. – F. Stoessl, Antike Erzähler, Zürich 1947, S. 389–442. – L O. Schissel von Fleschenberg, Die Rahmenerzählung in den *Ephesischen Geschichten* des Xenophon Ephesius, Innsbruck 1909. – G. L. Schmeling, Xenophon of Ephesos, Boston 1980. – T. Hägg, Eros und Tyche. Der Roman in der antiken Welt, Mainz 1987. – B. Kytzler, in: The Novel in the Ancient World, hrsg. von G. Schmeling, Leiden 1996, S. 336–360, 803 (Karte).

Z

Zenon der Ältere
um 490–430 v. Chr.

In verschiedenen Fassungen wird seit dem 3. Jh. v. Chr. berichtet, Zenon aus Elea sei an seinem Lebensende in eine Verschwörung gegen einen Tyrannen – vielleicht in Elea – verstrickt gewesen und habe, als er sich seine Mitverschworenen zu verraten weigerte, unter Foltern den Tod gefunden.

Sein Ruhm in der Philosophie gründet sich auf die von ihm entwickelte Methode des sogenannten indirekten Beweises, mit der er das Gedankengebäude seines Lehrers → Parmenides verteidigte. Dabei führte er die Attacken der Andersdenkenden durch konsequentes Weiterverfolgen ihrer Ansätze zu Paradoxien und damit auch ad absurdum. So widerlegte er die Behauptung der Existenz des Raumes durch die Frage, worin sich der Raum denn befinde. Noch berühmter ist seine Argumentation gegen die Bewegung: »Der fliegende Pfeil ruht« ist das schlagende Paradoxon, insofern der Pfeil weder an dem Ort sich bewegt, an dem er ist, da er sich ja bewegt, noch auch an dem Platze, an dem er nicht ist, da er ja dort nicht ist. Am bekanntesten blieb die Aporie von Achill und der Schildkröte: Der schnelle Läufer kann das langsame Tier nicht einholen, insofern er zwar zehnmal so schnell wie dieses laufen mag, jedoch den Ort, wo es war, erst erreicht, wenn dieses ihn verlassen hat. Hier liegt infolge mangelnder Kenntnis des mathematischen Begriffs der Unendlichkeit ein Trugschluß vor; auf die antike Mathematik und Philosophie hatten Zenons Gedanken jedoch großen Einfluß.

A H. Diels / W. Kranz, Die Fragmente der Vorsokratiker, Berlin [5]1951, S. 247–258. – Zeno of Lea, hrsg. von H. D. P. Lee, Cambridge 1936, Amsterdam 1967 (mit engl. Übers.). – Ü Siehe DIELS/KRANZ. – Die Vorsokratiker, hrsg. von W. CAPELLE, Stuttgart ⁴1953, S. 169–180 (griech./dt.). – L H. FRÄNKEL, Wege und Formen frühgriechischen Denkens, München ⁴1974. – F. SOLMSEN, in: Phronesis 16, 1971, S. 116 ff. – W. TOTOK, Handbuch der Geschichte der Philosophie, Bd. 1, Altertum, Frankfurt a. M. 1964, S. 123 f.

Zenon der Jüngere
um 335 – um 262 v. Chr.

Zenon aus Kition auf Zypern soll einen Schiffbruch überlebt und sich danach der Philosophie gewidmet haben. Er war seit etwa 315–313 in Athen, zunächst Anhänger der Kyniker unter Krates. Gegen 300 gründete er seine eigene Schule, die nach ihrer Versammlungshalle *Stoa* genannt wurde. Seine Lehren folgten in der Logik → Aristoteles, in der Physik → Heraklit unter Einbeziehung von Elementen der → Sokratiker und der Kyniker. Der eigene Anteil des Zenon ist in der Schultradition nur schwer herauszuheben.

A H. v. ARNIM, Stoicorum veterum fragmenta, 4 Bde., Stuttgart 1964, Bd. 1, S. 3–72. – N. FESTA, I frammenti degli stoici antichi, Bd. 1, Zenone, Bari 1932 (mit ital. Übers. und Komm.). – A. C. PEARSON, Fragments of Zeno and Cleanthes, New York 1973 (mit Komm.). – F. ALTHEIM / R. STIEHL, in: Forschungen und Fortschritte 36, 1962, S. 12–14. – Ü W. NESTLE, Die Nachsokratiker, Bd. 2, Jena 1923. – L M. POHLENZ, Zenon und Chrysipp, in: Nachrichten der Göttinger Gesellschaft, Fachgruppe 1, N. F., 1938, S. 173–210. – M. POHLENZ, Kleine Schriften, Bd. 1, Hildesheim 1965, S. 1–38. – S. SAMBURSKY, Das physikalische Weltbild der Antike, Zürich/Stuttgart 1965, S. 182–317. – F. FREDE, Die stoische Logik, Göttingen 1974.

Zwölftafelgesetz → *Leges duodecim tabularum.*

Zeittafel

Zeit v. Chr.	*Griechische Literatur*	*Lateinische Literatur*
um 800		
im 8. Jh.	Homer, *Ilias* und *Odyssee* Hesiod, *Werke und Tage*; *Theogonie*	
776		
754		
753		
Mitte 8. Jh.		
um 757–751		

Allgemeine Kulturgeschichte	*Politische Geschichte*
	Entstehung Spartas durch Synoikismos (Vereinigung mehrerer Städte und Dörfer mit oder ohne Umsiedlung der Bevölkerung)
Die Etrusker verdrängen die Villa-Nova-Kultur in Nord- und Mittelitalien; sie führen Pferd und Streitwagen ein und begründen eine hochentwickelte Stadtkultur	Einwanderung der Etrusker nach Italien; sie erlangen politische und kulturelle Vorherrschaft in Italien. Griechen siedeln an der Küste Spaniens; Zusammenschluß Attikas vollzogen. Bildung der thessalischen Tetrarchie
1. Olympische Spiele; Beginn der Zeitrechnung in Olympiaden (Vierjahresperioden) und der Olympionikenlisten	
Sparta: Beginn der Ephorenliste (jährlich gewählte staatl. Aufsichtsbehörde)	
In China wird erstmals ein Hofhistoriograph bestellt	Sagenhafte Gründung Roms; Beginn der Herrschaft der sieben Könige
Sagenhafte Gesetzgebung Lykurgs in Sparta	Beginn der großen griechischen Kolonisation, z. B. Cumae (Kyme) in Campanien, Sinope und Trapezunt am Pontos
Prophet Jesaja in Jerusalem	

Zeit v. Chr.	*Griechische Literatur*	*Lateinische Literatur*
ab 750		
ab 745		
um 735		
730		
um 725		
um 715		
715		
712		
701		
um 700	*Homerische Hymnen*	
7. Jh. (Anfang)		
1. Hälfte 7. Jh.	Simonides, jambische Dichtung. Alkman, Chorlyrik	

Allgemeine Kulturgeschichte	*Politische Geschichte*
Bücher der Propheten	
	Ausbreitung des assyrischen Reiches unter Tiglatpilesar und Sargon II.
	Gründung von Naxos am Ätna
	Vorherrschaft Spartas in Griechenland nach der Unterwerfung Messeniens
Älteste bekannte griechische Inschrift	
Jesaja prophezeit Untergang Assyriens	König Midas in Phrygien
	Der Sabiner Numa Pompilius zweiter sagenhafter König Roms
Erste Erwähnung der Griechen (Iâmani = Ionier) in assyrischen Quellen	
	Die Assyrer unter Sanherib unterwerfen Juda und Ägypten
	Tarent gegründet
	Eindringen der Makedonen vom Gebirge in die Ebene des Haliakmon (König Perdikkas I.)
	Aufstieg des Lyderreiches unter den Mermnaden (Gyges); Lelantischer Krieg in Griechenland

Zeit v. Chr.	*Griechische Literatur*	*Lateinische Literatur*
ab 700	*Kyklische Epen*	
um 683		
676		
ab 675		
672		
um 670	Archilochos von Paros, jambische Dichtung	
um 660		
656		
um 650	Scherzepos *Margites*	

Allgemeine Kulturgeschichte	*Politische Geschichte*
Blütezeit der assyrischen Kultur; Entwicklung des Brahmanismus *Sprüche Salomos*	
	Abschaffung des Königtums in Athen; Einsetzung des einjährigen Archontats (der Archont ist der höchste Jahresbeamte) und des Areopags (Rat von Athen)
Terpander von Lesbos siegt als Kitharode (Spieler der Kithara, eines Saiteninstrumentes der altgriech. Musik) bei den Karneen (Erntefest zu Ehren des Apollon Karneios) in Sparta	
Dokumente in demotischer Schrift	
	Tullius Hostilius sagenhafter dritter König Roms
Zalenkos von Lokroi, erste schriftliche griechische Rechtsordnung	
	1. Seeschlacht zwischen Griechen (Korinth und Korkyra)
	Psammetichos I. befreit Ägypten von der assyrischen Herrschaft
Große Tontafelbibliothek in Ninive. Etrusker übernehmen die griechische Schrift	Gründung Ostias durch die Etrusker

Zeit v. Chr.	*Griechische Literatur*	*Lateinische Literatur*
seit etwa 650		
2. Hälfte 7. Jh.		
um 645	Alkman, *Mädchenlied*	
um 630		
um 625		
624		
um 620		
612		
um 610	Theognis von Megara, Elegien	
um 607		
um 600		Älteste lateinische Inschriften

Allgemeine Kulturgeschichte	*Politische Geschichte*
Reste griechischer Keramik	Beginn der Tyrannis in den griechischen Staaten
	Großer Aufstand der Heloten (Staatssklaven) in Messenien: sogenannter 2. Messenischer Krieg
	Bildung des Königreiches Medien
	Kyrene gegründet
Prophet Jeremia	
	Drakon erläßt das erste schriftliche Gesetz Athens
Erste bekannte Durchquerung der Straße von Gibraltar (Kalios von Samos). Beginn der Kanonbildung im *Alten Testament*	
	Niedergang des Assyrerreiches, Zerstörung der Hauptstadt Ninive durch die Babylonier
	Vierter sagenhafter König Roms: Tarquinius Priscus
Lao-tse geb.	Karthago breitet sich als Seemacht aus; Gründung von Massalia durch Phokaier

Zeit v. Chr.	*Griechische Literatur*	*Lateinische Literatur*
1. Hälfte 6. Jh.	Thales von Milet, Anaximander, Anaximes: naturphilosophische Schriften; Alkaios und Sappho, melische Dichtung; Stesichoros, Chorlyrik; Solon, Elegien	
599		
594/593		
590		
587		
587		
585		
um 580		
um 575		

Allgemeine Kulturgeschichte	*Politische Geschichte*
Tunnelbau (etwa 1 km) des Eupalinos auf Samos	
Zarathustra geb.	
Beginn der Besteuerung von Grund und Boden im Staate Lu (China)	Solon Schiedsmann zwischen den Ständen in Athen, Verfassungsreform (»Bauernbefreiung«); Errichtung der Timokratie (Staatsverfassung, in der die politischen Rechte der Bürger, besonders das Wahlrecht, nach den Vermögensverhältnissen abgestuft sind)
	Etrusker gründen den Zwölf-Städte-Bund
	Zerstörung Jerusalems durch Nebukadnezar II.; Beginn der Babylonischen Gefangenschaft
	Kelten dringen in Oberitalien ein
Erste bekannte Vorhersage einer Sonnenfinsternis durch Thales von Milet	
Beginn der pythischen Spiele in Delphi. *Klagelieder* des Jeremia	
Erstes Forum in Rom. Hängende Gärten der Semiramis	

Zeit v. Chr.	*Griechische Literatur*	*Lateinische Literatur*
um 572	Pythagoras geb. (gest. um 493)	
570	Xenophanes geb. (gest. um 475)	
um 570	Anakreon geb. (gest. um 485)	
569		
um 560	Solon gest.	
560		
559–530		
560		
Mitte 6. Jh.	Äsop, Fabeln; Anakreon, melische Lyrik. Erste griechische Prosa	
550		
um 550		
2. Hälfte 6. Jh.	Hipponax, Hinkjamben; Ibykos, Chorlyrik; Heraklit, philosophische Schriften	

Allgemeine Kulturgeschichte	*Politische Geschichte*
	Servius Tullius legendärer fünfter König in Rom
Artemis-Tempel in Ephesos. Neubegründung des Panathenäenfestes (im Hochsommer gefeiertes Hauptfest der Athener) in Athen Gautama Buddha geb.	
	Peisistratos wird Tyrann in Athen
	Kyros II. der Große, Begründer des Perserreiches
	Krösus wird König von Lydien
Festlegung des *Alten Testaments* im hebräischen Wortlaut	
Konfuzius geb.	
Erdkarte des Anaximander	

Zeit v. Chr.	Griechische Literatur	Lateinische Literatur
um 549		
547		
540		
um 540	Phrynichos geb. (gest. 470), Tragödienautor	
539		
534		
um 530		
530–522		
527		
525	Aischylos geb. (gest. 456), Tragödiendichter	

Allgemeine Kulturgeschichte	*Politische Geschichte*
	Peloponnesischer Bund in Sparta
Gründung der griechischen Kolonie Naukratis im westlichen Nildelta	Fall von Sardes, Ende des Lyderreiches durch persische Eroberung; Kroisos Gefangener des Kyros II.
	Perser unterwerfen den Ionischen Städtebund
	Schlacht bei Alalia auf Korsika (Karthager und Etrusker gegen die Phokaier)
	Eroberung Babylons durch Kyros II. Ende der Babylonischen Gefangenschaft
Erste Tragödienaufführungen zu den Dionysien in Athen (Thespis)	
Apollontempel in Delphi. Der Arzt Alkmaion von Kroton. Afrikaumseglung durch den Karthager Hanno	
	Kambyses, König der Perser
	Beginn der Tyrannis des Hippias und Hipparchos in Athen; Tod des Peisistratos von Athen
	Perser unter Kambyses unterwerfen Ägypten; Kyme im Kampf mit Etruskern, Umbrern und Dauniern; Tyrannis des Aristodemos

Zeit v. Chr.	*Griechische Literatur*	*Lateinische Literatur*
um 522		
522–486		
um 518	Pindar geb. (gest. um 444), Chorlyrik	
516		
um 515	Parmenides geb. (gest. um 445)	
514		
um 510		
509		
508		
um 505	Bakchylides geb. (gest. 450), Chorlyrik	
um 500	Kratinos geb. (gest. 420), Komödien; Heketaios von Milet, Reiseschilderungen; Pratinas, Tragödien und Satyrspiele; Epicharm, Komödien; Xenophanes, philosophisches Lehrgedicht *Über die Natur*; Parmenides, philosophisches Lehrgedicht	

Allgemeine Kulturgeschichte	*Politische Geschichte*
	Ende des Tyrannen Polykrates von Samos
	Dareios I. König der Perser
	Dareios erobert das Pandschab
Einweihung des wiederaufgebauten Tempels in Jerusalem	
Buddhas »Erleuchtung«	
	Hipparchos in Athen ermordet
Jupiter-Tempel auf dem Kapitol in Rom	Ende der Tyrannis in Athen
	Vertreibung des letzten römischen Königs Tarquinius Superbus; legendäre Begründung der römischen Republik und des Konsulats
	Beginn der Verfassungsreformen des Kleisthenes in Athen
Zarathustra begründet die altpersische Religion	Blüte der etruskischen Kultur und Macht in Italien

Zeit v. Chr.	*Griechische Literatur*	*Lateinische Literatur*
500		
500–494		
um 498		
um 496	Sophokles geb. (gest. 406), Tragödiendichter	
494		
um 490	Empedokles geb. (gest. um 430), philosophische Schriften; Zenon d. Ä. geb. (gest. um 430); Gorgias geb. (gest. um 380), rhetorische Schriften	
487/486		
486		
um 485	Protagoras geb. (gest. um 415), philosophische und rhetorische Schriften; Herodot geb. (gest. 425), Geschichtswerk; Euripides geb.	

Allgemeine Kulturgeschichte	*Politische Geschichte*
Ägina: Westgiebel des Aphaia-Tempels	Perikles geb.
	Ionischer Aufstand gegen die persische Despotie
Dionysos-Theater in Athen	
	Erster Auszug der Plebejer aus Rom, Einsetzung des Volkstribunats
Einführung des Pan-Kultes in Athen. Ägina: Ostgiebel des Aphaia-Tempels	Die Griechen besiegen die Perser in der Schlacht von Marathon
Konsul Spurius Cassius versucht Agrarreform in Rom, wird wegen Strebens nach Alleinherrschaft hingerichtet	Verfassungsreform in Athen: der Archontat wird zum Losamt; Aufstieg des Strategenamts
	Perserkönig Dareios I. gest.; sein Nachfolger ist Xerxes I. (bis 465/464)

Zeit v. Chr.	Griechische Literatur	Lateinische Literatur
483		
482		
481		
480		
um 480	Antiphon geb. (gest. 411); Gorgias geb. (gest. um 380)	
479		
479/478		
478		
477		

Allgemeine Kulturgeschichte	*Politische Geschichte*
	Beginn der persischen Vorbereitungen zum Zuge gegen Griechenland
	Beginn des themistokleischen Flottenbaues
	Verkündigung eines allgemeinen Landfriedens in Griechenland
	Hochsommer: Kämpfe an den Thermopylen und zur See am Artemision; Ende September: Sieg der Griechen über die Perser in der Schlacht bei Salamis. Westgriechen besiegen die Karthager in der Schlacht bei Himera
Buddha gest.; Konfuzius gest.	
	Athen zum zweitenmal durch die Bewohner geräumt (Sommer); endgültige Niederlage der Perser in den Schlachten von Platää und Mykale (Herbst); Aufstand in Babylonien; Abfall der Ionier von den Persern
	Athenischer Mauerbau
»Wagenlenker« von Delphi	Beginn der sogenannten Pentekontaëtie »50 Jahre« (478–431)
	1. Attischer Seebund

Zeit v. Chr.	*Griechische Literatur*	*Lateinische Literatur*
474		
472	Die *Perser* des Aischylos	
471		
470		
um 470		
um 465	Prodikos geb. (gest. 395)	
462		
461		
460		
um 460	Thukydides geb. (gest. um 400); Hippokrates geb. (gest. um 370); Demokrit geb. (gest. 370)	
458	Die *Orestie* des Aischylos	
um 455	Antisthenes geb. (gest. um 360)	

Allgemeine Kulturgeschichte	*Politische Geschichte*
	Hieron von Syrakus besiegt die Etrusker in der Schlacht bei Cumae (Kyme)
	Ostrakismos des Themistokles (»Scherbengericht«, altathenisches Volksgericht, das die Verbannung eines Bürgers beschließen konnte)
Sokrates geb.	
Zeus-Tempel in Olympia	
In Rom beantragt der Volkstribun C. Terentilius Arsa Kodifizierung des Rechts	Verfassungsreform des Ephialtes in Athen
	Ende der Tyrannis in Sizilien
	Athenische Expedition nach Ägypten: Einnahme von Memphis
	Bau der »Langen Mauern« von Athen nach Piräus
	Höhepunkt der athenischen Macht in der ganzen Pentekontaëtie

Zeit v. Chr.	*Griechische Literatur*	*Lateinische Literatur*
454		
451/450		Zwölftafelgesetze in Rom
450		
um 450	*Der Froschmäusekrieg* (Pseudo-Homer); Korinna, Lyrik; Antimachos, Elegien; Korax und Teisias (Begründer der forensischen Redekunst), das erste griechische Lehrbuch der Rhetorik	
449		
448–447		
446/445		
um 445	Aristophanes geb. (gest. 386); Lysias geb. (gest. um 380)	
444	Pindar gest.	

Allgemeine Kulturgeschichte	*Politische Geschichte*
	Ende der athenischen Expedition in Ägypten; die Kasse des Seebundes von Delos nach Athen verlegt
	Athenischer Seesieg über die Perser bei Salamis (Zypern)
Mithras-Kult breitet sich in Persien aus. Myron: »Diskuswerfer«, »Athene und Marsias«	Alkibiades geb.
	Athenisch-persischer Vertrag: sogenannter Friede des Kallias
Perikles beginnt mit dem Wiederaufbau der Akropolis	Panhellenischer Kongreß von Perikles geplant
Erlaubnis für Ehen zwischen Patriziern und Plebejern in Rom	30jähriger Friede zwischen Athen und Sparta
	Erste Militärtribunen mit konsularischer Gewalt in Rom; Gründung von Thurioi

Zeit v. Chr.	*Griechische Literatur*	*Lateinische Literatur*
um 440	Andokides geb. (gest. um 390)	
439		
438	Euripides, *Alkestis*	
436	Isokrates geb. (gest. 338)	
435		
431	Euripides, *Medea*	
431–421		
430		
um 430	Xenophon geb. (gest. um 355)	
429		
427	Platon geb. (gest. 347)	
424/423	Aristophanes, *Die Wolken*	
421	Aristophanes, *Der Friede*	
um 420	Isaios geb. (gest. 350)	

Allgemeine Kulturgeschichte	*Politische Geschichte*
Polyktet: »Doryphoros«	
	Zweiter Auszug der Plebejer aus Rom
Parthenon auf der Akropolis	
	Einführung der Zensur in Rom
Rede des Perikles auf die Gefallenen	Beginn des Peloponnesischen Krieges
	Der Archidamische Krieg
	Seuche (Pest?) in Athen
Werke des Bildhauers Polyklet	
	Perikles gest.
	Eingreifen Athens in Sizilien
	Erneuerung des Kalliasfriedens zwischen Athen und Persien (Vertrag des Epilykos)
Athen: Erechtheion begonnen	April: fünfjähriger Friede zwischen Athen und den Lakedämoniern: sogenannter Friede des Nikias
Nike-Tempel des Bildhauers Skopas auf der Akropolis	

Zeit v. Chr.	*Griechische Literatur*	*Lateinische Literatur*
418		
416		
415–412		
414	Aristophanes, *Die Vögel*	
413		
um 412		
411	Antiphon gest.; Aristophanes, *Lysistrate*, *Thesmophoriazusen*	
409	Sophokles, *Philoktet*	

Allgemeine Kulturgeschichte	*Politische Geschichte*
	Schlacht bei Mantineia: Niederlage der Argiver und des peloponnesischen Sonderbundes gegen die Spartaner (König Agis)
	Alkibiades überfällt das neutrale Melos
	Sizilische Expedition der Athener unter Nikias, Lamachos, Alkibiades
	Mai: Beginn der Belagerung von Syrakus; Wiederbeginn des Krieges zwischen Athen und Sparta, sogenannter Dekeleisch-Ionischer Krieg bis 404 (Sommer)
	Untergang der sizilischen Expedition der Athener
Diogenes von Sinope geb.	
Anklage gegen Protagoras wegen »Gottlosigkeit«	Mai–Juni: Abschaffung der athenischen Demokratie, Errichtung einer extremen Oligarchie (Herrschaft einer kleinen Gruppe): Diktatur der 400; Sommer: Verfassung des Theramenes. Kompromiß zwischen der demokratischen und oligarchischen Regierungsgewalt in den Händen der 5000
	Waffenstillstandsvertrag Athens mit Pharnabazos; Selinus und Himera durch die Karthager zerstört

Zeit v. Chr.	*Griechische Literatur*	*Lateinische Literatur*
408	Euripides, *Orest*	
407		
406	Euripides gest.; Sophokles gest.	
405	Aristophanes, *Die Frösche*	
405/404		
404		
404–403		
403		
403/402		
401		
um 400	Thukydides gest.	
399		

Allgemeine Kulturgeschichte	*Politische Geschichte*
Athen: Fries des Erechtheion	Juni: Einzug des Alkibiades in Athen, seine Ernennung zum Oberbefehlshaber; Kyros der Jüngere Vizekönig in Sardes
Platon wird Schüler des Sokrates	Frühjahr: Sturz des Alkibiades
	Seesieg Athens bei den Argenusen
	Hochsommer: Vernichtung der attischen Flotte bei Aigospotamoi
	Friede zwischen Syrakus und Karthago
	März oder April: Ende des Peloponnesischen Krieges; Kapitulation Athens
	Herrschaft der Dreißig in Athen
	Wiederherstellung der athenischen Demokratie
Schriftreform in Athen	
	Herbst: Schlacht bei Kunaxa; Tod des jüngeren Kyros, Zug der Zehntausend (*Anabasis* des Xenophon)
Bildhauer Praxiteles geb.	Die Karthager erobern Malta
Sokrates hingerichtet	Krieg Spartas gegen Persien

Zeit v. Chr.	Griechische Literatur	Lateinische Literatur
397		
396		
395–386		
um 395		
394		
392	Aristophanes, *Die Weiberversammlung*	
390	Lykurgos geb. (gest. um 325); Hypereides geb. (gest. 322)	
389	Aischines geb. (gest. 314)	
387	387–346: *Hellenica Oxyrhynchia*	
386		
384	Aristoteles geb. (gest. 322); Demosthenes geb. (gest. 322)	
380	Isokrates' *Panegyrikos*	

Allgemeine Kulturgeschichte	*Politische Geschichte*
	Beginn des 2. Karthagerkrieges in Sizilien, Waffenstillstand in Kleinasien
	Rom erobert Veji: Ende der etruskischen Macht
	Korinthischer Krieg
Gründung der megarischen Philosophenschule durch Euklid	
	Ende der spartanischen Hegemonie in Griechenland und der spartanischen Seeherrschaft
	Friedensschluß zwischen Dionysios I. und Karthago
Platon: Sizilische Reise	
	Kelten unter Brennus erobern Rom: »Vae Victis!« (»Wehe den Besiegten!«)
	Der Königsfriede (Friede des Antialkides); Kapitulation von Rhegion: Dionysios I. im Besitz der sizilischen Meerenge
Platon gründet die Akademie in Athen	

Zeit v. Chr.	*Griechische Literatur*	*Lateinische Literatur*
378	Theopomp geb. (gest. 320)	
378/377		
371	Theophrast geb. (gest. 287)	
367		
367–357		
367/366		
366		
um 365		
362		
362/361		
360	Deinarchos geb. (gest. um 290)	
357	Isokrates' *Areiopagitikos*	
356		

Allgemeine Kulturgeschichte	*Politische Geschichte*
	2. Attischer Seebund gegründet; Rom erhält Stadtmauern
	Hegemonie Thebens (bis 362)
Aristoteles tritt in die Akademie Platons ein	Beginn neuer Vorstöße der Gallier nach Mittelitalien
	Dionysios II. Herrscher von Syrakus
	Der Äolische Bund zum ersten Mal genannt
Weihe des Tempels der Concordia (»Eintracht«) in Rom	Erste Zulassung von Plebejern zum Konsulat in Rom
Etruskische Schauspieler treten erstmalig mit szenischen Vorführungen in Rom auf	
	Schlacht bei Mantineia; Tod des Epameinondas; Ende der thebanischen Hegemonie in Griechenland
	Allgemeiner Friede (κοινὴ Εἰρήνη) in Griechenland (ohne Sparta)
	Thronbesteigung Philipps II. von Makedonien (360–336)
	Philipp nimmt Amphipolis und (Winter 357/356) Pydna
Brand des Artemis-Tempels in Ephesos	Alexander der Große geb.

Zeit v. Chr.	*Griechische Literatur*	*Lateinische Literatur*
um 350		
349	Frühjahr: Demosthenes, *Olynthische Reden* gegen Philipp	
348		
347	Platon gest.	
346	Isokrates' Sendschreiben *Philippos*	
343	Prozeß Demosthenes – Aischines (*Über die Truggesandtschaft*)	
343–341; 326–304		
342	Menander geb. (gest. 290)	
341	Epikur geb. (gest. 270); *Dritte* und *Vierte Philippika* des Demosthenes	
340		
339	Isokrates' *Panathenaikos*	
338	Isokrates gest.; Eudoxos gest.	

Allgemeine Kulturgeschichte	*Politische Geschichte*
Mausoleum in Halikarnaß	
	Erster sicher belegter Handelsvertrag zwischen Rom und Karthago
Speusipp wird Nachfolger Platons als Leiter der Akademie	
	Friede des Philokrates; Ende des 3. Heiligen Krieges
Aristoteles wird Alexanders Prinzenerzieher am makedonischen Hof	
	Samniterkriege um Roms Vorherrschaft in Italien
	Timoleons Sieg über die Karthager am Krimisos
	Bildung des Hellenischen Bundes gegen Philipp von Makedonien
Speusipp gest., Nachfolger wird Xenokrates	
	Schlacht bei Chaironea: Niederlage der Griechen gegen die Makedonier; Römer siegen im Latinerkrieg

Zeit v. Chr.	*Griechische Literatur*	*Lateinische Literatur*
336		
um 335	Zenon d. J. geb. (gest. um 262)	
334		
333		
331	Kleanthes geb. (gest. 251)	
um 328		
327–325		
326		
325		
324	Menander geb. (gest. 291)	

Allgemeine Kulturgeschichte	*Politische Geschichte*
In Qin (China) erste Staatliche Münzausgabe	Sommer: Philipp II. in Aigai ermordet; Thronbesteigung Alexanders d. Gr.; Beginn des Perserfeldzuges
	Alexander erreicht Vorherrschaft in Griechenland
Gründung des Peripatos durch Aristoteles	Alexander setzt über den Hellespont und siegt am Granikos; Alexander der Molosser nach Italien (Frühjahr)
	Schlacht bei Issos
	Gründung Alexandrias; Schlacht bei Gaugamela; Annahme des Titels »König von Asien« durch Alexander
Steinernes Dionysos-Theater in Athen	Hochzeit Alexanders mit Rhoxane
	Indienfeldzug Alexanders
	Aufhebung der Schuldknechtschaft in Rom
	Juli: Alexander in Pattala (Haidarabad); September: Abfahrt des Nearchos vom Indusdelta; Dezember: Zusammentreffen des Nearchos mit Alexander in der Nähe von Hormuz
	Massenhochzeit von Susa; Alexander fordert göttliche Ehren von den Griechen; Harpalos in Athen

Zeit v. Chr.	*Griechische Literatur*	*Lateinische Literatur*
323		
322	Demosthenes gest.; Aristoteles gest.	
ab 321		
315–311		
312		
um 310	Theokrit geb. (gest. 250); Arat geb. (gest. 245)	
307		
306		
305		
um 305	Kallimachos geb. (gest. nach 245)	
301		
um 300	Euklid, *Elemente*; Euhemeros; Anyte, *Epigramme*	

Allgemeine Kulturgeschichte	*Politische Geschichte*
Diogenes von Sinope gest.	Tod Alexanders
Theophrast wird Leiter des Peripathos	
	Machtverteilungskämpfe und Gründung des Diadochenstaates
	1. Koalitionskrieg (Kassandros, Lysimachos, Ptolemaios und Seleukos gegen Antigonos)
	Zensur des Appius Claudius Caecus in Rom
Bau der Via Appia (von Rom nach Süden, Capua)	
	Demetrios Poliorketes erobert Athen
Schulgründung Epikurs in Athen	Antigonos und Demetrios nehmen den Königstitel an
Erste Wasserleitung (Aquädukt) in Rom durch Appius Claudius	Annahme des Königstitels durch Ptolemaios, Kassandros, Lysimachos, Seleukos
Gründung der Stoa durch Zenon d. J. in Athen	Nach der Schlacht bei Ipsos in Phrygien Teilung des Alexanderreiches
Aristoxenos gest.; indisches Nationalepos *Ramayana*	Plebejer gewinnen in Rom Zugang zu allen Staatsämtern; Alexandria: Gründung von Museion und Bibliothek

Zeit v. Chr.	*Griechische Literatur*	*Lateinische Literatur*
um 295	Apollonios von Rhodos geb. (gest. 210)	
294		
290	Menander gest.	
um 290	Eratosthenes geb. (gest. 210)	
289		
287	Theophrast gest.	
um 285		Livius Andronicus geb.
282		
280		
279		
278		
277	Aratos: *Phainomena*	

Allgemeine Kulturgeschichte	*Politische Geschichte*
	Rom ringt die Etrusker nieder (Sieg bei Sentinum)
	Demetrios Poliorketes erobert Athen (seit 301 abgefallen) und wird König der Makedonen (294–287)
	Ende des 3. Samnitenkrieges
	Dritte Sezession der Plebejer von Rom
Der Mathematiker Archimedes geb. (gest. 212)	
	Römische Besatzung in Thurioi
	Pyrrhos siegt über die Römer bei Herakleia am Siris; Gründung des Achäischen Bundes
	Einbruch der Kelten in Makedonien und Griechenland
	Pyrrhos landet in Sizilien (Tauromenion); die Kelten überschreiten den Hellespont
Ch'ü Küan, der erste namentlich bekannte chinesische Dichter, gest.	Sieg des Antigonos Gonatas über die Kelten bei Lysimacheia

Zeit v. Chr.	*Griechische Literatur*	*Lateinische Literatur*
276		
275		
275/274 bis 215/214		
274–271		
272		
271/270		
270		
um 270		Naevius geb.
265		
264–241		
263		
263/262		
um 257	Aristophanes von Byzanz geb. (gest. 180)	

Allgemeine Kulturgeschichte	*Politische Geschichte*
	Antigonos Gonatas König der Makedonen (bis 239)
Bau des Leuchtturms von Pharos in Ägypten, eines der 7 Weltwunder	Schlacht bei Maleventum (später Beneventum genannt), Pyrrhos kehrt nach Epirus zurück
	König Hieron II. von Syrakus
	1. Syrischer Krieg: Ptolemaios II. gegen Antiochos I.
Via Appia wird von Capua nach Tarent und Brundisium verlängert	Tod des Pyrrhos in Argos; Tarent von den Römern erobert
Epikur gest.	
	Rhegion in römischer Hand; Tod Arsinoës II. (9. Juli)
Erste Gladiatorenspiele in Rom	
	1. Punischer Krieg zwischen Rom und Karthago
	Gründung des Pergamenischen Reiches durch Eumenes I.
Zenon d. J. (von Kition) gest.; Kleanthes wird Leiter der Stoa	Athen kapituliert und erhält eine makedonische Besatzung (bis 229)

Zeit v. Chr.	*Griechische Literatur*	*Lateinische Literatur*
um 250	*Marmor Parium*; Griechische Fassung der *Septuaginta*; Herondas, *Mimiamben*	Plautus geb.
(um 250)	*Hohelied* Salomos; Frühformen des *Alexanderromans*	
247		
241	Kallimachos gest.	
240		Erste Aufführung griechischer Dramen in lateinischer Fassung durch Livius Andronicus in Rom
239		Ennius geb.
237		
ab 235		Bühnenwerke des Naevius
234		Cato d. Ä. geb. (Censorius)
229–228		
220–217		

Allgemeine Kulturgeschichte	*Politische Geschichte*
Arbeiten des Eratosthenes und Archimedes	
	Kämpfe zwischen Makedonien und dem Achäischen Bund um Vorherrschaft auf der Peloponnes
	Gründung des Partherreiches
Arkesilaos gest., Leiter der platonischen Akademie	Das karthagische Sizilien fällt an Rom und wird die erste römische Provinz
Straton von Lampsakos gest., Leiter des Peripatos	
	Sardinien und Korsika weitere römische Provinzen
	1. Illyrischer Krieg Roms
	Bundesgenossenkrieg in Griechenland

Zeit v. Chr.	*Griechische Literatur*	*Lateinische Literatur*
220		
219		
218–201		
218		
217		
216		
215		
215–205		
212		
211		
207		Sühnelied des Livius Andronicus
204		Ennius kommt nach Rom
202		
vor 200		Livius Andronicus gest.

Allgemeine Kulturgeschichte	*Politische Geschichte*
Bau der Via Flaminia (von Rom nach Norden)	Hannibal erobert Sagunt
Zerstörung des Orakels von Dodona	2. Illyrischer Krieg
	2. Punischer Krieg
	Hannibal überquert die Alpen
	Hannibal besiegt die Römer am Trasimenischen See
	Hannibal besiegt die Römer bei Cannae
	Bündnis zwischen Hannibal und Philipp V.
	1. Makedonischer Krieg
Archimedes gest.	Einnahme von Syrakus durch die Römer, von Tarent durch Hannibal
	Hannibal vor den Toren Roms
	Römer besiegen Hasdrubal
Einführung des Kultes der Magna Mater (Kybele) in Rom	Scipio zieht mit römischem Heer nach Afrika
Gründung der Bibliothek in Pergamon durch Attalos II.	Scipio Africanus besiegt Hannibal bei Zama; Spanien wird röm. Provinz

Zeit v. Chr.	Griechische Literatur	Lateinische Literatur
200		Aufführung des *Stichus* von Plautus
um 200	Polybios geb. (gest. 118)	*Annalen* des Fabius Pictor
200–197		
nach 200		Naevius gest.; Livius Andronicus gest.
ab 200		
197		
um 197		
197/196		
196		
195	Lykophron, *Alexandra*	
191		Aufführung des *Pseudolus* von Plautus
190		
um 190		Terenz geb.; Ennius in Ätolien
189		

Allgemeine Kulturgeschichte	*Politische Geschichte*
Eratosthenes berechnet in Alexandria den Erdumfang	Italien hat etwa 4 Millionen Einwohner, davon 1 Million Sklaven
	2. Makedonischer Krieg der Römer
Griechische Kunstschätze gelangen durch Plünderungen nach Rom	
	Schlacht bei Kynoskephalai
Ältestes erhaltenes chinesisches Wörterbuch	
Ägyptisches Priesterdekret auf dem Stein von Rosette	
	Freiheitserklärung des T. Quinctius Flaminius für Griechenland
	Hannibal bei König Antiochos III. in Ephesos (Sommer)
	Die Römer erobern Kleinasien
	Friedensschluß der Römer mit den Ätolern

Zeit v. Chr.	*Griechische Literatur*	*Lateinische Literatur*
186		
um 185		Aufführung der *Casina* des Plautus
184		
um 184		Plautus gest.
nach 184		
183		
um 180		
171–168		
170		Accius geb.
169		Ennius gest.
168		
um 168		Lucilius geb.

Allgemeine Kulturgeschichte	*Politische Geschichte*
Verbot des Dionysoskultes in Rom: älteste bekannte römische Staatsurkunde aus Tiriolo (Kalabrien), das sog. *senatus consultum de Bacchanalibus*	
Nike von Samothrake	Scipio Africanus d. J. geb.
Gesetzgebung gegen den Luxus in Rom	Cato d. Ä. römischer Censor; Ennius wird röm. Bürger
Bau der Basilika Porcia in Rom	
	Errichtung der griechischen Herrschaft in Nordwestindien durch Demetrios, Sohn des Euthydemos
Parma wird römische Kolonie	Hannibal gest.; Scipio Africanus d. Ä. gest.
Pergamon-Altar	
	3. Makedonischer Krieg; Krieg der Römer gegen Perseus
Krates von Mallos, der Leiter der pergamenischen Grammatikerschule, wirkt in Rom. Polybios kommt als Gefangener nach Rom	Beginn der römischen Vorherrschaft im Mittelmeerraum; am 22. Juni Schlacht bei Pydna; Demütigung des Antiochos IV. von Alexandrien durch die Römer

Zeit v. Chr.	*Griechische Literatur*	*Lateinische Literatur*
nach 168		
ab 167		
166		Aufführung der ersten Komödie des Terenz: *Andria*
seit 166		
um 165		Aufführung der *Hecyra* des Terenz
164		
nach 160		Terenz gest.
156/155		
um 150		
nach 150		
149		Cato d. Ä. (Censorius) gest.
149–146		

Allgemeine Kulturgeschichte	*Politische Geschichte*
Griechische Geiseln verbreiten nach dem römischen Sieg über Makedonien hellenistische Bildung in Rom	
Scipionenkreis wird Zentrum der griechischen Bildung in Rom	
Panaitios und Polybios im Scipionenkreis	
	Kämpfe der Makkabäer
Buch Daniel des *Alten Testaments*	
	Eroberung Jerusalems durch Judas Makkabaios
Griechische Philosophengesandtschaft in Rom (der Akademiker Karneades, der Stoiker Diogenes, der Peripatetiker Kritolaos); Cato fordert Ausweisung	Marius geb.
Venus von Milo	
Jüdische Essener-Sekte in Qumram	
	3. Punischer Krieg

Zeit v. Chr.	*Griechische Literatur*	*Lateinische Literatur*
148		
146		
145/144		
nach 144	Weltgeschichte des Polybios	
138		
138–126		
133		Erstes Satirenbuch des Lucilius
um 130	Erste griechische Grammatik des Dionysios Thrax	
124/123		Briefe der Cornelia
121		

Allgemeine Kulturgeschichte	*Politische Geschichte*
Straßenbau Aquileia – Genua	Makedonien wird römische Provinz
	Zerstörung Korinths und Karthagos; Eingliederung des Achäischen Bundes ins Römische Reich
Vertreibung der griechischen Wissenschaftler und Gelehrten aus Alexandria	
	Sulla geb.
Eine chinesische Expedition kommt in Innerasien in Berührung mit der hellenistischen Kultur (Tschang K'ien)	Sklavenaufstand unter Eunos auf Sizilien (132 von Rom niedergeschlagen)
Aufstand des Attalidenprinzen Aristonikos, Gründung eines (utopischen) Sonnenstaates *Heliopolis* (129 von Rom vernichtet)	Rom: Beginn des »Jahrhunderts der Revolution«; Reformversuche der Gracchen; Ermordung des Tiberius Gracchus; Tod des Attalos III. von Pergamon; Rom erbt sein Reich; Unterwerfung Spaniens
Hipparchos bestimmt die Entfernung zum Mond	Asia wird römische Provinz
Bau der Via Domitia von Massilia nach Spanien	Volkstribun Gaius Gracchus getötet; Wiederherstellung der Senatsherrschaft in Rom

Zeit v. Chr.	*Griechische Literatur*	*Lateinische Literatur*
um 120	Polybios gest.	
im 2. Jh.	Moschos, *Europa*; Nikander, Lehrgedichte; Bion, *Adonis*; Der älteste griechische Roman *Ninos und Semiramis*	
112–105		
117/116		Varro Reatinus geb.
106		Cicero geb., Pompeius geb.
102		Lucilius gest.; Q. Tullius Cicero geb.
100		Caesar geb.
um 100		Nepos geb.
um 94		Lukrez geb.
91–89		
um 90	Parthenios geb. (gest. 10)	
88–84		

Allgemeine Kulturgeschichte	*Politische Geschichte*
	Krieg gegen Iugurtha
Entdeckung des direkten Seeweges von Ägypten nach Indien mit Hilfe des Monsuns	
	Marius besiegt die Teutonen bei Aquae Sextiae, danach die Cimbern
Erste Abhandlung über römisches Zivilrecht des Quintus Scaevola	Erste bewaffnete Kämpfe zwischen Optimaten und Popularen in Rom. Ermordung der Tribunen Saturninus und Glaucia
	Bundesgenossenkrieg bringt röm. Bürgerrecht für alle Italiker
Erste Erwähnung der »Germanen« bei Poseidonios	
	1. Mithridatischer Krieg

Zeit v. Chr.	Griechische Literatur	Lateinische Literatur
88		
um 87		
86		Sallust geb.
um 86		Accius gest.
um 85		*Rhetorica ad Herennium*
um 84		Catull geb.
83–81		
82–79		
82		Varro Atacinus geb.
um 80	Meleager geb., Epigramme; Diodor geb. (gest. 29), *Weltgeschichte*	Cicero, *Pro Sextio Claudio Amerino*, anschließend Studienreise nach Rhodos und Kleinasien
78		
74–64		
73–71		
72–70		

Allgemeine Kulturgeschichte	*Politische Geschichte*
	»Vesper von Ephesos«: Ermordung von 80 000 Römern in Kleinasien
Die Bibliothek des Aristoteles und Theophrast kommt nach Rom	
	Sullas Siege bei Chaironeia und Orchomenos, Eroberung Athens; Marius gest.
	Brutus geb.
	2. Mithridatischer Krieg
	Sulla Diktator
Poseidonios bestimmt den Erdumfang; Lukullus führt in Rom die Edelkirsche aus Kleinasien ein; 2. Pompeianischer Stil	Der Römer Sertorius versucht in Spanien Errichtung einer eigenen Herrschaft (gest. 72)
	Sulla gest.
	3. Mithridatischer Krieg
Parthenios kommt nach Rom	Sklavenaufstand unter Spartakus
	Eroberung der pontischen Griechenstädte durch Lukullus

Zeit v. Chr.	*Griechische Literatur*	*Lateinische Literatur*
70		Vergil geb.; Gallus geb.
um 70		
67		
67–49		
65		Horaz geb.
um 65		
um 64	Strabon geb. (gest. um 20 n. Chr.)	Messala geb.
63		*Catilinarische Reden* Ciceros; Octavian (Augustus) geb.
63/62		
60		
59		Livius geb.
58		
58/57		Ciceros Verbannung
58–51		

Allgemeine Kulturgeschichte	Politische Geschichte
Cicero klagt Verres an	Pompeius und Crassus Konsuln; Aufhebung der Sullanischen Gesetze
Isis-Kult gelangt nach Rom; Maecenas geb.	
	Die Provinz Cilicia durch Pompeius organisiert
	Friedensperiode für die griechische Welt
Tiro, Ciceros Sekretär, erfindet die römische Kurzschrift	
	Konsulat Ciceros; Agrippa geb.
	Catilinarische Verschwörung
	1. Triumvirat (Pompeius, Crassus, Caesar)
Acta Diurna, die ersten politischen Tagesnachrichten, von Caesar veranlaßt	Konsulat Caesars
	Cypern von den Römern eingezogen
	Caesars Eroberungen in Gallien

Zeit v. Chr.	*Griechische Literatur*	*Lateinische Literatur*
55		Lukrez gest.; Tibull geb.; Cicero, *De oratore*
um 55		Seneca d. Ä. (Rhetor) geb.
nach 55		Catull gest.
53		
52/51		*De Bello Gallico* Caesars
Mitte 1. Jh.	2. Buch Makkabäer auf griechisch	
51		*De republica* Ciceros
50		
um 50		Properz geb.; Tibull geb.
49–46		
48		
48/47		
um 47		*Antiquitates* des Varro Reatinus
47		Caesar, *Bellum Civile*; Atticus, *Liber Annalis*

Allgemeine Kulturgeschichte	*Politische Geschichte*
Erstes steinernes Theater in Rom	Konsulat des Pompeius und Crassus; Caesars Landung in Britannien und Brückenbau über den Rhein
	Niederlage und Tod des Crassus bei Carrhae
Psalmen Salomos	
	Cicero Prokonsul in Kilikien
Poseidonios gest.	Gallien wird römische Provinz
Mimen des Publilius Syrus	Sallust aus dem Senat ausgeschlossen
	Bürgerkrieg in Italien (Caesarianer gegen die Senatspartei unter Pompeius)
	Sieg Caesars bei Pharsalos; Pompeius in Ägypten ermordet
	Alexandrinischer Krieg Caesars
Brand der Bibliothek in Alexandria	Caesar setzt Kleopatra als Königin von Ägypten ein

Zeit v. Chr.	*Griechische Literatur*	*Lateinische Literatur*
46		*Brutus* und *Orator* Ciceros
45		Cicero, philosophische Schriften
nach 44		*Historiae*, *Coniuratio Catilinae*, *Iugurtha* des Sallust
44		
44/43		*Philippica* Ciceros
44–42		
43		M. Tullius Cicero ermordet; Q. Tullius Cicero ermordet; Ovid geb.
42–39		*Eklogen* Vergils
um 40		bis 30: Horaz, *Epoden* und *Satiren*; Elegienbücher des Gallus
vor 37		Varro Atacinus gest.
37		Varro, *De re rustica*; Vergil beginnt *Georgica*
36		
um 35		Horaz, *Satiren I*
34		Sallust gest.

Allgemeine Kulturgeschichte	*Politische Geschichte*
Tempel des Mars und der Venus in Rom	Caesar siegt bei Thapsos (Afrika); Cato d. J. tötet sich
Einführung des Julianischen Kalenders	Caesar wird Diktator auf Lebenszeit
	Ermordung Caesars
	Bürgerkrieg gegen die Caesar-Mörder
	2. Triumvirat in Rom (Antonius, Lepidus, Octavian)
Kreis des Maecenas (»Mäzen«)	
Laokoon-Gruppe	Niederlage der Caesar-Mörder bei Philippi; Brutus tötet sich
	Eroberung Jerusalems durch Herodes I.
Straßentunnel (708 m) der Via Flaminia Neapel – Pozzudi (noch in Benutzung)	Vermählung von Antonius und Kleopatra

Zeit v. Chr.	*Griechische Literatur*	*Lateinische Literatur*
31		
30		Horaz, *Epoden* und *Satiren*
um 30	Dionysios von Halikarnaß (um 30–7 in Rom)	*Georgica* Vergils; Nepos vollendet *Vitae*
ab 30		Horaz arbeitet an den *Oden*
29		
ab 29		Vergil arbeitet an der *Aeneis*
um 28		*Monobiblos* des Properz
27		Varro Reatinus gest.; Vitruv arbeitet an *De architectura*; Tibull, *Elegiae I*
26		Gallus gest.
um 25	Philon geb. (gest. um 45 n. Chr.)	Nepos gest.; Livius beginnt sein Werk
23		Veröffentlichung der ersten drei *Oden*-Bücher des Horaz

Allgemeine Kulturgeschichte	*Politische Geschichte*
	Sieg Octavians über Antonius und Kleopatra bei Actium
3. Pompeianischer Stil	1. August: Fall Alexandrias, Kleopatra gest.; Ägypten wird römische Provinz
	Octavian Alleinherrscher
Einweihung des Caesar-Tempels	
Pantheon. Der achte Monat erhält den Namen des Augustus	Offizielle Wiederherstellung der Republik in Rom, tatsächlich Beginn des Prinzipats; Octavian erhält den Ehrennamen Augustus; Griechenland als senatorische Provinz »Achaia« konstituiert
	Verfassungsreform in Rom: weitere Machtbefugnisse für Augustus

Zeit v. Chr.	*Griechische Literatur*	*Lateinische Literatur*
ab 23		Horaz, *Epistulae*
um 22		*De architectura* Vitruvs
um 20		Velleius Paterculus geb.; Horaz, *Epistulae I*
19		Vergil gest.
nach 19		Tibull gest.
ab 18		
17		Lied des Horaz zur Säkularfeier
um 15		Properz gest.; Phaedrus geb.; Horaz, *Oden IV* und *Epistulae II*
15		Germanicus gest.
13–9		
12–9		
9		Ende der *Geschichte* des Livius
8		Horaz gest.; Maecenas gest.
um 7		

Allgemeine Kulturgeschichte	*Politische Geschichte*
Ehe- und Sittengesetze des Augustus	
	Säkularfeier; Verkündigung der Pax Augusta; Arminius geb.
Gründung von Augsburg und Trier	Lusitania (Portugal) wird römische Provinz
bis 11: Marcellustheater	Unterwerfung Pannoniens
	Germanenkriege des Drusus
Einweihung der Ara Pacis (Denkmal zu Ehren des Augustus)	Drusus gest.; Hildesheimer Silberschatz
Aquädukt bei Nimes errichtet	
Jesus von Nazareth geb.	Volkszählung unter Quirinus in Syria

Zeit v./n. Chr.	*Griechische Literatur*	*Lateinische Literatur*
nach 4		Seneca d. J. (Philosophus) geb.
frühes 1. Jh.		Celsus
um die Zeitenwende		Pompeius Trogus
n. Chr.		
1		*Amores* (2. Fassung) und *Ars amatoria* Ovids
ab 1		*Metamorphosen* Ovids
4		
8		Verbannung Ovids
9		
10		
um 10		
14		*Monumentum Ancyranum*; Augustus gest.
14–68		
14–37		

Allgemeine Kulturgeschichte	*Politische Geschichte*
Apollonius von Tyana geb.	
	Germanien wird römische Provinz
Gesetze gegen Ehe- und Kinderlosigkeit in Rom	Adoption des Tiberius als Nachfolger des Augustus; Herodes wird König
	Verbannung der Julia
	Varus-Schlacht im Teutoburger Wald
Tempel der Concordia in Rom restauriert	
Asinius Pollio gründet die erste öffentliche Bibliothek Roms	
Apotheose (Vergöttlichung) des Augustus	
	Iulisch-claudische Dynastie
	Kaiser Tiberius

Zeit n. Chr.	*Griechische Literatur*	*Lateinische Literatur*
17		Livius gest.
um 17		Ovid gest.
17–19		
19		Germanicus gest.
vor 22	Strabon gest.	*Astronomica* des Manilius
23/24		Plinius d. Ä. geb.
26		Silius Italicus geb.
26–36		
um 28		
29/30		*Historia Romana* des Velleius Paterculus
um 30		
31		
33		
34		Persius geb.
um 35		Quintilian geb.
vor 37		*Memorabilia* des Valerius Maximus
37	Flavius Josephus geb. (gest. um 100)	
39		Lukan geb.

Allgemeine Kulturgeschichte	*Politische Geschichte*
	Triumph des Germanicus
	Germanicus Generalstatthalter des Orients mit Sitz in Antiocheia
	Pontius Pilatus Prokurator in Palästina
Bergpredigt Jesu	
Jesus von Nazareth gekreuzigt	
	Verschwörung und Sturz Sejans
Stephanus, der erste christliche Märtyrer, getötet	
	Tiberius gest.; Nero geb.; Caligula Kaiser

Zeit n. Chr.	*Griechische Literatur*	*Lateinische Literatur*
um 40	Dion Chrysostomos geb. (gest. 120)	Seneca d. Ä. (Rhetor) gest.; Frontin geb.; Martial geb.
um 44		Statius geb.
45		
um 46	Plutarch geb. (gest. 120)	
um 48		
um 50	Epiktet geb.	
51		
54		
nach 54		*De clementia, De beneficiis* Senecas d. J.
um 55		Phaedrus gest.; Tacitus geb.
um 60		Juvenal geb.
61/62		Plinius d. J. geb.
62		Persius gest.
64		

Allgemeine Kulturgeschichte	*Politische Geschichte*
Erste lateinische geographische Schrift des Pomponius Mela	
Paulus beginnt seine Missionsreisen	
Apostelkonzil in Jerusalem	
Gründung von Köln und Aachen	
Paulus gründet in Korinth die erste christliche Gemeinde Griechenlands	Domitian geb.
Römerbrief des Paulus	Kaiser Claudius ermordet; Nero wird Herrscher
	Grenzkämpfe an der Donau
	Seneca distanziert sich vom Kaiserhof
Domus Aurea Neros	Brand Roms; erste Christenverfolgungen

Zeit n. Chr.	Griechische Literatur	Lateinische Literatur
65		Seneca d. J. (Philosophus) gest.; Lukan gest.
66		Petron gest.
66–70		
67		
vor 68		*Homerus Latinus*
68		
70		
um 70		
74		
um 75		Sueton geb.
79		Plinius d. Ä. gest.
80		*Liber Spectaculorum* Martials
um 80		

Allgemeine Kulturgeschichte	*Politische Geschichte*
	Mißglückte pisonische Verschwörung
Kunstreise Neros nach Griechenland	
	Jüdischer Aufstand
Apostel Paulus und Petrus getötet	Achaia durch Nero für frei erklärt
Quintilian wird erster staatlich bezahlter Rhetorikprofessor Roms	Nero gest.; Beginn der flavischen Dynastie (69–96)
Zerstörung des Tempels in Jerusalem	
Markus-Evangelium	
Ausweisung der Philosophen aus Rom durch Vespasian; 27. Dezember: Vespasians »Freibrief der antiken Universitäten«	Römer unterwerfen das Neckartal
Vesuvausbruch; Zerstörung von Pompeji und Herculaneum	Kaiser Vespasian gest.; Regierungsantritt seines Sohnes Titus (bis 81)
Kolosseum (Flavisches Amphitheater)	
Matthäus-Evangelium und Lukas-Evangelium	

Zeit n. Chr.	*Griechische Literatur*	*Lateinische Literatur*
ab 84		
um 90	Offenbarung des Johannes; Ptolemaios geb. (gest. 168), *Einführung in die Geographie*	Valerius Flaccus gest.
um 95	Arrian geb. (gest. 175)	*Institutiones oratoriae* Quintilians
nach 96		Quintilian gest.; Statius gest.
97		Konsulat des Tacitus
98		*Agricola* und *Germania* des Tacitus
nach 98		*De aquis* Frontins
im 1. Jh.	Pseudo-Longinus, *Über das Erhabene*; Chariton von Aphrodisias, *Kallirhoe*	*Priapea*; *Pervigilium Veneris* (?); Columella; Curtius Rufus
100		*Panegyricus* (Lobrede des Konsuls) Plinius d. J. auf Traian
um 100		Fronto geb.
101		Silius Italicus gest.
um 103		Martial gest.
um 104		Frontin gest.
nach 112		Plinius d. J. gest.; *Annalen* des Tacitus
um 115	Pausanias geb.	Gaius geb.

Allgemeine Kulturgeschichte	*Politische Geschichte*
	Bau des Limes gegen die Germanen
Kaiser Domitian weist die Philosophen aus Rom aus	
Clemens I. Bischof von Rom	
	Domitian gest.; Beginn der Adoptivkaiser
	Bau der Ost-West-Straße vom Schwarzen Meer zur Nordsee

Zeit n. Chr.	*Griechische Literatur*	*Lateinische Literatur*
115–118		
117	Aristeides geb.	
um 117		Tacitus gest.
um 120	Lucian geb. (gest. um 180); Dion Chrysostomos von Prusa gest.; Plutarch gest.	
121	Kaiser Mark Aurel geb. (gest. 180), *Selbstbetrachtungen*	
121–125, 126–129		
122		
125		
um 125	Maximos aus Tyros geb. (gest. 195)	Apuleius geb.
129	Galen geb. (gest. 199), medizinische Schriften	
um 130		Gellius geb.; Juvenal gest.
132–135		
135		
135–139		

Allgemeine Kulturgeschichte	*Politische Geschichte*
	Judenaufstand im Orient
	Kaiser Traian gest. (Herrscher seit 98)
	Hadrian Kaiser (117–138)
	Ausgedehnte Reisen Hadrians zur Überprüfung der Reichsverwaltung
	Hadrianswall (Limes in Britannien)
Villa Hadriani	
Kuppel des Pantheon	
	Judenaufstand unter Bar Kochba
	Jerusalem wird römische Kolonie
Engelsburg (Mausoleum Hadrians)	

Zeit n. Chr.	*Griechische Literatur*	*Lateinische Literatur*
143		Konsulat Frontos
144	Preisrede des Aristeides auf Rom	
um 150	Klemens von Alexandria geb. (gest. 215), philosophisch-theologische Schriften; Sueton gest.; Pausanias, *Periegese* von Hellas	Sueton gest.
um 155	Cassius Dio geb. (gest. um 235)	Gellius, *Attische Nächte*
160		Tertullian geb.
um 160	Hermogenes aus Tarsos geb. (gest. 225), rhetorische Schriften	
165–180		
166		
um 166		Fronto gest.
um 170	Philostratos geb. (gest. um 245); Aelian geb. (gest. 235)	
176		
177		

Allgemeine Kulturgeschichte	*Politische Geschichte*
Roms Christengemeinde schließt Marcion aus	
Älteste datierbare Maya-Handschriften	Mark Aurel der »Philosophen-Kaiser« (161–180)
	Pest, aus dem Osten eingeschleppt, herrscht im Römerreich
Römische Gesandtschaft in China	Markomannenaufstand
Säule des Marcus Aurelius in Rom	Commodus Mitregent des Mark Aurel; Aufgabe des Adoptionsprinzips
	Christenprozeß von Lyon

Zeit n. Chr.	*Griechische Literatur*	*Lateinische Literatur*
um 180	Festlegung des Kanons der biblischen Schriften	Gaius gest.; Gellius gest.; Apuleius gest. (?)
185	Origines geb. (gest. 254).	
um 190		Tertullian tritt zum Christentum über
im 2. Jh.	Jamblich, *Babylonische Geschichten*; Xenophon von Ephesos, *Anthia und Habrokomes* (*Ephesiaka*); Achilleus Tatios, *Leukippe und Kleitophon*; Longos von Lesbos, *Daphnis und Chloe*; Athenaios, *Das Sophistenmahl*; Alkiphron, *Briefe*; Mesomedes' *Hymnen*	
um 200	Babrios, *Fabeln*; Diogenes Laertios geb. (gest. 250), *Leben und Meinungen berühmter Philosophen*	Minucius Felix geb.; Cyprian geb.
nach 200		
200–230		
um 204	Plotin geb.	

Allgemeine Kulturgeschichte	*Politische Geschichte*
	Mark Aurel gest. (17. März 180)
Orientalische Religionspolitik des Commodus	
Athenagoras, christlich-philosophische Schriften; Tatian, Evangelienzusammenstellung	
Porta Nigra in Trier, Katakombenmalerei in Rom	
Philosophen- und Gelehrtenkreis um Julia Domna, die Gattin des Kaisers Septimius Severus	
Bau der Caracalla-Thermen; Blüte der alexandrinischen Katechetenschule (Klemens, Origines)	

Zeit n. Chr.	*Griechische Literatur*	*Lateinische Literatur*
206/207		
vor 207		*Fabulae* des Hyginus
um 207		Tertullian wird Montanist
208–211		
211–217		
212		
216/217		
218		
218–222		
nach 220		Tertullian gest.
222–235		
226		
um 230		
231/232		
232		
233–235		

Allgemeine Kulturgeschichte	*Politische Geschichte*
	Räuberkriege in Italien (Bulla)
	Britannischer Krieg
	Kaiser Caracalla
	Constitutio Antoniana: Verleihung des römischen Bürgerrechts an alle freien Provinzialen
	Partherkrieg
Einführung des syrischen Sonnenkultes in Rom durch Heliogabal	Malta wird römisch
	Kaiser Elagabal (Heliogabal)
	Kaiser Severus Alexander
	Gründung des neuen Perserreiches
Christlicher Gottesdienst in Rom geht von der griechischen zur lateinischen Sprache über	
	Perserkrieg
	Markomanneneinfall
	Germanenkrieg

Zeit n. Chr.	*Griechische Literatur*	*Lateinische Literatur*
um 233	Porphyrios geb. (gest. 304), philosophische Schriften	
235–284		
238		*De die natali* des Censorinus
1. Hälfte 3. Jh.	Heliodor, *Theagenes und Charikleia* (*Aithiopika*); *Physiologos*	
um 240		Laktanz geb.
244–270		
um 246		*Ad Donatum* des Cyprian
248		
249–251		
253–257		
257/259		
258		Cyprian gest.
259/260		

Allgemeine Kulturgeschichte	*Politische Geschichte*
	Soldatenkaiser
Anfänge des Manichäismus in Persien (Prophet Mani um 217–275)	
Plotin wirkt in Rom	
Cyprian Bischof von Karthago	1000-Jahr-Feier des römischen Reiches
	Erste allgemeine Christenverfolgung im ganzen Reich unter Kaiser Decius
	Plünderungszüge der Goten, Heruler und Boraner im östlichen Reichsteil
	Große Christenverfolgung unter Kaiser Valerian
	Perserkrieg

Zeit n. Chr.	*Griechische Literatur*	*Lateinische Literatur*
260		
270	Plotin (*Enneaden*) gest.	
um 270		
272		
274		
ab 280		
284–305		
284		
284–286		
288/292		
293		
297		
im 3. Jh.		*Disticha Catonis*
um 300	Oppian, Lehrgedichte	Arnobius
ab 303		

Allgemeine Kulturgeschichte	*Politische Geschichte*
	Toleranzedikt des Kaisers Gallienus gegenüber den Christen
	Alemanneneinfall in Italien
Gründung des Bistums Trier	
	Eroberung des palmyrenischen Reiches
Sonnenkult wird römische Staatsreligion	
	Ansiedlung von Germanen im Reichsgebiet
	Kaiser Diokletian
	Ausschaltung des Senates; Reichsteilung
	Bagaudenaufstände in Germanien
	Germanenfeldzüge
	Tetrarchie: 2 Augusti und 2 Caesares
	Abschluß der diokletianischen Reichsreform: Beginn des Dominats
Übersetzung der Bibel ins Koptische	
	Große Christenverfolgung unter Diokletian (bis 311)

Zeit n. Chr.	*Griechische Literatur*	*Lateinische Literatur*
um 305		Damasus geb.; Naucellius geb.
ab 305		
um 310	Libanios geb. (gest. nach 393), *Reden* und *Briefe*	Ausonius geb.
312		
313		
320		Laktanz gest.
324		
324–337		
325		
330		
um 333		Ammianus Marcellinus geb.; Ambrosius geb.
337–340		
337–361		

Allgemeine Kulturgeschichte	*Politische Geschichte*
	Tetrarchie und Thronkämpfe
	Sieg Konstantins an der Milvischen Brücke macht ihn zum Herrscher im Westen
Laktanz in Trier	Mailänder Toleranzedikt gegenüber den Christen
Erklärung des Sonntags zum gesetzlichen Feiertag	Beginn des Baus von Konstantinopel
	Kaiser Konstantin d. Gr. Alleinherrscher
St. Peters-Basilika; Konzil von Nicäa: Unterdrückung des Arianismus; Festsetzung des Osterfestes	
	Konstantinopel wird christliche Reichshauptstadt
	Kaiser Constantius II., Sohn Konstantins d. Gr., Kaiser seit 337
	Dreikaisertum

Zeit n. Chr.	*Griechische Literatur*	*Lateinische Literatur*
340–350		
um 340		
ab 340		
341/353		
um 345		Symmachus geb.
346		
um 347		Hieronymus geb.
348		Prudentius geb.
um 350		
4. Jh.	Griechische Patristik: Eusebios (um 263–339), Kirchengeschichte; Athanasios (um 295–373); Apollinarios (um 310–390); Gregor von Nazianz (um 329 bis 390); Gregor von Nyssa (um 330–395); Johannes Chrysostomos (um 344 bis 407)	
354		Augustinus geb.
um 360		Macrobius geb.

Allgemeine Kulturgeschichte	*Politische Geschichte*
	Doppelkaisertum
Erste Nonnenklöster in Ägypten	
	Perserkriege
Verbot der heidnischen Opfer, Schließung der Tempel	
Speyer als Bistum bezeugt	
Ulfila übersetzt die Bibel ins Gotische: Beginn des germanischen Schrifttums; *Pantschatantra* (altind. Fabelsammlung)	Constantius II. von 350–361 Alleinherrscher

Zeit n. Chr.	Griechische Literatur	Lateinische Literatur
361–363		
364–375		
ab 365		Ausonius als Prinzenerzieher in Trier
um 370	Synesios geb. (um 370–412), philosophische Schriften	Claudian geb.; Ausonius, *Mosella*
um 300	Quintus von Smyrna (im 4. Jh.), Epische Dichtung *Posthomerica*	
374		
378		
378–383		
379		Konsulat des Ausonius
ab 379		
380		
nach 380		Geschichtswerk des Ammianus Marcellinus

Allgemeine Kulturgeschichte	*Politische Geschichte*
	Kaiser Iulian (der Abtrünnige); heidnische Reaktion
	Kaiser Valentinian (im Westen); Kaiser Valens (im Osten)
Universität in Bordeaux	
Ambrosius wird Bischof von Mailand, Basilius der Große Bischof von Caesarea	Zerstörung des Ostgotenreiches durch die Hunnen: Beginn der Völkerwanderung
	Sieg der Westgoten über die Römer in der Schlacht bei Adrianopel
	Kaiser Gratian (im Westen)
	Kaiser Theodosius (im Osten)
	Gotenansiedlung auf dem Balkan

Zeit n. Chr.	*Griechische Literatur*	*Lateinische Literatur*
381		
382		
nach 383		Bibelübersetzung (später: *Vulgata*) des Hieronymus
386–388		*Confessiones* des Augustinus
391		
393	Libanios gest. (?)	
393/394		Ausonius gest.
394–395		
395		
nach 395		Ammianus Marcellinus gest.
395/396		

Allgemeine Kulturgeschichte	*Politische Geschichte*
Konzil von Konstantinopel: Festlegung des Glaubensbekenntnisses	
Entfernung des Altars der Victoria aus dem römischen Senat; Abschaffung der Institution der Vestalinnen	
Christentum wird Staatsreligion; Zerstörung des Serapeions in Alexandria durch Christen	
Letzte Olympische Spiele (Aufhebung durch Theodosius)	
	Kaiser Theodosius (d. Gr.) Alleinherrscher
Augustinus wird Bischof von Hippo Regius	Ende der Reichseinheit; oströmisches Reich: Kaiser Arcadius; weströmisches Reich: Kaiser Honorius
	Verwüstung Griechenlands durch die Westgoten unter Alarich

Zeit n. Chr.	*Griechische Literatur*	*Lateinische Literatur*
397		Ambrosius gest.
im 4. Jh.		Apicius (?); Quintus von Smyrna (im 4. Jh.), Epische Dichtung *Posthomerica*
2. Hälfte 4. Jh.		Aurelius Victor Avienus
um 400		Symphosius; *Silviae peregrinatio*; *Testamentum Porcelli*; Avianus; *Epigrammata Bobiensia*
401–403		
401–407		
nach 402		Symmachus gest.
nach 404		Claudian gest.
um 405		Naucellius gest.
nach 405		Prudentius gest.
407–413		
408		
409		
410		
408–450		
412		

Allgemeine Kulturgeschichte	*Politische Geschichte*
	Ravenna Hauptstadt des Westreiches
	Westgoten in Italien
Papst Innozenz I.	
	Gegenkaiser in Gallien
	Sturz Stilichos
	Spanien durch das Los unter die Germanen verteilt
	Westgoten unter Alarich plündern Rom
	Kaiser Theodosius II. (im Osten)
Kyrillos Patriarch von Alexandria	

Zeit n. Chr.	Griechische Literatur	Lateinische Literatur
412–426		*De civitate Dei* des Augustinus
415		
nach 415		*De reditu suo* des Rutilius Namatianus
420		
um 420		Hieronymus gest.
424–455		
425		
um 425		Macrobius gest.
427		*Retractationes* des Augustinus; Syrische Bibelübersetzung
429		
430		Augustinus gest.
um 430		
431		Paulinus von Nola gest.
431–434		Sidonius Apollinaris geb. (433)

Allgemeine Kulturgeschichte	*Politische Geschichte*
Steinigung der Philosophin Hypatia durch Christen in Alexandria	
	Bildung des hunnischen Großreiches
	Kaiser Valentinian III. (im Westen)
Ausbau der Universität Konstantinopel	
	Übergang der Wandalen unter Geiserich nach Nordafrika
Patrick missioniert in Irland	
3. Ökumenisches Konzil zu Ephesos: Vertreibung der Nestorianer	
	Wandalenkrieg

Zeit n. Chr.	*Griechische Literatur*	*Lateinische Literatur*
436		
440–461		
445		
5. Jh.	Griechische heidnische Literatur: Nonnos, *Dionysiaka*; Musaios, *Hero und Leander*; Proklos (um 410–485), philosophische Schriften; Zosimos, *Römische Geschichte*; Johannes Stobaios, *Griechische Anthologie*; Hesychios, *Literarisches Lexikon*. Griechische Patristik: Palladios (um 364–430); Synesios (um 370–430); Nestorios (um 381–451); Theodoret (um 393–458); Nemesios; Dionysios Areopagitas; Prokop (um 500 – nach 562)	
451		
452/453		
455		
um 470		*Codex Euricianus* (ältestes germanisches Gesetzwerk)

Allgemeine Kulturgeschichte	*Politische Geschichte*
	Römischer Sieg über die Burgunder am Niederrhein
Papst Leo I.	
Kirchliche Anordnungen Leos I. erhalten durch Kaiser Valentinian Gesetzeskraft	Plünderungszug der Hunnen unter Attila bis zu den Thermopylen
	Niederlage Attilas auf den Katalaunischen Feldern
	Feldzug Attilas gegen Italien
Zerstörung des Jupiter-Tempels auf dem Kapitol	Eroberung und Plünderung Roms durch die Wandalen
Sidonius Apollinaris Bischof von Clermont-Ferrand	

Zeit n. Chr.	*Griechische Literatur*	*Lateinische Literatur*
474–491		
nach 475		Boethius geb.
476		
480		
um 480		Benedictus geb.
483–519		
um 490		Cassiodor geb.
482–511		
491–518		
493		
um 500	Stephanos von Byzanz, geographisches Lexikon	*Historia Apollonii Regis Tyrii*
502–506		
um 510		Corippus geb.
512		
518–527		
um 520		Maximinian
frühes 6. Jh.		Luxorius

Allgemeine Kulturgeschichte	*Politische Geschichte*
	Kaiser Zenon der Isaurier (im Osten)
	Absetzung des weströmischen Kaisers Romulus Augustulus durch Odoaker
	Ende des weströmischen Reiches
Dogmenstreit zwischen Rom und Byzanz	
Brigida gründet weibliche Orden in Irland	
	Chlodwig, König der Franken
	Kaiser Anastasius I. (in Konstantinopel)
	Theoderich (der Große) gründet das Ostgotenreich in Italien
	Perserkrieg
Boethius Konsul	
Edictum Theoderici (germanische Gesetzessammlung)	
	Kaiser Iustinus I.

Zeit n. Chr.	*Griechische Literatur*	*Lateinische Literatur*
524		Boethius getötet
527–565		
528–534		*Corpus iuris civilis*
529		
532		
nach 533	Simplikios, Aristoteles-Kommentar	
534		
535–553		
537		
549		
um 550		Benedictus gest.
552		
555		Cassiodor gründet das Vivarium
560/570		Isidor von Sevilla geb.
563		
565–578		

Allgemeine Kulturgeschichte	*Politische Geschichte*
	Kaiser Iustinian
Iustinian schließt die Akademie in Athen; Benedikt von Nursia gründet Monte Cassino	
	Ewiger Friede mit Persien
	Ende des Wandalenreiches in Nordafrika
	Invasion Italiens durch die Oströmer unter Belisar
Vollendung der Hagia Sophia	
Letzte Spiele im Circus Maximus	
Die Seidenraupe wird in Byzanz eingeführt	
	Ende des Ostgotenreiches; Italien wird oströmische Provinz; Exarchat in Ravenna
Neue Weihung der Hagia Sophia	
	Kaiser Iustinus II.

Zeit n. Chr.	*Griechische Literatur*	*Lateinische Literatur*
566/567		*In laudem Iustiniani* des Corippus
568		
um 570		
um 583		Cassiodor gest.
vor 590	Euagrios, *Kirchengeschichte*	
590–604		
614		
vor 615		
619		
vor 622		
622		
ab 622		
um 632		
ab 634		
636		Isidor von Sevilla gest.
638		
639		

Allgemeine Kulturgeschichte	*Politische Geschichte*
	Einbruch der Langobarden in Italien, der Awaren in Pannonien
Mohammed geb.	
Papst Gregor I.	
	Sasaniden (Perser) erobern Damaskus und Jerusalem
Antara, *Diwan*	
	Verlust Ägyptens an die Perser
Al Hansa, *Diwan*	
Hedschra Mohammeds (Auswanderung M.s von Mekka nach Medina); Beginn der islamischen Zeitrechnung	
	Perserkrieg
Tibetisches Alphabet	
	Eintritt der Araber unter Kalif Omar in das Kräfteringen der zwei Großmächte Ostrom und Persien
	Araber in Syrien
	Fall Jerusalems
	Beginn der Eroberung Ägyptens durch die Araber

Bibliographie

Lexika und Nachschlagewerke

L'Année philologique. Hrsg. von J. Marouzeau und J. Ernst. Paris 1928 ff. [Systematischer jährlicher Forschungsbericht zur Altertumswissenschaft.]

Aufstieg und Niedergang der Römischen Welt. Hrsg. von H. Temporini und W. Haase. Bd. 1 ff. Berlin/New York 1972 ff.

Handbuch der Altertumswissenschaften. Hrsg. von I. v. Müller und O. Walter. München 1885 ff. Neu hrsg. von H. Bengtson. München 1955 ff.

Illustrierte Enzyklopädie des Altertums. Hrsg. von M. A. Yonah und I. Shatzman. Königstein i. Ts. 1979.

Der Kleine Pauly. Lexikon der Antike. Auf der Grundlage von Pauly's Realencyclopädie der classischen Altertumswissenschaft. Hrsg. von K. Ziegler und W. Sontheimer. 5 Bde. Stuttgart 1964–1975. Neuausg. München 1978. 1979. (dtv 5963.)

Kleines Lexikon der Antike. Hrsg. von O. Hiltbrunner. Bern ^{5}1974.

Lexicon Iconographicum Mythologiae Classicae. Zürich/München 1981 ff.

Lexikon der Alten Welt. Hrsg. von C. Andresen [u. a.]. Zürich/München 1965. Neuausg. in 3 Bdn. Zürich/München 1994.

Lexikon der Antike. Hrsg. von J. Irmscher. Leipzig ^{3}1983.

Lexikon der antiken Autoren. Hrsg. von P. Kroh. Stuttgart 1972.

Lexikon des Mittelalters. Hrsg. von R. Auty [u. a.]. München/Zürich 1980 ff.

Der Neue Pauly. Hrsg. von H. Cancik und H. Schreiber. Bd. 1 ff. Stuttgart/Weimar 1996 ff.

Pauly's Realencyclopädie der classischen Altertumswissenschaften (RE). Neu bearb. von G. Wissowa [u. a.]. Stuttgart, dann München 1893 ff.

Philippson, A. / Kirsten, E.: Die griechischen Landschaften. Eine Landeskunde. Frankfurt a. M. ^{2}1950–59.

Reallexikon für Antike und Christentum. Hrsg. von E. Dassmann. Stuttgart 1994.

Reclams Lexikon der Antike. Hrsg. von M. C. Howatson. Stuttgart 1996.

Schefold, K.: Die Bildnisse der antiken Dichter, Redner und Denker. Basel 1943.
Tusculum-Lexikon griechischer und lateinischer Autoren des Altertums und des Mittelalters. Hrsg. von W. Buchwald [u. a.]. München ³1982.
Wörterbuch der Antike. Hrsg. von H. Lamer und P. Kroh. Stuttgart ⁸1976.

Kulturgeschichtliche Darstellungen

André, J.-M.: Griechische Feste, römische Spiele. Die Freizeitkultur der Antike. Stuttgart 1994.
Bichler, R.: »Hellenismus«. Geschichte und Problematik eines Epochenbegriffs. Darmstadt 1983.
Büchner, K.: Humanitas Romana. Studien über Werke und Wesen der Römer. Heidelberg 1957.
Burckhardt, J.: Griechische Kulturgeschichte. 4 Bde. München 1977.
Carcopino, J.: Rom. Leben und Kultur in der Kaiserzeit. Stuttgart 1977. ⁴1992.
Chamoux, F.: Griechische Kulturgeschichte. Darmstadt 1966.
Christ, K.: Die Römer. München 1979.
Friedländer, L. / Wissowa, G.: Darstellungen aus der Sittengeschichte Roms. 4 Bde. Leipzig ¹⁰1921–23. Nachdr. der 10. Aufl. Aalen 1964.
Gigon, O. / Woschitzky, A.: Die Kultur des klassischen Altertums. Frankfurt a. M. 1979.
Grimal, P.: Römische Kulturgeschichte. München/Zürich 1961.
Howald, W.: Kultur der Antike. Zürich ²1948.
Kahrstedt, U.: Kulturgeschichte der römischen Kaiserzeit. Bern ²1958.
Kranz, W.: Die Kultur der Griechen. Leipzig 1943.
Müller, R. (Hrsg.): Kulturgeschichte des Hellenismus. Bd. 1: Griechenland. Bd. 2: Rom. Berlin 1978.
Schneider, C.: Geistesgeschichte des antiken Christentums. 2 Bde. München 1954.
– Kulturgeschichte des Hellenismus. 2 Bde. München 1967–69.
Seel, O.: Römertum und Latinität. Stuttgart 1964.
Snell, B.: Die Entdeckung des Geistes. Studien zur Entstehung des europäischen Denkens bei den Griechen. Hamburg ⁴1975.
Tarn, W.: Die Kultur der hellenistischen Welt. Darmstadt ³1966.

Literaturgeschichte

Albrecht, M. v.: Geschichte der römischen Literatur. 2 Bde. Bern 1992. 2., verb. und erw. Aufl., München 1994.

– (Hrsg.): Die römische Literatur in Text und Darstellung. 5 Bde. Stuttgart 1985–91.

Altaner, B. / Stuiber, A.: Patrologie. Leben, Schriften und Lehre der Kirchenväter. Freiburg i. Br. ^{8}1978.

Bardenhewer, O.: Geschichte der altkirchlichen Literatur. 5 Bde. Freiburg i. Br. ^{2}1912–32. Nachdr. 1962.

Bickel, E.: Geschichte der römischen Literatur. Heidelberg ^{2}1961.

Bieler, L.: Geschichte der römischen Literatur. 2 Bde. Berlin ^{3}1972.

Büchner, K.: Römische Literaturgeschichte. Stuttgart ^{4}1968.

– Studien zur römischen Literatur. 10 Bde. Wiesbaden 1962–78.

Büchner, K. / Hofmann, J. B.: Lateinische Literatur und Sprache in der Forschung seit 1937. Berlin 1951.

Dihle, A.: Die griechische und lateinische Literatur der Kaiserzeit. München 1989.

Fuhrmann, M. (Hrsg.): Römische Literatur. Frankfurt a. M. 1974.

Görgemanns, H.: Die griechische Literatur in Text und Darstellung. 5 Bde. Stuttgart 1985–91.

Hunger, H. (Hrsg.): Geschichte der Textüberlieferung. Bd. 1. Zürich 1961.

Kappelmacher, A. / Schuster, M.: Die Literatur der Römer bis zur Karolingerzeit. Potsdam 1934.

Klingner, F.: Römische Geisteswelt. Essays zur lateinischen Literatur. Stuttgart ^{5}1965. Nachdr. Stuttgart 1979.

– Studien zur griechischen und römischen Literatur. Hrsg. von K. Bartels. Zürich/Stuttgart 1964.

Klotz, A.: Geschichte der römischen Literatur. Würzburg 1947.

Kranz, W.: Geschichte der griechischen Literatur. Leipzig ^{4}1960.

Leo, F.: Geschichte der römischen Literatur. Berlin 1913. 3., mit einem Anh. vers. Aufl. Darmstadt 1967.

– Die Originalität der lateinischen Literatur. Göttingen 1904.

Lesky, A.: Geschichte der griechischen Literatur. Bern 1957–58. 3., neu bearb. Aufl. Bern/München 1971.

Müller, R.: Menschenbild und Humanismus der Antike. Studien zur Geschichte der Literatur und Philosophie. Leipzig 1980.

Norden, E.: Die römische Literatur. Leipzig ^{7}1997.

Propyläen Geschichte der Literatur. Bd. 1: Die Welt der Antike. 1200 v. Chr. – 600 n. Chr. Berlin 1981.
Rahn, H.: Morphologie der antiken Literatur. Eine Einführung. Darmstadt 1969.
Schanz, M. / Hosius, C. / Krüger, G.: Geschichte der römischen Literatur. 5 Bde. München 1914–35. Nachdr. 1959 ff.
Schmalzriedt, E. (Hrsg.): Hauptwerke der antiken Literaturen. München 1976. [Auszüge aus Kindlers Literaturlexikon.]
Schmid, W. / Stählin, O.: Geschichte der antiken Literaturen. München 1920 ff.
Teuffel, W. / Kroll, W. / Skutsch, F.: Geschichte der römischen Literatur. Leipzig [7]1913–20. Nachdr. Aalen 1965.
Vogt, E. (Hrsg.): Griechische Literatur. Wiesbaden 1981.

Sprache und Rhetorik

Anastassiou, A. / Irmer, D. (Hrsg.): Kleinere attische Redner. Darmstadt 1977.
Bechtel, F.: Die griechischen Dialekte. 3 Bde. Berlin 1921. Nachdr. Berlin 1963.
Blass, F.: Die attische Beredsamkeit. 3 Bde. Leipzig [2]1982. Reprogr. Nachdr. Hildesheim 1962.
Chadwick, J.: Linear B. Entzifferung der mykenischen Schrift. Göttingen 1959.
Clarke, M. L.: Die Rhetorik bei den Römern. Göttingen 1968.
Cupaiolo, F.: Bibliografia della Lingua Latina (1949–91). Neapel 1993.
– Storia della Letteratura Latina. Neapel 1994.
Eisenhut, W.: Die lateinische Sprache. München [4]1970.
– Einführung in die antike Rhetorik und ihre Geschichte. Darmstadt [3]1982.
Hiersche, R.: Grundzüge der griechischen Sprachgeschichte. Wiesbaden 1974.
Hoffmann, O. / Scherer, A.: Geschichte der griechischen Sprache. 2 Bde. Berlin 1969.
Lausberg, H.: Handbuch der literarischen Rhetorik. 2 Bde. München [2]1973.
– Elemente der literarischen Rhetorik. München [5]1976.
Martin, J.: Antike Rhetorik. München 1974.

Norden, E.: Die antike Kunstprosa vom 6. Jahrhundert v. Chr. bis in die Zeit der Renaissance. 2 Bde. Leipzig ²1909. ³1915. Unveränd. Nachdr. der 3. Aufl. Stuttgart 1983. ⁹1995.
Opelt, I.: Die lateinischen Schimpfwörter und verwandte sprachliche Erscheinungen. Heidelberg 1965.
Otto, A.: Die Sprichwörter und sprichwörtlichen Redensarten der Römer. Leipzig 1890. Nachdr. Hildesheim 1962. Erg. Neuaufl. Hildesheim 1968.
Schmitt, R.: Einführung in die griechischen Dialekte. Darmstadt 1977.
– Die Völker und Sprachen des Mittelmeerraumes im Altertum. Darmstadt 1981.
Stark, R. (Hrsg.): Rhetorika. Schriften zur aristotelischen und hellenistischen Rhetorik. Hildesheim 1968.
Thumb, A. / Kieckers, E.: Handbuch der griechischen Dialekte. Bd. 1. Heidelberg ²1932.
Thumb, A. / Scherer, A.: Handbuch der griechischen Dialekte. Bd. 2. Heidelberg ²1959.
Ueding, G. / Steinbrink, R.: Grundriß der Rhetorik. Stuttgart ³1994.
Volkmann, R.: Rhetorik der Griechen und Römer. München ³1901.

Zu einzelnen Gattungen

Dichtung

Bowra, C. M.: Heldendichtung. Eine vergleichende Phänomenologie der heroischen Poesie aller Völker und Zeiten. Stuttgart 1964.
Büchner, K.: Die römische Lyrik. Stuttgart 1976.
Burck, E. (Hrsg.): Die römische Lyrik. Darmstadt 1979.
Effe, B.: Dichtung und Lehre. Untersuchungen zur Typologie des antiken Lehrgedichts. München 1977.
Eisenhut, W. (Hrsg.): Antike Lyrik. Darmstadt 1970.
Fuhrmann, M.: Einführung in die antike Dichtungstheorie. Darmstadt 1973.
Garber, K. (Hrsg.): Europäische Bukolik und Georgik. Darmstadt 1973.
Klingner, F.: Dichter und Dichtkunst im alten Rom. Leipzig 1947.
Knoche, U.: Die römische Satire. Göttingen ³1971.

Körte, A.: Die hellenistische Dichtung. 2., von P. Händel überarb. Aufl. Stuttgart 1969.
Korzeniewski, D.: Griechische Metrik. Darmstadt 1968.
Koster, S.: Antike Epostheorien. Wiesbaden 1970.
Luck, G.: Die römische Liebeselegie. Heidelberg 1961.
Maehler, H.: Die Auffassung des Dichterberufs im frühen Griechentum bis zur Zeit Pindars. Göttingen 1963.
Schetter, W.: Das römische Epos. Wiesbaden 1978.
Seel, O.: Die Weltdichtung Roms. Darmstadt 1965.
Wilamowitz-Moellendorff, U. v.: Die Textgeschichte der griechischen Lyriker. Berlin 1900.
– Hellenistische Dichtung in der Zeit des Kallimachos. 2 Bde. Berlin 1924.

Drama

Bieber, M.: Die Denkmäler zum Theaterwesen im Altertum. Berlin 1920.
Bierl, A. F. H.: Dionysos und die griechische Tragödie. Tübingen 1991.
Blume, H.-D.: Einführung in das antike Theaterwesen. Darmstadt 1978.
Bulle, H.: Das Theater zu Sparta. München 1937.
Bulle, H. / Wiping, H.: Szenenbilder zum griechischen Theater des 5. Jahrhunderts vor Christus. Berlin 1950.
Dietrich, A.: Pulcinella. Pompeianische Wandbilder und römische Satyrspiele. Leipzig 1897.
Eder, K.: Antike Komödie. Aristophanes, Menander, Plautus, Terenz. Velber b. Hannover 1968.
Ehrenberg, V.: Aristophanes und das Volk von Athen. Eine Soziologie der altattischen Komödie. Zürich/Stuttgart 1968.
Fritz, K. v.: Antike und moderne Tragödie. Neun Abhandlungen. Berlin 1962.
Guggisberg, P.: Das Satyrspiel. Zürich 1947.
Herrmann, M.: Die Entstehung der berufsmäßigen Schauspielkunst im Altertum und in der Neuzeit. Hrsg. von R. Mövius. Berlin 1962.
Herter, H.: Vom dionysischen Tanz zum komischen Spiel. Die Anfänge der attischen Komödie. Iserlohn 1947.
Hofmann, W. / Kuch, H. (Hrsg.): Die gesellschaftliche Bedeutung

des antiken Dramas für seine und unsere Zeit. Protokoll der Karl-Marx-Fachtagung vom 29. bis 31. Oktober 1969. Berlin 1973.
Kallistow, D. P.: Antikes Theater. Leipzig 1974.
Kott, J.: Gott – Essen. Interpretation griechischer Tragödien. München/Zürich 1975.
Lefèvre, E. (Hrsg.): Die römische Komödie. Darmstadt 1973.
– (Hrsg.): Das römische Drama. Darmstadt 1978.
Lesky, A.: Die tragische Dichtung der Hellenen. Göttingen ³1972.
– Die griechische Tragödie. Stuttgart 1968.
Melchinger, S.: Das Theater der Tragödie. Aischylos, Sophokles, Euripides auf der Bühne ihrer Zeit. München 1974.
Ribbeck, O.: Die römische Tragödie im Zeitalter der Republik. Leipzig 1875. Reprogr. Nachdr. Hildesheim 1968.
Reich, H.: Der Mimus. Berlin 1903.
Seeck, G. A. (Hrsg.): Das griechische Drama. Darmstadt 1979.
Snell, B.: Szenen aus griechischen Dramen. Berlin 1971.
Sutton, D. F.: The Greek Satyr Play. Meisenheim a. G. 1980.
Webster, T. B. L.: Monuments Illustrating Tragedy and Satyr Play. London 1967.
Wiemken, H.: Der griechische Mimus. Dokumente zur Geschichte des antiken Volkstheaters. Bremen 1972.

Prosa

Dihle, A.: Studien zur griechischen Biographie. Göttingen 1956.
Fritz, K. v.: Die griechische Geschichtsschreibung. Bd. 1. Berlin 1967.
Fuhrmann, M.: Das systematische Lehrbuch. Ein Beitrag zur Geschichte der Wissenschaften in der Antike. Göttingen 1960.
Helm, R.: Der antike Roman. Göttingen ²1956.
Hirzel, R.: Der Dialog. Leipzig 1895. Nachdr. Hildesheim 1963.
Howald, E.: Vom Geist antiker Geschichtsschreibung. München/Berlin 1944.
Kerényi, K.: Der antike Roman. Darmstadt 1971.
Jacoby, F.: Abhandlungen zur griechischen Geschichtsschreibung. Leiden 1974.
Leo, F.: Die griechisch-römische Biographie nach ihrer literarischen Form. Leipzig 1901. Reprogr. Nachdr. Hildesheim 1965.

Misch, G.: Geschichte der Autobiographie. 2 Bde. Bd. 1: Das Altertum. Frankfurt a. M. [3]1950.
Peter, H.: Der Brief in der römischen Literatur. Leipzig 1901. Nachdr. Hildesheim 1965.
Pöschl, V. (Hrsg.): Römische Geschichtsschreibung. Darmstadt 1969.
Preller, H.: Geschichte der Historiographie unseres Kulturkreises. Materialien, Skizzen, Vorarbeiten. Bd. 1: Das Altertum bis 330 v. u. Z. Die hellenistische Zeit (330 v. u. Z. – 330 u. Z.). Aalen 1967.
Schmeling, G. (Hrsg.): The Novel in the Ancient World. Leiden 1996.
Steidle, W.: Sueton und die antike Biographie. München 1951.
Strasburger, H.: Die Wesensbestimmung der Geschichte durch die antike Geschichtsschreibung. Wiesbaden 1966.
Schwartz, E.: Griechische Geschichtsschreiber. Leipzig [2]1959.

Zu einzelnen Sachgebieten

Buch

Birt, Th.: Das antike Buchwesen in seinem Verhältnis zur Literatur. Berlin 1882. Nachdr. Aalen 1959.
Boge, H.: Griechische Tachygraphie und Tironische Noten. Ein Handbuch der antiken und mittelalterlichen Schnellschrift. Berlin 1973.
Jensen, H.: Die Schrift in Vergangenheit und Gegenwart. Berlin [3]1969.
Kleberg, T.: Buchhandel und Verlagswesen in der Antike. Darmstadt 1967.
Schubart, W.: Das Buch bei den Griechen und Römern. Hrsg. von E. Paul. Leipzig [3]1961. Neuausg. Heidelberg 1962.

Bildende Kunst

Akurgal, E.: Orient und Okzident. Die Geburt der griechischen Kunst. Baden-Baden 1966.
Andreae, B.: Römische Kunst. Freiburg i. Br. / Basel / Wien 1973.

Bianchi-Bandinelli, R.: Die römische Kunst. München [3]1976.
Buschor, E.: Griechische Vasen. München/Zürich 1975.
Charbonneau, J. / Martin, R. / Villard, F.: Das archaische Griechenland. München 1969.
– Das klassische Griechenland. München 1969.
– Das hellenistische Griechenland. München 1971.
Demargne, P.: Die Geburt der griechischen Kunst. Die Kunst im ägäischen Raum von vorgeschichtlicher Zeit bis zum Anfang des 6. vorchristlichen Jahrhunderts. München 1965. [2]1975. Nachdr. 1977 als Bd. 1 der Sonderausg. »Die griechische Kunst«.
Hafner, G.: Als Kunst Geschichte machte. Griechisches Erbe und Roms Untergang. Düsseldorf/Wien 1983.
Hausmann, U. / Brunner, H.: Allgemeine Grundlagen der Archäologie. München 1969.
Schefold, K.: Die Griechen und ihre Nachbarn. Berlin 1967 [u. ö.]. (Propyläen Kunstgeschichte. 1.)
– Klassisches Griechenland. Baden-Baden 1965.
Simon, E. / Hampe, R.: Tausend Jahre frühgriechische Kunst. München 1980.
Travlos, J.: Bildlexikon zur Topographie des antiken Athen. Tübingen 1971.

Musik

Koller, H.: Die Mimesis in der Antike. Nachahmung, Darstellung, Ausdruck. Bern 1954.
– Musik und Dichtung im alten Griechenland. Bern 1963.
Neubecker, A.: Altgriechische Musik. Darmstadt 1977.
Pöhlmann, A.: Griechische Musikfragmente. Nürnberg 1960.
– Denkmäler altgriechischer Musik. Nürnberg 1970.
Richter, L.: Zur Wissenschaftslehre von der Musik bei Platon und Aristoteles. Berlin 1961.
Sachs, C.: Die Musik der alten Welt in Ost und West. Aufstieg und Entwicklung. Berlin 1968.
Wille, G.: Musica Romana. Amsterdam 1967.
– Einführung in die römische Musik. Darmstadt 1977.

Mythologie

Eliade, M.: Kosmos und Geschichte. Der Mythos der ewigen Wiederkehr. Düsseldorf 1953. Frankfurt a. M. 1994.
Grant, O. / Hazel, J. (Hrsg.): Lexikon der antiken Mythen und Gestalten. München 1976.
Gruppe, O.: Geschichte der Klassischen Mythologie und Religionsgeschichte. Leipzig 1921.
Hunger, H.: Lexikon der griechischen und römischen Mythologie. Wien ^{7}1975.
Jung, C. G. / Kérenyi, K.: Einführung in das Wesen der Mythologie. Zürich ^{4}1951.
Kerényi, K.: Die Mythologie der Griechen. 2 Bde. Zürich 1951 bis 1958.
Lévi-Strauss, C.: Mythologica I–IV. Frankfurt a. M. 1971–75.
Otto, W. F.: Die Musen und der göttliche Ursprung des Singens und Sagens. Darmstadt 1954.
– Dionysos. Mythos und Kultus. Darmstadt ^{3}1960.
Reclams Lexikon der antiken Mythologie. Hrsg. von E. Tripp. Stuttgart 1974. ^{5}1991.
Reitzenstein, R.: Die hellenistischen Mysterienreligionen nach ihren Grundgedanken und Wirkungen. Darmstadt 1980.
Rohde, E.: Psyche, Seelenkult und Unsterblichkeitsglaube der Griechen. 2 Bde. in 1 Bd. (Nachdr. d. 2., verb. Aufl. 1898.) Darmstadt 1991.
Roscher, W. H.: Ausführliches Lexikon der griechischen und römischen Mythologie. Leipzig 1884–1937. Neuausg. in 7 Bden. Hildesheim 1993.
Rose, H. J.: Griechische Mythologie. München ^{3}1969.
Schefold, K.: Frühgriechische Sagenbilder. München 1964.
Schlesier, R.: Kulte, Mythen und Gelehrte. Frankfurt a. M. 1994.
Zimmermann, C.: Der Antigone-Mythos. Tübingen 1993.

Religion und Philosophie

Altheim, F.: Römische Religionsgeschichte. 3 Bde. Berlin 1931–33. Neuausg. in 2 Bden. Baden-Baden 1951–53.
Burkert, W.: Homo Necans. Interpretation altgriechischer Opferriten und Mythen. Berlin 1972.

– Griechische Religion der archaischen und klassischen Epoche. Stuttgart 1977.
Cassirer, E.: Philosophie der symbolischen Formen. Bd. 2: Das mythische Denken. Berlin 1925.
Classen, C. J. (Hrsg.): Sophistik. Darmstadt 1976.
Deubner, L.: Attische Feste. Hrsg. und bearb. von B. Doer. Hildesheim / New York 1969.
Diels, H. / Kranz, W.: Die Fragmente der Vorsokratiker. Berlin [5]1934.
Flashar, H. (Hrsg.): Die Philosophie der Antike. Bd. 3: Ältere Akademie – Aristoteles – Peripatos. Basel 1983. Bd. 4: Die hellenistische Philosophie. Basel 1994.
Fränkel, H.: Wege und Formen frühgriechischen Denkens. München [2]1960.
– Dichtung und Philosophie des frühen Griechentums. München [2]1962.
Geyer, C. F.: Einführung in die Philosophie der Antike. Darmstadt 1978.
Gigon, O.: Grundprobleme der antiken Philosophie. Bern 1959.
– Der Ursprung der griechischen Philosophie. Basel/Stuttgart [2]1968.
– Die antike Philosophie als Maßstab und Realität. Zürich/München 1977.
Heinimann, F.: Nomos und Physis. Herkunft und Bedeutung einer Antithese im griechischen Denken des 5. Jahrhunderts. Darmstadt [2]1965.
Jaeger, W.: Paideia. Die Formung des griechischen Menschen. 3 Bde. Berlin [4]1959.
Jürß, F.: Von Thales zu Demokrit. Leipzig/Jena/Berlin [2]1982.
Jürß, F. / Müller, R. / Schmidt, E. G.: Griechische Atomisten. Texte und Kommentare zum materialistischen Denken der Antike. Leipzig [2]1977.
Kirk, G. S. / Raven, J. E. / Schofield, M.: Die vorsokratischen Philosophen. Stuttgart 1994. [Zuerst Cambridge 1954.]
Krämer, H. J.: Platonismus und die hellenistische Philosophie. Berlin / New York 1971.
Latte, K.: Römische Religionsgeschichte. München [2]1967. Nachdr. 1976.
Luria, S.: Anfänge griechischen Denkens. Berlin 1963.
Mau, J. / Schmidt, E. G. (Hrsg.): Isonomia. Studien zur Gleichheitsvorstellung im griechischen Denken. Berlin [2]1971.

Maurach, G. (Hrsg.): Römische Philosophie. Darmstadt 1976.
Müller, R.: Die epikureische Gesellschaftstheorie. Berlin ²1974.
– (Hrsg.): Der Mensch als Maß der Dinge. Studien zum griechischen Menschenbild in der Zeit der Blüte und Krise der Polis. Berlin 1976.
Nestle, W.: Vom Mythos zum Logos. Stuttgart ²1942.
Nilsson, M. P.: Geschichte der griechischen Religion. München ³1967.
Otto, W. F.: Die Götter Griechenlands. Frankfurt a. M. 1929.
– Theophania. Der Geist der altgriechischen Religion. Reinbek b. Hamburg 1956.
Pohlenz, M.: Die Stoa. Geschichte einer geistigen Bewegung. Bd. 1. Göttingen ⁷1992. Bd. 2. Ebd. ⁶1990.
Redlow, G.: Theoria. Theoretische und praktische Lebensauffassung im philosophischen Denken der Antike. Berlin 1965.
Simon, E.: Die Götter der Griechen. München ²1980.
Simon, H. / Simon, M.: Die alte Stoa und ihr Naturbegriff. Berlin 1956.
Snell, B.: Die Entdeckung des Geistes. Studien zur Entstehung des europäischen Denkens bei den Griechen. Göttingen ⁴1975.
Stenzel, J.: Zahl und Gestalt bei Platon und Aristoteles. Bad Homburg ²1959.
Szlezak, Th. A.: Platon und Aristoteles in des Nuslehre Plotins. Stuttgart 1979.
Thomson, G.: Die ersten Philosophen. Berlin 1976.
Überweg, F.: Grundriß der Geschichte der Philosophie. Bd. 1: Die Philosophie des Altertums. Hrsg. von K. Praechter. Berlin ¹²1926. Nachdr. 1967. Wird ersetzt durch:
Vorländer, K.: Philosophie des Altertums. Reinbek b. Hamburg 1963.
Wilamowitz-Moellendorff, U. v.: Der Glaube der Hellenen. 2 Bde. Berlin ²1955.
Welskopf, E. Ch.: Probleme der Muße im alten Hellas. Berlin 1962.
Wissowa, G.: Religion und Kultus der Römer. München ²1912. Nachdr. München 1971.
Zeller, E. / Nestle, W.: Die Philosophie der Griechen in ihrer geschichtlichen Entwicklung. 6 Bde. Leipzig ⁶1920–23.
Zintzen, C. (Hrsg.): Die Philosophie des Neuplatonismus. Darmstadt 1977.

Lebensweise

Affeldt, W. (Hrsg.): Frauen in Spätantike und Frühmittelalter. Lebensbedingungen – Lebensnormen – Lebensformen. Sigmaringen 1990.
Bieber, M.: Entwicklungsgeschichte der griechischen Tracht. Berlin 1934.
Blok, J. / Mason, P. (Hrsg.): Sexual Asymmetry. Studies in Ancient Society. Amsterdam 1987.
Bommer, S. / Bommer, L.: Die Ernährung der Griechen und Römer. Planegg b. München 1943.
Brockmeyer, N.: Antike Sklaverei. Darmstadt 1979.
Casson, L.: Reisen in der alten Welt. München 1976.
Christes, J.: Bildung und Gesellschaft. Die Einschätzung der Bildung und ihrer Vermittler in der griechisch-römischen Antike. Darmstadt 1975.
Clark, G.: Women in the ancient world. Oxford 1989.
Cohen, D.: Law, Sexuality and Society. The Enforcement of Morals in Classical Athens. Cambridge. 1991.
Dodds, E. R.: Der Fortschrittsgedanke in der Antike. München 1977.
du Bois, P.: Swing the Body. Psychoanalysis and Ancient Representations of Women. Chicago 1988.
Duby, G. / Perrot, M. (Hrsg.): Geschichte der Frauen. Bd. 1: Antike. Hrsg. von P. Schmitt Pantel, unter Mitarb. von B. Wagner-Hasel. Frankfurt a. M. 1995.
Eichenhauer, M.: Untersuchungen zur Arbeitswelt der Frau in der römischen Antike. Frankfurt a. M. 1988.
Günther, R.: Frauenarbeit – Frauenbindung. Untersuchungen zu unfreien und freigelassenen Frauen in den stadtrömischen Inschriften. München 1987.
Huchthausen, L.: Frauen fragen den Kaiser. Eine soziologische Studie über das 3. Jh. n. Chr. Konstanz 1992.
Johann, H.-Th. (Hrsg.): Erziehung und Bildung in der heidnischen und christlichen Antike. Darmstadt 1976.
Kytzler, B.: Frauen der Antike. Zürich 1994. Frankfurt a. M. 1997.
Leipoldt, J.: Die Frau in der antiken Welt und im Urchristentum. Leipzig ^{3}1965.
Licht, H.: Sittengeschichte Griechenlands. Reinbek b. Hamburg 1968.

Marrou, H.-I.: Geschichte der Erziehung im klassischen Altertum. Freiburg/München 1957.
Massey, M.: Women in Ancient Greece und Rome. Cambridge 1988.
Merkelbach, R.: Die Bedeutung des Geldes für die Geschichte der griechisch-römischen Welt. Stuttgart 1992.
Pomeroy, S. B.: Goddesses, whores, wives and slaves. Women in Classical Antiquity. New York 1976. [Dt. u. d. T.: Frauenleben im klassischen Altertum. Stuttgart 1985.]
Radermacher, L.: Weinen und Lachen. Studien über antikes Lebensgefühl. Wien 1947.
Reinsberg, C.: Ehe, Hetärentum und Knabenliebe im antiken Griechenland. München 1989.
Rost, G. A.: Vom Seewesen und Seehandel in der Antike. Amsterdam 1968.
Schuller, W.: Frauen in der griechischen Geschichte. Konstanz 1985.
– Frauen in der griechischen Geschichte. Konstanz 1987.
Seibert, I.: Die Frau im alten Orient. Leipzig 1973.
Sertima, I. van: Black Women in Antiquity. New Brunswick 1985.
Siems, A. K. (Hrsg.): Sexualität und Erotik in der Antike. Darmstadt 1988.
Wagner-Hasel, B. (Hrsg.): Matriarchats-Theorien der Altertumswissenschaft. Darmstadt 1992.
Weiler, I.: Der Agon im Mythos. Zur Einstellung der Griechen zum Wettkampf. Darmstadt 1974.
Zinserling, V.: Die Frau in Hellas und Rom. Leipzig 1972.

Wissenschaft

Arens, H.: Sprachwissenschaft. Der Gang ihrer Entwicklung von der Antike bis zur Gegenwart. Freiburg/München 1955.
Atkins, J. W. H.: Literary Criticism in Antiquity. 2 Bde. London 1952.
Balss, H.: Antike Astronomie. München 1949.
Beck, H.: Geographie. Europäische Entwicklung in Texten und Erläuterungen. Freiburg/München 1973.
Becker, O.: Das mathematische Denken der Antike. Göttingen ^{2}1966.

Berger, H.: Geschichte der wissenschaftlichen Erdkunde der Griechen. Leipzig ²1903.
Boll, F.: Kleine Schriften zur Sternkunde des Altertums. Hrsg. von V. Stegemann. Leipzig 1950.
Burkert, W.: Weisheit und Wissenschaft. Studien zu Pythagoras, Philolaos und Platon. Nürnberg 1962.
Coseriu, E.: Die Geschichte der Sprachphilosophie von der Antike bis zur Gegenwart. Eine Übersicht. Bd. 1: Von der Antike bis Leibniz. Tübingen ²1975.
Deichgräber, K.: Die griechische Empirikerschule. Sammlung der Fragmente und Darstellung der Lehre. Berlin 1930. Erg. Neuausg. Berlin/Zürich 1965.
Dierauer, U.: Tier und Mensch im Denken der Antike. Studien zur Tierpsychologie, Anthropologie und Ethik. Amsterdam 1977.
Edelstein, L.: Die Geschichte der Sektion in der Antike. In: Quellen und Studien zur Geschichte der Naturwissenschaft und der Medizin 3 (1932) S. 100–156. Wiederabdr. in: Ancient Medicine. Selected papers of Ludwig Edelstein. Hrsg. von O. Temkin und L. Temkin. Baltimore 1967.
Fritz, K. v.: Grundprobleme der Geschichte der antiken Wissenschaft. Berlin / New York 1971.
Fuhrmann, M.: Das systematische Lehrbuch. Ein Beitrag zur Geschichte der Wissenschaften in der Antike. Göttingen 1960.
Grube, G. M. A.: The Greek and Roman Critics. London 1965.
Hartner, W.: Oriens – Occidens. Ausgewählte Schriften zur Wissenschafts- und Kulturgeschichte. Hildesheim 1968.
Heiberg, L.: Geschichte der Mathematik und Naturwissenschaften im Altertum. München 1925.
Herrmann, B. D.: Kosmische Weiten. Geschichte der Entfernungsmessung im Weltall. Leipzig 1977.
Kudlien, F.: Der Beginn des medizinischen Denkens bei den Griechen von Homer bis Hippokrates. Zürich/Stuttgart 1967.
Lesky, E.: Die Zeugungs- und Vererbungslehren der Antike und ihr Nachwirken. Wiesbaden 1951.
Mittelstrass, J.: Die Rettung der Phänomene. Ursprung und Geschichte eines antiken Forschungsprinzips. Berlin 1962.
Müller, K. E.: Geschichte der antiken Ethnographie und ethnologischen Theorienbildung von den Anfängen bis auf die byzantischen Historiographen. Wiesbaden 1972–80.

Pfeiffer, R.: Geschichte der klassischen Philologie. Bd. 1: Von den Anfängen bis zum Ende Hellenismus. München ²1978.
Pohlenz, M.: Die Begründung der abendländischen Sprachlehre durch die Stoa. Göttingen 1939.
Reidemeister, K.: Das exakte Denken der Griechen. Hamburg 1949.
Sambursky, S.: Das physikalische Weltbild der Antike. Zürich/Stuttgart 1965.
Schottlaender, R.: Früheste Grundsätze der Wissenschaft bei den Griechen. Berlin 1964.
Schrödinger, E.: Die Natur und die Griechen. Wien 1955.
Siebenborn, E.: Die Lehre von der Sprachrichtigkeit und ihren Kriterien. Studien zur antiken normativen Grammatik. Amsterdam 1976.
Szabo, A.: Anfänge der griechischen Mathematik. Budapest 1969.
Waerden, B. L. van der: Erwachende Wissenschaft. Bd. 1: Ägyptische, babylonische und griechische Mathematik. Bd. 2: Die Anfänge der Astronomie. Basel/Stuttgart ²1968.
– Die Pythagoreer. Zürich 1979.
Wussing, H.: Mathematik in der Antike. Leipzig ²1965.
– Vorlesungen zur Geschichte der Mathematik. Berlin 1979.

Technik

Diels, H.: Antike Technik. Leipzig/Berlin ³1924.
Drachmann, A. G.: The mechanical Technology of Greek and Roman Antiquity. Kopenhagen 1961.
Feldhaus, F. M.: Die Technik der Antike und des Mittelalters. Potsdam 1931.
Krafft, F.: Dynamische und statische Betrachtungsweise in der antiken Mechanik. Wiesbaden 1970.
Neuburger, A.: Die Technik des Altertums. Leipzig ⁴1929.
Stückelberger, A.: Antike Atomphysik. München 1979.
Szabo, A. / Mauler, E.: Enklima. Untersuchungen zur Frühgeschichte der griechischen Astronomie, Geographie und der Sehnentafeln. Athen 1982.

Geschichte und Rechtsgeschichte

Barloewen, W.-D. v. (Hrsg.): Abriß der Geschichte antiker Randkulturen. München 1961.
Bengtson, H.: Griechische Geschichte von den Anfängen bis in die römische Kaiserzeit. München [5]1977.
Berneker, E. (Hrsg.): Zur griechischen Rechtsgeschichte. Darmstadt 1968.
Berve, H.: Die Tyrannis bei Griechen. 2 Bde. München 1967.
Busolt, H. / Swoboda, H.: Griechische Staatskunde. 2 Bde. München 1920. 1926.
Diesner, H.-J.: Griechische Tyrannis und griechische Tyrannen. Berlin 1960.
– Kriege des Altertums. Griechenland und Rom im Kampf um den Mittelmeerraum. Berlin [2]1974.
Ehrenberg, V.: Der Staat der Griechen. Zürich [2]1965.
– Polis und Imperium. Beiträge zur Alten Geschichte. Zürich/Stuttgart 1965.
Finley, M. I.: Die antike Wirtschaft. München 1977.
Forrest, W. G.: Wege zur hellenistischen Demokratie. Staatsdenken und politische Wirklichkeit von 800 bis 400 v. Chr. München 1966.
Fritz, K. v.: Schriften zur griechischen und römischen Verfassungsgeschichte und Verfassungstheorie. Berlin / New York 1976.
Gschnitzer, F. (Hrsg.): Zur griechischen Staatskunde. Darmstadt 1969.
Hasebroek, J.: Griechische Wirtschafts- und Gesellschaftsgeschichte bis zur Perserzeit. Tübingen 1931.
Heichelheim, F. M.: Wirtschaftsgeschichte des Altertums. 2 Bde. Leiden 1938. Neuausg. in 3 Bden. Leiden 1969.
Kienzl, K. H. (Hrsg.): Die ältere Tyrannis bis zu den Perserkriegen. Darmstadt 1979.
– Demokratia. Darmstadt 1995.
Kippenberg, H. G. (Hrsg.): Die Entstehung der antiken Klassengesellschaft. Frankfurt a. M. 1977.
Kloft, H. (Hrsg.): Ideologie und Herrschaft in der Antike. Darmstadt 1979.
Kreißig, H. (Hrsg.): Griechische Geschichte bis 146 v. u. Z. Berlin 1978.
Kromayer, J. / Veith, G.: Heerwesen und Kriegführung der Griechen und Römer. München 1928.

Kunkel, W.: Römische Rechtsgeschichte. Eine Einführung. Köln/Graz ^{6}1972.
Lauffer, S.: Einführung in die antike Wirtschaftsgeschichte. Darmstadt 1981.
Liebs, D.: Römisches Recht. Göttingen 1975.
Lübtow, U. v.: Das römische Volk, sein Staat und sein Recht. Frankfurt 1955.
Mann, G. / Heuß, A. (Hrsg.): Propyläen Weltgeschichte. Bd. 3: Griechenland, die hellenistische Welt. Berlin 1962 [u. ö.].
Meier, Ch.: Die Entstehung des Begriffs Demokratie. Vier Prolegomena zu einer historischen Theorie. Frankfurt a. M. 1980.
– Die Entstehung des Politischen bei den Griechen. Frankfurt a. M. 1980.
Meyer, E.: Geschichte des Altertums. 5 Bde. Darmstadt ^{8}1969.
– Einführung in die antike Staatskunde. Darmstadt ^{4}1980.
Momigliano, A.: Hochkulturen im Hellenismus. Die Begegnung der Griechen mit Kelten, Juden, Römern und Persern. München 1979.
Müller, R. (Hrsg.): Kulturgeschichte der Antike. Bd. 1: Griechenland. Berlin ^{3}1980.
Nippel, W.: Mischverfassungstheorie und Verfassungsrealität in Antike und früher Neuzeit. Stuttgart 1980.
Olshausen, E. (Hrsg.): Antike Diplomatie. Darmstadt 1979.
Ranowitsch, A. B.: Der Hellenismus und seine geschichtliche Rolle. Berlin 1958.
Rostovtzeff, M.: Gesellschafts- und Wirtschaftsgeschichte der hellenistischen Welt. 3 Bde. Darmstadt 1955–56. Nachdr. Darmstadt 1984.
– Die hellenistische Welt. Gesellschaft und Wirtschaft. 3 Bde. Stuttgart 1955–56.
Schachermeyr, F.: Griechische Geschichte. Entwicklung und Zusammenbruch. München 1978.
Thomson, G.: Frühgeschichte Griechenlands und der Ägäis. Berlin 1960.
Weber-Schäfer, P. (Hrsg.): Das politische Denken der Griechen. München 1969.
– (Hrsg.): Einführung in die antike politische Theorie. 2 Bde. Darmstadt 1976.
Weiler, I.: Griechische Geschichte. Einführung, Quellenkunde, Bibliographie. Darmstadt 1974.

Wilamowitz-Moellendorff, U. v.: Staat und Gesellschaft der Griechen. Leipzig/Berlin ²1923.
Wilcken, U.: Griechische Geschichte im Rahmen der Altertumsgeschichte. Berlin 1962.
Wolf, E.: Griechisches Rechtsdenken. 4 Bde. Frankfurt a. M. 1950–1970.

Nachleben

Abma, E.: Sokrates in der deutschen Literatur. Nymwegen 1949.
Bechtle, R.: Studien zum Griechenlandbild deutscher Reisender. Diss. München 1959.
Beller, M.: Philemon und Baucis in der europäischen Literatur. Stoffgeschichte und Analyse. Heidelberg 1967.
Bezold, F. v.: Das Fortleben der antiken Götter im mittelalterlichen Humanismus. Bonn 1922. Nachdr. Aalen 1962.
Beyerle, D.: Die feindlichen Brüder von Aischylos bis Alfieri. Berlin 1973.
Borinski, K.: Die Antike in Poetik und Kunsttheorie vom Ausgang des klassischen Altertums bis auf Goethe und Wilhelm von Humboldt. Leipzig 1914. Nachdr. Darmstadt 1965.
Briggs, W. W. / Calder, W. M.: III. Classical Scholarship. New York 1990.
Buck, A. (Hrsg.): Die Rezeption der Antike. Zum Problem der Kontinuität zwischen Mittelalter und Renaissance. Hamburg 1981.
Büchner, K. (Hrsg.): Latein und Europa. Traditionen und Renaissancen. Stuttgart 1978.
Butler, E. M.: Deutsche im Banne Griechenlands. Berlin 1948. [Engl. Orig.-Ausg.: The Tyranny of Greece over Germany. Cambridge 1935.]
Curtius, E. R.: Europäische Literatur und lateinisches Mittelalter. Berlin/München ⁹1978.
Demandt, A.: Der Fall Roms. Die Auflösung des römischen Reiches im Urteil der Nachwelt. München 1983.
Dörrie, H.: Pygmalion. Opladen 1974.
Esselborn, K.: Hofmannsthal und antiker Mythos. München 1969.
Faber, R. / Kytzler, B.: Antike heute. Würzburg 1992.
Franz, H.: Das Bild Griechenlands und Italiens in den mittelhochdeutschen epischen Erzählungen vor 1250. Berlin 1970.

Galinsky, H.: Naturae cursus. Der Weg einer kosmologischen Metapher von der Alten in die Neue Welt. Ein Beitrag zu einer historischen Metaphorik der Weltliteratur. Heidelberg 1968.
Gregorovius, F.: Geschichte der Stadt Rom im Mittelalter. Neu hrsg. von W. Kampf. Darmstadt 1953–57.
– Geschichte der Stadt Athen im Mittelalter. 2 Bde. Stuttgart ³1869. Reprogr. Nachdr. Stuttgart 1963.
Grumach, E.: Goethe und die Antike. 2 Bde. Potsdam 1949.
Hamburger, K.: Von Sophokles zu Sartre. Griechische Dramenfiguren – antik und modern. Stuttgart 1962.
Häntzschel, G.: Johann Heinrich Voss. Seine Homer-Übersetzung als sprachschöpferische Leistung. München 1977.
Heinemann, K.: Die tragischen Gestalten der Griechen in der Weltliteratur. Nachdr. der Ausg. von 1920. Darmstadt ²1968.
Herbert, A.: Der Raub der Proserpina. Literarische Traditionen eines erotischen Sinnbildes und mythischen Symbols. Heidelberg 1967.
Homeyer, H.: Die spartanische Helena und der trojanische Krieg. Wandlungen und Wanderungen eines Sagenkreises vom Altertum bis zur Gegenwart. Leiden 1977.
Hunger, H. / Langosch, K.: Geschichte der Textüberlieferung der antiken und mittelalterlichen Literatur. 2 Bde. Zürich 1961–64.
Jens, W.: Hofmannsthal und die Griechen. Tübingen 1955.
Kaufmann, H.: Versuch über die Erbe. Leipzig 1980.
Kytzler, B. (Hrsg.): Roma Aeterna. Lateinische und griechische Romdichtung von der Antike bis in die Gegenwart. Zürich/München 1972.
Kytzler, B.: Marchia Resurge. Berlin 1992.
Kytzler, B.: Rom als Idee. Darmstadt 1993.
Kytzler, B. / Redemund, L.: Unser tägliches Latein. Mainz ³1994. Augsburg 1995.
Lampe, F.: Das Land der Griechen. Antike Stücke deutscher Dichter. Berlin 1940.
Losemann, V.: Nationalsozialismus und Antike. Studien zur Entwicklung des Fachs Alte Geschichte 1933–1945. Hamburg 1977.
Mestwerdt, B.: Astraea und Venus Urania. Untersuchungen zur Tradition zweier antiker Mythen besonders in der deutschen Literatur bis zu Beginn des 19. Jahrhunderts. Hamburg 1972.
Müller, R. W.: Geld und Geist. Zur Entstehungsgeschichte von Identitätsbewußtsein und Rationalität seit der Antike. Frankfurt a. M. / New York 1977.

Newald, R.: Nachleben des antiken Geistes im Abendland bis zum Beginn des Humanismus. Tübingen 1960.
Oppermann, H. (Hrsg.): Humanismus. Darmstadt 1970.
Paetz, B.: Kirke und Odysseus. Überlieferung und Deutung von Homer bis Calderon. Berlin 1970.
Rahner, H.: Griechische Mythen in christlicher Deutung. Darmstadt ³1966.
Rehm, W.: Griechentum und Goethezeit. Bern/München ³1952.
Reichert, H. G.: Urban und human. Unvergängliche lateinische Spruchweisheit. St. Ottilien ⁶1983.
Scheel, H. L.: Leopardi und die Antike. München 1959.
Schneider, K.: Der »Trojanische Krieg« im späten Mittelalter. Deutsche Trojaromane des 15. Jahrhunderts. Berlin 1968.
Thimme, J.: Picasso und die Antike. In: Das Altertum 22 (1976) S. 247 ff.
Tschiedel, H. J.: Phaedra und Hippolytus. Variationen eines tragischen Konflikts. Diss. Erlangen/Nürnberg 1969.
Vossen, C.: Mutter Latein und ihre Töchter. Düsseldorf ²1969.
Wehrli, F. (Hrsg.): Das Erbe der Antike. Zürich/Stuttgart 1963.
Wodtke, F. W.: Die Antike im Werk Gottfried Benns. Wiesbaden 1963.

Inhalt

Kulturgeschichte der Alten Welt

Jean-Marie André: **Griechische Feste, römische Spiele**
Die Freizeitkultur der Antike. Mit 67 Abbildungen.
Übersetzt von Katharina Schmidt. 347 Seiten

Jérôme Carcopino: **Rom**
Leben und Kultur in der Kaiserzeit.
Mit 113 Abbildungen und 5 Karten. Herausgegeben von Edgar Pack. 520 Seiten

Robert Étienne: **Pompeji**
Das Leben in einer antiken Stadt.
Mit 72 Abbildungen und 1 Karte. Übersetzt von Irmgard Rauthe-Welsch. 469 Seiten

Paul Faure: **Kreta**
Das Leben im Reich des Minos.
Mit 19 Zeichnungen, 28 Fotos und 2 Karten.
Übersetzt von Isolde und Karl Friedrich Eisen.
480 Seiten

Marion Giebel: **Treffpunkt Tusculum**
Literarischer Reiseführer durch das antike Italien.
Mit 54 Abbildungen und 1 Karte. 309 Seiten

Klaus Held: **Treffpunkt Platon**

Philosophischer Reiseführer durch die Länder des Mittelmeers. Mit 55 Abbildungen und 2 Karten. 352 Seiten

Jacques Heurgon: **Die Etrusker**

Mit 104 Abbildungen. Übersetzt von Irmgard Rauthe-Welsch. 448 Seiten

Mythen alter Kulturen.

Ägyptische Mythen – Aztekische und Maya-Mythen – Griechische Mythen – Keltische Mythen – Mesopotamische Mythen – Nordische Mythen – Persische Mythen – Römische Mythen. 8 Bände in Kassette. 1209 Seiten

Stephen Quirke: **Altägyptische Religion** Mit 103 Abbildungen und 1 Karte. Übersetzt von Ingrid Rein. 274 Seiten

Die Sieben Weltwunder

Herausgegeben von Peter A. Clayton und Martin J. Price. Mit 88 Abbildungen und Plänen, 1 Übersichtskarte. Übersetzt von Hans-Christian Oeser. 240 Seiten

Konrad Spindler: **Die frühen Kelten**

Mit 132 Abbildungen. 447 Seiten
